guomin
yuedu
jingdian

国民阅读经典

〔意〕玛丽亚·蒙台梭利 著　苗微 译

蒙台梭利教育全书

中国言实出版社

图书在版编目（CIP）数据

蒙台梭利教育全书 / (意) 蒙台梭利著; 苗微译.
-- 北京：中国言实出版社, 2014.11
ISBN 978-7-5171-0955-6

Ⅰ.①蒙… Ⅱ.①蒙… ②苗… Ⅲ.①儿童教育
Ⅳ.①G61

中国版本图书馆CIP数据核字(2014)第255750号

责任编辑： 朱世滋　李　颖

出版发行　中国言实出版社
　　　　　　地　址：北京市朝阳区北苑路180号加利大厦5号楼105室
　　　　　　邮　编：100101
　　　　　　编辑部：北京市西城区百万庄大街甲16号五层
　　　　　　邮　编：100037
　　　　　　电　话：64924853（总编室）64924716（发行部）
　　　　　　网　址：www.zgyscbs.cn
　　　　　　E-mail：zgyscbs@263.net

经　　销　新华书店
印　　刷　三河市吉祥印务有限公司
版　　次　2014年11月第1版　2014年11月第1次印刷
规　　格　880毫米 × 1230毫米　1/32　11印张
字　　数　317千字
定　　价　20.00元　ISBN 978-7-5171-0955-6

译者序

三岁决定孩子的一生

　　20世纪最伟大的教育家之一——玛丽亚·蒙台梭利，1907年1月6日在罗马创办了首家"儿童之家"，她认为孩子的教育应尽量放在三岁前进行，因为三岁决定孩子的一生。

　　根据"儿童之家"的实验，蒙台梭利提出了如下几点有关儿童教育和发展的规律：

　　1.胚胎期：儿童有两个胚胎，其中一个是心理胚胎，另一个是生理胚胎。而心理胚胎是人类所特有的，婴儿要通过不断地吸收外界刺激来形成各种心理胚胎活动的能力。

　　2.敏感期：这个阶段的儿童对万事万物都充满活力和激情，他们能很轻松地学会任何东西。

　　3.发展的阶段性：第一阶段（0～6岁）是儿童各种心理功能形成的时期，三岁之前的儿童是没有思维意识活动的，他们只能本能地吸收外部给予的东西，这个时期称为"心理胚胎期"；第二阶段（6～12岁）的儿童，在心理方面的发展逐渐走向平稳；第三阶段（12～18岁）的儿童，其身心在经历着巨大的变化，思维开始逐渐成熟起来。

　　4.儿童是在"工作"中成长的：蒙台梭利将儿童使用教具的活动称为"工作"，而将儿童在日常生活中玩耍玩具的活动称作"游戏"。她认为，儿童的身心发展必须通过"工作"来完成，而不是通过"游戏"。她还指出，游戏只会让儿童产生不切实际的幻想，是培养不出诸如严肃、认真、准确、求实的责任心和守纪律的行为习惯的，而"工作"却可以。

　　蒙台梭利的教育之所以影响了全世界的幼儿教师和广大父母，不只是因为她曾创办了"儿童之家"，积累了大量的实践经验，更重要的是她吸取和总结了卢梭、裴斯泰格齐、福禄贝尔等自然主义教育家们的思想精华。她认为，家长不能把孩子当成一个物体来对待，而应当把他们作为"人"来加以细心呵护。在人类的教育思想史上，蒙台梭利以其科学、独立的儿童教育思想的方法而名垂青史。本书精选了他的各种先进教育理念，对于广大幼儿教师与父母们来说具有很强的指导意义。愿本书成为广大教师与父母们手中的教育宝典，同时祝愿广大小朋友们能够在科学的教育理念中健康成长！

苗微
2014年9月

目录

第一章　离开母体的婴儿

接纳来到世界上的婴儿

回忆一下，直到现在我们才为接待婴儿这个尊贵的客人做些准备。我们来检视一下，在那琳琅满目而又奢侈不堪的商品世界，哪些是属于孩子们的？这里没有适合孩子用的盥洗盆、沙发，也没有专属他们的桌椅和刷子；一个家庭的房间虽然不少，但没有一间是按照孩子的意愿而准备的。只有那些富家子弟才能够十分幸运地拥有属于自己的房间，但这个房间或多或少像是关押孩子的牢笼。

让我们设身处地地想一下孩子在一天之中所经历的痛苦吧。假如有一天我们成人生活在一个"巨人"的世界里，那些人的身体巨大无比，腿特长，并拥有让我们望尘莫及的速度，他们的头脑也不知要比我们灵活和聪慧多少。我们想走进他们的房间，可每个房间的门槛都是我们不可逾越的，我们得在别人的帮助下才能爬过去；我们想坐下休息一会儿，可那椅子竟与我们的肩一样高，不经历一番艰难的攀爬就坐不上去；我们想把脏衣服刷一刷，但刷子大到令我们无法握住；我们很想舒服地洗个澡，可澡盆却重到我们无法端起……此时，如果这些巨人还"虚情假意"地对我们说，他们对我们的到来期盼已久，那么，我们就不能不对他们有所怨言，因为他们并没有做好准备和接待工作，更没打算让我们愉快地生活在他们的世界里。

另一方面，当孩子们来到这个世界时，他们需要各种适合他们的玩具和用品，还需要一个有利于他们身心健康发展的丰富多彩的环境，可是孩子们并没有得到他们想要的。成人只为他们的玩具娃娃准备了房间、厨房和衣柜，换句话说，我们只是为孩子们提供了微缩版的成人用品，于是孩子们只能以此自娱自乐而不能真正在其间生活。这就是我们成人跟孩子们开的一个天大的玩笑，其根本就在于没有人把孩子当做是一个活生生的人。于是当孩子来到了这个世界时，才发现自己只是作为一个被愚弄的对象而被成人社会所接受。

大家都知道，儿童经常毁坏手中的玩具，特别不珍惜那些特意为他们制作的玩具。在我们看来，这种破坏行为恰恰是儿童智力发达的证明。他之所以会拆坏玩具，是因为他想知道"这东西是怎么做的"，换句话说，他认为玩具里面藏有一些有趣的东西——因为玩具的外观并不会让他们产生任何兴趣。所以，有时候孩子会抱着敌对态度，用力将一个玩具打碎，以此来探索隐藏在里面的奥秘。儿童的自然倾向是依靠周围环境和各种辅助物来生存的，比如：他愿意用自己的脸盆，自行穿衣和扫地；他愿意使用与自己相配的桌子、椅子、沙发、衣橱和餐具。他的愿望很简单，就是自食其力，使自己的模样更像大人。这既是孩子的天性，也是他的使命。

我们在"儿童之家"曾见到过这样的孩子：他一直表现得非常活泼、乐观，做事有耐心，沉着、细致，像一个我们所见到过的最好的工人，也像一名最称职的公司管理者。房间布置十分简单，以有利于他的行动，他伸手就够得着挂衣钩，完全能够握住门的扶手，房间里的小凳子也并不沉重，他的臂力可以轻松地搬运。在进行这一系列活动时，他的动作是那样地轻松、优美，让人觉得那简直是一种享受。据此，我们提出一条简单明了的建议：让儿童拥有一个所有东西的大小都与其能力相配的环境，这才有助于他们潜力的发展。他们在这种环境中所表现出来的积极的生活态度一定会令你瞠目结舌，他们不仅会在这里十分愉快地生活，而且内心充满了活力。我们认识到，处于这种和谐的环境中，孩子就像土壤里的种子，他将通过反复练习以促进其自身成长发育。

虽然幼儿在做活动时专心致志，不过由于他的身体还没有发育完全，以至于他的动作会比较慢，就像他的腿还很短，走路的速度也就很慢一样。通过直觉，我们可以发现孩子们的生命开始逐渐发展与完善，如同蝶蛹在茧中悄悄成长为蝴蝶一般。假如我们阻碍这一进程，就等同于用暴力摧残生命，但我们在实际生活当中是怎样对待孩子们的呢？我们会严加阻止他们的活动，就像奴隶主对待没有人权的奴隶一样，可悲的是，我们在这样做时毫无歉疚之心。许多人觉得小孩子没有自尊心可言。大人们都习惯了这样的做法，比如：当孩子在吃饭时，会很自然地去喂他；当孩子正努力地扣扣子时，又迫不及待地帮他扣上。总之，大人们会包办孩子的一切，对孩子没有一点儿尊重！与此同时，当孩子妨碍我们的工作时，我们会十分严厉地制止他！我们在从事自己的工作时，总是异常敏感于自己权限范围之内的事，如果有人肆意取代我们，我们会立即感到那是一种冒犯。

假如有朝一日我们成了那些无法沟通的巨人们的奴隶，那么后果是怎样的呢？当我们正在悠闲地品尝汤的美味时，巨人突然出现了，他从我们手中抢走汤匙，并命令我们用最快的速度把汤喝下去，这样会容易使我们噎住。对此，我们将表示抗议："能允许我喝慢些吗？"由此而产生的心理压力，必定会损害我们的消化功能。再举一个例子，我们正在房间里愉快地穿着外套，去参加一个令人高兴的约会。巨人突然闯了进来，将一件外套扔在我们面前，并且命令我们穿上。他的这一举动极大地伤害了我们的自尊心，当我们穿上外套去约会时已兴致全无。我们的身体所需要的营养不只是美味的汤，有益于健康的走路练习，还要有我们可以毫无拘束地去做事情的自由。

为此，我们感到很不舒服，这不完全是出于对巨人的憎恨，还出于我们的天性，即我们在生活的各方面对自由的需求。正是对自由的热爱，才滋润了我们的生命，也带给了我们幸福与健康。自由的作用不仅体现在生活上，也体现在细微的行为举止中，正如一位哲人所说："人不能只靠面包活着。"对幼儿来说，应该让他们更多地享有文化与精神上的自由，因为他们需要进行创造性的活动的欲望要多于其他年龄段的人。

一旦孩子们的生活领域遭到侵犯，他们会通过斗争和反抗来捍卫。当孩子们想体验一下某种东西的触觉时，大人总会不假思索地说："不要摸！"当他们尝试着从厨房里拿点切碎的菜叶做一盘小菜时，会被大人呵斥走开，回到自己的房间摆弄玩具。注意力集中正是发展儿童内在精神活动的过程，自发地进行创造性活动也正是他们对周围有利于智力发展的东西进行全力搜寻的过程，这是多么美妙的时刻啊！但是，就在这非比寻常的时刻，大人们都粗暴地阻止了他们的行为！无独有偶，成人也时常感到在人生旅途中会遗失一些珍贵的东西，会有一种被欺骗和被蔑视的感觉，其原因就在于，在关键时刻，我们的行为被打断，身心被摧残，由此导致我们的心理不健康且十分脆弱，甚至会造成某种缺陷。

关于这些行为所造成的后果，我们可以再举一些例子。在成人的世界里，虽然有些人不那么成熟和稳重，但他们却有着某方面的天赋。例如，一个富有灵感的作家，他可以用他那富有激情的作品去激励和帮助他人；一个数学家由于发现了某种解决重大问题的方法，从而造福全人类；就像一个艺术家，当他的头脑中闪现出一个灵感时，他就会迫不及待地在画布上把它呈现出来，才不至于使一幅旷世之作转瞬即逝。试想，就在这一关键时刻，他被人粗暴地打断了，这个人冲这位艺术家大声叫嚷，要他立即跟他出去下棋！对此，这位艺术家一定会表示出极大愤慨："你简直太残忍了！由于你的愚蠢，使我失去了灵感，人类也失去了一首诗、一幅杰作。"

与此相对应的是，儿童虽然没有失去艺术作品，但他失去了自我。因为塑造一个全新的"人"就是他的作品，也就是在他的内心深处造就一个富有创造力的天才。儿童的任性、顽皮和幼稚，或许就是因为他们的灵魂被误解而发出的痛苦的哭喊。

对于孩子来说，其灵魂受到了损伤，他的身体也同样会受伤，因为，人一旦精神受到了损伤，其整个身体也会一同受苦。

在一家儿童托管所里，有一个长得十分难看的小孩，幸运的是，照看他的阿姨非常喜欢他。一天，这位阿姨对孩子的母亲说，那小孩长得越来越漂亮了。听到这个消息，这位夫人便去看望孩子，她发现孩子仍然非常难看。但她从中领悟到，也许是因为每天相处在一起，从而使得一个人习惯了另一个人的缺点。又过了一些日子，这位阿姨又向孩子的母亲提供了一份与以前相同的报告，这位夫人便又一次和善地访问了这家机构，这一次她对那个照看孩子的年轻阿姨有了一个很好的印象，因为这位看护人在谈论孩子时是那么地真诚。这位夫人明白了，爱能使一个人盲目自信，她深深地感动了。几个月之后，那位年轻的阿姨带着胜利的喜悦宣布，小男孩从此将毫无缺点了，因为他无可置疑地变得美丽了。这位夫人虽然感到有些吃惊，但是她不得不承认这是真的。因为孩子的容貌在伟大的爱的作用下确实改变了。

我们往往用这种思想来欺骗自己——我们已经给了孩子各种东西，我们给他们新鲜的空气和营养丰富的食物。但其实我们什么也没有给他们，因为：只是丰衣足食与新鲜的空气对一个人的身体来说是远远不够的；人的所有生理机能都不可避免地受到更高层次因素的制约，生命的关键就在于此，儿童的身体同样需要靠灵魂的活动而生存。

生理学教给我们这样一个道理——在空气清新的野外吃一顿便宜的饭，比关在空气污浊的房子里进行一场豪华的宴会更富有营养。因为在露天中身体的所有功能都会活跃得多，吸收也会更加完全。同理，与所爱的人或志同道合的人一起进餐，要比与粗俗的部长一起参加一个喜怒无常的贵族主人的盛宴更富有营养。这时候，我们对自由的渴望说明了一切。在某些时候，虽然我们吃的是美味佳肴，住的是金碧辉煌的房子，但我们的生命受到了压抑，这样的地方对我们的健康是毫无益处的。

千万不要捆绑孩子

环境对自然界中生物是有重大影响的，这早已为生物学所证实；进化论中的唯物论也有同样的认识，环境对物种的繁衍和生物的形态会产生戏剧性的影响，前者会使后者发生变化，甚至使其变异。当然我们不可能去论证全部的理论，但是这一结论经过法国昆虫学家法布尔的研究得到了印证。法布尔借助于对昆虫生存环境的研究，令人们对昆虫生命的成长过程有了新的认知。通过对生物的研究可以确认，只有在自然环境中对生物进行观察和研究，我们才能对它有透彻的了解。

我们在研究人类和自然环境之间的关系时发现，与其说是人在适应环境，倒不如说是人类创造了一个适应自己的环境。人们处在一个社会环境里，在这之中，有一些特别重要的精神力量在起作用，它们构成了人们社会交往中的人际关系。如果一个人无法在他应该适应的环境里生活，他非但不能正常地发挥自己的潜能，更不会了解自己。新教育理论的核心思想之一，就是告诉人们重视对孩子社会本能的培养，并鼓励他们多与同伴相处。

问题是孩子很难找到一个可以适应的环境，因为他们生活在成人的世界里。这种生活环境的偏差，对孩子在人格上的发展产生了很大的影响。

环境失调对孩子的巨大影响，不单是由于尺寸大小的差异，还因为孩子在如此不协调的环境中，动作不能够随心所欲。就如同一个技术高超、动作灵巧的杂耍者，一旦发现别人竟然模仿他的动作，他一定觉得别人不自量力，因为在他的心目中根本就没有人能够模仿他的高超技艺，如果我们试着一步步地慢慢跟着他的动作做，他定会失去耐性。我们对孩子的态度是否也是这样的呢？所以，我给每位妈妈一个忠告：让你那3~4岁大的孩子依照自己的喜好去做事，让他们自己梳洗，自己穿衣服，自己吃饭。

若是让孩子尝试着在我们为他布置好的环境里生活一天，我相信他一定不会感到快乐。他们全部的精力大概都会用在为自己的行为进行辩护上，然后我们整天听着一成不变的话："不要管我，不要！"他们最终还可能哭起来，因为他们实在找不到更好的维护自我的办法了。可还是有很多妈妈向我抱怨道："我的孩子太难对付了，他就是不肯起床。哄他午睡吧，他连眯一下眼都不愿意，而且还整天把'不要，不要'挂在嘴边。小孩子怎么能一天到晚这样呢？"

假如这些妈妈能在家里准备一个与孩子年龄相符，能够释放孩子的精力，同时又可以促进他们心理发展的环境，孩子就能够获得充分的自由。这种做法实际上是使我们向正确答案的方向迈出了一大步，从此，孩子们就拥有了自己的环境。

学校是特意为孩子而设立的，因此学校里的桌椅和用具理应按照孩子的身材和力气来制作。这样，孩子才能够像我们使用自己的家具一样，轻松地移动和使用它们。

下面是一些环境设计的基本原则：家具必须轻巧，摆设的位置要能够方便孩子移动；照片要张贴在与孩子的视线相持平的地方，让他们便于观看。这些原则适用于所有孩子身边的东西，从地毯到花瓶、盘子和其他所有的物品。家庭里面的每一样东西都必须让孩子能够使用。日常家务事同样要让孩子参与，比如扫地、给地毯吸尘、自己穿衣服和梳洗等。孩子周围的物品，应该让他感觉到坚固而且看上去有吸引力，"儿童之家"应该是个可爱又舒适的地方，只有当一所学校显得美观时，孩子们才会乐于在其中活动和生活，就像成人都知道一个优美的家庭环境有助于家人其乐融融地生活在一起一样。可以毫不怀疑地说，环境的舒适美观与孩子的学习和活动能力有着很大的关系，在一个优美的环境中，孩子积极探索与发现的意愿要比他在一个混乱不堪的环境下强得多。

孩子对环境美丑的直觉是非常敏锐的。旧金山蒙台梭利学校的一个小姑娘，有一天到公立学校去参观，一进教室就发现那里的桌椅满是灰尘。她对学校里的老师说："你是否了解为什么孩子们都不打扫而宁愿让教室脏兮兮的吗？因为他们用的抹布并不漂亮。如果不给我漂亮的抹布，我也不愿去打扫卫生。"

孩子用的家具一定要是可以清洗的，这并不仅仅是因为这样比较合乎卫生，更深一层的理由是，这些可以清洗的家具给孩子提供了心甘情愿去做的机会。当孩子学会了注意环境卫生，学着把污迹清洗干净，时间久了，孩子就会养成保持卫生的好习惯，就会把他周围的每样东西刷洗干净。

许多人向我建议，在桌脚和凳子脚下贴一层塑胶防滑垫，以便减小移动时的噪音。我倒觉得发出点噪音没什么不好，因为这样孩子们才知道自己的动作可能太粗鲁了。他们往往一动起来就没有什么秩序可言，更不大懂得控制自己的行为，这完全是因为孩子的肌肉还没有发育到可以运用自如的地步，这一点他们和大人是不能相提并论的。

在"儿童之家"里，孩子所有粗鲁的动作，都会在桌子和椅子发出的噪音里展现出来。所以，孩子就得非常注意自己身体的动作，"儿童之家"里也放置着一些易碎物，比如玻璃、盘子、花瓶等。有的大人也许会询问我们："为什么这样做？这些玻璃制品一旦到了三四岁孩子的手上，一定会被他们打碎的！"有这样想法的人，好像把几片玻璃看得比孩子更重要。但是，难道这些值不了多少钱的东西比对孩子的训练还珍贵吗？

在一个完全属于孩子的环境中，孩子们会尽可能地注意自己的举止，并控制自己的行为。在这样的环境中，孩子无需外界的激励就能够改进自己的行为。于是我们能够从孩子的脸上看出他的喜悦和骄傲，时不时地还会看到他那无以复加的兴奋神情，这说明孩子拥有改进自己的行为的天赋，而且他们也喜欢这样。一个三岁孩子的人生道路上能有什么呢？只有成长，因此我们一定要尽我们所能去帮助孩子进行自我改进。这样，孩子在未来才能成为一个有用的人。换而言之，我们一定要给他们机会，让他们练习自己必须做的事，因为发展就是依靠不停的练习而来的。孩子喜欢洗手，不完全是因为觉得洗手很好玩，而是洗手让他觉得自己能够做到。在生活中能够自己动手，这是孩子发展自身能力的根本所在。

在孩子处于身心发展的时期，在孩子尽力把事情做得更好的时候，我们应该做些什么呢？我们往往尽心尽力帮助孩子，而这恰恰妨碍了他们的自然发展，如同许多学校把桌椅固定在地板上一样。是的，孩子确实好动，而且动作常常是不雅致的，但是，孩子从来不会在桌椅不固定的时候，将其破坏。虽然把桌椅固定后看上去比较整齐，但如此一来，孩子永远也无法使身体行动有序了。我们也许可以给孩子准备一个铁碗或铁盘子，这样即使他把碗盘摔在地上也不会碎，但是这么做反而使孩子像着了魔似的，促使他更想把碗盘往地上摔。我们其实是用障眼法把问题隐藏了起来，这会导致孩子继续犯错误，这种人为的限制也将成为阻碍他自然发展的绊脚石。一个很想自己动手做些事的孩子，是乐于合作并且充满活力的。

一般情况下，当我们看到孩子遇到困难的时候，会立即介入，帮他完成想要做的事。也许我们的心里有一个声音在说："你想自己梳洗、自己穿衣服吗？太麻烦了，我在这里呀！我会帮你做好一切你想要做的事情。"如此一来，这个被我们剥夺了自主权的孩子会愈来愈变得不好相处，而我们则会把他的行为当做是叛逆的表现，因为我们本以为帮孩子做事是为了他好，其实不是。

试想一下，在孩子生命的开始几年，他是如何度过的？他被束缚在一个不能打破、不能弄脏东西的家里，他根本动弹不得，更没有机会尝试控制自己的身体，无法学习使用日常生活中常用的物品。许多学习必要的生活经验的机会就这样被剥夺了，孩子的生命会因此而受到影响。

有些孩子仿佛没有人能够管得好。他们总是烦躁不安或闷闷不乐，每次都不愿意乖乖地梳洗，他们的爸爸妈妈没有办法，只好随他去，不加以干涉。所有人都说这样的爸爸妈妈真好，又有耐心，能够每天容忍这样的孩子。可是这种做法真的是对孩子好吗？如果真的如此，那我们未免曲解了"好"的含义了。

对孩子好并不等于包容他所犯的每一个错误，而是应该防止他已犯的错误再次发生。对孩子好，就是尽己所能地让他自然地生活与成长；对孩子好，就是尽己所能地供给他成长所需要的东西。我们应该认识到孩子非常弱小无力，需要大人的帮助。唯有如此才是爱护孩子的表现。

当我们在属于孩子的环境里观察他们的生活时，发现孩子们有时为了把事情做得更好，他们常常十分自觉地去工作。我们可以从孩子选择的物品中看出，他的确处在一个适宜的环境里，还能够看到孩子在使用这些物品后，发现了自己的错误。

此时，我们应该为孩子们做些什么呢？什么也不用做！我们已经努力给孩子提供了所需要的全部，现在要做的只是控制自己希望帮助他的冲动，耐心地在旁边观察他，跟孩子保持适当的距离，不要总是去打扰他，当然也不能放任自流。当孩子在做一件他以为非常重要的事情时，会表现得非常沉静，而且会自得其乐。那么我们应该做些什么呢？这就是我成立蒙台梭利学校的原因。在蒙台梭利学校，当教师保持观察者的角色时，孩子们反而能够自主地从事自己的活动，这一点与一般学校的教学恰好相反。在一般学校里，教师经常充当主动的角色，孩子们则处于被动的位置。其实，孩子成长或发展得越好，教师就越应该只是在旁边观察。

这使我想起在我们学校里发生的一件令人开怀的事。有一次，校工忘记了把学校大门的锁打开，孩子们因此不能进入学校，心情自然不是很好。后来，教师对他们说："你们可以从窗户跳进去，但是我却进不去，真羡慕你们。"于是，孩子们一个个地从窗户钻进了教室，教师则心甘情愿地守在门外看着孩子们在里面玩耍。

所以，我们应该创造一个能够引导孩子并提供他们锻炼能力的适当环境，准许教师短暂离开。这样一个环境的设立就是教育上的一大进步。

孩子的顺利出生

很多人以为，文明是人类逐渐适应自身生存环境的一种最直接的方法。如果这个说法是正确的，那么谁能比刚出生的婴儿更能够敏锐地感受到环境的变化呢？当我们需要在短时间内适应环境时，一定会感到很艰难，而婴儿在出生时则必须面对比这更不利的局面，因为他基本上是从一个世界来到了另一个陌生的世界。话说到这里，有的人会忍不住自问，我们可以为孩子的出生做些什么呢？

在人类文明的历史上，应该专门用一个篇幅来详细介绍成人该用何种方法来帮助婴儿适应新环境。这一页目前依旧是空白的，因为人类生命开始的第一页还没有人尝试着去写，迄今为止，还没有人对一个新生命的迫切需要感兴趣。

我们在过去的经验中发现了一个可怕的事实，那就是一个人在婴儿阶段受到的不良影响，将会阻碍他一生的发展。胎儿在母体内形成的阶段和出生后在儿童时期的成长发育，都对他的未来起着巨大的作用。全世界的专家学者一致认为，胎儿时期和儿童时期的成长经历，不但对本人成年之后的健康状况有所影响，而且在他整个生命的延续过程中，也担任着举足轻重的角色。迄今为止，人们只知道分娩对产妇来说，是整个生命中最艰难最危险的一刻，却没有多少人领悟到对婴儿来说同样是一道难关。

为什么说分娩对婴儿来说同样是一道难关呢？因为经过分娩，婴儿就完全脱离了赖以生存的母体。一旦与母体分开，婴儿必须马上靠自己尚未发育完全的器官来维持生命。在出生之前，婴儿生活在母体内专为胎儿准备的温暖的羊水中，母亲的身体保护着他，不让他受到外界病毒的侵袭和天气变化的影响，连最微弱的光线、一点轻柔的声音，都被母亲的身体阻挡在外，不使胎儿的生长发育受到丝毫干扰。

可是，随着分娩的到来，胎儿被母体从温暖的羊水中排到空气里，此时他必须自力更生了。原本在妈妈肚子里安全地静养着的胎儿，却要在毫无准备的情况下，突然经历一场筋疲力尽的生产。婴儿那脆弱的身躯被挤压着，最终带着伤降临到这个世界上，像一位长途跋涉的朝圣者抵达了布达拉宫。此时我们又做了些什么呢？我们是用什么方式来迎接婴儿的到来呢？在分娩时，人们全部的注意力都放在了妈妈身上，婴儿只是被护士简单地检查了一下，确定他能够健康存活就算大功告成了。刚当上爸爸妈妈的一对年轻夫妻，满心欢喜地看着他们的孩子，成人的自我意识因为这个婴孩的诞生而得到满足。因为孩子的到来，满足了他们期待已久的愿望，他们拥有了一个完整的家。这个孩子的诞生，将会使他们的家庭沉浸在一种爱的氛围里。

然而，当产妇在舒适的房间里放松休息的时候，有谁能想起来应该让同样饱尝辛苦的婴儿，也能在光线柔和的房间里安静地休息一会儿，以便慢慢地适应新的环境呢？很遗憾，没有人认为婴儿也经历过艰苦的磨难。婴儿那稚嫩的身体是那么脆弱，但没有人因为珍惜而好好地呵护他，也没有人尝试着去理解新生的婴儿对接触到的每一样东西所做出的敏感反应。

有人认为，自然界在必要的时候就会赐予它的子民所需要的援助。然而，当今文明已经为人类创造了能够掌握自然、控制自然的"第二天性"。我们可以兴致勃勃地观察其他动物的生活习性，看到母兽把它的孩子藏起来，使它们不被强光侵袭，还用它的身体为幼兽保暖。母兽还会非常警觉地保护自己的孩子，不允许其他动物碰触它，甚至连看一下它们的孩子都不行。

再看看我们人类的婴儿吧！无论是自然环境还是社会文明，都不曾为他减轻适应环境的负担。甚至还有人说，孩子能够平安地活着就已经很好了。由此可见，他们判断孩子适应这个陌生环境的标准就是平安地活着。本来，婴儿应该保持在妈妈肚子里时的姿势，可现实中却是，婴儿一出生，立即就被穿上衣服，甚至还被包裹得紧紧的，致使他们柔弱的四肢遭到了强有力的束缚。

有人说："健康的孩子完全具有抵抗外界侵害的能力，他们能够很好地适应环境，自然界的万物都是如此。"如果人类真是如此强壮的话，为什么不干脆自由自在地住在树林里呢？为什么还要在冬天穿上厚重的棉衣，或坐在暖气旁享受悠闲舒适的生活呢？莫非大人比婴儿还要脆弱吗？

死亡犹如出生一样，也是一种自然现象，它是每个人都无法避免的。既然死亡是一件很自然的事情，为什么我们不去想办法减轻对死亡的恐惧呢？既然我们无法摆脱死亡的威胁，为什么还要想尽一切办法来减轻死亡的痛苦呢？总而言之，人的内心中有一种说不出理由的无知，一种已深入整个文明社会的盲目。就如同视觉上的盲点一样，人们对初生婴儿的盲目无知，恰恰是人类生命中的一个盲点。

我们必须透彻地了解婴儿的特质，只有这样，他们才能从一生下来就受到更好的照料，也才能够平稳地跨出生命的第一步。照顾婴儿一定要具备相当丰富的知识，并且应该把婴儿自身的需求放在第一位。哪怕只是抱一抱他，也要非常温柔谨慎地对待，并且做到动作轻柔舒缓。否则，最好不要轻易移动婴儿。我们应该明白，从孩子出生到满月，都需要一个极其安静的成长环境。在此期间，最好不要给他穿衣服，更不要用布把他包裹起来，但是一定要让婴儿在室温下保持温暖，因为这时候他的体温还无法随着温度的变化而自行调节。所以，穿衣服对婴儿来说并没有实质性的帮助。

我的这个论点也受到过一些非议，有人说我忽略了各个国家早已存在的不同的传统育婴方式。对于这种不同意见，我不得不说各种育婴方法我都略知一二。因为我曾经在许多国家做过研究，仔细观察过各种不同的育婴方式，但我发现这些育婴方式在某些方面都有所欠缺。在这里我想再次说明，这些育婴方式真正欠缺的是一种心灵上的醒悟。在我们迎接婴儿的降临时，绝对需要花时间做好一切准备，包括心理上的。

其实，在任何地方、任何国家，儿童都未曾被彻底了解过。从孩子出生的那一刻起，成人的潜意识里就充满了不安和惶惑，他们对自己所拥有的东西总是竭尽全力地保护，即使有的东西没有任何价值。他们害怕孩子的到来会打乱正常的生活秩序，房间也将被弄得又脏又乱。正是因为这种心态，成人在照看孩子的时候总是急急忙忙地跟在他的身边，随时准备抢救那些可能会被破坏掉的东西；大人们甚至想逃离一阵子，以便使忙乱的心境平静下来。于是，大人们在努力让孩子成为一个有教养的人的同时，却抑制了孩子所特有的随心所欲的性情。

有时候我们会把孩子随心所欲的特性当做是一种任性。事实上，孩子一点也不任性，只不过我们对他的了解太少了，我们往往因为不太了解孩子的性情，而在教育过程中犯下一些错误。例如，孩子从一岁到两岁的时候特别容易有一种倾向，就是希望看到所有东西都摆在他所熟悉的位置上，并且他对每一样东西都有自己特定的使用方法。如果有人打破了这种习以为常的生活秩序，他会感到十分沮丧，甚至会想尽办法把东西放回原来的地方，然后他的心情才会恢复平静。

那些年纪非常小的孩子，同样有"物归原处"的要求，我们学校里就曾经有过这样的事情。有一次，一个孩子一动不动地站在那儿，低头看着地上的沙子，他妈妈发现了，随手抓起一把沙子扬掉了。不料孩子当时就大哭起来，他边哭边把散落的沙子集中起来，捧回原地。此时，妈妈才明白孩子为什么会突然哭起来，遗憾的是她仍然把孩子的这种需要当成"不乖"的表现。

另一个孩子的妈妈给我讲述了这样一件事。有一次，因为天气暖和，她便把外套脱下来挽在手上，这时她的孩子却哭闹起来，没有人知道孩子为什么会这样伤心，直到他妈妈把外套穿上了，孩子才安静下来，大家这时才豁然开朗。

上述例子说明，影响孩子情绪的主要原因是他看到物品放在了不熟悉的位置。大人或许认为，这样的孩子应当受到处罚，因为只有处罚才能纠正孩子的"缺点"。但是，如果这样的缺点在孩子的成长过程中能够自然消失的话，那么现在来纠正，便有点多此一举了。成人自然不会因为有人脱下外套而在众目睽睽之下号哭。大人常常因为不了解孩子行为的真正意思，而简单地认为这个孩子"不乖"。我们应该知道，孩子现在的某些缺点在他长大以后会自然消失，父母也无需为此过于操心。一旦我们开始真正理解孩子，才能够领悟我们对他的纠正措施确实是多余的，我们将会继续喜欢这个有许多小毛病的孩子，因为我们知道他早晚有一天会成为一个明白事理的成人。

最后再举一例：我的邻居有一个两岁的孩子，保姆每次都在同一个浴缸里，用同一种方式给他洗澡。有一天，这个保姆有事需要离开一阵子，另一个保姆代替她照顾孩子。当新保姆给孩子洗澡时，孩子就哭闹不停，大人们不明白到底是怎么回事。直到原来的保姆回来后问孩子："为什么一洗澡你就哭呢？那个阿姨难道不好吗？"孩子回答说："她是个好阿姨，可是她每次帮我洗澡都倒着来。"原来，这个保姆每次洗澡都是先给孩子洗头而新保姆是从孩子的脚开始洗。洗澡的次序对这个已经习惯了固有步骤的孩子来说，是不可以改变的生活规则，他在努力维护着这个规则。然而，孩子这样的表现，却常常被大人看作是"不乖"。

各个成长阶段的不同

心理学家对人从刚出生到大学毕业的成长过程进行了研究，发现这个时期的心理成长可以划分为几个阶段。最先从事这项研究的是哈伍洛克·爱里斯和W.斯特恩，他们的理论得到许多人的支持，特别是夏洛特·布勒以及她的追随者。

虽然哈伍洛克·爱里斯的看法与流行的观点有所区别，但与弗洛伊德学派的研究结果却不谋而合。人们先前普遍认为新生婴儿非常脆弱，没有什么研究价值，儿童的价值只是在后来的发展中才慢慢变大，哈伍洛克·爱里斯的研究表明这种观点已经不再适用，心理学家们如今相信，人在成长过程中必须经历不同的心理阶段，而且各阶段之间有明确的划分标准，而且每个阶段的心理类型相差各异。有趣的是，每个心理成长阶段与不同的身体成长阶段息息相关。成长发育的各个阶段之间，心理变化极其明显，一个心理阶段结束，另一个心理阶段随之到来，以至于有人毫不夸张地说："所谓成长，就是一个不断再生的过程。"

第一个心理发展阶段是从出生到六岁。这个时期的心理类型大致相同，这个阶段又可以分为0~3岁和3~6岁两个不同的时期。0~3岁这个阶段的儿童心理我们很难了解，也不能直接对他施加影响。这个年龄的儿童不能上学，事实上，也没有学校会接受0~3岁的儿童。3~6岁这个时期儿童的心理类型没有发生太大变化。但是，儿童的人格却发生了很大变化，特别容易受到成人的影响。父母也许感觉不到这种变化，不过，只要把六岁的孩子与新生婴儿进行对比，就会发现变化是惊人的。我们先不讨论这种变化是如何发生的，只需要承认一个事实：六岁的孩子可以到学校接受教育了。

第二个心理成长的阶段是6~12岁。这个阶段相对平稳，儿童处于一个稳定的发展期，表现得健康、强壮而且快乐。对于此年龄段的儿童，心理学家罗斯有过这样的描述："这种在精神上和身体上表现出来的稳定，是儿童阶段后期的一个明显特征。这种稳定与成年时期非常相似。不难想象，假如一个外星人初次来到地球，在没有碰到成人之前，很可能以为这些十岁左右的孩子就是成人。"这个阶段不单是在心理上与第一阶段明显不同，就连身体上的变化也很明显，尤其明显的就是儿童换牙齿。

第三个心理成长的阶段是12~18岁。在这个时间段内，孩子会发生很大的变化。这个阶段同样可以分为两个时期：一个是12~15岁，一个是15~18岁。人的身体在这个阶段差不多发育完成了，十八岁之后，身体不再随着年龄的增长而发生显著的变化。令人吃惊的是，政府主持的教育对此已经有所认识，只是并不明确，只能说是一种模糊的直觉。

人们对0~6岁这个阶段相对认可，道理很明显，因为孩子六岁的时候发生了一个巨大变化——可以到学校学习了。此时的人们认识到六岁的孩子出现的变化，他们开始懂事了。很显然，要是儿童还不能够走路，也无法听懂老师的话，那就根本不可能过集体生活。所以说，人们已经认可了儿童的这个变化。

但是，教育理论界的反应却表现得尤为迟钝，他们至今对这个问题的认识依旧缺乏，仅仅能看到一些明显的事实，也就是新生婴儿与六岁孩子的明显差别。不可否认，六岁的儿童已经具备了自主能力，能够上学，可以理解别人说话的意思，说明他们有了很大的发展，因为他们刚出生时并不会这些。

可以说，第二阶段也得到了一定程度的认可，起因是基于一个事实——世界上大多数国家的儿童在十二岁就进入了中学，也就是说人们普遍认识到，6~12岁的儿童最适宜接受基础文化教育。为什么会这样呢？这不可能是单纯的巧合，如此相似的教育设置，肯定是来自对儿童心理发育的共同认识。事实上，长期的教育实践告诉人们，在此阶段的儿童在心理上适合上小学，他们已经有了学习的耐心，能够安心听讲，能够理解教师的意思。其实，6~12岁的儿童不仅能够接受教育，而且对他们的身体发育也不会造成影响。所以说，这个阶段是接受文化教育的最佳时期。十二岁之后，孩子就要接受一种新的学校教育，这说明各国的教育也认识到了儿童的心理发展已经进入另一种类型。

这个时期可以分为两个小阶段。与之相对应的是，中学教育也分成初中和高中。一般情况下，初中为三年，高中是三年。对我们来说，这样划分是否合理并不重要，重要的是这一事实，即12~18岁这六年的教育一般分成两个阶段。

青少年教育受到心理学家的一致关注，因为12~18岁这个年龄段与0~6岁相似，心理变化极为显著。这个阶段不像前一个阶段那样简单，也不再平静。这个时期，青少年的性格极不稳定，而且有一种反叛倾向。在身体发育方面，也没有前一个阶段稳定。

令人担忧的是，学校教育往往不关心这些，他们不管学生愿意与否，事先就制定好了作息时间表，要求学生必须遵从。于是学生们不得不长时间坐在教室里听讲，花大量时间来学习。

大学是学校教育的最高级别。不过，我们的高等教育与中小学教育并没有太明显的区别，仍然是教师在上面讲，学生坐在下面听，当然课程量更大了，知识也更丰富了。许多大学生不修边幅，留着各式各样的胡须，成群地挤在教室里面，看起来很是古怪。这些曾经的孩子，现在已经长大成人，可还是被当做小孩子对待。他们必须老老实实地坐在教室里听讲，遵从教师的命令；除非父亲大发慈悲，否则不能上街，不能抽烟；要是考试成绩不好的话，还要受到父母的责骂。

然而，开发这些年轻人的头脑才是我们的目标，因为社会需要他们的智慧和经验，他们将来可能是医生、律师或工程师。人们忍不住要问，这些年轻人需要多长时间才能取得学位？他们毕业之后能够赚钱养活自己吗？能够适应自己选择的职业吗？企业可能让一位年轻的工程师来设计方案吗？这个年轻的律师能够打赢官司吗？现在，人们普遍对年轻人缺乏信心，我们该怎样解释这种现象呢？

很简单，因为这些年轻人多年来只是在听讲，而仅靠听讲是不能让人走向成熟的，只有实际工作的经验才能锻炼出真正的人才。正因为如此，一个年轻医生需要几年的实习时间，一个年轻律师离不开专家的指导。事情还不止如此，这些毕业生想要得到这份工作，还需要别人的帮助和推荐，要克服众多困难。遗憾的是，世界各国的年轻人都面临着这种尴尬处境。

在纽约，几百名找不到工作的大学生上街游行，他们高举的条幅上写着："我们没有饭吃，没有人雇用我们。我们将来怎么办？"没有人能够回答这个问题。我们的教育就是这样，尽管意识到了在不同阶段有不同的发展模式，但是又不能改变传统习惯，完全脱离现实生活。

几十年前，人们根本不关心2~6岁的孩子，现在这种情况已经大有改观，出现了各种各样的幼儿园，担负起了这些孩子的教育。但是大学的情况仍是老样子，没有什么实质性的变化。现今，大学仍然被认为是教学的最高目标，因为大学生都是智力突出的人，可是心理学家开始注重对人的研究，于是出现了一种不相同的认识倾向，许多人和我一样，相信教育最重要的阶段并非大学，而是0~6岁，他们认识到智慧是在这个阶段形成的，并且人的心理也是在这个阶段定型的。这种观点激发了我们对生命潜能的研究，特别是对新生婴儿和一岁儿童的研究，因为科学家发现这个时期对人格的形成有着极为重要的意义。

科学家对新生婴儿的兴趣，甚至不亚于过去对死亡的兴趣。人死后会如何？早期人类一直在探讨这个问题。现在出现了一个新的领域，再一次激起了人们无边的想象力，这就是在新生婴儿身上发现的巨大潜能，这是人类过去根本不了解的。

除了人之外，没有哪一种动物拥有如此漫长的婴儿期，这究竟是为什么呢？在这个过程中到底发生了什么？我们无从得知。但有一点是肯定的，即在这个发育过程中，有一种创造性的潜能自始至终在发挥作用。这是显而易见的，刚出生的婴儿没有任何知识，什么都不知道，但是一年之后，就开始知道很多事情了。

婴儿刚出生时没有记忆，脑子里一片空白，更谈不上主观意志了。所有的一切，都有待于在未来的时间中发展。动物却不是这样，小猫一生下来就会"喵喵"叫，牛犊和刚孵出来的小鸟一落地就发出和它们父母一样的叫声。初生的婴儿却没有这种能力，他们只能发出哇哇的哭声。

人类没有办法决定自己的成长过程，也不能解决发展中出现的问题，但是，人类可以对发展过程进行研究。这是一个从无到有的过程，其中充满了很多奇妙的变化。人类要想了解这个过程是极其困难的。

如果认为不满一岁的婴儿总是在沉睡，那就大错特错了。因为他们的大脑和我们成人是不相同的，他们的大脑潜藏着巨大的创造力，有一股力量正在发生作用，构成了他们奇妙的内心世界。在婴儿来到这个世界的第一个年头，他们的发音器官不但发育完全了，而且掌握了语言，此外，他们每一秒都在储存身体发育所需的能量，因为智力发展必须以身体的发展为基础。

成人可能知道自己需要什么，婴儿却无法意识到自己的需求，这些伟大的创造活动，全部是在婴儿的无意识中完成的。也就是说，婴儿同时创造着知识以及对这些知识的要求。

如果说成人的行为是有意识的，那么婴儿的行为完全是出于无意识，只是这种无意识不是我们想象的那样。无意识的头脑非常具有智慧，不单单婴儿是这样，包括昆虫在内的所有生物都是如此。这种无意识的智慧帮助婴儿成长，这是从对环境的吸收开始的。那么，婴儿是如何从周围环境吸取知识的呢？就是通过运用自己的天赋特性。周围事物唤醒了婴儿的热情，吸引了他们的注意力，这样，在婴儿与环境之间就开始了一种互动。婴儿并非通过思想来获取知识，而是通过天赋能力来吸取知识。

语言是这种学习方式最为明显的例证。儿童是怎样学习说话的呢？针对这个问题，人们往往这样回答：他们天生就有理解人类语言的能力。这个答案其实什么也没有说，因为婴儿的周围有上千种声音，然而他们却只学会了人类的声音，这是为什么呢？

既然婴儿只听取人类的声音，学习人类的语言，说明在周围的诸多声音之中，人类的语言对婴儿的印象最深，而且一定极为强烈，由此而促使婴儿的神经系统产生热情，从内心激起情感共鸣，进而促使他们发出相同的声音。

这个道理很好理解，人对音乐的感受就和这种现象很相似。人们在听音乐的时候，脸上的表情不仅随着旋律而变化，而且他的头和手也会跟随节拍活动。当然，婴儿对语言的感受比我们对音乐的感受更强烈。婴儿是在无意识中受到周围声音感染的，人们很少看见他们的舌头、脸颊在动，其实，正是在这种静默之中，婴儿的所有器官都在学习发声。

上面阐述了婴儿是如何听取声音的。那么，他们又是如何学习语言的呢？语言又是怎样成为他们人格的一部分的呢？一般情况下，在婴儿期学到的语言被称作母语，这种语言与后来学习的语言有显著的区别，这就像真牙和假牙的区别。

一开始，婴儿听到的只是一些没有意义的声音，用不了多久，他们就会理解其中的含义。那么，这些单纯的声音是怎样被赋予了意义的呢？儿童不但学会了词语和其中的意思，还懂得了句子和语言结构，因为掌握句子结构是理解语言的前提。比如人们说"玻璃杯在桌子上面"，词语的次序决定了句子的意思，表示玻璃杯的位置在桌子的上面。如果颠倒语言顺序，比如说"上面桌子在玻璃杯"，人们明白起来就很困难，儿童之所以能够理解语言的含义，正是因为他们掌握了语句的顺序。

那么，婴儿的认知力是怎样发生的呢？人们常常说："孩子，你要把这些东西记住了。"然而却忽略了记住东西需要有记忆力。可是，婴儿期的孩子并没有记忆力，相反，他们正需要培育这种能力。还有，要了解语言顺序对含义的影响，就要懂得推理，婴儿同样不具备这种能力。很显然，婴儿对语言的学习是我们难以理解的，也是尚未成熟的大脑难以完成的，因为其中有一种特殊的心理能力。所以说，儿童拥有与成人不同的智慧。

对此，我们可以这样理解，成人用大脑来学习，婴儿通过心理能力来直接吸收知识。

成人的学习只是接受，把知识输入大脑，储存起来，如同往花瓶里灌水一样，人与知识并没有建立起直接的联系。相反，婴儿在学习中经历了一个转型过程，借助学习塑造了自身。他们逐渐学会了自己的母语，在幼小的躯体内产生了一种精神化学反应，知识不仅进入大脑之中，而且促进了大脑的发育。就这样，通过与周围环境的交流，婴儿创造了自己的精神世界，我们把这一时期的心理称作"具备吸收力的心灵"。

婴儿这种独特的心理能力到底是什么样子的，我们很难想象，但是，这种能力的优势却不可否认。如果我们也有这种能力该有多好！这样的话，我们就能够在休闲游戏中学习新的语言，就可以像吃饭、呼吸一样轻松地学习知识。如果真能如此该有多美妙呀！试想一下吧，开始的时候，我们还不会发现自己有什么变化，可是突然之间，新的知识就像星辰一样出现在我们的脑子里，这将是多么令人激动啊。

假设有这样一个星球，没有学校和教师，没有书包和图书馆，人们不知道学习是怎么回事，居民过着悠闲的生活，每天只是吃饭走路，却懂得了所有生活知识。对此，读者一定认为我是在讲童话故事。其实不然，这样的情况无时无刻不发生在我们身边，这就是幼儿的生活和学习，他们在无意识中学会了每一件事，却从没感到学习的负担。

人类的学习过程是件非常伟大的事情，不仅逐渐掌握了知识，同时大脑也得以发育成形。话又说回来，人类在这个过程中是需要付出代价的，当学习慢慢变成有意识的时候，获得每一点知识都要付出相当大的代价。

儿童学习的另一件大事是动作。婴儿生下来先要在襁褓之中生活大半年，这时他们基本上没有什么动作，但是不到一年，他们就能够走动，并且学会了做许多动作。这期间，他们无忧无虑，整天都在开心地玩耍，同时逐渐地学习动作，此时语言已经不成问题，周围发生的每一件事都会深深地吸引他们，印在他们的大脑里。

手是人类智慧的工具，儿童的学习也是从手的使用开始的。儿童对动作的学习是有规律的，每个动作都有专属的学习期。在学习动作之前，幼儿无意识的心理发育已经开始了，在学习动作时，大脑早已开始了对周围环境的学习。当婴儿学习第一个动作的时候，心理活动就从盲目向有意识转变。只是对一个三岁的儿童进行观察，就会发现他在反复地玩弄一些东西，这些游戏活动是有意识的，儿童的思维通过对玩具的研究，正在从无意识向有意识转变。从此，他们的行为也将逐渐有意识，而且通过自己的活动完善自身。就这样，一开始无意识的游戏活动，逐渐变成了有意义的工作。

这些经验最终形成了儿童的性格，也给他们带来了限制，这是因为经验的世界与无意识的世界相比要狭小得多。

这个神秘的学习过程从婴儿降生那一刻就开始了。婴儿在这个过程中逐渐获得自己的力量，形成自己的思想和意识，最终成为他记忆的一部分，并借此获得理解和思考的能力。对于从事儿童教育的人来说，这个过程的最后结果就是，这些六岁大的孩子突然之间有了理解力，并且能够耐心地听老师讲话。

近年来，对婴幼儿心理的研究开阔了人们的眼界，人们被儿童的这个神秘的世界深深地震撼了。本书想要做的，就是对儿童这个阶段的学习能力与模式进行分析。

对于0~6岁儿童的心理发育，成人所能做的事情，并非教育而是提供帮助。如果我们能够正确认识儿童的心理发育，理解他们的需要，从而在这个学习阶段中促使儿童科学地发展其掌握知识的能力，这将会是很有意义的事情。如果能使人类告别艰辛的学习过程，同时又可以掌握更多的知识，这将是对人类很大的贡献。

可以说，对儿童心理的发现带来了一场教育革命。当人们发现婴儿的心理与成人并不相同；当人们了解到婴儿的学习能力属于无意识的心理，这种无意识变成有意识的条件在于使婴儿在游戏过程中从身边的环境中吸取经验；当人们认识到教育不能直接介入这个过程中时，于是，儿童教育理念发生了根本性的改变。这一时期的儿童需要正确的帮助，而非灌输知识，教育应该消除那些阻碍儿童天赋创造力发展的障碍，使这种能力尽可能发挥出来。于是，教育不再像过去那样，是一个灌输语言和观点的过程，而是向儿童的心理发展提供帮助的办法的过程。

　　成人应该给儿童以帮助，这绝不是因为他们幼小，而是因为他们天赋的创造力还处于萌发阶段，极其脆弱，需要成人的呵护。而且，成人提供的帮助不是针对儿童本身，而是促进儿童这种天赋能力的发挥。总之，帮助儿童的心理发展，促进儿童自然学习能力的发挥，并使这种潜能不断得到提高——这就是当今世界教育新的发展方向。

孩子要获得的独立与品质自强

　　如果没有心理回归倾向，儿童会尽力实现自身的独立。婴儿一旦脱离母体，就如同射出去的箭一样，会朝着自身独立的发育方向奔去。在这个发展过程中，他们将不断克服各种各样的阻力，努力完善自身，这是因为在儿童的身体里存在着一种巨大力量，这种力量在不停地发挥作用。生理学家帕西·纳恩先生称这种力量为"具有目的的行动"。假如我们想在成人身上找到与此类似的东西，那就是所谓的"主观意愿"了。但是，这也是一个很不恰当的类比，因为主观意愿只是人的意识的一部分，并且受到一定的限制，而"具有目的的行动"则是生命的本能，甚至可以说是生命演进的推动力，这种力量是儿童成才的源泉，发育过程中的所有行为都由它而来。假如发育不受任何干扰，那么儿童的身上就会显现出一种"生命的愉悦"，他们会充满活力，会健康快乐地成长。

　　这种"自然发展"的基本体现，正是儿童对独立自主的要求。换而言之，只要成人对儿童的自然发展给予应有的帮助，他们就能够实现自身的独立。在儿童心理发展上是这样，在他们身体发育方面同样如此。因为他们的身体也存在着发育完备的驱动力，而且极为强烈，只有死亡才能阻止它。

　　下面，我们将就儿童"自然发展"的各个阶段进行探讨。新生的婴儿可以说是脱离了子宫的"牢笼"，迈出了独立的第一步，同时，出生赋予他认识外在环境的强烈愿望，他将面对一个全新的世界，开始学习汲取各种知识来完善自己，慢慢形成自己的个性。从这个意义上来讲，人生来就有"征服世界的欲望"。这种"征服世界的欲望"是生命发展第一阶段的标志，这说明外在环境对儿童具有吸引力。因此，我们完全可以这样说，儿童喜欢这个世界。也可以借用凯兹的话："对儿童来说，这个世界具有丰富的感官刺激。"

婴儿最先工作的器官是感觉器官，要是这些感官不能吸收信息，它们又有什么用处呢？

我们环顾四周，能够看见什么？能够看见视野之内的全部东西。我们侧耳倾听，能够听见什么？能够听见可辨声域内的所有声音。人的感知范围很广阔，但人并非生下来就能分辨这些东西。就拿声音来说，婴儿首先听到的只是一种混合的声响，然后，随着与环境交流的经验积累，才逐渐可以分辨出声音之间的差别，这个过程完全符合完全形态的心理学。

首先吸取所有能够感知的东西，然后对它们逐一鉴别，一个正常儿童的心理发展就是这样的。如果情况相反，儿童无法感觉到周围环境的动人之处，反而对它存在一种恐惧感，那么这样的外部世界就不再是感官刺激的源泉，而成为恐惧之源。

以上两种情况显然存在着极大的差别。研究表明，如果婴儿在六个月左右开始接受外界环境的科学影响，他会走上正常的生长过程，这可以从婴儿的身体发育中得到证明，当然，也可以进行一些测试。比如说，六个月大的婴儿开始分泌胃酸，开始长牙，开始身体发育。这样一来，六个月大的婴儿不仅可以吃母乳，还能吃一些与母乳混合的食物，而在这之前，他们无法消化吸收母乳以外的任何食物。

可以说，六个月大的婴儿已经具有了一定程度的独立性，他们仿佛在说："我们能够离开母亲了，我们能够独立地生活了。"当儿童成长为少年的时候，身上还会发生相似的情况，那时的他们会因自己对父母的依赖而感到难堪，而且尽可能地回报父母的养育之恩。

大约在六个月左右，幼儿的小嘴终于可以发音了，这是一个重要标志，表明他们顺利完成了语言学习的第一个阶段。从此以后，儿童的发展将更加迅速，直到他们完全独立。儿童一旦可以开始说话，就能够表达自己的需求，不再依赖别人。从某种意义上来说，他已经是人类成员之一，因为语言是人们沟通的工具，儿童掌握了语言，就开始了社会交流。

学会运用语言，开始与他人进行交流，这是儿童成长过程中走向独立的至关重要的一步。一开始混混沌沌，什么都不会的婴儿，现在竟然能够听懂他人说话，可以随意表达自己的思想了，这真是令人惊讶，似乎他们一觉醒来，就同时具有了倾听和语言表达的能力。

再过半年，一岁的儿童开始学会走路，可以到处走动，随意乱跑。如果陌生人接近他，他能够躲避，他在身体上也开始独立了。从这里可以看出，人的能力是逐步发展起来的，是一步步迈向独立的。因此这个时候的问题不再是给儿童提供帮助，促使他们获得独立，因为他们已经独立了。这是生命发展的必然结果，大自然赋予了生命以独立的能力，也就尽力促成这种能力的实现，把自由和独立赐予儿童。

就儿童的成长而言，学会行走极其重要，不单是因为行走是复杂的肌体活动，代表着儿童体质发育的完善，还由于行走出现在儿童一岁左右，这与儿童对语言的学习，对周围环境的汲取同时进行着。

所有哺乳动物中，只有人需要经历学习行走的过程，其他哺乳动物则一生下来就会走动，几分钟后就可以奔跑了，人类却不然，刚生下来什么都干不了，需要在襁褓中生存相当长的时间，然后慢慢培养这些能力。这是因为儿童在站立之前，需要先完成身体上三个方面的发展。

用两腿站立和行走看起来很简单，其实是极为复杂的，需要几部分复杂的神经结构相互配合，其中大脑底部的小脑起了主要作用。小脑是控制人的平衡和运动的器官。可以说，儿童能不能正常行走取决于小脑的发展。

当儿童长到六个月时，小脑开始飞速发育，这个快速发育的过程持续到14~15个月，然后速度逐渐放慢，到四岁半完成。在这一时期，儿童实际上同时进行着两个方面的发展，不单是小脑和神经系统发育成熟，而且行动器官也发育成熟了。一个正常的儿童长到6个月能够坐起来，到9个月可以爬动和打滚，10个月左右能够站立，12~13个月开始迈步行走，到15个月时，就可以平稳地走路了。

在对行走的学习过程中，与运动有关的神经系统同样发育成熟，比如脊柱神经就是在这时形成的。行走需要脊柱神经把大脑的指令传达给腿部肌肉，如果脊柱神经没有发育成熟，就无法传递。这对于控制肌肉是非常重要的，因为行走过程是由各种肌肉的运动来协调完成的。

第三个行走必需的因素是骨骼发育。婴儿刚出生的时候骨质很软，腿还无法承受身体的重量，因此在走路前需要骨骼硬化。另外，在这段时间，婴儿颅骨上的缝隙也已愈合，即使儿童意外摔倒，也不会伤及大脑。

在儿童的小脑、脊柱神经和骨骼发育成熟之前，父母不能教儿童走路，因为行走是由一系列组织协调完成的，需要相关器官的协调发展。一旦违反自然发展规律，就会给儿童带来危害，因为走路也是一个自然发展的过程，必须遵守自然法则。同样，假如我们企图阻止一个发育正常的儿童走路，也是不可能的，因为他的相应器官已经成熟，必然会发挥相应的作用。在自然界的话语中，"创造"一词不仅意味着生成了什么，还意味着生成物所发挥的作用，任何一个器官一旦形成，立即就会发挥它的作用。在现代术语中，器官的功能性工作称之为"环境经验"，如果没有获得这种经验，就证明器官发育不正常，或者发育不完全。器官只有充分实现了它的功能，才代表着发育完全。

儿童只有从环境中不断汲取经验，才能得到更完全的发展。专家把儿童这个汲取经验的过程称为"工作"，因为它是一种交互作用的过程。一旦儿童学会了语言，就会不停地说话，谁也无法阻止他们。如果说世界上有什么最难办的事情，那么让儿童保持沉默绝对是其中之一。要是儿童行走、说话的要求受到妨碍，就会束缚他们的发展，严重的还会出现畸形。

所以说，儿童获取行走能力之后，极大地提高了身体的独立性。

他们要获得自身的独立和发展，需要可以自由使用这些能力。心理研究表明，人的任何发展都并非必然，都是有条件的，"任何个体行为都来自环境经验"。

假如我们认为教育就是为儿童的身心发展提供帮助，那么，我们只能为他们获得的每一点进步而高兴，这是因为我们非常清楚，我们无法对儿童的成长提供任何实质性的帮助。但是，我们对儿童的教育却存在着这样一个问题——环境经验的缺失，它可能减慢儿童的发展，甚至会使发展出现逆转。

教育首先要做的事情，就是为儿童提供学习环境，使大自然赋予他们的能力能够充分发展。这不仅是出于我们的爱心，或者让孩子们高兴，还需要我们调整观念，遵循自然的法则，与自然的进程协调一致。

儿童跨过了这一步，还会要求更高层次的经验。只要对儿童进行一番观察，就会发现他们一直在努力扩大自己的行动范围，不停地发展着自己的独立性，他们总想按自己的意愿行事，想要这个东西，想要那个玩具，想自己穿衣服，或者干一些我们无法理解的事情。

这些完全出自他们的心愿，大人不曾要他们这样做。他们获取经验的要求如此强烈，以至于大人们往往会去阻止他们。这时，我们一定要记得，我们这么做不仅是在阻止儿童的行动，而且是在阻挠自然法则的实现，因为儿童的行为是受自然支配的。

儿童渐渐摆脱对成人的依赖之后，就会要求精神上的独立。他开始对获取的经验进行思考，思考各种事物之间的联系，从而建立起自己对世界的认识，而非依靠别人。也就是在这一时期，他的个性形成了。

社会必须给儿童全部的自由，让他们获得独立，让他们正常发挥自身的能力。这已不是一个单纯的理论问题，而是需要我们立即去做的事情。只有通过自由和丰富的环境经验，人类才能实现自身的发展。这并非一种时髦的理想主义理论，而是基于对生命和自然的科学观察，在客观事实上得出的结论。

当然，这里提到的独立和自由的概念，不同于流行的观念，我们不能把自己的想法强加给儿童。很多人怀疑，成人能否给自由和独立一个准确的定义，因为我们缺乏对自然的真实理解。人类目前对自由的理解有很大分歧，这是毋庸置疑的。借助对儿童发育的研究，人们相信自由、独立和生命的真实意义只有在儿童身上才能反映出来。自然是最公正、最慷慨的赐予者，它依据每个人的不同需求，给予他们自由和独立。只有在它的怀抱里，自由才能成为生命的法则。

自然界发挥作用的方式将是社会生活的基础。这样看来，似乎儿童向我们展现了一个完整的人生场景，而我们却只能看见其中的一部分。但我们更应该相信，儿童所展示的是一种事实，通过它我们距离真理将更加接近。所以说，儿童成长所获得的自由，拓展了成人的思想空间。

那么，儿童不断获取独立的发展的目的在哪里呢？这个目的来自何处？答案是，这个目的就是标志生命不断完善的个性。不过这方面的发展并不是人所独有的，自然界所有生物都具备这种能力，都能够独自发挥作用。所以说，儿童遵循自然规律充分发展自身，也就实现了自由，这种自由是所有生物生存的前提。

生命个体是怎样实现这种独立的呢？答案是通过一系列的活动。又是怎样获得自由的呢？通过不懈的努力，生命是一种处于激发状态的能量，不会停止向前。独立绝非一个割裂的静止状态，而是一个不断征服的过程。自由只能通过强壮的体质和完美的个性来证明，想达到这个目的需要进行不懈的努力。

婴儿的第一本能，就是摆脱对他人的依赖，独立行事。在争取独立的时候，儿童的第一个意识就是自我保护，使自己避免受到外来伤害，避免他人的阻碍，以达到自己的需求。一些俗不可耐的人认为，最好的生活就是无所事事，躺在床上不做任何事，衣来伸手，饭来张口。如果真是这样，婴儿出生前的生活是最惬意不过的了，那时他在子宫里，任何事情都不用操心，一切都交给妈妈去办。可是，回想一下婴儿学习语言这一艰难的过程吧，为了实现与人交流的需要，襁褓中的婴儿担负着繁重的工作。如果无所事事是生命的最佳状态，那么儿童何必学习说话，在襁褓里受人照顾不是挺舒服的吗？学会了说话后，还要学习吃饭，学习行走，学习运用脑筋思考，这些活动都需要不懈努力，但是，孩子们并没有逃避，他们表现出强烈的进取意识，而且会因为对周围环境的不断熟悉而备感快乐。

儿童不仅向我们证明了知识的价值，还表明了自然的教育方法和社会教育方法的不同。儿童完全通过自身的行动来寻求独立，他们一心一意地学习自己需要的知识，汲取周围世界的经验，而不是关心其他东西。我们一定要明白，给予儿童自由和独立，就是给予一个不知疲倦的工作者以自由和独立，他们停止工作就不能生存。这种生存规律适合所有生物，违背这种规律就会倒退。

任何生命都是一种能量的表现形式，这种能量充满活力，所以，生命必须通过活动才能达到完美。社会的活力来自一代又一代人，有人妄想把工作推给别人，自己少工作，这种意图违反了自然规律，是生命衰退的表现。这种现象形成于儿童时期，是因为婴儿出生后的几天里，没有人帮助他们适应周围的环境，使他们对这个世界失去兴趣。有这样经历的儿童离不开别人的肩膀，他们喜欢别人的帮助，喜欢睡觉而非交友。这些都表现出一种退化倾向，用专用术语来说就是"向子宫回归的倾向"，这是一种逃避独立的倾向。而正常的儿童却是渐渐地走向独立的。

这里又出现了另一个问题，我们如何对这些不正常的儿童进行教育？如何治疗这种衰退症状？这些发生偏差的儿童对生活的环境并不喜欢，他们从中看到了太多的困难和阻碍，在他们看来，这些障碍难以克服。如今这种孩子成为儿童心理学研究的主要对象，并产生了儿童精神病理学，在西方国家还出现了许多儿童心理诊所。为了给这些儿童提供帮助，科学家研究出了一些治疗的办法，我们熟悉的游戏疗法就是其中之一。

儿童的学习环境不应该存在什么障碍，障碍越少越好，最理想的是完全消除。在重视儿童教育的国家里，儿童生活环境中富有吸引力的东西越来越多，那些非正常儿童的生活环境更是如此。这样做的目的是为了让儿童觉得克服阻碍并不困难。因此应该尽可能地让儿童参加有趣的活动，这对他们发展自身的能力是很有帮助的。

儿童生活的环境应该丰富多彩，能够让他们产生兴趣，使他们从中吸取经验。只要我们遵循生命发展的基本原则，完全可以改变有退化倾向的儿童，使他们不再懒惰，变得热爱工作；不再无精打采，而是充满活力；不再因为恐惧而躲避，而是热情大方、兴高采烈地享受生命的乐趣。

对非正常儿童来说，从懒惰到充满活力是一个治疗的过程，这和一个正常儿童从懒惰到充满活力没有什么不同，都离不开以自然规律为依据的教育。虽然我不在这里做理论上的探讨，不过，在对此进行详尽阐述之前，有必要解释一下"成熟"一词，因为从本书的内容来看，正确理解"成熟"这一概念极为重要。

"成熟"本来是遗传学和胚胎学的概念，用来表示生殖细胞受精之前的发展过程，也就是由不成熟发展到成熟。这个概念移植到儿童心理学中后，具有了更为丰富的含义，它表示一种成长调节机制，这种机制对各个器官的发育平衡起到保证作用。尽管哈诺德·盖塞尔并没有提出一个精确的概念，但这一理论为他所发展。如果我没有领会错的话，他的意思是：生命个体的发展拥有一定的法则，这些法则必须遵守，因为儿童的学习过程受生命本能的支配，生命赋予他们的某种特性和倾向会对他们的学习起到指挥作用，以及学习什么、怎样学习。换句话说，盖塞尔认为，儿童的这些功能是不受外在指令约束的。

在儿童身体发育方面，盖塞尔的观点绝对是正确的，正如前面谈到的，在儿童的各种行走器官发育成熟之前，教他们走路是不现实的，同样，在儿童的心理发育到一定程度之前，也不可能学会说话。

对我熟悉的人一定知道我始终坚持这样一个观点：儿童是遵循自然规律成长的。我把这个规律看作儿童教育的基础。从生物学的角度上讲，盖塞尔的说法确实是正确的，但对儿童的精神成长来说却未必适宜。比如说，他认为："儿童的大脑发育和身体发育一样，都是一定发展过程的结果。"这种说法肯定不恰当，如果把一个儿童放在荒岛上，只给他提供必要的食物，却不让他与人类接触，任其自由发展，那么这个儿童的身体发育会很正常，但心理发展绝对不会正常，那个曾经家喻户晓的被称为"艾维伦野人"的男孩就是一个很好的例子。

很明显，我们并不能凭空造就一个天才，教育只能促使一个人充分发挥自身的潜力。但是，既然我们谈起"生物成熟"的过程，也就应该接受"心理成熟"的过程，因为在胚胎发育过程中，两者是平行进行的。对此，前面各节已经做了论述。

现在，人类还不能认识器官的所有成长过程，因为器官的发育并非一个有序和渐进的过程。胚胎的发育存在着一些活动点，这些活动点存在的时间非常短暂，各个器官在这些活动点的周围出现，器官出现之后，活动点就消失不见。除此之外，器官的成长过程中还存在一些敏感时期，这些敏感时期对动物行为具有非常大的影响。对此，荷兰生物学家德·弗雷斯已经做了很多研究。我们感兴趣的是，这些敏感时期对动物行为的作用与儿童的心理发展是协调一致的。也就是说，生命发展的规律与人类的本性是一致的，两者相互适应。

就生命个体而言，"成熟"的过程中不单具有基因功能的作用，还存在着环境的影响因素，在个体的成熟过程中，环境因素起着至关重要的作用。

心理成熟不能离开来自环境的经验。在发展的不同阶段，环境经验也有不同形态，这是因为在发展过程中，"具有目的的行动"不停地转换类型，环境经验也就以不同面貌出现在个体面前。因为环境经验不断重复出现，人的意识领域就会出现一项新的功能，一个特定模式也就建立了。当然，这是肉眼无法看到的。看起来，外在经验的重复活动与新生功能之间，并不存在直接的联系，因为在这些功能出现的同时，环境经验也随之消失了，而且新功能一经建立，儿童的注意力也就转移了，以便发展出另一种功能。如果儿童不能这样不间断地吸收环境经验，他就会失去对环境的敏感性，从而对他们的发育成熟造成影响。

对于"成熟"这个概念，心理学课本是这样定义的："成熟包括来自遗传的结构变化，这些变化主要来源于遗传基因，但是在一定程度上，也是生物体与环境之间互相作用的结果。"

依据我们的认识，可以这样说，人在出生之时，大脑结构中就存在着一种力量，这就是"具有目的的行动"。这种力量的作用和功能，我已经在前面的章节中讨论过了。

我们来总结一下，影响着个体成长和心理发展的机制有如下几个方面：具有吸收力的大脑、"星云"、敏感时期。这些都是人类的特征，均来自生物种类的遗传，但是，它们必须通过个体的自由活动，在环境中获取经验之后才能够发挥作用。

生命伊始

如果我们要提高人类的精神生活，增进人的精神生命，就必须知道儿童的大脑具有一种天然的吸收力，可以从周围环境中吸取养分，变成有用的知识，从而促使儿童的成长。因此，我们必须给儿童提供丰富多彩的生活环境，激发他们敏锐的感受力，这对刚出生的儿童来说是很重要的。

现在我们知道，儿童的发育过程存在着很多阶段，环境在每一个阶段都起着至关重要的作用，最重要的是婴儿刚出生的那一时期。认识到这一点的人并不多，在不久之前，人们还不清楚两岁大的儿童是否有精神需求呢。所以说，对儿童精神需求的研究已经刻不容缓，如果我们再忽视它们，将会产生巨大的隐患。

在20世纪，对儿童成长的研究更多的集中在身体方面，这是因为医学卫生取得了飞速发展，极大地降低了婴儿的死亡率。也正是由于这个原因，医疗研究集中在人的身体方面，人的精神健康则被忽视了，在儿童教育方面也很难找到正确的理论作为精神健康的依据。

那么，自然发展史向人类传达了什么信息呢？自然告诉我们，婴儿一出生，精神上就要经历一个适应外部环境的阶段；这个精神适应阶段不但对儿童的发展很重要，对其他哺乳动物也同样重要。

必须明确的是，人和其他哺乳动物是有所不同的，没有与生俱来的行为能力，这种能力需要后天的培养。从儿童的发展角度来说，问题不是唤醒天赋的精神能力，而是实现这种天赋的创造力，因此，环境的作用就变得非常重要了。另一方面，既然环境的作用如此之大，我们就应该仔细观察婴儿的生活环境，不能让他们和周围环境发生隔阂，导致出现衰退的倾向。我们应该保证他们对环境充满乐趣，这样才能够促进他们的学习与发展。

生命的第一年可以分为几个阶段，且每一阶段的发育具有不同的重点，需要给予重点关注。

第一个阶段很短暂，就是婴儿的出生。在开始的几天，应该让婴儿和母亲多接触，多交流。婴儿出生前生活在母亲的子宫里，那里安静、黑暗并且温暖；有鉴于此，育婴室的温度、光线和声音要尽量与婴儿出生前保持一致。在美国，医院通常将产妇和婴儿安置在玻璃房子里，这里的门窗玻璃都是蓝色的，光线很柔和，室内温度被严格控制，使婴儿刚出生时所接触到的温度接近母体，随后逐步向外界的温度变化。

人们有个习惯做法，就是婴儿一出生，就把他放进水里洗澡。这样做并不合适，因为婴儿受到的刺激过于强烈；也不应该过快地给婴儿穿衣服，这是因为婴儿并不是没有知觉，大人应该尽量少触摸他们，没有必要给他们穿衣服。最好的做法是，从婴儿刚生下来，就把他放进一个黑暗、没有杂物、足够温暖的房间里。移动婴儿同样要注意，不要用手臂去抱他，正确的方法是用鸭绒被轻轻地托住他们，无论抱起还是放下，动作都要轻，以免婴儿受到伤害。为了防止微生物进入育婴室，所有进入其中的人都应该戴上口罩。以上这些措施不仅是从卫生安全上考虑，而且把母婴看做是一个互相交流的整体，就像婴儿出生之前那样。一言以蔽之，我们必须根据自然的要求，帮助儿童适应这个世界。

在母亲和婴儿之间存在着特殊的纽带关系——母亲给予孩子力量，帮助他适应外部世界。也可以说，出生只是改变了婴儿与母体的关系，从母亲的体内到了体外，而其他方面的联系与交流并没有得到改变。母亲与婴儿之间的关系，几年之前，人们还不这样看，那时的人们都认为婴儿自出生那刻起，就与母亲完全分开了。

以上这些照顾婴儿的方法，已经得到人们的认可，不过实践证明，这些方法却不适合整个婴儿期。婴儿出生一段时间后，母子俩就应该摆脱隔离状态，回到人群中生活。不管儿童还是成人，一旦步入社会生活，就会遇到许多问题。然而，社会环境对儿童造成的影响与成人却有着相当大的区别。

有一种说法很有道理："大人越富越好，孩子越穷越好。"试想一下，富人的孩子虽然可以得到很多礼物，物质生活优越，但是其母亲为了自己安逸，通常会把孩子交给保姆和奶妈；穷人就不同了，母亲通常把孩子带在自己身边，这种做法才符合自然要求。

母子相依阶段一过，儿童就能够适应环境了。从此，他们踏上了争取独立的道路，从周围环境中尽情地吸收着自身需要的知识。

我在之前说过，儿童对独立的获取是一系列"征服"的行动，首先就是运用他们的感觉器官。因为婴儿的骨骼尚未发育成熟，不能自由活动，只能运用大脑和感觉器官去感知和吸收周围环境中的信息。

儿童都有一双明亮、充满渴望的眼睛，这双眼睛不停地转动着，时刻打量着周围的世界。科学研究表明，儿童的眼睛不但对光线敏感，还能够接受各种信息。

从结构上看，人的眼睛和动物的眼睛并没有什么区别，都像一个照相机，吸收光线形成影像，可是人眼吸收的信息量远远超过动物，因为动物并不是对周围的事物都敏感，而只对某些事物敏感，因此动物眼睛的使用范围非常有限。

猫的习性是夜间捕食，它的眼睛就只适合夜间活动。其他夜间捕食的动物也是这样，它们的眼睛对移动的物体极为敏感，对静止的物体就没什么感觉。猫一旦发现移动的猎物，会迅速出击，对潜伏不动的猎物却毫不在意。很多昆虫也是这样，只对特定的颜色感兴趣，因为它们可以在这种颜色的花里找到食物，对其他颜色的花却视而不见。另外，刚出壳的昆虫幼虫没有方向感，它们只能依靠本能，用眼睛来确定方位。可以说，正是这些本能局限控制了生物的行为，而人却不受感官的奴役。

不同于动物，儿童的感觉器官完全遵循着与动物不同的规律。猫只对移动的物体感兴趣，儿童却没有这样的限制，他观察视野中的所有东西，并且吸收从这些东西中得到的经验。儿童也不是单纯机械地观察，环境信息同时会引起某种心理反应，进而对他的人格产生影响。根据上述对比，可以肯定地说，如果一个人像动物一样，生活只是受本能欲望的驱使，那么他的心理发育很难完全，定会出现许多缺陷，在这种情况下，人的行为所遵循的规律或许还存在，但是对他的作用却要小得多。这样的人难免成为一台机器，一个感官局限的牺牲品。必须明确的一点是：对人来说，儿童发展过程中所反映出来的规律非常重要，人类应该注重这些规律。

针对动物与人的感官能力所做的比较，有助于我们了解儿童对环境的学习与吸收特性。我们知道，很多昆虫善于伪装，尽可能地把自己融入环境之中，比如，有些昆虫依附在树叶和叶茎上生活，形体也渐渐地和树叶或叶茎相像。这种趋同情况同样适用于儿童，他们尽力地吸收周围的环境，努力融入环境之中，成为环境的一部分。环境给儿童留下深刻的印象，尤其是环境对他们的生物和心理变化所产生的影响，会促使他们大脑接受的经验接近环境因素，这其中就有一种趋同反应，结果导致儿童与生存的环境日益一致。

上面只讨论了昆虫，事实上，所有生物都有这种能力，都可以吸收和适应环境，并且逐渐与环境趋于一致，只是动物的影响在身体方面，对儿童的影响却更多地集中在心理方面。

儿童看待世界的方式与成人不同。成人看到感兴趣的事物，会说一声"太好了"，随后去做自己的事情，记忆里只留下对事物的模糊印象。而儿童则不然，环境会在他们的心灵中留下极为深刻的印象，他们通过这些经验塑造自我，在婴儿刚出生的一段时间，这种作用尤其重要。人类的个性特征形成于婴儿期，这些特征包括语言、宗教、种族等，这些都是通过儿童独有的内在力量获得的，并且将伴随人的一生。儿童正是通过这种方式去适应周围的世界，在此过程中儿童的大脑日益成熟，儿童也能够更好地体验到生命的欢乐。

不仅如此，儿童还拥有一种自我调整的能力，从而以适应各种类型的环境，使自己和环境融为一体。因此，如果我们打算帮助儿童，就先要搞清楚，应该给他们提供一个什么样的环境。

如果是一个三岁的孩子，可能会告诉大人他想要什么，可是婴儿还无法意识到自己的需求，更无法表达。对此，我们应该清楚，婴儿缺少的不是玩具或者鲜花，我们应该提供婴儿在其身心发展阶段所需要的东西，我们也应该知道婴儿需要的是什么——即那些能够激发他们发挥成长潜力的行为的条件。

既然如此，人们一定会提出这样一个问题：我们应该为新生婴儿准备什么样的环境呢？这个问题目前无法给出答案，因为到现在为止，婴儿总是在他所处的环境中成长。儿童要学习一种语言，就必须生活在说这种语言的人群中，否则就难以学会；要想获得某种精神素质，就必须生活在具有这种素质的人之中。总之，要想学习到人类生活的行为方式、习惯和传统，只能从相应的群体生活中获得。

对婴儿心理发育所做的研究，极大地改变了人们的观念。过去，人们对婴儿的关注更多的是放在身体和卫生方面，通常的做法是：把新生婴儿隔离开来，单独放在一个安静的屋子里，尽量让他睡觉，这如同对待一个病号。

现在我们知道，这种做法对儿童的精神是有害的。如果让婴儿和母亲分离，单独放进育婴房，由保育员看护，那么他们就会感受不到母爱，他们每天只能面对几个保育员，这些人把他们放进婴儿车，使他们看不到周围的环境，这样一来，婴儿的心灵深处就会产生一种渴望和不满，而这种影响就会阻碍他们的正常发展。

二战之前，欧美的有钱人家大都这样对待婴儿，幸运的是，战后这种情况发生了变化，贫穷的和那些弱小的家庭开始把父母送回到儿童的身边。

在发达国家，如何对待儿童已经成为一个社会问题，研究表明，当儿童能够走出房门的时候，大人就应该把他们带出去，给他们观察周围世界的机会。如今，婴儿车和育婴房也有了改观，育婴房不仅符合卫生要求，周围还张贴了许多彩色图片，当婴儿斜躺着时能够看见周围的东西，再也不必死盯着天花板了。

但婴儿的语言学习就难以这么容易地加以解决了，特别是在雇用保姆的情况下，因为保姆与儿童一般属于不同的社会阶层。

还有一个问题，就是父母与人交谈的时候，儿童是否应该在身边？尽管带着孩子参与社交活动会造成很多困难，不过我建议父母还是应该尽可能地把他们带在身边，这样他们能够观察父母在做什么，说什么，虽然他们不理解发生的事情，但他们的潜意识会吸收很多东西，这些东西可以促进他们的成长。没有人能够说清楚，儿童在户外活动时会关心什么，但父母不能因此而放弃自己的责任，父母必须对儿童的行为进行观察。如果母亲足够关心孩子，就能发现吸引孩子的东西，并且应该把孩子抱到这个物体旁边，让他仔细地观察，此时，儿童的脸上会露出好奇、喜爱的表情。

在帮助儿童发展的问题上，我们应该抛弃所有的陈规陋习，在思想上进行一场革命，父母必须知道：决定人一生的性格，是在儿童时期通过与环境的适应过程建立起来的。因此，应该尽可能地保证儿童与周围环境之间有足够的接触机会，否则，这些儿童长大后会成为社会负担。

生活中形成的许多问题，其根源是个人无法在道德上适应社会。这种情况告诉我们，对待儿童的态度，以及照顾儿童的方式，对一个文明社会来说是极为重要的。

人们忍不住要问，我们为什么一直没有发现这样显而易见的事实？对此，那些固步自封的人会反问道：过去的人不了解这些知识，他们又是如何过来的呢？很多人会这样说："人类的历史悠远，世界上曾经生活过千千万万的人，他们并没有这方面的认识，不是同样学会了说话，适应了当时的社会习惯吗？"

可是，我们为什么不放开眼界，看看生活在其他文化背景下的人呢？这些民族培养儿童的方式比我们更加合理，我们以文明人自居，对待儿童的方式却违背自然。在世界上的众多地方，母亲和孩子紧密相连，是一个不可分割的整体，整个儿童时期，孩子都与母亲在一起，他们总是跟在妈妈身边，一起出门，一起采办家庭用品，母亲与小贩争论价格，孩子就在旁边听着，把整个过程看得清清楚楚，这不仅增强了母子之间的关系，也增强了儿童适应社会的能力。

　　如果不是因为现代文明破坏了这种习惯，母亲不会把自己的孩子交给他人，因为这种做法违背自然法则。在这种传统关系中，孩子分享着母亲的生活乐趣，担当着她的听众，受到她的教育和指导。母亲对孩子永远有说不完的话，也许她们过于健谈了，但这对儿童的发展却有很大的好处。当然，儿童只听妈妈的爱语是不够的，他们应该听到大人所有的话，看到和谈话相关的全部行为，虽然一时无法理解，但他们会以自己的方式去渐渐领会。

　　在照顾儿童方面，不同的社会群体与民族各不相同。在培养孩子的方式上，就存在着非常大的差别。说来十分有趣，现代人类学曾经专门研究过这个问题。这些研究表明，很多地方的母亲不是用胳膊抱孩子，而是把他们放到小床上，甚至袋子里。有些地方，母亲出门办事的时候，用绳子将孩子和一块木板绑在一起，然后搭在肩膀上。有的母亲把孩子挂在脖子上，有的系在背上，有的装在篮子里。无论用什么方式携带孩子，大多数地方的母亲都把孩子带在自己的身边。还有一个相同之处，各地的母亲在携带孩子的时候，都十分注意保证他们的正常呼吸，比如，把孩子背在身上的那些民族，通常都把儿童的脸朝前，日本母亲就是这样，她们把孩子绑在背后，孩子的头高出肩膀，就是这个原因，日本人因此曾经被称为"双头民族"。印度母亲就不同了，她们通常把孩子兜在自己的臀部上方。北美的印第安母亲则用一个摇篮式的东西把小孩系起来，背在身后，孩子的背朝着母亲。无论怎样，对这些母亲而言，把孩子丢下不管的想法是无法想象的。人们在非洲看见过这样的事情，一个部落为女王举行加冕典礼，在整个仪式中，这位女王自始至终都抱着自己的孩子。

还有一个问题，就是延长婴儿的哺乳期。母亲对婴儿的哺乳有时到一岁半，有时到两岁，有的延续到三岁，这已经不单纯是营养的问题，因为2~3岁的儿童能够吸收其他食物。延长婴儿的哺乳期，目的是增加孩子与母亲在一起的时间，根据我的研究，我认为这样做，即在无形中为儿童的发展提供了帮助。只要孩子和母亲生活在一起，他们就能尽可能地完善自己。即使妈妈忙于家务，没有时间照顾孩子，孩子也能与周围世界进行交流。他们跟着妈妈上街，可以听到人们的对话，观看行人、车辆、动物等，这些东西会在儿童的大脑里留下印象。我们只要注意观察就能够发现，当母亲和小贩交涉的时候，她背上的小孩听得是多么带劲呀！母亲的语言和动作引起了孩子非常大的兴趣。

有个现象很有趣，只要孩子没有生病，他们和母亲一起出门的时候就不会哭，他们可能呼呼大睡，但从来不哭。

有人说，西方国家的儿童更加爱哭，我就常听到有的朋友抱怨自己的小孩爱哭，他们常在一起讨论下面这些问题：如何安抚孩子，如何使哭闹的孩子安静下来，如何让孩子高兴。他们也许不知道，现代心理学对此的解释是：儿童经常哭、性格暴躁、动辄发脾气，表明他们处于精神饥饿状态。

无论源于何种考虑，安全也罢，卫生也罢，健康也罢，限制儿童的活动范围都有害无益，因为儿童的潜能很难在一种类似囚禁的生活中发挥出来。世界上有许多国家的人们，其生活遵循自然习惯，这使得他们下意识地采用了正确的育婴方法。至于西方人，我们必须明白这个道理，并且努力地去改变我们所固有的不良做法。

第二章　婴儿的成长

勤奋的双手与聪明的大脑

心理学家认为儿童正常发展分为三大步骤，其中两大步骤和运动有关，也就是开始走路和开始说话这两种活动。因此，科学家将孩子的这两种运动功能看作是"星象图"来预测儿童的未来。这两种复杂的运动显示儿童在获得运动功能和表达的方法上赢得了首个实质性的胜利。如果就语言对于思维的一致表现来说，语言是人类独有的特征，行走并不快速，它是人与其他动物所共有的特征。与植物不同，动物自己能到处活动。这种运动是通过一些特别的器官作用而产生的，行走也成为人类一种基本的特征。然而即便人有这样巨大的在空间运动的能力，甚至能够绕行整个地球，也无法说明行走是智慧的人类的独特特征。

与人的智慧最紧密相关的手的运动则恰恰相反，它专门为人类的智慧服务。我们都知道，人类是最早把经过削凿和磨光的石块当作工具的，这些考古发现表明史前时期的一些地区已经有最早的人类存在了。运用工具标志着有机体在生物发展史上进入了一个新的阶段。通过手的劳动，把言语刻在石块上，这时言语才成为人类历史的记录载体。人的特征之一就是双手的解放，从此，人的手不再是运动的工具，而变成了智慧的工具。这种功能让手服务于智慧，人类的手的进化不单是令人在动物界占有一个更高的地位，还通过其运动把人作为一个有机的整体表现出来。

人的手十分精细、复杂，它不仅是智慧的展现，而且使人与环境形成了特殊的联系。我们完全可以这样说，人是靠双手去开拓环境的，并在理智的指导下去改变环境，从而完成改造世界的使命。所以，我们应该根据儿童最初的现象，即语言的出现和手的运用来判断儿童的心理发展水平，并分析他们的心理活动处于何种水平。我们研究言语的出现，研究手在劳动中的功用，完全符合逻辑。

人的潜意识能够认识到并重视心理的这两种外部表现。人们通常把言语和手看做是人类的独特特征。我们所说的是某些与成人的社会生活相关的形式。例如，当男人和女人结婚时，他们就携手"海誓山盟"；一个男人在订婚时他也会"作出许诺"；在问一个女人愿不愿意和他结婚时，他"握住女人的手"；男人在宣誓时要举手宣读誓言。手还大量地应用于宗教仪式中，这时它强烈地表现出一种自我的意识。在做一些最严肃的弥撒时，神父在祭坛上通常说："我将在无罪的臣民中洗手。"他讲话时并没有用水洗手指，因为他早已在上祭台之前洗过。

上述例子虽然不同，但都表明人们在潜意识中把手当做内在"自我"的代表。如果事实如此，那么在这种基本的人类活动中，儿童的手的发展几乎可以比任何东西都更令人惊叹和更具有神圣感。因此我们应该对儿童第一次朝着外界物体伸出小手的举动充满真诚的期待。这是儿童的小手第一次有智慧的举动，它是儿童要进入这个世界的宣言，成人应该对这种行为表示由衷的赞美。有些成人却不这样，他们害怕孩子的小手伸出去，抓一些毫无价值和无关紧要的东西，为了不让儿童抓到，他们想方设法地把这些东西藏起来。诸如成人常说的"不要碰！""别动！老实点！"等等这些话，均隐含着成人的一种焦虑感，并促使他们筑起一道防线，还请求其他人来帮助解决这个问题，他们焦虑不安，就像必须同侵犯他们财产和安宁的强盗做秘密的斗争一样。

儿童最初的心理发展需要在所处的环境中有一些能让他看到和听到的东西。因为儿童发展自我必须通过自身的运动和手的活动才能达成，所以要为他提供一些能帮助他工作的东西，给他提供"活动的对象"。可是，在儿童的家里往往忽视这些需要，儿童身边的东西全是成人所有的和所用的。对儿童来说这些东西是摸不得的，他被告诫

"不许碰任何东西"。一旦儿童碰了一些不许碰的东西，就要遭受体罚，轻者受责骂。成功地抓到了某个东西的儿童，就像一只发现了一块骨头而躲到角落里去啃的饥饿小狗，试图从无营养的物体中寻求营养，还为有人会把骨头抢走而提心吊胆。

儿童的运动绝非一种偶然事件。他在自我的指导下，建立了具有协调性、组织性和目的性的运动。他进行着不厌其烦的协调实验，从而用他的内在精神把他的表达器官和身体组织协调起来。儿童必须能够自由自主，独立地完成自己的行动。当他处于塑造自我的过程之中，运动会有一个专门特征，它不单纯是偶然性的或一时冲动的结果。儿童并不是无目的地乱跑、蹦跳、玩东西，把屋子搞得一片狼藉。他是从其他人的活动中受到启发，进而产生建设性的活动。他想要像成人一样去做事情，模仿成人使用物体或工具的做法。因此家庭和社会环境对儿童的活动有着直接的联系。儿童会尝试着去扫地、洗盘子、洗衣服。因此，诸如倒水、洗澡、梳头、穿衣等这种天生的儿童活动倾向，可称为"模仿"。但是事实证明，这同猴子的模仿行为完全不同，儿童的这些活动来自于一种有智慧的心理模式。认识在先，行动在后，儿童的心理活动是他活动的支配者。当儿童决定去做一件事时，他事先已经知道这是什么才会去做它，他渴望自己去做其他人在做的那些事。儿童的语言发展被我们发现也存在着类似的情况。儿童通过听到周围的谈话而获得语言能力。他通过记忆力把以前所听到的词汇记住，所以他会根据某个时候的需要来使用适当的词汇。儿童并不像鹦鹉那样运用词汇，他们在语言上的模仿性质与之完全不同。这是儿童的语言学习能力与动物之间不同的极为重要的区别，我们因此才能了解儿童和成人之间的关系，这种差别也使我们能够更深入地理解儿童的活动规律。

智力的快速增长

有充足的例证表明，儿童智力的发展并不像机械分析的心理学家所认为的那样，智力是在外在条件的影响下慢慢发展起来的。令人遗憾的是，这些机械分析的心理学家的教育理论和教育实践一直深深地影响着我们，因而对儿童的教育产生着巨大的影响作用。他们的观点认为：外部物体的影响是借助闯入我们感官的大门而实现的。然后这些体验在心灵里稳固，再慢慢融合，变得富有条理，这样才形成了智力。他们先假设儿童在心理上只能被动反应，听凭环境的影响，并得出儿童的智商是完全被成人左右的结论。另一个观点与之相似，认为儿童不只在智力上是被动反应的，并且像空瓶子一样，可以被随便填满。

我们靠自己的经验就能够得到清楚的证明，千万不要忽视环境对儿童智力发展的深远影响。大家都知道，我们的教育体系十分重视儿童教育的环境，并把环境当做教育体系的核心内容。相较于其他的教育体系，我们更大限度、更合理地发展着儿童的感知能力，但是我们的思想与他们不同。对于那种认为儿童只是一个被动的人的旧观念，我们持不同看法。我们更强调的是儿童内在的敏感性。儿童有一个逐渐发展的敏感期，这个敏感期甚至可以持续到五岁，我们还试图使儿童拥有从环境中吸收经验的能力。五岁左右的儿童正处于一个积极观察环境的人生阶段，他对周围的感知是通过他的感官吸取得到的，但这并不代表他会像镜子一样全盘接受。他们会根据感觉或自身的兴趣来行动，从而有选择性地获取体验。美国心理学家威廉·詹姆斯说过，从来没有人可以感知到一个物体的整个面貌，这表达了一个见解，即每个人因为个人的局限，只能看到一个物体的部分状况。这就意味着一个人进行描述物体的活动，往往是根据感觉和兴趣来考虑的。所以对于同一物体，人们往往用不同的方式去描述。詹姆斯列举了一个巧妙的例子。他说："如果你穿着一套新衣服并且感到十分满意的话，你出门的时候就开始专注地观察别人是否穿着同一款式的衣服。假如你在车流滚滚的公路上这么做，那么你就极有可能丧命于车轮之下，十分危险。"

也许我们要问，儿童吸取了如此多的外部经验，那么，他们选择某种体验的特殊兴趣是什么？儿童是从无到有，靠自己的力量不断向前发展的。这就是儿童真实的理性，敏感期就是围绕着它而展开的。但是这种获得理性的过程确实是自然的和充满创造性的，它借助从环境中所获得的体验来获得力量，像活泼的生命在慢慢成长。

儿童的理性提供了生命的原动力和能量源泉。各种体验随时被整理排列起来，为理性服务，儿童用他的最初的体验来完善理性。我们甚至可以认为，儿童获得体验的需求是迫不及待的，是永不满足的。儿童会被光线、色彩和声音强烈地吸引住，同时感到快乐无限，这我们早已清楚。但我们必须指出，这个理性的产生是自发的运动过程，是一种由内部引发的现象。儿童的心理状态显然值得我们关注。儿童从无到有地发展他的理性，这是人所特有的品质，甚至在蹒跚学步之时，儿童就已经沿着这条道路奋勇向前了。

事实胜于雄辩。此时，我想起了一个感人至深的例子：一个只有一个月大的婴儿，从未被带出过出生的房屋。一天，家里的保姆抱着这个婴儿四处走动，这时婴儿同时看到与他住在同一幢房子里的父亲和叔叔。这两个人身高差不多，年纪也相仿。这个婴儿非常吃惊，看到这两个人使其感到十分害怕。他的父亲和叔叔知道我们的职业，就请我们去消除这个婴儿的心理障碍。我们要求他们兄弟两个只要待在婴儿看得见的地方就分开，一个在右边，一个在左边。此时这个婴儿转过头来看着其中一个，凝视了他一会儿，就突然笑了起来。但随后他突然又变得十分忧虑，他马上扭头看着另一个人，看了一小会儿，也对那个人呵呵地笑了。于是，他把头左右来回扭动，表情一会儿担忧，一会儿欣慰，直到他最终分辨出两个人的样子。这两个人在这个婴儿看起来，其实是一个男人。其实他们在不同的场合均与婴儿玩耍过，曾经把他抱在怀中，满怀深情地跟他说着话。这个婴儿开始还以为，有一个男人和他的母亲、保姆及家里的其他女人不同，而且他原来并没有看见过站在一起的两个男人，因此突然同时出现的两个男人会使他警觉起来。

假如这两个男人无法了解到婴儿从出生起就有了自己的心理活动，他们就无法帮助婴儿。只有科学地适应其心理状况的帮助才能使婴儿走出初期最艰难的一步，并开始思考，以便获得更多的成长体验。

这里还有一个关于大一点的儿童的例子。一个七个月大的儿童正坐在地板上玩一只绣有花和儿童图案的枕头，并兴致勃勃地用鼻子闻着图案上的花，亲吻着图案上的儿童。一位照看他的女仆没有受过有关儿童护理的正确教育，她想当然地认为给他闻闻和亲吻其他东西，就一定会使孩子更高兴。于是她急忙给这个儿童拿来许多东西，并说："快闻闻这个！快亲亲那个！"但结果很不理想，儿童幼小的头脑被扰乱。实际上这时的孩子正在形成自己的模式，他在识别图像，然后把它们存储在记忆中。他干得非常高兴，也很平静，这对于他的理性构建很有益处。当他试着获得一种内部秩序，进行神秘的工作之时，却被一个无知的成人给扰乱了。

所以，当粗暴的成人打断了儿童的思路或想要分散他的注意力时，就有可能给儿童这种艰苦的内部工作造成障碍。做游戏时，成人拉起儿童的小手，亲吻他，或把他哄睡着，却对他那特有的心理进程毫不关心。如果成人没有意识到这种神秘工作，就可能彻底破坏了儿童最初的心理成长过程，就如同海水冲上了沙滩，并卷走了用泥沙砌成的城堡，所以在沙滩上堆沙雕的人们只好重新开始工作。由于无知，成人就有可能使儿童的基本欲望受到抑制。重要的是，儿童需要得到他所能得到的真实的体验，因为只有深刻地体验这些，并能区分它们之后，儿童才能形成自己的智力。

有个著名的儿童营养专家做了一个十分有趣的实验，他得出了如下结论：必须在儿童的食物供给方面也充分考虑到儿童的个性因素。他发现儿童达到一定年龄之前，没有任何一种东西能替代母乳的营养价值。因为一样东西，对一个孩子来说是好的，但对另一个孩子却不一定。他的诊所在形式上和理论上树立了一个典范。他的方法在六个月以下的儿童身上产生的效果尤为明显，但对六个月以上的儿童却没有作用。这令人疑惑，因为在这个年龄，人工喂养比早期喂养要容易得多。一些贫困的母亲无法给自己的孩子喂奶，所以去询问这位专家该怎样喂养孩子，于是专家在这个诊所内为这些母亲开设了门诊处。但是这些贫困父母的孩子并不像住在诊所里的儿童们那样在六个月以后表现出营养失调。这位专家经过反复地观察，最终得出结论，他认为这个现象肯定是由于心理因素而造成的。他开始注意到，诊所里的六个月以上的儿童，"由于心理不健康而产生厌倦情绪"。于是他给儿童提供了很多消遣和娱乐活动，不再只是让孩子们在诊所里散步，而是带领幼儿们到相对新奇的一些地方散步，最终他们的健康恢复了。

我们可以用大量的实验证明：不足一岁的儿童能在他们周围的环境中获得惊人的深刻体验，从而在一些图片中认出他们所熟悉的环境。但随后我们要进一步注意到，一旦这种体验被获得，他们就再也没有强烈的兴趣了。

第二年以后，儿童不再对一些漂亮的物体和鲜艳的色彩感兴趣。此时，我们注意到这种欣喜若狂正是儿童敏感期的特征，但是，他们对我们不注意的小物体却产生兴趣了。也就是说，他们对不显眼的东西或者我们很少意识到的东西产生了兴趣。

我第一次在一个十五个月大的小女孩身上发现了这种敏感性。我听到她在花园里放声大笑，对一个小孩来讲这并不寻常。她坐在平台的砖头上，看起来完全沉醉于一种发现的喜悦中。附近有一个美丽的花坛，种着的天竺葵在阳光下显得十分艳丽，但这个小女孩并没有看着花，而是把注意力集中在地面上，但地面上并没什么特别的东西。这时我看到了儿童的一种无法捉摸的奇特兴趣。我慢慢地走近她，认真地观察这些砖头，并没有发现任何好玩的东西。但是这个小女孩却严肃地告诉我："那里有一只会动的小动物。"她指给我看，我看到了一只跟砖头一样颜色、小得几乎看不见的昆虫，它正在飞快地跑动着。原来，令这个小女孩开怀大笑的是一个小生物，它会动、会跑，于是她的好奇心在欢乐的叫嚷声中得到了满足，叫声远远高过她平常的声音。这种欢乐并不是从太阳中得来的，也不是从花朵中得来的，更不是从鲜艳的色彩得来的。

还有一个相似的故事。一个十五个月左右的小男孩给我留下了深刻的印象，其表现方式和上面的故事很相似。他正玩着他的母亲收集的很多有鲜艳色彩的明信片。这些收藏品好像引起了这个小男孩的兴趣，于是他拿来给我看。他用孩子的语言对我说"叭叭"（他用此来表示"汽车"），我知道他是在邀请我来看汽车的图片。他的图片很多，也很漂亮，很明显他母亲把这些东西收集起来，既是为了哄他高兴，同时也希望用这种方式教育孩子。在这些明信片上画着长颈鹿、狮子、蜜蜂、猴子、鸟等各种各样的动物；还有一些明信片上画着儿童非常喜欢的家畜如绵羊、猫、驴子、马和母牛等；还有一些明信片，画着各种景物，比如房子、动物和人。令我觉得奇怪的是，在所有这些明信片中，我并没有发现汽车的图片。我对这个孩子说："我没有看到汽车啊。"他看着我并找出一张明信片得意地说："在这里哦！"这幅图画的中央能够看到一只漂亮的猎狗，远处有一个肩上扛着一杆枪的猎人。可以在画面的一个角落里看到一座小屋，还有条弯弯曲曲的线，似乎是一条路，在这条线上有一个黑点。这个小男孩指着这个黑点说"叭叭"。这个黑点很小，不仔细看几乎看不到，但我看得出来这个小黑点的确可以表示一辆汽车。汽车被画得如此小，基本很难发现，但是这小小的汽车却引起了小男孩的兴趣，因此他觉得有必要指给我看。我想，也许这个小男孩尚未发现其他明信片上那些漂亮和实用的图画。我挑出一张明信片，上面画有长颈鹿，对他说："看这长长的脖子。"小男孩一脸不快地说："长颈鹿。"于是，我连继续讲下去的勇气都没有了。

通过实验，我们得出了这样的结论，在儿童两岁的时候，他的天性会渐渐地通过一些阶段性活动来引导智力，这种活动会一直持续到他能够充分理解周围环境中的东西时才暂停。

我还可以提供一些我亲身体验过的例子。我曾经引导一个二十个月大小的小男孩看一本成人题材的设计精美的图书。这是由多雷配插图的《新约全书》。该书复制了一些名画，其中之一是拉斐尔的《主的荣光》。这个小家伙在我的建议下看完了这幅画上画有耶稣召唤小孩来到他身边的画面，然后我开始向他解释："耶稣的怀里抱着一个小孩。你看其他的小孩都把头靠着耶稣，孩子们都仰视着他，他爱他们。"

这个孩子的脸上没有表示出任何兴趣。这时，他扭动起自己的身体，仿佛告诉我并没有照看他。我翻着书，尝试着寻找出另一幅图画。突然，这个小男孩说："他在睡觉。"

我对这个小男孩的话感到莫名其妙，问道："谁在睡觉？"

这个小男孩大声地回答："耶稣！耶稣在睡觉。"他示意我把书翻回去。我再次看见这幅画上画的是耶稣基督正站在高处俯视着儿童。他的脸低垂着，看起来像在睡觉。这个小男孩注意到的细节却没有被成人注意到，真令人惭愧。

我继续讲解这些图画。当讲到一幅画有耶稣基督展现圣容的图画时，我说："快看，耶稣升天了，人们的表情是如此地惊恐。你看这个小男孩转动着眼睛的样子，这个妇女伸出了手臂的模样，不正是这样吗？"我认识到这幅图画对儿童不合适，我的解释无法真正地对儿童产生吸引力。但是令我感到有趣的是，我发现了儿童和成人对这样一幅复杂的图画所产生的反应并不相同。这个小男孩只是轻轻地嘀咕了一声，仿佛在说："嗯，继续往下翻。"但他的小脸上没有表示出任何兴趣。我继续往下翻，看到他抓起了脖子上挂着的像兔子一样的小饰物，然后叫了声："小兔子！"我认为，他被这个兔子形状的小饰物给吸引住了。突然，他再次示意我把书翻回去。我按照他的要求把书翻回去，惊讶地发现《主的荣光》画面的一侧还真画着一只小兔子。我原来没有注意到这一点，由此可见儿童和成人的观察视野明显是不同的，成人总是想给三四岁的儿童看一些非常普通的东西，好像他们以前从未看见过任何东西。这种做法就如同一个人认为另一个人耳聋，就大声说话一样。但结果却是你做了最大努力，被那个人听到后，他却对你抗议道："我根本不是聋子呀！"

成人总是以自我为中心，认为儿童只对色彩艳丽的、响声巨大的物体产生兴趣。强烈的刺激物，比如歌声、钟鸣、飘扬在空中的旗帜、光彩夺目的灯光等，这些强烈的吸引是外在的和转瞬即逝的，并不能给儿童的注意力带来太多好处。我们可以把儿童的这种行为方式与我们的行为方式进行一下对比。例如我们正在全神贯注地读书，却被管乐队沿街奏乐的响声转移了注意力，就放下书，走到窗前，想看看发生了什么事情。当我们看到某人出现这种行为却很少推断成人容易被响亮的声音强烈地吸引，但我们却很轻易地以此来推断儿童，认为一种外在的强烈的刺激能够引起儿童的注意，但实际上这只是一种附带产生的结果，与儿童的心理发展并没有必然联系。儿童全身心地注意着那些被我们忽视的小东西，我们可以把这一现象看作是儿童心理生活存在的证明。儿童这样做并非因为这些小东西给他留下了深刻的印象，而是被小东西吸引，并在聚精会神地看着它的时候，显示出了"爱与智慧"。

儿童的心灵对成人来说是一道深奥难解的数学题，这个数学题之所以令成人困惑，完全是因为成人只看表面现象，而不是从它的内在心理活动来分析。在儿童活动的背后隐藏着一种能够解释其行为合理性的原因，对此我们一定要考虑到。否则，他就不会没有原因、没有目的地做任何事情。我们总是认为儿童所有的反应都不过是心血来潮的结果，但兴趣不也包含着某些东西吗？这是一个必须解决的重要问题，这是一个必须找到的答案。找到答案的过程既困难又有趣。成人必须对儿童采取一种新的态度，放下自己的傲慢，才能找到这些谜底的答案。成人必须做一个学习者，而不是一个专横的领导或狭隘的心理裁判。在与儿童的关系上，成人以领导者或裁判者身份出现的情况不胜枚举。

现在让我回忆一下与一群妇女讨论关于儿童阅读书籍的事情，我们是在一间画室的角落里进行那次讨论的。我发现了一个一岁半左右的小男孩，他在她们的身旁安静地玩耍着。我们从理论谈起，随后转到更具体的事情上，当然也就谈起了有关幼儿的书籍。这时，那位小男孩的母亲说："我有一本名叫《小黑人萨莫》的书。萨莫是个小黑人，在他生日当天，父母送给他很多礼物：帽子、鞋子、长筒袜和颜色鲜丽的外衣。他的父母正在为他准备丰盛的饭菜，这时萨莫不打招呼就冲出门去，急匆匆地去炫耀他的新衣服了。他在街上碰到了许多动物，他想安抚它们，就送给每个动物一件礼物。他把帽子送给了长颈鹿，把鞋子送给了老虎……最后，他光着身子，哭着回到家。这个故事的结尾是美满的，因为他的父母原谅了他。从这本书的最后一幅画——他面前摆着丰盛的饭菜——可以看出来。"

这位母亲建议其他人也看这本书，但这时小男孩却插嘴道："不，Lola。"所有的人都很惊讶，他们心想这也许就是一个儿童心里的谜，因为这个小男孩不断地重复说的"不，Lola"，使人无法理解。

他的母亲说："以前照看过他几天的一个保姆的名字就叫Lola。"接着这个小男孩开始哭起来，大声叫着"Lola"，看上去是产生了严重的悲伤情绪。最后，有一个人把《小黑人萨莫》这本书给他看，小男孩指着封面背后的一幅画——这幅画画着那伤心的小黑人正在哭。这时我们终于明白了，他所说的"Lo—la"的含义是西班牙语"llora（他在哭）"的意思，只不过他没有发对音。

小男孩哭诉的原因是这样的：这本书的结局并不愉快，封底的那幅图画上画着小黑人萨莫正在哭泣。这个小男孩没有错，但是显然没有一个成人注意到这一点。所以，当他母亲说"故事的结尾是愉快的"时，小男孩表示了抗议，因为他清楚地记得书的结尾是萨莫正在哭。可见这个小男孩看这本书比他的母亲还要仔细。虽然他对这些妇女的谈话无法完整地理解，甚至还不能准确地表达一句简单的话，但他显示出来的观察力与记忆力确实很令人惊讶。

儿童的个性与成人的个性在性质上是完全不同的。因为成人知道选择，而儿童并不知道，反而认为成人多少有些无知。一个注意细节的儿童，从他的角度来看待成人，无疑会带着一点儿轻蔑。由于我们成人对细节并不关注，儿童就认为我们迟钝和麻木。如果儿童能够表达自己的观点，肯定会说出对成人的极不信任，就像我们不信任他们那样。由于儿童和成人的思维方式是不同的，无法相互理解，所以也就会产生问题。

认知外部世界的秩序

儿童通常是看到外部世界秩序之后才了解他外面的环境，随后才了解到自身和外面环境的关系。

热爱秩序，是幼儿的显著特点。一岁半或者两岁的儿童会清楚地指明一些东西。值得注意的是，孩子们也许更早的时候就掌握了这种能力。遗憾的是，大人们并没有引导他们对周围的环境秩序产生科学的需要。一位合格的家庭妇女对秩序的热爱根本无法与儿童对秩序的热爱相提并论。家庭妇女说："我爱我家，我爱整洁的家。"她不过是动动嘴皮子，但是孩子却没有生活在混乱环境中的耐心。混乱的环境使孩子心神不宁。他表达自己痛苦的方式是绝望地叫喊，更严重的后果就是急出病来。婴儿比大孩子甚至成人更能敏感地觉察到周围环境的混乱，他的敏感性直接受到外面环境的影响。然而，随着他年龄的增长，敏感程度就会逐渐减弱，乃至消失。成长过程中的生物的敏感性会周期性地出现，我们称这种现象为"敏感时期"。这个时期十分重要，也很神秘。

出乎意料的是，孩子们这个开始考虑到外部秩序的敏感期，却被人们认为是混乱不堪的。这种矛盾产生的原因是：这个环境不只属于他自己，所以小孩子对他在一个环境中的位置无法指明；而在相同环境里，比他强大有力的教师，不但无法理解他，反而认为他是任性的人。于是小孩子就会莫名其妙地大呼小叫，毫不理会人们的安慰。这种情况不止一次发生，经常被我们见到。由此，我们不难看出：一些大人不知道的秘密就埋藏在小孩子的心里。

我们现在必须给大人们一些指导性的意见了。否则，他怎么能及时发现小孩子心里的秘密，进而觉察到小孩子是怎样用心地去展现这些秘密的呢？

在学校里，刚刚两岁的小孩子如果看到有什么东西没放在原处，他们都会将其放回原处。学校里无关紧要的东西要尽可能地清理掉，这样对小孩子养成爱整洁的习惯极为重要。儿童只有在自由中，才能使其对秩序的向往更加强烈。

一次，当我们学校的图片在旧金山博览会的中心大厅展出时，人们从图片中发现了这样的景象：放学后，所有的椅子都被一个两岁的小孩整齐地放在墙壁一侧。看起来，他是带着思考去完成此项工作的。那天，他无法搬动一把大椅子，于是他动了脑筋，他把这把大椅子放在通常摆放的、离其他椅子不远的位置。

还有一个故事是：有个四岁左右的孩子从一个容器向另一个容器倒水的时候，他不知道自己无意中把一些水洒在了地上。有趣的事情发生了，一个比他还小的孩子坐在地板上，用一块抹布擦干了洒在地板上的水。四岁的孩子还不知道呢，他倒完水的时候，更小的孩子问他："还有吗？"大孩子莫名其妙，还惊讶地问："还有什么呀？"

可是，如果环境不合适，小孩子发现自己不能表达自己明确的想法时，这些有趣的事情就会变得无法解释且毫无价值，这样就会让小孩子感到痛苦。

只有满足孩子的要求，你才能发现小孩子的这种刚刚出现的敏感性，这种预兆被人们认定是孩子的快乐心情的反应。对秩序的敏感期出现在孩子出生后的头几个月，因此大人有必要学些关于幼儿的心理学知识。一些保姆受过专门训练，知道该如何按照我们的要求去做，一位保姆每天推着一辆坐着五个月左右的婴儿的童车，缓缓地从房前的花园走过去。这个小孩子对什么东西都非常有兴趣，尤其是对一块白色大理石碑！石碑镶嵌在灰蒙蒙的老墙上。花园里遍地都是美丽的花朵，可是让童车里的小女孩最兴高采烈的却是他们走到大理石碑附近的时候。善解人意的保姆天天坚持把童车停在大理石碑前，她知道能使刚出生不久的小孩子得到长时间快乐的东西或许就是它了。

我们可以了解到，小孩子的挫败感会清楚地表现在他们的秩序敏感期。这一时期的小孩子常常发脾气，可能多数是由他们的敏感性而导致的。

例子是最有说服力的，我恰好能找到一些现实生活中的鲜活例子。这个故事发生在一个小家庭里。我们要提到的婴儿刚出生几个月，他总是躺在大床上，那是一张微微倾斜的床，这对他俯视四周有很大的好处。他的房间严格按照生理学的原理设计，有一个保育室用来盥洗，房间不像一般房间那样刷成白色。房间镶嵌了彩色的窗玻璃，放置着一些小家具，鲜花摆在一张铺着黄色桌布的桌子上。有一天，来她家里做客的一位女客人把自己的雨伞放在那张桌子上，小女孩看到雨伞便开始哭闹，很明显这把雨伞使她烦恼、难受了。大人不了解孩子的心理需要，还认为小女孩喜欢这把伞，可当客人把伞放到她面前时，她推开伞，拒绝接受它。大人把伞放回到桌子上。此时保姆抱起小女孩，放在桌子上，靠近那把伞，但小女孩仍然哭闹着，并不停地挣扎着。孩子的母亲对小孩子早期的心理预兆有一定了解，这时候她走过来，把伞从桌子上拿走，把它拿出了房间。小女孩很快就变得老老实实的，不哭也不闹了。看来，伞放错了地方使她烦恼，因为这严重地破坏了小女孩房间里的平时秩序，而她已经把东西摆放的位置记得清清楚楚。

还有一个例子。有一天，我和一群游客一块儿经过那不勒斯的尼禄洞穴，有位年轻的母亲想要带着她的孩子走完地下洞穴，但这个孩子太小，只有一岁半左右，不能自己步行全程。才一小会儿，小孩子就累了，母亲只好抱着他走，但此时的她浑身热得不得了，于是，她把外衣脱下，搭放在自己的胳膊上。这时，她抱着的孩子产生了心理障碍，哭起来了，哭声越来越大。他的母亲绞尽脑汁地想使他安静下来，但没有任何效果。这位母亲太年轻，也是因为疲劳的原因，感到十分苦恼。人们看到了这种情况，很想真诚地帮助她。她母亲把小孩从一只胳膊放到另一只胳膊，小孩还是又哭又闹。别的大人和他说话，甚至训斥他，都毫无作用。

这个小孩的母亲想，换个姿势抱他也许问题就可以解决了。可是改变抱的姿势好像也没有用，因为小孩子正在"大发脾气"。我们的一个游伴站出来说："我来试试看。"他用自己强壮的胳膊紧紧地抱着小孩子，表情十分严肃。但这个小孩却不领情，反而哭闹得更厉害了。

我想这个小孩的反应肯定跟幼年期的秘密有关，于是满怀信心地走过去，对孩子的母亲说："我帮你穿上外衣，好吗？"孩子的母亲仍然热得喘不过气来，她惊讶地看着我，虽然很糊涂，但还是同意了我的意见，她穿好了外衣。太奇妙了，小孩子马上恢复了平静，不哭也不闹了，此时他说："妈妈，穿外衣。"他的意思好像是："妈妈，无论如何都要穿上外衣。"或者是感觉到大家终于意识到自己的存在了，一次紧急事件的结果变得非常平静，于是小家伙的手伸向母亲，高兴地笑着。原来，这位年轻母亲身上的混乱、失去秩序的现象很不和谐，从而对她孩子形成了障碍。所以一定要把外衣穿在身上，而不能像一块布片一样搭在胳膊上。

我知道并亲眼见到的一个最有启发意义的例子，是另一件事情。那位母亲难受地躺在沙发上保姆放好的两个靠垫上，因为这位母亲感到自己的身体有点不舒服。可是她的刚出生二十一个月的女儿，这时候走到她身边，想听她讲故事。母亲怎么能拒绝给自己的孩子讲故事呢？那位母亲虽然很不舒服，但她依旧打起精神，开始讲故事，这个小女孩十分着迷地听着。但她后来实在没有办法把故事讲下去了，只好让保姆把她扶到隔壁房间休息。这时候，沙发旁留下的小孩子哭起来了。大家都认为小女孩哭泣的原因自然是她为自己的母亲生病受惊和难过的结果，都努力去安慰她。保姆此时想要把放在沙发上的两个靠垫拿到隔壁房间。突然，小女孩尖叫起来："不要拿靠垫，不要拿靠垫。"她仿佛在强调："不管怎样，靠垫不能从它的位置上拿走！"

保姆耐心地哄着小女孩，把她带到她母亲的身边。她母亲虽然生病了，但仍然强打着精神把故事继续讲下去，觉得这样可以安慰自己的孩子。可这个小女孩却不停地哭泣，流着眼泪说："妈妈，看看沙发，看看沙发。"小女孩此时已经对故事不再感兴趣了，因为小女孩的母亲以及靠垫都改变了地点，而且还在不同的房间里讲故事，这在小女孩的心里引起了戏剧性的激烈冲突。

孩子对秩序的强烈渴望在上述这些例子中得到了很好的体现，同样，儿童的早熟程度也令人惊讶。一个两岁的儿童都会主动地热爱秩序。我们发现，在现实生活中，我们的学校里会发生一些非常有趣的事情：如果我们把什么东西放错了地方，看见的小孩子就会立刻捡起来，把这个东西放到原来的地方去。连成人和更大一点的孩子注意不到的极为细小的地方，他都会注意到。例如，如果有人把一块肥皂放在脸盆架上而没有放进肥皂盒，或者是把椅子放得歪歪斜斜，没有放在原来的地方。如果小孩子发现了，就会很自然地跑过来，把它放好。把东西摆放得乱七八糟，似乎会刺激孩子的神经，使孩子感到不安，这些现象背后的道理就这么简单。孩子真正的快乐之一就是把东西放得规规矩矩的。在我们学校，很多三四岁的小孩子会在完成练习或完成工作后把那些用品放回到原来的地方，而且他们是自觉自愿地去完成任务。

在小孩子的思想里，东西放在指定的地方就是秩序。当小孩子了解到那些用品在自己的环境中所应摆放的位置，并记住了它们的位置时，小孩子的秩序感就产生了。与此同时，他将会努力去适应自己的环境。他们是多么渴望得到这样井井有条的环境啊，在这里他们可以闭着眼睛随意走动，只需伸手就能取得自己需要的用品。这样的环境对于平静和快乐的生活来说是极为必要的。

儿童对秩序感的追求明显地超出了成人对秩序的热爱，这在小孩子的幼年阶段是必不可少的。小孩子认为秩序的混乱是非常痛苦的，会认为这是对心灵巨大的伤害。我有时仿佛听见了小孩子这样的声音："没有秩序，我就无法生活，请关心我们的需要。"对小孩子来说，这个问题甚至生死攸关。但对大人来说这只是一个有关是否快乐或是否舒适的小问题。小孩子们努力了解环境的各个组成部分，并按照自己明确的原则去行动。大自然没有感情，总是遵循着一种千古不变的原则来行动，生老病死就是它的重要原则。对小孩子来说，秩序就像动物在大地漫步，就像鱼儿在大海遨游，小孩子需要在一个环境中获得有关的规则，从而在这个环境中得到最好的发展，这是非常必要的。

在小孩子的游戏中，早就表现出了这种对秩序的热爱。瑞士心理学家皮郭教授参照日内瓦的克拉帕雷德教授的理论，对自己的孩子做了一些实验，这些实验十分有趣。皮郭把一些东西藏在一把扶手椅的坐垫下面，先让他的孩子离开房间，然后他把这些东西转移到这把椅子对面的扶手椅的坐垫下面。皮郭教授希望看到他的孩子回到房间后，会先到第一把扶手椅的坐垫下面找东西，找不到时，自然会到对面那把扶手椅的坐垫下面寻找它们。但是，他的孩子刚到第一把扶手椅的坐垫下面找完东西，就下结论说"找不着"。而且没有到其他地方去继续寻找它们。皮郭教授把实验又做了一遍，让孩子看到他从第一把扶手椅的坐垫下面拿出东西，再转移到另一把扶手椅的坐垫下面。但令人无法理解的是，孩子还是像以前那样再次找了一遍，并且得出了同样的结论"找不着"。皮郭教授似乎明白了：他的儿子脑袋有点不好使，于是他失去耐心了，就翻开第二把扶手椅的坐垫，说道："我把东西放在这里了，难道你看不见吗？"小孩却回答说："我看到了。"随后，指着第一把椅子说，"可是它应该在这里呀。"

例子中这个儿童根本不想寻找什么，因为他觉得这个东西即使可以看到，也和他毫无关系。他最关心的事情是这个东西就应该放回到原处，反而会认为是自己的父亲不遵守这种游戏规则。只是把一个东西转移到别处，然后又把它放回到原来的地方，这种游戏难道不是太简单了吗？他父亲所说的"藏起来"本该是这样的意思：把东西藏在坐垫下面就认为是藏在看不见的地方了。孩子却认为：这个东西如果不被放回原处的话，那么这个游戏就会显得非常乏味。

当我开始和一些两三岁的小孩子一同玩捉迷藏的时候，我也感到同样的惊奇。玩这种游戏时孩子们通常都十分激动，高兴得不得了，同时还充满期望。他们的游戏是这样进行的：一个孩子在其他孩子的面前藏到铺着长桌布的桌子下，然后其他孩子走出房间，当他们再次回到房间的时候，立刻掀起桌布。这时他们看到同伴藏在桌子下面，就高兴得大喊大叫。孩子们会反复地做这个游戏，他们按照顺序一个一个地说："该我藏起来了。"随后爬到桌子下面去。还有一次，我看到几个大一些的孩子和一个很小的孩子一起玩捉迷藏游戏。大一些的孩子知道小孩子藏在一件家具后面，他们进来时，却装作毫不知情的样子。他们装模作样地找遍了房间里的所有地方，就是不在这件家具后面寻找，因为他们认为这样会让那个很小的孩子更开心。但是小孩子却大声叫着："我在这里呀！"并且表现得很生气，他嚷着："我在这里，难道你们看不到吗？"

　　有一天，我亲自和他们做游戏。一群小孩子正高兴地欢呼着，热烈地鼓掌，原来他们找到了一个藏在门后面的伙伴。他们拥着我，热情地说："我们一起玩游戏吧，请你藏起来。"我接受了他们的邀请，他们就一起跑到门外面，他们仿佛觉得看到我藏身的地方是件十分不好的事情。我没有藏在门后，而是藏在一个柜子的后面。小孩子们回来后，一起跑到门后面找我。我藏了一会儿，发现他们无法找到我，就从藏身的地方走了出来。此时他们的表情既失望又迷惑，他们用责备的口吻问道："你为什么不和我们玩呢？你怎么不藏起来？"

　　如果快乐确实成为游戏的目的（小孩子们当然很乐意一遍又一遍地做开心的游戏），我们必须清楚某个年龄的小孩子以他们在自己指定的位置上找到那些东西为乐。他们认为把一些东西藏起来就代表着必须认为是看不见这些东西。再次发现这些东西带来了一种和谐的秩序感，无论是看到还是没有看到，东西总该放在它被放好的地方。他们就会喃喃自语道："你绝不会看到它，只有我知道它在哪儿，我闭上眼睛也能把它找到，因为我确信它放在哪儿。"小孩子对秩序的内在敏感性是自然界赋予的天赋，这是通过自我感觉而形成的天性。这种感觉绝非物体本身，而是对各种物体之间关系的区别和认识，所以小孩子有看到一个整体环境的能力，同时认识到在环境的各个部分是相互依存、无法分割的。他们十分需要这样一个整体环境，因为只有这样的环境，孩子们才能适应，他们的行动才更具有目的性。有了这个基础，儿童才能认识到组成环境的各个部分之间的关系。如果孩子们所见所闻的周围环境无法按照秩序组织起来，它们是否就失去了存在价值？小孩子觉得这如同光有家具却没有建好放家具的房子一样。如果人们仅仅知道区别所有的物体，却对它们的联系一无所知，他就会发现一个尴尬局面：他自己处于混乱状态之中，无法摆脱。毫无疑问，儿童具有的工作本能是自然界馈赠的一件礼物，这使他在适应环境的同时在环境中找到适合自己的生活方式。自然界在孩子对秩序的敏感期里给他们上了第一堂课，就好像一位教师给孩子提供一张学校的教室平面图，为识别地图做好了前期的准备工作。可以这样认为：自然界在第一堂课给人们指明方向，是他在世界上寻找的指南针。自然界同时还给予小孩子正确使用语言的技巧，而他们随着年龄增长，其语言也得到了更大的发展。人的心理演化是在敏感期里打下基础才发展起来的，而绝不是一蹴而就的。

认知内部秩序

儿童具有外部和内部两种秩序感。外部秩序感使儿童认识到了他与周围环境的关系。内部秩序感使儿童认识到自己身体的每一部分和它们之间相应的位置，这种感知我们称之为"内部秩序"。

实验心理学家中的一部分人对内部秩序进行了长期的研究，他们认为这存在着一种使人们能够意识到自己身体的不同部分所在的不同位置的肌觉。这种肌觉需要有一种独特的记忆，可以叫它为"肌肉记忆功能"。这种机械的解释完全是以意识活动的经验为基础的。例如，我们伸手拿到了某样东西，这个动作能够被感知到，还可以保存于我们的头脑中，并且能够重现。因为人们具有得心应手的经验，所以我们可以随意活动自己的两只胳膊，向着不同方向转动。

但是有关儿童的实际情况表明，他已经度过了关乎身体的各种姿势的高度敏感期，这个时期远远提前于他能自由地到处走动和具有任何经验。换言之，儿童具有的与他的身体的各种姿势和位置有关的特殊敏感性早已被自然赐予了。

那些理论是以神经系统的机制为基础的，敏感期却是与心理活动密不可分的。敏锐的观察力和心理冲动为意识活动的发展打下了坚实基础。它们是自发产生的一些基本原则的源泉，同时，这些基本原则构成了心理发展的基本条件，这样很自然地为心理发展所需的潜意识和经验创造了条件。

我们可以列举一个反面的证据，儿童的周围环境对这种创造性的发展造成的阻碍，恰恰可以证明这种敏感期的存在和它本来具有的敏感性。儿童在这种情况发生时会变得很不耐烦，就如同预示着一种疾病的到来。如果这种不良的情况持续下去的话，就有可能给治愈这种疾病的尝试造成障碍。说来简单，障碍排除掉，脾气没了，疾病也好了，这很明显地揭示了产生这种反常现象的根源。

一位英国保姆向我讲述了一个有趣的例子。她找到了一位能干的替代者，因为她要暂时离开她为其工作的那一家人。这位替代者对这份工作掉以轻心了，于是她在照料小孩洗澡时碰到了麻烦。只要她给这个小孩洗澡，他就不安和绝望地哭起来，还把她推开，想逃开。这位保姆为孩子做了她所能想到的一切，但是这个小孩仍然厌恶她。后来那位英国保姆回来了，这个孩子立刻就老老实实地高高兴兴地洗澡了。这位英国保姆以前在我们的一所学校里受过相关的训练，发现儿童厌恶的心理原因是她的兴趣所在，对已发生的这个现象她是很容易得知谜底的。对于如此年幼的儿童所说的那种不完整的语言，她具有很大的耐心去试图解读谜底。这个小孩把第二个保姆当成了坏人，这又是为什么呢？因为给他洗澡的新保姆是用相反的动作干的。这两位保姆就比较一下她们给小孩洗澡的方式的差异：第一位保姆用右手洗孩子的头，用左手洗孩子的脚；第二位保姆的动作正好相反。

我还想起另一个情况更为严重的例子，它仿佛预示着有一种无法确诊的疾病。我是无意中参与的，虽然我并没有像个医生那样直接参与，但我见证了事情发生的全部经过。案例中的这个小孩还不到一岁半。他和家人完成了一次长时间的旅游，他们都以为小孩只是太年幼了，所以无法忍受这种路途的疲劳。然而一路上孩子的母亲发现路途中没有发生意料之外的事件，旅途十分顺利。所有的晚上他们都住在高级旅馆里，那里有现成的围着护栏的幼儿床，还为小孩子提供了美味的食品。回家以后，他们住在一个房间很大、家具很简单的公寓房间里。因为再没有围着栏杆的幼儿床，小孩和母亲睡在同一张大床上。从此小孩开始生病了，晚上失眠和反胃是初期的症状。到了晚上，母亲就必须把这个小孩抱在怀里安慰她。他好像是由于胃痛的原因哭泣。家人请来儿科医生检查这个小孩的身体，并给这个小孩买来了许多好吃的，给他进行日光浴，并带他散步，等等。但是这些行动没有任何效果，结果，夜晚成了全家最痛苦的时候，这个小孩竟然清醒起来，可怜地抽搐着，还在床上打着滚。每天要发生两三次类似的情况。这个小孩年纪太小了，还无法说出自己的烦恼，所以大家都应该了解对他来说最大的难以解决的烦恼。于是，他的家人请来一位著名的儿童精神病专家进行诊治。当时我正好参加了这个活动。这个小孩表面上看没问题，他父母说孩子在漫长的旅途中身体没有任何不健康。为什么回到家里就病了呢？很明显，他的变化可能是精神失调导致的。我看到这个小孩躺在床上忍受着病痛和烦恼，此时我忽然来了灵感。我拿来两只枕头平行铺开，它们的边角垂直起来像一张围着护栏的幼儿床的样子。我随后为他盖上床单和毯子，不动声色地把这张临时凑成的幼儿床紧靠在小孩的床角。小家伙看见它，马上停止了哭叫，打着滚儿，滚到这床沿边上，睡在里面，并说："咖亚，咖亚"。"咖亚"是小家伙用来表示"摇篮"的词。孩子很快就睡着了。从此，他的病症再也没有发作过。原来这个小孩不满成人把他抱离睡惯了的床而放到一张没有护栏的大床上，于是采用了他的独特办法来表示对令他讨厌的大床的混乱抗议。

睡在大床上的这个小孩丧失了在幼儿床的围栏中所感觉到的那种安全感。这种感觉的失去导致了他内部秩序的混乱和内心痛苦的冲突，这在医生看来似乎是难以治愈的。这个例子说明了敏感期内精神的力量，在敏感期里儿童拥有天然的创造力。

小孩子的秩序感和我们有很大的差别，因为经验使我们变得麻木，而孩子却有未知无穷的创造力。但儿童处于获得感知印象的贫乏期中，他一无所有的同时也感到创造的艰辛。在他们心目中我们就像他的继承人，但我们就如同靠艰苦劳动发家的人的儿子，毫不顾及他所承受的劳动的艰辛。我们已拥有的社会地位和拥有的一切都使我们冷淡而且迟钝。如果能认识到这些，我们就可以充分运用儿童给我们的启示了。儿童的优势是经过不断训练的意志，以及逐渐发达起来的肌肉。如今我们能适应这个世界，这和儿童时期培养的敏感性是密不可分的。我们的生活会多姿多彩，那是因为我们是儿童的继承人的缘故。儿童开始时一无所有，但正是儿童期的经历却使我们可以创造未来生活。从一无所有，到丰富绚烂的未来，儿童做出了不懈的努力。孩子们在接近生命的源泉，并大胆地行动，遗憾的是他们的创造方式，我们却往往感觉不到且无法追回。

构建美好的心灵

如果要更深入地了解心灵和智慧的秘密，我们就应该研究一下生产前胎儿的活动。近来对于生物学的研究呈现一种新的趋势，以前我们研究动物或植物，采样的绝大多数来自成熟的个体，社会科学对于人类的研究也是如此。如今科学家们要另辟蹊径，针对幼小的或初始生命进行取样研究，因此，胚胎学开始受到重视，它让我们知道受精卵是两个成人细胞结合后的产物。孩子的生命开始于成人、结束于成年，这就是生命的旅程。

造物主为幼小的生命提供了专门的保护，孩子是在爱的氛围中降临到这个世界上的。他们是父母爱情的结晶，出生后又被父母的爱所包围着。这种爱不是人工的，更不是出于理性的考虑，而是一种自然而然的感情，它与慈善家、传道士或社会活动家所倡导的爱并不相同。只有孩子在成长中所经历的爱，才是人类之爱的最高境界，这是一种无私、无悔的奉献。父母为孩子所做出的牺牲源于他们的天性，牺牲越多他们就越快乐。事实上，这种付出对做父母的来说正是一种收获，生命的本性即是如此。这种生命的相互关系比"适者生存"的竞争关系要崇高得多，这是一种特殊的本能。因此，法国生物学家法布尔在阐述物种延续的原因时指出：这不单单是由于它们有天赋的自卫能力，更由于它们有一种伟大的母性，低等动物在保护幼小的下一代时所显示出的智慧就证明了这一点。

在19世纪，科学家曾一度认为人的每一个胚胎细胞都具有很微小的人形，并且在慢慢长大。他们甚至还围绕这个"迷你小人"到底是男人还是女人而展开了激烈的辩论。直到显微镜的发明，才使专家们对这方面的研究更进一步，最后，他们只得很无奈地接受这个事实：胚胎内并不存在人的先天雏形，而是由受精卵一分为二，再由二变四，这样不断地分裂繁殖，最终形成了人的胚胎。胚胎学的研究截至目前的结论是：如同建造一栋房屋必须先积累许多砖块一样，当细胞分裂到一定数目时，就筑成了三道墙，然后在墙内开始构筑器官。

这种构筑器官的方式十分特别。它开始于一个细胞，然后环绕这个细胞进行疯狂的、快速的分裂，当这种猛烈的活动停止时，身体器官就产生了。发现这种现象的科学家解释说，每个细胞原来都是独立发展的，好像它们有着各自的目的。而当它们密集活动时，就围绕着一个中心，显得十分团结，又像充满着幻想。它们不断地变化着，与周围其他细胞的差异越来越大，慢慢显示出将要形成的器官的样子。当不同的器官依次形成时，就出现一种力量使它们相互吸引并结合在一起，它们互相依存，缺一不可。胎儿就在这时诞生了，首先是循环系统把全身的器官变成一个整体，然后是神经系统将他们更完美地联结在一起。在这里所显示的构建过程都源于一个基本点。然后以此为出发点，去完成一个个器官的创造工作，一旦各个器官形成，它们必然紧密地联系在一起，呈现出一个独立的生命。所有的高等动物都按照这一原则构建器官，自然界中也只有这一个构建规律。

人类的心灵似乎也是循着同样的路径发展的，它从虚无中开始，在新生儿的内部，也就是在他的心理层面开始，最初的时候并没有任何现成的东西，灵魂围绕着一个基本点产生，在此之前，新生儿的身体也是在不停地搜集材料。经过心智吸收，当这些材料的积累达到一定程度，就出现了许多基本点，其热烈的程度是我们无法想象的，语言功能的出现就是一例。由基本点所获得的并不是心灵的发展，而是心灵活动所需要的器官。同样，心灵器官的发展也是各自独立的，例如说话、四肢的动作、辨认方向以及其他协调运动的能力都是如此，它们都围绕着一种趣味发展，吸引着孩子对某类活动产生兴趣。当所有的器官齐备，它们就结合起来成为心灵的组成部分。

如果我们不清楚这个过程及其发生的顺序，我们就不会明白孩子的心灵是怎样构筑的。有人争辩说，人在不懂这些之前，同样能够养育出健康的后代，但是我要提醒大家的是——我们如今生活的时代，大自然所赋予母亲的本能极大地受到了压抑，甚至于消失。过去做母亲的可以依靠本能去帮助孩子在婴幼时期发展，走到哪里都带着孩子，随时为孩子的成长创造出所需要的环境，并且用母爱保护着他。如今的母亲已经丧失了这种本能，人性也有退化的趋势。所以，研究母性的本能与研究孩子的自然发展的重要性是不分伯仲的，因为这两者是缺一不可的。

我们要让母爱回归自然。其实，它本身就是一种大自然的力量，科学家们应该重视这件事，应该协助这些母亲恢复她们不复存在的本能。我们还要教母亲学会这种知识，让她们从孩子诞生之日起就给予孩子以心灵上的保护，而没有必要把婴儿交给受过训练的护士，那种护理虽然十分合理和卫生，但那只能满足孩子表面上的生理需要。事实上，过多地依赖护士护理的孩子，很可能会被心灵的匮乏所困扰。

荷兰某城市就曾发生过一件骇人听闻的事。有一个机构尝试着教导低收入的母亲对孩子实行卫生保健，他们将一些失去父母的孩子安置在很完善的并且有着科学管理的地方，那里拥有营养丰富的食物，并且由受过最新训练理念的护士照顾这些孩子。但很快就发生了大范围疾病，致使许多孩子死亡，而那些由低收入父母所照顾的孩子却没有患病，而且比那些被照顾得完善的孩子更健康。不幸中的万幸是，该机构的医生了解到了他们缺乏某种条件，并且立刻做了补救。护士们也开始学着母亲对待自己孩子的样子，经常亲亲孩子，并与他们玩耍。这些对照顾婴儿并无多少了解的护士妈妈，被发自内心的爱所引导，并结合科学的养育方法，最终使这些孩子恢复了笑容与健康。

精神的胚胎

出生后的婴儿，首先要经历一段精神发育时期。这与他们在胚胎里的成形过程完全不同，当然与后来要经历的生活也并不相同。我们称这些刚出生的婴儿为"精神的胚胎"，因为他们的出生只是在肉体方面，而精神方面还处于"形成时期"。

从某种意义上来讲，人类要经历两个胚胎期：一个在出生以前，这和所有动物并无区别；另一个在出生之后，也就是上面所说的"精神的胚胎"期，这是人类所特有的，其他生命并不存在这样的能力。

人类之所以能够区别于其他的生物，是因为各个物种之间存在着差异，一个物种之所以存在，是因为和其他物种有所不同，而非相同。一个新的物种会继承同类物种的基本特征，也一定会具有旧物种所没有的特征。这样，随着一个新物种的出现，生物世界就向前迈进了一步。

因此，鸟类和哺乳动物一出现，动物世界的状况就大为改观。因为鸟类和哺乳动物不但来自旧物种的遗传，而且身上出现了全新的特征。恐龙灭绝之后，鸟类随即出现了，它们拥有一些新的生存技能，比如鸟类保护自己的卵，为了能够更好地保护幼鸟，学会了建筑巢穴，这些技能都是恐龙所不具备的，这些大型爬行动物通常随意抛弃自己的卵。

哺乳动物是从鸟类发展而来的，这个进化过程的表现之一就是对幼仔更好的保护。哺乳动物不像鸟儿那样把卵排出体外孵化，而是把幼仔存放在体内，用自己的血液滋养它们。人类是哺乳动物更高层次进化的结果，又大大推进了这些新的生物特征，这就是婴儿具有两个胚胎时期的生理学原因，而这是所有其他生命都不具备的。

我们应该对人类这个新特征进行研究，应该在儿童发育和人类心理研究上寻找新的起点。如果说人类的活动对精神和智慧有很轻的依赖性，那么这种精神力量和创造性智慧就是人类生存的支点，是其他行为和活动的基础，人类的发展也以这一精神为前提。

按照印度哲学的说法，人的精神状态能够对人的活动产生直接影响，心理疾病和精神失灵会引起生理障碍，这些观点如今为西方世界普遍接受。如果印度先哲的发现是正确的，如果精神对人具有如此大的影响力，如果人类的行为由内在精神控制，那么我们就不应该忽视新生婴儿的精神世界，不能像过去那样只关注他们的身体。

婴儿不仅像成人那样具有学习能力，而且还会根据周围环境来塑造自己，因为他们具有一种特殊的心理类型，这与成人的心理类型完全不同。因此，婴儿与周围环境的关系也与成人不一样。对我们成人来说，环境是外在于自己的客观对象，需要加以观察和思考；儿童则不同，他们不知道什么外在环境，他们不只记住了周围的事物，而且吸收所有事物，将其变成心灵的一部分。成人能够认识外在世界，却很少感受到它与自己的联系，并对之无动于衷；婴儿则不然，他们凭借对环境的感触来完成自我塑造，把对事物的感知变成自己个性的一个组成部分。婴儿对环境的记忆是无意识的，而且具备一种吸收能力。帕西·纳恩先生将这种记忆类型称为"记忆性基质"。

最能证实这种特殊记忆类型的例子，就是婴儿对语言的学习。儿童学习语言，不是"记住"了话语的发音方法，而是形成了自己的发音能力，并且很快就能熟练运用语言。成人掌握一门外语要经过艰苦的学习，可儿童一旦开始说话，就完全遵循语言法则和特殊用法，他们与成人那种对语言进行研究和记忆不同，他们还不会想到需要这样去学习语言，可是，他们却熟练地掌握了语言，而且使之成为自身的一部分。显而易见，婴儿学习语言的方式与通常的记忆完全不同，而且，这种方式是儿童思维的重要组成部分。

儿童对周围环境有一种特殊的敏感性，这种感受能力使他能够观察和吸收周围事物，并且逐渐适应周围环境。这个特殊的学习过程，儿童是在无意识中完成的。

我们说，生命的第一个阶段是适应的阶段。这里必须准确理解"适应"一词的含义，因为这与成人的适应行为区别很大。这种特殊的适应能力，把孩子的出生地变成他永久的家园，这与婴儿对语言的掌握如出一辙，因为人唯一能说得流利的语言就是自己的母语。如果一个成人到国外生活，他永远都有一种陌生感，至少无法像婴儿那样适应一个新世界。那些传教士就是最好的例子，他们满怀信心，跑到那些遥远的国度去传教，如果你还能见到他们，他们一定这样回答你的问询："我们身在异地，只是一个孤独的异乡客！"这说明成人的适应能力是极为有限的。

儿童可不是这样，虽然他们出生在一个完全陌生的地方，但能够很认真地与之建立深切的联系，不管生活如何艰难，不管他的家在芬兰的平原还是荷兰的海滩，他们总会从中找到无穷的乐趣。

这种对家园的深切怀恋和喜爱形成于儿童时期。当然，成人对家乡也怀有同样的感情，他的成长经历使他属于这块地方，他只是单纯地爱这块土地，除此之外，他无法找到同样的快乐。

19世纪以前，绝大多数意大利农民一生都没有出过远门，意大利统一之后，许多农民走出了自己的家乡，到其他地方去谋生，这些人在外地找到了工作，在那里结了婚并定居下来，可是这些人晚年大都得了一种怪病，病症是面色苍白、压抑、虚弱、贫血，各种医治方法都不奏效，医生只好建议他们去家乡走走，呼吸一下新鲜空气。令人惊奇的是，这些人回家乡不长时间，大多数人就恢复了健康，所以这些人说，最好的疗法是家乡的空气，尽管家乡的气候未必尽如人意。但是，在心理学家看来，真正让这些病人康复的药方是一种平和、愉悦的心境，这来自他们儿童时期潜意识中对出生地的感情吸收。

对于研究儿童心理教育的人来说，这种潜意识的吸收能力十分重要，因为这种心理能力是人成长的基础，人正是在这个过程中适应了当地气候和社会环境。因此，关于儿童教育的研究都应该把这个作为基础。

由于发现了这种特殊的心理能力，人们得以了解婴儿对身边事物的学习过程。人对生活环境、文化习俗的适应同样是在童年时期形成的，儿童的行为发展不但适应时间和地域的要求，而且适应当地的风俗习惯，最终，这个婴儿长成了一个典型的当地人。

在世界各大民族中，印度人是极为尊重生命的。由于对生命的敬重，印度人甚至崇敬动物。这种对生命由衷的热爱，是很难在成人身上培养的。尽管人们经常说"要尊重生命"，但是类似的话并不能使人像印度人一样崇敬动物。一个欧洲人可能会想，印度人做得没错，人类理应尊重动物，因为它们和人类一样富有灵性，但这只是一个推理罢了，却难以在他们的内心激起同样的情感。比如说，印度人对牛的崇敬心理，欧洲人就永远无法感受得到。虽然我们欧洲人感到无法理解，但是印度人无论怎样都不会改变自己对待动物的感情，因为这种情感在他们的心中早已根深蒂固。我在蒙台梭利学校教书的时候，有一天走进旁边的小花园，看见一个印度小孩，大约两岁左右，我看见这个孩子蹲在地上，用手指在画着什么，走过去仔细一看，原来他在帮助一只少了两条腿的蚂蚁，那个小孩用手指在蚂蚁前面画线，帮助它爬动。我相信，人们会认为这个孩子如此地喜爱动物，是因为遗传。但从文化的角度来看，这种感情有历史传承的因素，就个体发育而言，这种心理特征却绝非来自遗传，而是婴儿时期从环境中学习的结果。

如何对待一只受伤的蚂蚁，不同地区的小孩会有不同的态度。有的孩子可能把蚂蚁踩死；有的会熟视无睹，无所谓地走开。大多数人会原谅这些行为，因为他们对动物没有感情，认为动物不能与人相提并论。

世界上有多种宗教，各地的人们往往尊崇不同的信仰。只要这些传统受到批判，不论出于什么理由和实际需要，都会引起人们的强烈不满，这是因为，这些情感和信仰早已融入到他们的生活之中。正如欧洲人常说的那样："它在我们的血液里。"一个人的个性来自社会规则和道德习惯，这些因素培育了人们的独特情感。正因为这样，才会有性格鲜明的印度人、意大利人、英国人、法国人以及中国人。这种情感是怎样形成的呢？它源自婴儿期的一种神秘的精神力量，也就是心理学家称为的"记忆性基质"。

婴儿吸收从环境中学到的东西，使之成为他们个性的一部分，这些东西因此永存于他们的头脑之中，即使有些在后来的生活中不再使用，但还是留存在潜意识里。"记忆性基质"（我们可以说它是一种超记忆的东西）不只创造出孩子的个性，而且保持这些特性的生命力。婴儿期形成的东西是无法消除的，将永远成为他们个性的一部分。

"记忆性基质"对人的成长发育的意义，同样在人的动作、神态、步态方面有所表现。不同种族的身体语言、精神趋向各有不同。比如，生活在非洲土著部落的人，大都具有一些对付猛兽的特殊心理倾向，有的部落主要依靠听觉，因此部落所有成员的听觉都极其敏锐。

就人的肢体和器官的行动来说，儿童时期所学习的东西会在人身上留下永久烙印。所以人们常说，企图改变一个成人是徒劳的。当人们说"这个人缺乏教养"，或者指责某个人过于懒散的时候，目的是希望这个人意识到自己的缺点。虽然这样做通常会对他造成伤害，或者令他感到耻辱，可是这些人很难真正改变自己的缺点，因为这些缺点和其他个性特征同样是根深蒂固的。

用以上方法，我们同样能够很好地理解人与时代的关系。如今的人很难认同古人的想法，古人也不可能理解现代人的生活。婴儿一出世，就会很快适应当时的文明，不论这种文明程度是高是低，他最终都会变成与该种文明相适应的人。这也说明适应性是人类个体发展的真正原因，个体竭尽全力地为自己建立一种行为模式，以便融入世界之中。

随着对儿童智力的了解，今天有必要把儿童看作是联系不同时代和不同文明的纽带。因为婴儿时期是这样重要，如果我们渴望引入新的思想，传播文明的火炬，或者改善人们的生活习俗，在社会生活中注入新的活力，那么就必须从儿童开始，因为成人是很难完成这一任务的。20世纪，当英国即将结束对印度的殖民统治时，一个英国官员经常让保姆带着孩子到印度饭店去吃手抓饭，这样做的目的是让孩子生活在没有种族歧视的环境里。当然，印度人这种独特的饮食方式也吸引了欧洲人。不幸的是，不同民族之间这种日常生活的差别，往往形成敌对的情绪，从而成为相互间产生矛盾的根源。这个英国官员的做法给了我们一个提示——如果想要恢复过去的传统，我们也只有向儿童求助。

既然人类能够通过对儿童的影响来改造社会，那么，我们就不应该忽视幼儿园的重要作用；既然人类社会的改造源自这些小家伙，我们成人就要给他们提供适宜的成长环境。

既然儿童的个性发展是通过对环境吸收进行的，那么，对儿童的教育就要以环境作为载体。儿童既是前人和后人之间的纽带，又是创造者，他们给人类带来了无尽的希望，也带来了全新的生活观念。我们这些儿童教育工作者，如果想要把人性带到一个更高的水平，还有许多工作要做。因为这样的目标意味着，对儿童的教育必须建立在这样的基础之上：从婴儿诞生那一刻起，就把他们当做具有特殊心理能力的生命来对待，而不仅仅是需要大人照顾的孩子。事实上，新生儿的心理活动现在已受到广泛关注，甚至很可能因此而形成为一门新学科。如今医院已经设立了儿科诊室，专门为儿童治疗疾病，这就是一个很好的证明。既然新生婴儿具有心理活动，那就说明这种心理活动在他来到这个世界之前就开始了。实际上，科学研究已经证实，婴儿的这种心理活动在胚胎期就开始了。这个发现很快被世人所接受，随之提出了另一个疑问：胚胎从什么时候起就具有了这种心理活动的呢？众所周知，七个月的胎儿即使脱离母体，他也能够健康地活下来，这说明七个月的胎儿已经具有心理活动能力了。

生物学的研究成果证明，所有生命都有一定的心理活动，即使是最低等的生物，也具有一定的心理力量和特定的心理反应。只要对单细胞生物进行观察，就会发现它们也知道怎样去维护自己，怎样寻找食物、躲避危险，也就是说它们也拥有感知能力，也存在心理活动。生命的这一特性如今已经得到普遍承认，可就在不久之前，科学界还坚信婴儿不存在心理活动。

儿童特殊心理能力的研究，近年来已经引起了世人的广泛关注，这些研究告诉我们，我们对此负有某种责任。对人类出生经历的新发现，大大激发了人类的想象力，这不只是表现在各种心理治疗上，也体现在文学创作上。心理学家现在常说这样一句话："出生即是一个痛苦的旅程"，这话不再是说母亲的妊娠之苦，而是针对婴儿所说的。婴儿经历出生的痛苦，却无法加以表达，他们只能在这个痛苦的旅程结束时大声哭泣。

有人说出生就意味着被抛弃，因为婴儿要身不由己地来到一个陌生世界，这里的环境与他以前生活的地方完全不同，要生存下去，就必须适应新的环境，可是又无法表达这个过程所感受到的痛苦。对婴儿心理生活的这个重要时刻，心理学家用"出生恐惧"一词来加以描述。这种"出生恐惧"是一种无意识的恐惧，假如婴儿可以说话，他一定大声问道："为什么要把我带进这个可怕的世界？现在我该如何是好呢？我怎么才能适应这个新环境呢？天哪，我该怎么做才能忍受这里可怕的噪音呢？脱离了母体，我如何去实现母亲器官曾具有的功能呢？失去了胎盘的滋养，我能学会呼吸和消化吗？"

初生婴儿还没有明确的意识，他们还不能清楚地表达出生的痛苦，可是心理研究告诉人们，婴儿的潜意识肯定对此有所感觉，他们一出生就大哭，正是对这种痛苦的排解。有一个众所周知的现象即非常明显地反映了初生婴儿的恐惧感，比如新生婴儿都要放进水盆里洗澡，这时候可以看到他们好像担心自己会掉到地上，手上会做出"抓"的动作，这个反应完全出于内心的恐惧。这一情况告诉成人，我们有责任帮助初生婴儿适应这个世界。

生命是大自然赐予的，那么自然界会尽力保护它的孩子吗？它是如何为这些新生命提供帮助的呢？大自然不仅创造孩子，同时也为孩子创造了母亲，在一个母亲的潜意识里，就已经意识到了外界对婴儿的伤害。当婴儿一诞生，母亲就会将孩子抱在胸前，目的是为了防止婴儿受到伤害。

在哺乳动物之中，人类母亲对婴儿的保护本能并不十分强烈，而且这种保护本性也容易消失。比如，母猫总是把幼崽叼到黑暗的角落，一旦有人接近，它就会变得异常凶猛。人类母亲没有这样强烈的本能反应，这是因为很少会出现婴儿被抢走的情况，母亲会给孩子洗澡穿衣，或者把孩子抱到阳光下，细心观察孩子眼睛的颜色。她们似乎更喜欢把婴儿当作一个宠物而非一个人。人类和其他哺乳动物的这种差别，一方面的原因在于理性的发展超过了天性，另一方面是一直认为儿童没有心理生活。

出生对儿童的心理生活而言只是一段插曲，可是我们需要对这件事进行独立研究。生物科学告诉我们，生命的进化过程赋予了哺乳动物非常高的智慧，当幼崽快要出生的时候，母兽会脱离群体，独自完成生产过程，幼崽出生一段时间后，才带着幼崽回归兽群。这种现象在群居动物中尤其明显，比如牛、马、鹿、象、狼、狗。在母兽与兽群分开的这段时间，新生儿单独与母亲一起生活，接受母亲的关爱和保护。幼崽在这段隔离时间里，对周围环境的刺激会做出反应，并接受母亲的训练，从而很快适应了环境，使生存能力发展到与成年动物相近的水平。所以，当幼崽跟随母亲走回兽群时，它已经是这个动物群体中的一员了，虽然它出生只有一两天，甚至只有几个小时，但无论在心理还是生理上，它都发育完备，可以被称为小牛、小马或者小狼了。

不仅野生哺乳动物懂得如何保护幼崽，被驯化的哺乳动物也保持了野生时期的本能，比如家养的狗和猫，母亲总是寸步不离地保护着幼崽，尽力把它们暖在自己怀里。这说明，尽管出生使幼仔脱离了母体，但它们仍然是母体的一部分，和母亲血肉相连。而这种关系也正是幼仔适应环境，学习生存技能的最好方式。

现在，我们能够对出生这一阶段做出解释了——动物的生存本能从一出生时就被唤醒了，动物的学习过程，主要不是环境刺激了它的适应本能，而是生命的本能在促进它的发展。

这一结论也适用于人类。我们之所以讨论出生这一时刻，并非因为它是婴儿经历的一个难关，而是因为这一时刻对未来有决定性作用。在个体发展的每个重要阶段，都有一些显著的标志。出生这一阶段的显著标志，就是剪断婴儿与母亲的脐带联系。出生使生命的潜在力量觉醒，这些潜在力量促使儿童（我们称之为"精神的胚胎"）进行创造性的活动。

所以，对新生婴儿心理的研究，不仅要关注"出生创伤"问题，还要研究伴随出生而来的各种本能行为。虽然婴儿与其他哺乳动物幼崽不同，没有遗传性行为模式，但他们具有一种潜在能量，这种潜在能量产生的迫切需求，促使他开始生命行为，帮助他在与环境的交流中形成个性，以达到完成自身成长的目的。

虽然这种潜在能量形成的要求非常强烈，却是无形的，所以得到一个形象的称谓——"星云"。这种能量是生命的本质，所有动物都是从自己的种属中得到这种能量的，它们借此开始生存活动，并且支配自己的行为，选择适当的食物，进而使用特定的防御方式。

动物在自然环境里生活，人类却生活在社会环境里，所以儿童对生存技能的学习，必须在社会生活展开之前。既然婴儿出生时不具备先天性行为模式，这些东西就要在出生后慢慢形成。因此，婴儿出生后最重要的活动就是适应环境。

这一特殊功能对儿童人格发展非常重要。事实上，我们相信这是生命的普遍机制，从而在这个意义上展开了对儿童的研究。

儿童的身体发育是一个漫长的过程，在这个过程中儿童需要不停地完善自己，直到成为一个真正意义上的人。这是因为婴儿与其他哺乳动物不同，他不直接接触周围环境，他虽然已经出生，但还继续着胚胎生命过程。正是在这一独特时期，一系列人类本能将在婴儿身上逐渐形成。

既然在婴儿的记忆里并没有来自遗传的东西，婴儿出生之后就不得不依靠自己去构建精神世界，建立对外表达机制。只要想一想新生儿是多么弱小，就知道这个任务对他们来说有多么艰巨，这些小家伙还无法支撑自己的脑袋，就开始如此重要的旅程。在此过程中，他们将自己学会识别、学会说话、学会站立、学会走路，直到把自己融入到世界之中。科学家考格西尔发现，在人的胚胎发育阶段，神经中枢比人体器官更早形成。这说明，在儿童做出某种行为之前，支配这种行为的心理类型就已经形成了。也就是说，婴儿成长的起点是在精神方面，而不是身体方面。

人与动物的最大区别是智慧，所谓人的天性是自由的，就是指人的活动不是简单地依从本能，而是由自己的精神意志支配。因此，婴儿出生后，首先要做的就是形成自己的精神世界，其他的发展都是次要的。

　　婴儿需要漫长的哺乳期，因为他们的器官还没有长成，许多骨骼尚未硬化，脑髓磷脂也没有覆盖住运动神经，不能把大脑的行动指令传出去，所以，婴儿的身体反应相对迟钝，从运动机能角度讲，他还只是一个雏形。尽管体质发育远远不够，但是婴儿和其他哺乳动物幼崽在这方面并无差别，一旦脱离母体就开始适应环境的活动，他的首要任务是开发智力，这是人体其他器官发展的基础。所以，对人来说，没有什么比生命的头一年更重要的了。

　　儿童成长发育有许多方面，而且每个方面都有一定的规律。研究发现，婴儿出生一段时间后，脑门的软骨组织才逐渐合缝，头盖骨才算长成，在这些骨缝吻合之后，身体结构就开始发生变化，骨骼的硬化也渐渐完成。小脑是人体的平衡器官，但是刚出生时却很小，只是到了这个时期，脑髓磷脂将脊柱神经覆盖住，小脑也就快速成长起来，终于和大脑半球形成协调的比例。发育的最后阶段是内分泌腺的形成，同一时期，与内分泌相关的消化系统也发育完成了。

　　初生婴儿的发育情况我们都很熟悉，很明显，身体成熟是一个不断发展的过程，而且与神经系统的发展变化同步。比如，要是小脑没有发育成熟，儿童无法保持平衡，就不可能坐稳和站立，更不要说行走了。

　　为了逐渐发育成熟，婴儿的运动器官开始逐渐接受大脑的指令，并且尝试着进行运动，虽然这种运动开始时很模糊，但却能够从周围环境中汲取经验。经过一段时间的反复练习，儿童的运动变得协调起来，最终能够正确地执行大脑发出的指令。对儿童的教育和运动练习，不应该对这个协调适应的过程设置限制。

　　人类与动物不同，并非一出生就能够协调运动，初生婴儿的大脑里没有预先设定的行为模式，他必须自己去摸索，以完成一个逐渐协调的过程。其他哺乳动物就不同了，小家伙们出生不久就可以走、跑、跳，用不了多长时间就能学会高难度的动作，如果是擅长跳跃的动物种类，幼崽出生不久就能够跃过障碍，快速地逃离危险。

　　人类不具备动物的这种遗传能力，却拥有学习天赋。通过学习，人类能够掌握各种各样的动作技巧，他们可以成为体操运动员、飞行员、舞蹈家、钢琴演奏家等。不过，这些技能的获得不是因为运动器官的成熟，而是来自运动经验。也就是说这些都是教育的结果，人类的每一成员都需要自学这些技巧。

　　我们把儿童的成长划分为几个部分，主要原因是人类的发展首先是心理发育，肉体器官的发育在心理发育之后，并且被心理所控制。从人的运动技能来看，尽管身体发育是运动的条件，运动需要身体发育成熟，但是心理发育并不依赖身体的发育，当运动器官发育到一定程度，具备运动能力之后，心理发育仍然在进行。

　　心理发育的能量来自运动中获取的经验，离不开运动器官的使用和技能的发挥。因此，假如一个儿童的运动器官已经长成，却限制他的活动，同样会阻碍儿童与运动相关的心理发育。虽然心理发育离不开运动器官的使用，但是它的发育却是独立的，只取决于心理未来的作用，也就是个体将来要完成的任务。每一个发育中的婴儿，都拥有圆满完成这一发育过程的能力，只是在"精神的胚胎"阶段还无法观察到。

　　处于"精神的胚胎"阶段的婴儿都很相似。人们常常这样说："所有婴儿刚生下来都一个样，而且以相同的速度发育。"初生婴儿的大脑与胚胎差不多，细胞的分裂也处于相同的阶段，所以很难找出他们之间的差别。

　　胚胎阶段的生命都基本相同。在胚胎发育初期，人们很难区别两种不同动物的胚胎，差别是后来产生的。开始看似相同的胚胎细胞，后来却长成了鸟、兔子等完全不同的东西。可以说，人类所有成员都由大致相同的"精神的胚胎"发展而来，无论他是伟大的艺术家、超凡的政治领袖，还是一个普通人。普通人也有自己的个性，在社会中也有自己的位置，虽然他们只做一些单调的工作，为一日三餐奔波劳累，但是他们远远高于低等动物，他们的行为是自由的，不受遗传限制的。

当然，人类不能预测心理后期发展的结果，也无法了解处于胚胎阶段的人。在生命的这个阶段，人类能够做的只是对生命发育提供帮助。人类的这个阶段是心理发展的开始，如果能根据未来的需要给予一些帮助，必定能够大大提高人的能力。

这样一来，对弱小婴儿进行教育的办法也就明了了。如果孩子从一出生就开始教育，就必须适应这一时期婴儿的条件。这种早期教育对所有婴儿都是相同的，不论是印度婴儿、中国婴儿，还是欧洲婴儿，同样也不分社会阶层。既然世界上的儿童心理需求大致相同，而且在成长中经历相同的阶段，那么，我们就要寻求一种遵循人类成长规律的方法。我们的教育只能遵循大自然的要求，因为，只有如此才能满足生命的需要。这并非人类主观意识可以决定的，也不是哲学家、思想家或是某种实验所能改变的，这是大自然为生命确立的法则，是大自然决定了人类的发展进程。

儿童自身的发展当然符合自然的要求。在父母眼里，襁褓中的婴儿是多么安静，多么愉悦，其实他们正在为自身的发展而作着不知疲倦的努力，成人应该研究这一过程，并为他们服务。

现今，医疗心理学以弗洛伊德理论为基础，提出了一个具有决定性的时间段——出生时期。医疗心理学是这样界定这个短暂时期的：它处在源于"出生创伤"的"回归症状"和成长阶段的"压抑症状"之间。虽然回归企图和外在环境的压抑不能一概而论，但这些心理症状却表明了婴儿的一种倾向，那就是回到母体中去，而不是继续成长。自然，这种倾向存在于无意识之中。

精神分析已经揭示，"出生创伤"不仅使婴儿抗拒和哭泣，还会影响儿童的心理发展模式，导致儿童向异常方向发展，结果产生一种心理变化，或者说心理力量的背叛。

几乎所有婴儿出生时都感到不适应，而且他们的心理会出现一些回归症状，他们留恋出生前的状态，不愿成为人。初生婴儿仿佛在内心里说："我要回到妈妈的肚子里去。"

新生婴儿一般睡眠时间很长，这很正常，但在弗洛伊德看来，睡眠时间过长就不正常了，他认为婴儿睡眠是在逃避，表明婴儿在面临新世界时，内心中有一种畏缩的情绪。

弗洛伊德也许是对的，睡觉可以看做是对潜意识的回归。当人们遇到难以克服的困难时，通常渴望睡觉，因为一旦进入睡眠，就忘记了现实世界，生活中的困扰就都不存在了，睡眠不但是人的生理需要，而且是精神避难所。只要注意婴儿的睡眠姿势，就会发现他们睡觉时大都两腿缩在一起，把手放在脸的旁边，很多成人也喜欢这种睡觉姿势。从心理学来说，这证明他们有回归子宫的倾向。

婴儿醒来之后通常大声哭泣，这被认为是另一个渴望回归的症状，似乎他们对独自面对这个世界感到恐惧。另外，婴儿总是做噩梦，这是很多人都经历过的，这同样说明婴儿对这个世界没有好感。

人也许一辈子都无法摆脱这种回归的渴望。对成人来说，它可能表现为对他人的依赖，每个人都害怕独处，害怕黑暗，害怕孤独。成人之间的依赖并不是出于彼此喜好，而是因为恐惧，这和儿童是并无区别的。儿童不喜欢独处，喜欢和别人待在一起，尤其是待在母亲的附近。儿童不喜欢外出，而愿意待在家里。对那些胆怯的儿童来说，色彩绚丽的外部世界不是让他们高兴，而是让他们感到恐惧，他们对这个世界感到陌生。

如果婴儿在早期对周围环境有一种畏惧感，肯定会影响到他的成长。这样的儿童长大后往往桀骜不驯，而且不易融入生活的世界。这样的人将永远不能正常地学习周围世界，对他们可以用一句格言来形容："人生即是痛苦。"这样的人厌倦所有的东西，他们的消化能力很弱，甚至连呼吸都会感到压抑，他们所做的事情都与常理相违背。一句话，他们比正常人需要更多的睡眠。

不难想象这种人的童年会是什么样子，这种儿童一定很懒散，闷闷不乐，而且喜欢哭，经常做不好自己的事情，时常需要他人的帮助。这种症状很难改变，通常会伴随人的一生。而且，这些儿童长大之后，多半胆子很小，害怕见陌生人，不能适应社会生活，生存能力很弱，总是离不开他人的鼓励和帮助。这些人格缺陷都源于潜意识心理的负面作用。人在自己的记忆之中无法找到这些创伤，它们存在于潜意识之中。虽然我们对此没有任何记忆，但是它们确实存在于人的"记忆性基质"之中，成为人格组成的一部分。这种人格障碍最终会形成很大的危害，并阻碍人类生活的发展。

这些发育不正常的儿童，长大之后不但不能适应生活，而且会报复社会，这就使人类面临着巨大的危险。这种危险来自我们的无知，这种无知比其他任何无知的后果都要严重。

心理学家都十分重视出生对人的心理发展的重要性。上面我们只对早期回归现象进行了讨论，下面我们来探讨一下哺乳动物对幼崽保护措施的作用。一些生物学家认为，在哺乳动物刚出生的几天里，母亲的抚慰关爱可以唤醒它们的生命本能。我们对儿童心理的探讨，就是以这种观点作为前提的。

研究儿童的心理发育，不仅要重视出生对儿童的影响，而且必须重视他们对周围环境的适应，因为儿童需要加以特殊对待。在生命伊始，母亲和孩子面临着不同的危险，但他们面对的困难却是相同的，虽然婴儿面临的身体危险很大，但是与心理危险相比，就不那么严重了。如果弗洛伊德的理论是正确的，且回归症状的原因是"出生创伤"，那么这种症状就应该是普遍的，即在所有儿童身上都有所反应。因此，我们有理由认为，哺乳动物和人一样，也经历了这个过程。哺乳动物的幼崽在刚出生的几天，内心一定发生了重要变化，从而促使哺乳动物的遗传行为觉醒，与之相对应，儿童身上也可能发生了类似的情况。虽然儿童没有遗传固定的行为模式，但他具备学习各种行为模式的能力，这种潜在的能力需要通过与环境的交流发挥出来。

为了更好地描述婴儿对环境的学习过程，我们借用一个描述天体起源的概念——"星云"，用它来类比婴儿吸收知识的创造力。星云是宇宙中的巨大天体，它们之间的距离非常遥远，以致于天体空间几乎失去了密度，但是，对另一个遥远星体来说，它们却存在着，而且具有一定的密度。儿童学习知识的能力与之相似，表面上看来，他们的知识从无到有，其实，创造的能力潜伏在生命之中。儿童在"星云"中得到了刺激，逐渐形成了语言能力。儿童的语言能力并不是来自遗传，而是通过与环境的相互作用逐渐吸收的。由于儿童拥有这种"星云"式的学习能力，在语言学习中能够辨别不同的发声，从而渐渐地学会了使用语言。儿童对社会习惯和传统的学习，也是以同样的方式进行的。

"语言星云"并不限于儿童对某种语言的学习，而是一种与生活环境交流的能力。一个在意大利长大的荷兰儿童，能够熟练运用的将是意大利语，而非荷兰语，无论他的祖先在荷兰生活了多长时间。另外，人们发现，世界各地儿童学习语言的时间和程序基本相同。

由于遗传的作用，动物出生不久就能够掌握所属物种的语言，婴儿就不同了，他们需要经过相当长时间的学习才能够掌握语言。这就是人与动物的本质区别。

很明显，儿童不是从遗传中获得了某种语言模式，而是在潜意识中储存着学习语言的能力。这种学习潜能和生殖细胞的遗传基因很相似，在细胞分裂的繁殖过程中，遗传基因精确地控制着整个过程，使细胞体形成为一个精密的器官。在儿童对语言的学习过程中，这种语言潜能的作用与此类似。我们可以把这种能力称之为"语言星云"。

除"语言星云"之外，儿童的生命本能里潜伏着其他"星云"，比如对周围环境的适应能力、对群体价值和传统的认同等，这些反应模式也不是来自遗传。这很像现今的文明，它是人类各代创造的积累，而绝非来自遗传。对此，心理学家卡瑞尔说道："博学的科学家无法通过遗传把知识传给儿子，如果把科学家的儿子放在荒岛上，他们就会变得和克鲁玛努人一样原始。"

也许我在谈论星云的时候，会让人产生这样的印象，好像星云所包含的各种本能力量并非一个整体，每种力量各自独立。这里有必要澄清一下，所谓"星云"只是一个比喻而已，事实上，大脑的反应形式与星体运行根本不同，心理活动是一个有机整体，从某种意义上讲，这个过程是有目的、有意识地从环境中吸收知识，借以完善自己。

如果"语言星云"因为某种原因不再工作，人就丧失了学习语言的能力。我遇到过几个这样的例子，专家对不会说话的儿童进行测试，发现他们大脑健全，听觉和发音器官都十分正常，但为什么这些孩子无法说话，其原因至今也没有找到。这个现象很有趣，我觉得要找出其中的原因，最好研究一下他们刚出生的几天发生过什么事情。"星云"理论不仅能够解释上述现象，也能解释其他领域一些无法解释的问题，比如社会适应能力的问题。依我之见，"星云"理论比"出生创伤"更有科学价值，因为我相信，大部分心理回归倾向，都源在儿童期缺乏社会适应能力的训练。

　　如果儿童缺乏敏感性，不再热爱"周围的环境"，如果传统、道德、宗教等以一种不正常的方式被吸收，这个人就会显得异常，从而表现出前面提到过的回归症状。这是因为人类具有敏感的创造力，而非某种遗传模式。如果儿童可以适应生活环境，那么生命的最初几年，就奠定了他的心理生命基础。

　　这里必须提出一个问题，有些人的创造敏感性正在丧失，或者发育迟缓，这是为什么呢？这个问题很难直接回答，需要对那些丧失创造敏感性的人进行研究，才能够找到答案。

　　下面的例子可以对此研究提供帮助。有这样一个年轻人，他长得非常漂亮，聪明健康，可就是讨厌学习，也不听话，而且性格不好，所以没有人愿意理会他。我对这个男孩的身世做了一番调查，发现在他出生后的半个月，由于缺乏营养导致体重急剧下降，身体骨瘦如柴，以至于护士把他叫作"皮包骨"。除了这半个月，这个男孩的发育都十分正常，所以身体强壮，遗憾的是，也许他注定只能成为一名犯罪分子。

　　不可否认，"星云"理论现在还是一个假设，有许多问题有待于进一步探讨。但有一点是可以肯定的，儿童心理发展受到他所感知的"星云"的指导，就像生殖细胞受基因的控制一样。所以，人类也应像其他高等动物一样，在新生命降生的一段时间里给予特殊照顾。在这里，我们不是说要关心婴儿出生后的第一年或者第一月，也不只是要求关心婴儿的身体，我们的目的是引起人们的注意，促使父母关注这个问题，意识到幼儿出生时加以科学化教育的重要性。

心理胚胎的发育

新生儿理应被当作"心理胚胎"来看待，它是一种为了降临到这个世界上而孕育在肉体内的精神。然而，从科学的角度上讲，新生命来到这个世界上并非一片空白，他是个活生生的肉体，他有组织、有器官，这可以用科学仪器测量出来，而我们所讲的精神却无从考证。如此细致灵活的身体难道是无中生有吗？这还是一个待解之谜。

婴儿从诞生那一刻起，就站在了人生旅程的一个令人印象深刻的起点上。从此以后，有相当长的一段时间他是不由自主的，也没有能力做任何事情，就如同一个虚弱的或瘫痪在床的病人一样需要别人的照料。除了大哭，新生儿在很长一段时间内都会沉默不语。而当他一哭，我们就会直冲到他的床边，仿佛有人需要我们帮助一样。经过很长一段时间，大概是几个月，甚至一年以后，新生儿才不会那么脆弱，慢慢地成长为一个"小成人"了。

我们可以把孩子在身体上和心理上的成长变化看做是一个生长成"人"的过程。换而言之，婴儿长大成人是一个神奇的过程。在他的成长过程中，有一种内在的力量在启动新生儿身体的能量。这个能量一旦被启动，新生儿的手脚便开始动作，大脑也开始运转起来。在这之后，新生儿不但可以活动了，而且拥有了表达思想的能力，这便是人的"内化"过程。

相较于其他动物，婴儿降临到世界上以后，有相当长的一段时间需要别人的照顾。从现实情况来看，这对新生儿的成长有着非同寻常的意义。你看其他动物无论出生时多么脆弱，几乎都得在非常短的时间之内依靠自己的力量活下去，它们必须很快学会走路，有些食草动物甚至刚一落地就得跟在妈妈后面跑，以躲避食肉动物的追捕。它们用非常短的时间学会了与同类动物的沟通方式，比如，小猫学会了叫声，小羊也懂得了怎么叫，即使发出的声音很微弱，但仍旧能够听见它们不断的叫唤声。动物的成长准备期十分短暂而且简单，可以说从一生下来就能靠本能来支配自己的行为。你看那顽皮的小老虎从刚出生的那一刻，就可以自己站立起来，出生后短短的一天时间里，就已经能够灵敏地在妈妈肚子下钻来钻去。

所有来到这个世界上的动物，不仅有着外在的形体，而且还具备着潜在的本能。这些本能会在它的动作中显现出来，这代表了不同物种的个体特征。有人以为，动物的特征应该通过它们的行为，而不是从它的外貌上加以归纳。所以动物身上具有的那些植物所没有的特性，就可以统称为"精神特质"。连动物的精神特质在出生时都十分明显，怎么可以说人类的新生儿没有同样的天赋呢？科学理论证明，动物现在的行为特征是长时间物种繁衍的经验累积的结果，人类的特征也是如此。人类先是直立行走，然后再不断开发出语言和智慧，并将这一切传递给后代。

所以，这里面有一个潜在的真理，我们可以用产品的制造方法来打个比喻。现代机器可以快速地大量地制造出某些完全相同的产品；而有些东西则必须用手工慢慢做出来，且每一个都有所不同。手工制造的价值，就在于它有着艺术的独特魅力。这个例子可用来比喻动物和人在心理上的差异，动物就像是大量制造出来的产品，它们一出生，就已经具有了与同种动物一样的特性。相较之下，人算得上是"手工制造"出来的，每一个人各有不同，是大自然造就出来的艺术品。另外，人的制造过程极为缓慢，在他的外貌特征还没有显现出来之前，其"内在特质"就已经开始形成，这可不是在复制一模一样的人，而是要制造出一个全新的人。至于人的内在特质是怎样形成的，至今仍然是一个谜。我们所要说明的是，人的制造一直都在经历一个漫长的内在形成过程，就如同一件艺术品在呈现给大家之前，它的创造者必须先在幽静的工作室里进行一番精雕细琢。

人格的形成是看不见摸不着的，娇弱无助的婴儿对我们来说同样是一个谜。我们只知道婴儿在未来会有无限发展的可能，却无法知道他会成为什么样的人，会有什么样的成就。在婴儿柔弱的身体里，有着比其他动物更为复杂的构成和机制，任何一个婴儿都是独立的个体，他所具有的特殊意志使他能够顺利地完成自身的转化工作，不论是音乐家、歌手、艺术家、运动员，还是英雄、罪犯、圣人都是以同样的方式出生的，他们每个人都带着属于自己的形成之谜来到世界上。正是这种不同的个性使得每一个人最终去做不一样的事。

　　婴儿出生时的无助现象，一度是哲学家们讨论的课题，遗憾的是，医学专家、心理学家和教育家却从未对此产生兴趣。他们认为，这种现象是一个理所当然的事实，虽然大多数孩子都能够顺利地度过这段无助的婴儿期，但这个时期的影响会深深地埋在孩子们的潜意识里，会对他们未来的生活产生严重的心理后果。那些认为婴儿不仅仅在行动上是被动的，其心智也空洞的想法，实在是荒谬至极的。还有人持有这样的想法——孩子在婴儿期过后之所以会神奇般地成长，完全是因为大人的精心照料和认真养育。这样的想法同样也是不正确的，因为这些想法使父母产生了一种责任感，以为自己就是启发孩子内在特质的力量。因此，他们把教导孩子当做是在完成一件艺术品，为了发展孩子的智能、灵敏度和意志力，他们会不断地提出愿望，下达指令。在这里，成人赋予了自己近乎神圣的职责，并坚信自己在孩子的生命活动中占有崇高的地位，就像《圣经》里所讲的上帝一样："上帝按照他的形象创造了人类。"

　　骄傲是被人类所不屑的，大人将自身神化后所形成的自傲让孩子蒙受了许多苦难，只有孩子才真正地了解通向自己内心世界的方法。孩子在很小的时候就能表现出他的发展趋向和相当的心智天赋，终有一天他能够展现出自己的能力。因此如果大人不合时宜地加以干涉，就会使孩子的努力失去意义，并挫败他们的自我实现目标。大人的行为很有可能给孩子原始自然的心智带来不利的影响，这也许就是人类在传承中失败的原因。更重要的是，虽然孩子必须经过重重困难和坚持不懈的努力才能够充分掌握和运用自己的心智，但是孩子有着独特的精神层面，只是得花些时间才能够表现出这种天赋。

在成长过程中，孩子那懵懂的心灵，正在慢慢被打开并茁壮成长，它正逐渐地让被动的躯体活跃起来，并唤醒自我意识。然而，在现实环境中，却有另一股强大的力量向他袭来，最终操纵了他的心灵。在这样的环境中，没有人能感受到，也没有人愿意去接受"人类可发生内在转变"的事实。娇弱的婴儿其实没有受到任何保护，也没有人帮助他度过艰难的发育期，这个环境中所发生的每一件事对婴儿来说都是一种阻碍。

这样，作为心理胚胎的孩子，只好依靠自身的力量，在他所处的环境里寻求生存。事实上，心理胚胎像生理胚胎一样，需要外在环境的呵护，需要爱和温暖，还需要人们尊重它的存在，需要一个能够完全容纳它并且绝不会阻碍它发展的环境。

一旦知道了这些情况，大人就必须改变对孩子的态度，因为当孩子"心理胚胎"的形象呈现在我们眼前时，我们便有了新的责任。那个柔弱而优雅的小东西，那个招人喜爱且被我们用很多衣物包裹着的婴儿，就如同我们的玩具，必将唤起我们的爱。

人类在其转化的过程中，需要面对很多内在的挑战。要理解还不存在的意志和思想，这几乎是不可能的，但这种思想和意志终将控制和激励我们被动的身体。从此以后，婴儿娇弱的生命花朵绽放了，婴儿的大脑从这一刻起有了意识，他开始对周围的环境产生兴趣，并且在实现自我的努力下，他的肌肉也活动了起来。我们必须对孩子的努力给予理解和支持，因为这段时间是孩子人格发展和定型的重要时期，我们的责任是如此重大，我们应该用科学的方法尝试着去了解孩子的心理需求，并创造出一个符合孩子的成长需要的环境。这是我们正在发展的这门科学长期以来的首要原则，同样也是需要我们用智慧去领悟的科学，因为在推断出人类发展史的最后结论之前，还有很多工作需要我们去做。

第三章　培养儿童的各种能力

婴儿语言能力的形成

众所周知，在生命活动中各种感觉器官发挥着极为重要的作用，如神经系统、神经中枢、运动肌肉等，但是语言机制的发现表明，不仅仅是这些看得见的东西在起着作用。19世纪末，人类开始了对大脑的研究，人们相信，大脑皮层的神经细胞与语言有一定联系，其中包括两个区域：一是感觉中枢，主导语音的接收；二是运动中枢，主导发音动作。

从表面上看，语言器官的构成与之大致相同。耳朵接收语音，嘴、喉、鼻子用来发出语音。研究表明，与语言相关的两个中枢的发展并不是一起进行的，在生理和心理方面都是如此。就感觉中枢而言，听觉器官与某种心理能量有关，儿童在无意识中对语言的吸收，正是基于这种神秘力量。对于运动中枢，可以通过说话时各个器官的活动进行了解。

显然，生成语言的生理运动部分发育相对缓慢，而且出现得很晚。对此只有一个解释——儿童语言表达器官的发展是由对语言的接收促成的。

这种设想符合逻辑。既然人并非生来就会使用某种语言，那么儿童首先需要听到人们说话，然后才能说同样的话，所以，语言器官的活动需要以大脑接受的语音信息为条件。这个说法极易理解，但是我们必须注意到，语言并非是自然逻辑推理，而是一种自然机制的产物。当然，自然往往是合乎逻辑的。当某种自然现象引起我们的注意，我们就要去理解它们，它们也就慢慢"合乎逻辑"了。

这让我想到，事物背后一定有某种智慧力量在发挥作用，而且，这种力量的作用主要在心理方面表现出来。比如，人们看到色彩鲜艳的花朵时，心理上就会产生一种愉悦感。另外，婴儿刚出生时，既不能听也不能说，什么都不能做，但他们长大后却什么都能做。

大脑的这两个中枢最初起不到任何作用，表明它们不存在遗传的影响，但它们属于语言机制的一个组成部分，蕴涵着学习语言、表述语言的能力。研究表明，人的语言机制除了这两个神经中枢之外，还有一种特殊的感觉能力，就是听觉，它对儿童的语言行为能产生直接影响。学习语言的这些条件，在儿童出生之前，自然界就为他安排好了，儿童从出生那一刻起，就开始为说话做准备。

只要观察就会发现，语言器官的形成同样十分神奇。作为语言听觉器官的耳朵结构及其精密度，简直可以说是一部天才的音乐作品。耳朵的主要部分像一把竖琴，有64根长短不一的弦，按照一定的顺序排列，由于空间的限制，它呈螺旋形，像一个小海螺。虽然空间很小，但这把"竖琴"可以分别出各种声音。那么，是什么在拨动这些琴弦呢？原来要归功于"竖琴"前面一层像鼓面一样的共鸣膜，一旦声波触动共鸣膜，"琴弦"就会震动，这样就能够听到外面的声音了。

耳朵只有64根琴弦，所以，并不能对自然界中的所有声音都作出反应，不过，传递人类的语言是绰绰有余的。在婴儿出生之前，耳朵就已经长成了，七个月的早产婴儿的耳朵已经发育完全，能够使用了。

耳朵接受声音之后，是怎样把它传给大脑的呢？这又是一个谜。

语言是如何在婴儿的大脑中形成的呢？从事这项研究的科学家告诉我们，听觉器官是发育最为缓慢的器官。初生婴儿的听觉反应迟缓，好像聋子一样，除非声音特别大，否则他们不会产生任何反应。婴儿对声音反应迟钝是可以看到的，这点毫无疑问，但是我相信儿童的语言中枢反应敏感，特别是对带有词汇的语言。也就是说，儿童的听觉器官只能对某种类型的声音作出反应。因此，我得出如下结论：儿童大脑中的语言机制只对语言作出反应，他们的听觉器官有声音鉴别力。如果儿童不能对声音进行区分，那么他们开始说话的时候，就会模仿各种声音，而不仅是人类的语言。大自然为了让儿童掌握需要的语言，就把他们的大脑神经中枢区分开来，使他们只对语言保持敏感。"狼孩"就是最好的证明，他们从小在狼群中生活，能够模仿鸟叫、流水声、树叶的声音，却无法发出人的声音，即使回到了人类社会中来，也不能掌握语言。这是因为他们从未听过人的声音，体内的语言机制没有被激发出来。

我想对大家说的是，这种机制是专门为了形成语言的机制。人无法一开始就拥有语言，而是拥有这种特殊的机制，正是这种机制使人类掌握了语言。大自然把这种特殊能力赐予儿童，他们对语言进行吸收也就很好理解了。从我们的角度来看，刚出生的婴儿只知道睡觉，但事实上他是一个对语言具有特殊感知能力的心理实体。这段神秘时期一过，婴儿如同从睡梦中醒来，突然之间，他们就能够听到优美的音乐，而且所有的听觉神经都能够发挥作用了。其实，婴儿并没有对所有声音作出反应，他只听到了人类的语言。

生命的创造来自于一种伟大力量，正是这种力量赋予了儿童记忆性基质，使语言在一代代人之间传承。

不仅语言是这样，歌曲和舞蹈同样如此。每个民族都有自己的音乐，他们像创造语言一样创造着自己的音乐。实际上，人类的声音就是音乐，语言就是音符。虽然音符是毫无意义的，但每个民族都用自己的智慧赋予它独特的含义。古代印度一度拥有数百种语言，它们将印度分成数百个群体，而音乐把他们融为了一体。请想一想，没有一种动物会唱歌，或者跳舞，可人类则不然，世界上无论什么地方的人都会唱歌跳舞。

语言已经深埋在人的潜意识之中。尽管我们对机体内部在发生着什么变化无从知晓，但外部变化会给我们一些提示。最先输入到婴儿潜意识里的是一个个音符，语法上称之为字母，然后是音节，接着是单个词语，儿童在学习它们时也许不理解其中的意思，类似的情况同样发生在刚上学的孩子身上，他们大声读课本，却不解其意。这个过程的奇妙之处在于，儿童的大脑里好像有一个语言教师，他先教儿童字母，然后教音节，再教单词。这个教师不但善于把握教学时机，而且在教学中遵循语言学习的渐进方式——引导儿童先学发音，再学音节，随后学习单词，最后学习语法。

在儿童学习语言的过程中，事物的名称是最先掌握的。自然的教育方式与我们的预期完全一致，自然是最好的教师，在它的指导下，再枯燥的语言，儿童也愿意学习，而且表现出浓厚的兴趣，这种状况会一直持续到3~5岁，也就是进入下一个发展时期。自然教给儿童名词、形容词、连词、副词、动词不定式、名词格、前缀、后缀以及全部语法格式，这个过程和在学校里学习并没有任何区别。最后，我们会发现儿童已经可以熟练使用语言了。这时我们才注意到，孩子原来是一个很勤勉的学生，他的体内有一个很好的教师。身为长辈，我们应该为他们取得的成绩而高兴，而不是仅看到他们的幼稚之处。

在一个教育工作者眼里，儿童应该是非常神奇的，因为他在两年的时间内竟然能够学会如此多的东西。通常的观点是，婴儿四个月左右开始意识到语音发自嘴里，于是他们常常紧盯着人的嘴巴，观察嘴唇的动作，并且用心模仿，这个努力激发了幼儿有意识的言语活动。当然，这是在无意识中进行的，因为发音器官尚未发育完备，无法进行工作，但儿童的意识已经被唤起，他们注意到了语言而且对此产生了兴趣。

在进行这种观摩活动两个月后，儿童开始发出单音节的声音，换句话说，当婴儿出生半年左右，父母会突然听到孩子嘴里发出"帕帕、吗吗"的声音，仿佛在呼喊"爸爸、妈妈"，在一段时间里，他们只能说这两个词儿，这并不代表儿童的语言发展停止了，而是表明他们此前的努力已经发展到一个临界点，他们现在脱离了潜意识学习时期，可以自主地学习语言技能了。

婴儿十个月的时候，开始意识到听到的声音具有某种意义。当父母对他们说话时，婴儿知道这些话是在表达某种意义，并且尝试着去理解其中的意思。儿童通常一岁开始说话，在这一年时间里，他们身上会发生两件事情：其一，在无意识中学习语言，并且发展到意识状态；其二，建立了自己的语言，尽管只是简单的牙牙学语。

儿童一岁时开始说话，起初他依旧是牙牙学语，不过他的表达慢慢有了目的，这说明他的思想进入了意识状态。那么，这时儿童身上发生了什么呢？科学研究表明，儿童体内发生的变化比我们看到的要多得多。

这个时候，儿童开始意识到语言与事物的关联性，学习语言的意愿日趋强烈，这样就在他们体内引发了一场冲突，他们尝试着冲破过去的无意识状态，达到意识状态。就这样，儿童将经历人生发展中的第一次冲突。对此，我想做更深入的解释。不过，要将我的观点表达清楚，需要进行具体的语言分析，遗憾的是我的外语水平并不优秀，尽管我很希望和外国读者交流，但因语言的差异，无法实现这个愿望。

我所面临的情况和儿童十分相似，他们也有强烈的交流愿望，也会因为无法达到这个目的而感到苦恼，于是，他们在潜意识里加紧学习，很快就取得了令人惊讶的成就。

我们看到大人与一岁左右的孩子对话，往往会心一笑，觉得这个成人童心未泯，其实我们没有认识到儿童所遭遇到的困难，没有意识到应该给儿童提供学习正规语言的机会。尽管儿童的语法知识完全来自自身，但成人在与儿童说话时也应遵循语法规则，这样可以帮助儿童正确地组织语言。

1~2岁是儿童语言发展的关键时期，在此阶段看护儿童的人必须具备语言发展知识，这样才能与自然发展规律协调一致，为儿童提供帮助。我们再回到刚才的话题，因为我的外语并不优秀，外国听众根本听不懂我的话，这时我该怎么办呢？我可能十分气恼，大发脾气。一两岁的孩子同样会有这种情况，当他们只能发出一两个单词的时候，我们通常不能理会他们的意思，他们就会发脾气。这时，我们往往会说："你看，小孩子都喜欢发脾气。"此时的孩子不再轻松，他们会加倍努力，让父母明白自己的意思。如果他们还没有学会说话，也只能表示愤怒了。幸运的是他们具有建立语言的能力，交流的愿望会促进他们的语言学习能力。

儿童到一岁半左右，就意识到每样东西都有着自身的称呼，每个东西都由一个特定的词来表示。也就是说，他能从听到的词语中辨别出一些具体名词，这是一个多么巨大的进步啊！刚开始说话的儿童，只会说单个的名词，心理学家把这些名词称为"独词句"。只要我们留心就会发现，儿童经常说"Mupper"，意思是"妈妈（Mummie），我要吃饭"。儿童将单词的形体改变了，把它们压缩成了"独词句"。

当儿童由于自身能力的限制，感到孤立无助的时候，他们会很苦恼。假如父母能够理解他们表达的意思，那么对他们该有多大的帮助啊！

儿童还常说一些简单的拟声词。比如，他们用"汪，汪"来指示狗。人们一般把这种语言称为"儿语"，我们对儿语的研究仍有很长的路要走。

儿童在这一年龄阶段，不仅学会了语言，还形成了条理。儿童的心理从无意识向有意识转变，许多东西需要条理化。

下面这个例子我过去反复提到，因为它最能说明儿童对条理的要求，所以我在这里再次予以重述。

"Abrfeo"在西班牙语里是大衣的意思，刚开始说话的儿童常把它说成"Go"；同样他们也称肩膀"Espalda"为"Palda"。这是因为此时的儿童存在心理冲突，缺乏必要的条理性，当他们说出"Go"和"Palda"的时候，经常气恼得大声叫嚷。母亲们有时感到莫名其妙，当她们脱下大衣搭在栏杆上时，孩子就会不停地哭叫。我给遇到这种情况的母亲提的建议就是，只要马上穿上大衣，儿童一定会停止哭喊，并且高兴地说"Go palda"，他们好像在说："对了，大衣应该穿在肩上。"

我举出这个例子要说明什么呢？它表明了儿童对秩序的强烈渴望，他们渴望摆脱混乱，进入条理清晰的世界。因此，我多次呼吁建立一种特殊学校，以满足一岁至一岁半儿童的发展需要。我们不应该把孩子隔离在外，而要让他们与大人更多地接触，以听到符合语法标准的语言。

儿童性格的养成

在探讨过儿童的心理、生理和行为之后，我们来讨论一下儿童的性格及形成问题，这对儿童的成长极为重要。

西方传统教育十分注重儿童的性格培养，即便那时并不知道性格的确切含义，也不清楚如何进行性格教育。西方传统教育理论认为，人的发展不仅包括智力教育和实践教育，还必须包括性格教育（用"X"表示），这表明西方教育对人格发展的重视。此外，西方人向来很看重人的美德，如勇气、坚毅、责任感、与他人的良好关系等。因此，在西方传统教育中，道德培养的地位同样十分重要。

可是，实际情况却并不乐观，即使在今天，许多人还是没有真正理解性格的含义，对道德教育缺乏明确认识。

针对这个问题，哲学家和心理学家很久以前就开始进行讨论，始终没有提供一个准确的答案。从古希腊至今，从泰奥弗拉斯托斯到弗洛伊德、荣格，人类从未间断对这个问题的探索，但正如心理学家罗姆克所说的那样，"对于这个问题，人类始终处于试验阶段"。

尽管至今没有一个能为大多数人接受的有关"性格"的概念，但所有人都感觉到了性格的重要性。近几十年来，对性格的研究集中在身体、道德、智力、意愿、人格和遗传方面。1876年，本哈森第一次使用了"性格学"一词，到今天，这个词已经发展为一个新的学科门类，只是它始终不够完备。对性格的研究一直处于试验阶段，缺乏精确的理论研究。投身性格研究工作的包括许多优秀心理学家和科学家，他们对性格进行了多方面的研究，但有一点令人费解，那就是所有这些研究都是以成人为对象，甚至那些从教育角度进行性格研究的人，也似乎忘记了儿童的存在，尽管这些研究也涉及到遗传和出生前的影响。从我们对人格发展的理解来看，很明显这是很大的遗漏。遗憾的是，很少有人去弥补这一遗漏。

与之相反，我们的研究就从这里展开，从儿童的出生、发育开始。因为，充分了解儿童的自然行为，是寻找到新的研究方向的必要前提，只有这样才有可能理解性格的真实含义。对儿童行为的研究告诉我们，儿童性格的发展离不开儿童自身的努力，而且这种努力是一系列行为，与外部因素关系不大，其中起决定作用的是自身的创造潜能，以及儿童的生活对这种创造力所产生的影响，是促进它的发展还是形成障碍。于是，我们的兴趣也就转向对人的心理发展的探讨。这样一来，我们的工作就必须从头开始，从儿童出生的那一刻起开始，从他们的个性形成之初开始，直到他们的个性最后定型为止。我们的研究表明，人的心理发展取决于植根于潜意识之中的自然规律，这一点也与其他动物相似，人与人之间的差异主要来自于后来的生活，因为这一阶段的人会遇到许多障碍，这些障碍对不同的人的心理产生完全不同的影响。

当然，如果这个理论已经完备，就必须能够对人生不同阶段的性格进行解释。不过，我们暂时只能把研究对象确定为儿童的生活，以此为基础才能对个性的不同发展形式进行研究，因为这些发展形式是在生活环境的影响下形成的。

很明显，我们是通过研究人的行为来认识性格的。就像我在第一章中所说的那样，一个人从出生到十八岁可以划分为三个发展阶段：0~6岁、6~12岁和 12~18岁（本书主要研究第一个年龄段），每个阶段又可以分为两个小阶段。我们对这些阶段所做的研究表明，儿童的心理发展在这些阶段存在着巨大差别，同时个体之间也有很大差别。

我们已经知道，第一阶段是一个创造的阶段，虽然刚来到这个世界上的婴儿没有什么性格可言，但是性格在此时已经开始形成，这个阶段对人生最为重要，对性格的发展也是一样的。毋庸置疑，我们不能对襁褓里的婴儿施加什么影响，就是说性格的发展基础是大自然奠定的。婴儿尚无好与坏的意识，也不受道德观念的影响。事实上，对于第一阶段的儿童，我们不能用好坏或者道德与否来评价，因为他们只不过是过于顽皮而已。因此，读者不会在本书里看到"好、坏、道德"之类的词语。儿童到6~12岁这个阶段开始接受"好、坏"的观念。这样，他们不仅能够评价自己的行为，同样可以评价别人的行为。这个年龄段儿童的显著特征就是能够区分好与坏，同时也有了道德意识，这种道德感最终将形成社会意识。到了第三个阶段，12~18岁的儿童已经意识到自己属于某个特定的群体，知道要热爱自己的祖国，因此产生一种民族荣辱感。

上面已经提到，这三个发展阶段之间有很大的区别，但每个阶段又都在为下一个阶段做铺垫。要确保第二阶段的发展正常，就需第一阶段的发展不出偏差。这好像蝴蝶的生长过程，不论是外形还是生活习性，蝴蝶和毛毛虫之间都存在着极大差异，可是蝴蝶的美丽取决于幼虫的形态，而非对其他蝴蝶样式的模仿。任何生命的发展都是这样，只有拥有现在才能创造未来。个体在上一阶段得到的满足越多，其下一阶段的发展也就越充分。

人的生命是在母腹中孕育的，如果父母双方都不酗酒，也没有什么不良嗜好，而且身体健康的话，那么他们孕育的胎儿也一定会健康。当然，婴儿健康与否也受母亲生活环境的影响，这种影响主要在妊娠后期，只要胚胎在母体中的生活环境良好，胎儿能够正常发育，生下来也就健康强壮。

我们在前面讨论过出生创伤问题，婴儿在出生时所受的创伤将造成身心机能衰退，导致严重的后果。可相较于此，不良嗜好和遗传疾病的危害更大，比如酗酒和癫痫等。

童年时期的经历对身心发展至关重要，我们已经在前面做了讨论。儿童最初2~3年的生活之所以重要，是因为这一时期所受的影响将会影响他的一生。如果儿童在这一时期受到伤害，其个性发展就会发生偏离。也就是说，一旦儿童在发展过程中遇到障碍，就会出现性格异常。假如儿童能够自由发展，性格当然会正常。如果我们可以在受孕、妊娠、出生和婴儿养育等各环节采取科学的方法，那么三年之后，我们就会拥有一个健康的孩子。不过，这只是一种理想的状态，实际生活中无法达到，因为在儿童的发展过程中，障碍无法避免。另外，相较于胎儿出生后受到的影响，他们在怀孕期间所受的不良影响后果更为严重，特别是有毒物质，如药物等的危害对胎儿发育来说是灾难性的。

如果儿童在0~3岁时的发展遇到了障碍，形成了心理和人格上的缺陷，那么进行治疗的最好时期是3~6岁。因为在这个阶段，大自然正在全面培养和完善儿童的各种能力。

在我们对3~6岁儿童的研究工作中，学校的教育实践作出了重要贡献。借助这些研究成果，我们就可以为儿童提供必要的帮助。换而言之，我们找到了更科学的教育方法。

如果0~3岁造成的缺陷在3~6岁还无法更正，这些缺陷就会一直保留下去，而且会产生愈来愈大的影响，到六岁的时候，这个儿童就会出现人格偏离等缺陷。进入第二个发展阶段之后，这些缺陷即会产生危害，进而影响到儿童是非观念的形成。

任何缺陷都会在人的心理和智力上留下痕迹。如果前期形成了缺陷，六岁儿童就会出现一些异常的特征。如果儿童的潜能在第一个阶段没有被发展，那么第二个阶段的发展就会出现困难。在这样的孩子身上，就不会表现出这个年龄应有的道德特征，而且智力较正常人也会偏低，也就无法形成自己的性格，进而难以适应日常学习的要求。到了最后一个阶段，这些缺陷还会造成更多的影响。

一些重视儿童发展的学校和我们一样，都为每个儿童准备了一份档案，为他们的身体和心理情况作详细的记录。这些档案可以帮助教师熟悉儿童每个阶段的发展情况，了解他们面临的心理问题，并采取适当的措施来加以补救。在我们学校的档案里，还记录了所有儿童父母的遗传信息，如疾病情况、父母的生育年龄、母亲怀孕期间的情况等；记录了儿童出生时的情况，如分娩过程是否正常、婴儿出生时是否健康、婴儿出生后的表现等；另外，还记录儿童家庭生活的一些问题，如儿童是否受到过惊吓？父母对儿童的期望是否合适？对孩子是否过于严厉？如果一个儿童的性格怪癖，这些档案能使我们找到问题的原因。我们学校接收的三岁儿童通常都有缺陷，但只要方法得当，这些问题完全可以矫正。下面，就简单介绍一下常见的几种性格缺陷类型。

儿童性格缺陷的种类很多，需要对症下药。为此，我把这些缺陷分成两类：一类缺陷表现在强壮儿童身上，这里所说的强壮，指的是这些儿童能够克服障碍；另一类出现在软弱儿童身上，这里所说的软弱，指的是这些儿童在不利条件面前选择屈服。

强壮型儿童性格缺陷的通常表现是：情绪不稳定，并且经常出现愤怒和暴力倾向。这种孩子有一个共同点，就是不服从命令。我们称这种倾向为"毁灭性本能"。他们通常非常自私、嫉妒，而且有极强的占有欲，动辄抢夺他人的东西；这种儿童还有一个常见的特征，就是行为缺乏目的性，难以集中自己的注意力，也不能协调双手的活动，他们手里拿不稳东西，很容易掉到地上。这些儿童通常不安静，喜欢大喊大叫。他们的心理很混乱，并且喜欢胡思乱想。这样的儿童老是打扰别人，喜欢捉弄人，对小动物或者幼小儿童不友善。另外，这种孩子一般都很贪吃。

软弱型儿童性格缺陷的特征有：总是表现得很被动，通常显得消极、懒惰、懒散。这些孩子总喜欢哭，他们喜欢用这种方法来求得别人的帮助；他们渴望成人的帮助，想得到别人的欢心，希望有人逗他们玩；这种儿童常常显得烦躁不安，对什么事情都有恐惧感；另外这种儿童经常撒谎，还喜欢偷东西。上述这些心理上的毛病通常会引起一些身体上的问题。例如，这些孩子往往不吃饭，有的根本没有胃口，有的总是感到没有吃饱，最终导致消化问题；这种儿童还经常做噩梦，害怕黑暗，害怕独处，睡眠不好；有的孩子甚至会出现贫血和肝脏疾病。另外，这种类型的儿童通常还有神经方面的问题。以上这些生理疾病，主要是心理问题引起的，而且用药物很难治疗。这是因为某些障碍对儿童的正常发展造成了影响，导致身体疾病和性格缺陷。

不论是哪种缺陷类型的儿童，都不受成人的喜欢，特别是那些强壮型的儿童，更令他们的父母伤透脑筋，这些父母总想尽一切办法来摆脱孩子，最简便的办法当然是把他们托付给保姆，或者送到学校了事。这样一来，这些可怜的孩子就成了"孤儿"，虽然他们有父母，但是得不到父母的关心和爱护。尽管这些孩子身体健康，但是他们的心理不正常，性格有缺陷，自然会对他们的行为产生不良影响。父母们也在想办法对付他们，一些较为谨慎的父母向人求教应对的方法；另一些人则自己解决问题，他们往往对孩子严加要求，甚至打、骂、不给饭吃等，这种粗暴的办法只会产生相反的效果，致使他们更加难以管教，出现更多的问题。于是，无能为力的父母只好再来规劝孩子，说一些诸如"你怎么总让妈妈生气呢？"这样的话，这自然不会有什么效果。最后，无可奈何的父母们只好放弃努力，顺其自然了。

消极被动型的儿童遇到的情况不同，他们通常引不起人们的关注。这些儿童的行为似乎并没有什么问题，母亲们认为他很听话，相信他是个好孩子；尽管这些孩子非常依赖母亲，总是赖在她们身边，可是他们安安静静，不找麻烦，所以母亲们以为这没什么不好。她们也许会骄傲地说，孩子如何喜欢她，离开了她孩子就不会上床睡觉等等。可是，时间久了，这些母亲发现，自己的孩子走路和说话都很迟，于是开始有些担心。她们往往会说："我的孩子很健康，但是有些敏感，胆子也小，对什么事情都害怕。""这孩子不怎么爱吃东西，要让他吃一碗饭必须得先给他讲个故事。""他总是独自坐在那里，一副若有所思的样子，将来也许会成为一名诗人！"

可是这种自我安慰对她们毫无帮助。终于，母亲们相信自己的孩子确实存在问题，只得去找医生，然后才发现自己的孩子存在心理方面的疾病。

如果这些母亲接受过我们的培训，对儿童的心理发展过程有足够的了解，就不会出现这些问题。因为我们已经知道，儿童的性格缺陷来自于父母的一些不正确的做法。如果父母在这一时期忽视了孩子，孩子就会得不到足够的机会来充实自己的大脑，而相对空洞的大脑即会产生很多问题。

出现性格缺陷的另一个原因就是缺少创造性的活动，从而使这样的儿童得不到充分发展的机会。这些儿童多半一个人待在家里，或者被独自留在其他地方，除了睡觉以外很少有机会做什么事情，要不就是父母不让他们动手做事情，把什么都包办了，很多贵族子女的童年生活就是这样。这种教养方式会造成严重的后果，因为这些孩子除了手里的东西之外，对什么都没有兴趣。于是时间久了，即使他们想做什么事情，也没有能力去做，就是拿到了自己想要的东西，比如玩具或者花朵，也不知道如何玩，只能把它弄坏。

许多儿童会无缘无故地产生一种恐惧感，这种情况也能够在早期的生活中找到原因。

我们的学校之所以如此成功，是因为带着某种症状进入我们学校的儿童，经过一段时间的学习之后，原来的缺陷都消失了。我们学校为儿童准备了一个能够自由发挥的环境，他们在这里能够发挥自己的潜能，促进心理的发展；学校还专门制作了很多有趣的东西，每一样东西都能让他们产生兴趣，集中他们的注意力，孩子可以随意使用。只要孩子们达到我们预期的目标，就能够把精力集中起来，投入到感兴趣的事情中去。时间一长，他们身上的缺陷就会消失，以前混乱的会变得有条理，以前消极被动的会变得积极主动，以前调皮捣蛋的会变得彬彬有礼。这些情况再一次证明，儿童的性格缺陷并非来自先天因素，而是后天形成的。

孩子的先天禀赋虽然有所差别，但并没有太大的不同，他们身上出现的所有不正常现象，都出于同一个原因，那就是我们没有重视儿童的心理生活，使其缺乏必要的养分。那么，我们该给母亲们提出怎样的建议呢？孩子需要生活在能够令他们产生兴趣的环境里；母亲无需什么都帮着孩子去做，因为有些帮助不仅不是必要的，而且是有害的，因此一旦孩子开始做某件事情，就不要打断他们；过分关爱、过于严厉，都不会给处于精神饥饿中的孩子带来任何好处。这就如同对待一个挨饿受冻的人，我们骂他是个傻瓜，或者把他痛打一顿，或者进行一番说教，要求他转变心情，这些做法都于事无补，因为饥饿的人只需要食物，其他任何东西都毫无用处。对于儿童的心理缺陷问题来说也是一样，成人对他们严厉或是和蔼都不能解决问题，因为这并非问题所在。

人是有智慧的动物，需要的不仅是物质上的营养，也离不开精神上的养料。人与依靠本能生活的动物不同，必须建立自己的行为模式。如果儿童能够决定自己应该做的事情，并以此来完善自己的个性，那么一切都会正常，不会出现任何问题。即使他们曾经有什么问题，现在也会不复存在。他们将不再做噩梦，不再厌食，不再郁郁寡欢，他们的一切都将恢复正常，因为心理偏离得到了矫正。

可见，以上这些问题无法用道德教育来解决，因为这是性格形成中出现的问题，儿童的性格形成或者性格缺陷的恢复，都无需成人的说教。如果成人出于道德的意图，对儿童进行威胁利诱，不仅不会给儿童带来什么好处，反而会害了他。我们需要做的、能够做的就是：为儿童提供正常的生活环境。

儿童需要充分发挥自我个性

前面我们已经讨论过，儿童塑造自己的方式与成人所想象的是完全不同的，因为儿童的个性不是我们能教给他们的，也不是能够强制他们学到的，而是他们在3~6岁时通过自己的行为逐渐形成的。

人的性格绝非是随意打造的，儿童的性格更是如此。我们所能做的只是科学地施加教育，尽量让儿童身心发展的阻碍降到最低，协助他们顺利完成这个过程。

成人对儿童的性格发展无能为力，最多只能在他们的性格形成之后，并且可以领会成人的教育意义时，通过说理和劝告来对他们的思想施加影响。只有儿童到了六岁，成人才能够对他进行说教；6~12岁，儿童开始形成道德是非感，拥有了辨别好坏的能力；到12~18岁，即开始接受成人的世界。这时，就可以像对待成人一样对他们进行说教了。令人感到遗憾的是，这些只能在儿童六岁以后进行，此时他们的性格和个性已经形成，无法通过自然的方式进行塑造了。这时我们会发现，孩子们已经难以接受我们的思想了，尽管我们渴望对他们产生更多的影响，但我们的作用也只能是间接的，无法直接对他们造成影响了。

有些学校的教师常常抱怨，尽管他们尽职尽责，精心讲解科学、文学等科目，但孩子们就是学不进去，这不是因为这些孩子智商不够，而是因为这些孩子的性格使他们不愿学习。缺乏良好的性格就会没有学习的动力，只有那些具备一定性格要素或个性的人才能真正学到东西。不过，大多数刚进学校的孩子并不具备这样的性格，事到如今，再要求他们集中注意力已经为时已晚，因为他们很难做到这一点。如果他们在此之前没有形成认真的品质，现在提出这样的要求又有什么用呢？如果此时的我们按照这样的条件去要求这些孩子，就好像对没有腿的人说："要好好走路！"因为良好的性格与学习能力是在早期发展中慢慢形成的，我们无法要求他们具备这种性格或能力。

既然这样，那父母们该怎么办呢？如果你提出这个问题，通常会得到这样的回答："对年轻人要有耐心，我们要努力给他们施加影响，要为他们树立榜样。"我们寄希望于时间和我们的耐心上面，以为总会有所收获。但事实上，我们一无所获，直到我们变成一个老人，对生活不再有任何要求。总之，时间和耐心不能带来任何改变，唯一的办法是利用好儿童那个具有良好创造性的成长时期。

假如我们把整个人类看做是一个整体，平等地去看待自己和儿童，就会明白世界上所有的人虽然各有不同，但在内心深处却有一些东西是共通的，那就是人人都有一种自我发展的倾向，虽然许多人对此并没有明确的意识，但这种倾向却在潜意识里支配着他的生活。虽然这种倾向对人类的性格影响甚微，但它是人类发展的前提，因为人类社会和个体一样，都具有这种不断发展的倾向。无论怎样，人类永远朝着好的方向发展。换而言之，人类的行为不是亘古不变的，它一直处于发展之中，因为无论自然界、生命，还是人类，都有一种向前发展的倾向。

右图中间的圆圈代表人的完美状态，外面的部分表示较为强健和平衡的人，这些人属于"正常"状态，或者接近理想状态；它周围的部分表示更多的群体，他们都存在着某种程度的缺憾，没有达到正常状态。最外面有一个较小的区域，表示超出正常范围的人，他们是一些超社会和反社会的人，这些人都不能够适应社会生活，他们要么缺乏生存能力，要么成为犯罪分子。除了这一小部分人之外，其他人都适应了生活，虽然存在着很大程度上的差异。我们所说的教育，就是对所有这些人而言的。

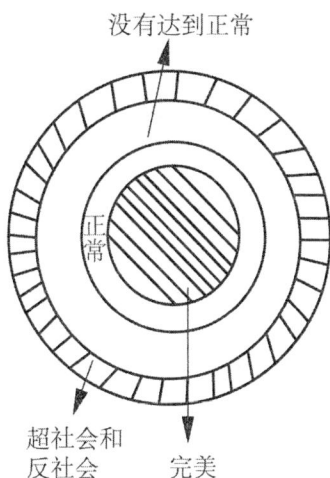

人对生活环境的适应在生命的前六年就完成了。这段时间也是人类性格的发源期，从这点可以看出，适应社会有多么重要！中间的圆圈代表的是一些接近完美的人，这些人强壮无比，不只因为他们天赋充分，拥有更多的精力，还由于他们有一个好的生活环境。外面那个圆圈代表一些稍逊于他们的人，这些人的精力相对较弱，而且生活中会遇到更多的障碍。

从现实角度来讲，那些有大成就的人都具备刚强的性格，身体也相对强壮，而且这些人身上明显有一种倾向，那就是逐渐趋向完美。反之，那些性格较弱的人身上却出现另一个发展倾向，那就是倾向于反社会或超社会，如果这些人无法克服这种倾向，就会彻底堕落。这些人需要道德力量的支持，借以摆脱堕落的诱惑。这种诱惑并不快乐，只会产生很大的心理压力，因为没有人想成为罪犯。但是，对这些软弱的人来说，堕落的诱惑如同地球引力一样难以抗拒，他们要拥有自我，就需要道德力量的支持，并且进行着不断地斗争和反抗。这些人需要尽力约束自己，防止自己沦落下去。他们需要努力向那些受人称道的人看齐，把他们当做自己的楷模，或者虔信宗教，乞求上帝赐予他们力量，克服这种可怕的诱惑。就这样，这些人逐渐在自己的身上披上了一件道德外衣。这需要很强的自我克制力，因为这种努力是对本性的伪装，绝非一件轻松愉快的事情。这些人如同登山者一样，必须用力攀住一块石头，才能维持好身体的平衡。

现在的年轻人不再愿意作道德上的努力，这时，教育家们尝试着去努力说教他们，力图对年轻人有所帮助。虽然进行教育的人同样受到这个问题的困扰，可他们还是尽力为别人树立榜样，他们常常这样说："我必须给学生树立一个好榜样。要不然他们将成为什么样的人？"就这样，他们给自己的肩膀增加了一个负担。正如上页图中第三个圆圈所示，教师和学生都属于这种有道德的人。这就是我们如今的教育，我们的性格和道德教育就是在这样的环境里进行的，我们已经接受了这种教育方式，因为绝大部分人都受到了同样的限制。一言以蔽之，道德被认为是人的本能要求，人因此会很自然地要求防止自己堕落。

中心圆圈代表的人有着刚强的意志，而且具有完美主义的倾向，其中并无任何强迫因素，他们的内心里确实存在着这种愿望，这是发自内心的，并不是来自人为的努力。这些强健的人不会偷别人的东西，并非因为害怕惩罚，而是他们本来就是那么高贵，连随手拿别人一个瓶子的想法都不曾有过；他们远离强暴和武力，也不是因为受到道德的束缚。总之，这些强悍者的行为符合道德规范，但他们并不刻意遵守道德，他们的美德源于追求完美的天性。他们追求完美是出于内心的驱使。他们需要完美，他们的行为有所节制，这并不是在作出某种牺牲，而是因为他们的内心会因此而得到充实与满足。

生活就是如此，很多人愿意遵守前人的规矩或者习俗的戒律，或是寻求精神导师的指导。但是，图中的中间区域所代表的人不是这样，他们都是一些不受诱惑的圣人。这些人无需任何人的说教，因为天性使他们能够自觉遵守这些戒律。

对于强健者与软弱者的精神差别，可以用身体状况的差异加以说明。一个有慢性支气管炎的人，胸口不能受凉，需要多洗热水澡，而且循环系统功能也较差，尽管这个人表面上看没有任何问题，但是他却时刻保持着谨慎，注意着很多问题。另外，这种人的消化功能可能也差强人意，要想维持体力就必须吃补品和药物。如果这个人要想与其他人一样的话，就要更加小心。无需多言，这样的人经常光顾医院，家人对他们很关心，细心照顾。但是，那些身体健康的人就不同了，他们什么都不担心，愿意吃什么就吃什么，愿意干什么就干什么，不论什么季节，不论什么天气，他们都能够到户外活动，甚至可以砸开冰层，跳进水里游几圈。那么，其他人呢？这些人虽然身体没有任何毛病，但他们整个冬季都待在家里，不愿迈出大门，甚至连头也不愿伸到窗户外面去。

图中第三个圆圈代表脆弱的群体，这些人离不开精神上的安慰与支持，诱惑使他们惴惴不安，仿佛脚下有一个深不可测的陷阱。图中中心部分的人就不同了，他们不需要任何外来的帮助，生活只会给他们带来快乐。

现在，我们来看看图中代表完美的圆圈。这里有一个重要的问题，完美的性格是什么？这个问题不可能有确定的答案，只能进行探讨。完美意味着什么？是拥有各种美德，还是达到了某种精神境界？如果是某种高超的精神境界，那么这种境界又是什么样的呢？这个问题必须弄清楚。上面说过，人的行为受性格的控制，而且不停地向着某个目标发展，这点任何人都不例外。同样，人类和社会也在不停地向前发展，这是自然规律。所以，我们现在讨论的是一个核心问题，因为人类发展的目标就是人的完善。在知识和科学领域，只要有人有了新的发现，社会就会更进一步。精神领域也是如此，只要一个人的精神发展到一个新的阶段，就是对个体生活的推动。人类如今的文明，包括所有精神和物质的东西，都出自一个又一个创造者之手，无论是地理的发现还是历史的发展，都在持续不断地前进。当然这很难理解，因为生命就是一种前驱力量，人必须不断前进，追求自身的完美。

中心圆圈所代表的人充满自信，他们没有不必要的欲望，也无需抗拒什么诱惑。伯尔德将军是南极探险第一人，他曾经不择手段地聚敛钱财，对此没有任何道德顾虑，因为他的目的是去南极探险。在南极，伯尔德将军遭遇了许多困难，但他毫不退缩，因为有一种强烈的进取意志在支配着他。在我看来，伯尔德将军就是一个完美的人。总之，从性格角度上讲，这些人比第三个圆圈代表的那些人要丰富得多。这部分人需要更多的扶助，离不开他人的支持，所以，从这点上来说，如果我们的教育方式一成不变，人类就会衰退。

让我们设想一下，属于第三个圆圈的人站在第二个圆圈儿童的讲台上。他们一定会这样说："不该吃肉的，那是一种罪过。"孩子们会如何回答呢？他们多半会说："是的，先生，我们不喜欢吃肉。"这个人会对其他成人说："你穿的衣服太少了，这样会感冒的，最好多穿一点儿。"他的好心可能得到这样的回答："我感觉很暖和，我并不怕冷呀。"显然，这个病弱者的教育只会对儿童起到消极影响，而不是引导他们趋近人格的完美状态。

只要对现在的学校教育进行一番研究，就可以发现我们的教育存在很多问题，甚至可以说非常糟糕。这种教育很可能导致人的退步，并削弱人的生存能力。现在的学校教育无法满足人的要求，传授知识式的教育已经落后了，就好像教一个渴望跑步的儿童如何走路一样，这种教育方式只能培育出人的低级能力，而不是高级能力。如果一个人的性格发展受到阻碍，那么错误一定在人类自己身上。因此，一个教育者必须对人性有所认识，为儿童创造有利条件，使他们能够顺利发挥天赋的创造能力。这样，第二个圆圈里的人就能够冲击第三个圆圈里的人，促进人类的完善。既然人的心理构建只在人生的一段时期内进行，既然这种构建可能遇到障碍，导致无法完成，那么，有许多人的人格没能完全发展就不难理解了。可另一方面，既然人的性格是在自然状态下形成的，我们就要少进行道德说教，为性格的自然发展创造适宜条件。因此，我们的教育方式就急需改变。

传统教育方式能把学生培养成一个有知识、有道德感的人，可是拥有这些并不代表会成为一个有能力的人。如果我们能够唤起人类的激情，情况就完全不同了。人的性格是在一个特定的阶段里形成的，如果错过了这个发展阶段，它就再也无法完成，任何说教都将于事无补。

旧式教育和新式教育的区别就在于此。我们的目的，是要在恰当的时间促进人类的自我完善，使人性的力量尽可能地发挥出来。当然，这个目标不可能轻易达到，因为社会已经建立了很多屏障，新式教育的首要任务，就是要拆除这些屏障，为新一代的发展扫除障碍。因此，这种教育可以说是一场革命，一场没有暴力的革命。一旦这场教育革命取得成功，暴力革命就可以从这个地球上消失了。

增强孩子的意志力

当孩子将他所喜爱的东西在众多物品中挑选出时；当他从餐柜中取出某种食物，然后又把它放回原处或者将这种食物分给其他小伙伴时；当他梦寐以求的玩具正被其他小朋友占用而自己只能在旁边苦苦等待时；当他坐一边全神贯注地做练习，一边纠正教材里的错误时；如此等等，当他在座位上纹丝不动地坐着，直至听到他的名字才站起来，并且还小心翼翼地生怕碰到桌椅发出声响时；如此等等，这些举动都已经体现出了他的意志。在影响孩子发挥才能的因素中，一直在发挥作用的正是意志。下面让我们来分析一下意志的辅助因素吧。

意志的所有外在表现都体现在行动之中，无论人们采取什么样的行动，诸如走路、工作、讲话、写作，或是睁开眼睛凝视，紧闭双眼以避开直冲过来的东西，等等这些都在被某个动机控制着。换个角度讲，意志可以对某些行为加以控制，比如，它可以抑制我们因为愤怒而产生的冲动，阻止我们因个人的欲望而去别人手里攫取东西。因此，意志不会导致简单的冲动行为，它还可以对行为加以引导。

如果不付诸行动，就不会有意志的表现形式。比如，一个人想做好事却犹豫不决；想亡羊补牢却不去实施；想外出访问或写信问候亲友，却任何事情也没有做；如此等等，他就没有完成意志的活动，只是处于想象之中。只有愿望是没用的，一切都得归于行动，而且关键是行动。意志有多少生命力，行动就有多强的力量，所有的行动都是冲动和抑制两种力量均衡的结果。在这两种力量的作用下，行为不停地重复着，就会成为习惯。

　　事实就是如此，当我们在品评一个有教养之人的行为举止时，他的所有习惯性动作就属于这种情况。我们也许会因一时兴起而去拜访某位朋友，但当我们意识到这一天不是他的接待日而可能打扰他时，我们就放弃了这个想法；当你正舒服地坐在起居室的一角时，一位德高望重的女士向你走来，你会下意识地站起来，向她鞠躬或者同她握手。当我们知道自己想吃的蜜饯恰好也是邻居爱吃的那种时，品尝时就会小心翼翼，尽可能不让他发现。这时我们的行为就不仅仅被冲动所支配，它同样体现了礼貌和教养。一方面，如果没有冲动，我们就不会参加任何社交活动；另一方面，如果没有抑制力，我们也无法修正、引导和利用自己的冲动。

　　正是这两种截然相反的力量之间的相互平衡作用，才培养出了我们的习惯。有了这种习惯，我们在做事的时候，就无需下决心去付出多大的努力，也不必用推理和知识去完成它，它几乎成了一种习惯性的动作。不过，我们这里所谈论的行动并非由本能所引发，而是一种习惯。

　　我们周围有些人，在他们成长的过程中，并没有受到过正规的教育。他们只是囫囵吞枣地接收了一些纪律方面的知识，所以不可避免地会犯大错，日常生活中更是过失不断。因为他是被迫要求在某时某地执行某项行动的命令，并且一直处于警觉和意识的控制之下。这是一种持续不断的努力，与那些拥有高雅风度的人的习惯完全是两码事。对于后一种人来说，意志会在意识之外或其边缘做出不断地调整，以使自己拥有新的发现和做出更大的努力。

　　相较于成人，儿童是一个发展还不太平衡的小生命，他们通常容易冲动，并且需要自己吞下由此带来的苦果，他们有时还会屈服于抑制力。在儿童身上，意志的两种截然相反的力量还尚未融为一体，还没有为他塑造出一种新的个性。直到心理萌芽时期，这两种力量依旧处于分离状态。不过我们不应放弃努力，因为这种融合以及相互适应是一定会发生的，并将在他的潜意识中起到支配作用。

所以，我们应当尽早诱发孩子们的积极行为，因为从人的身心发展上来说这是最根本的。这里我要提醒大家的是，我们的目的不是把孩子培养成一个早熟的小绅士，而是要促进他锻炼自己的意志，尽快建立起抑制和冲动之间的相互联系，为此，我们应该让孩子和小朋友们一起活动，在日常生活中锻炼他们的意志。让他全神贯注于某一项工作，并抛弃一切与完成此项工作无关的活动。让他选择力所能及的有益于肌肉协调的运动，并持之以恒，直到使这种肌肉协调的动作成为习惯。当他开始懂得尊重别人的工作时；当他耐心地等待渴望的东西而不是从别人手里抢东西时；当他四下走动，既不会撞倒同伴，也不会踩到他们的脚，或者把桌子弄翻时，这些都表明他正在锻炼自己的意志，正在努力使冲动和抑制慢慢趋于平衡。这种态度的形成便是孩子在为融入社会生活做准备。

相反，如果我们只是让孩子们纹丝不动地并排坐在那儿，他们之间就无法建立起任何联系，孩子们的社会生活也就不可能有什么发展。

只有通过自由交往，让孩子们彼此之间进行相互适应的训练，他们才能建立起集体或社会的概念。只是对他们进行"应当怎样、怎么去做"的说教，是无法达到培养意志的目的的。要让孩子们的举止优雅得体，只向他们灌输"礼貌"或"权利与义务"的概念是远远不够的，就像我们不可能只对一位用心专一的学生讲述弹钢琴的指法就能让他弹奏出贝多芬的奏鸣曲一样。在一切类似的事情上，要使孩子发展定型，最根本的一点就是锻炼他的意志力。

在培养孩子性格的早期教育中，调动身心与环境的所有有用机制是必不可少的。就像运动一样，让孩子们做做体操运动是十分必要的，因为没有得到锻炼的肌肉是不可能完成需要肌肉力量的运动的。甚至为了维持心理活动的能动性，做些类似体操的运动也极为必要。没有得到锻炼的机体是不完整的，一个四肢无力的人一定不愿意从事各种活动。对于这种人来说，当他需要采取行动来脱离危险时，就只能听天由命了。

一个意志薄弱或丧失了意志的孩子，能很容易适应一所让他呆坐着听课或假装在听课的学校。但是，这些孩子的结果往往不尽人意，虽然学校在他们的通知单上写着"品质优秀，学习成绩良好"的评语，但他们当中有些人通常不得不到医院中去治疗神经错乱症。对于这样的孩子，教师总是要夸他们听话、乖巧。结果，这些孩子只能在没有任何干扰的环境下沉溺于虚弱之中，最终使自己像流沙一样被吞没。

相比之下，那些活泼好动的孩子，却被认定为捣乱或调皮。而当我们探讨他们调皮的性格时，他们身边的人就会口气一致地说："孩子就是静不下来。"他们的好动还被进一步指责为侵犯其他同学的利益，而他们的"侵犯"通常是这样的：想方设法使处于静止状态的同学激动起来，以便融入到他们的队伍之中。另一个极端是受到抑制力支配的孩子，他们往往害羞到了极点，在回答问题的时候也犹犹豫豫，即使给他们施加一些外部刺激，使其勉强回答了问题，但声音很小，有的在回答完问题后甚至会哭起来。

对于上述三个类型的孩子，有必要让他们参与到自由活动的锻炼中去。当一个意志薄弱的孩子看到其他孩子在进行有趣的运动时，这会给他带来极为有益的刺激。当孩子们从被监视的状态解放出来，并依照自己的意愿自由行动时，这种同样有规律的训练会促使他们在过于好动与过于抑制之间找到一种平衡。这也是使全人类获得解放的重要途径，它为弱者雪中送炭，使强者锦上添花。

在冲动和抑制之间能否找到平衡，是病理学一直在研究的一个有趣的问题。我们在正常人的身上也经常会发现这种情况，尽管程度不是十分严重，但就像我们在儿童教育中遇到的种种缺陷一样，这个问题也已达到了屡见不鲜的地步。

冲动能使罪犯做出危害他人的行为，同样也会使正常人为那些武断的行为给自己带来的痛苦而后悔！大多数情况下，容易冲动会给人们带来极大的危害，使他们的事业蒙受损失，而且导致其自身的才能也难以施展。

一个被病理学家判定为自身抑制力的牺牲品的人，一定是一个不幸的人。尽管他处于静止不动的状态，并维持着表面上的宁静，但其内心却充满了对活动的渴望。那种得不到满足的激动会反复折磨一个人的灵魂，使他有一种怀才不遇的可怕的压抑感！他多么想得到医生的帮助，以倾诉自己的不幸，以求得那高尚灵魂的慰藉！不知道有多少人经受过同样的痛苦！

他们一生中本来是有许多适当的时机来表现自身价值的，可他们没有这样做；他们本来不止一次地想表达自己的真情实感，以扭转困难局面，可他们的心扉却总是难以敞开，嘴里也总是保持着沉默；他们本来十分热切地盼望着向某个能够理解他们、启发他们和安慰他们的高贵灵魂倾诉，可当他们面对自己所仰慕的人时，却一句话也说不出来。他们唯一能感受到的是内心的极度痛苦。尽管冲动在他们的意识深处催促着："说吧！说吧！"但抑制却好像无法抵抗的自然力量一样，无情地堵住了他的嘴巴。

要治愈这种病症，别无他法，只有通过自由运动的训练，让他们的冲动和抑制达到相互平衡。

在此要明确的是，那种在潜意识里就能采取正确行动的人，并非我们所说的有意志的人。就像我们在前面提到过的，一位非常有修养且出身高贵的女士也许是一个毫无意志、毫无个性的人，这种人不是我们所需要的，我们要培养的是一个人的品质——人与人之间的关系和整个社会大厦正是基于此而建立，一个社会正是靠一代代人持之以恒的努力才得以延续发展。

这种品质是一个人内在个性和谐的基础，没有它，人的生命就如同一个分离成单个细胞的身体，而不是一个相互关联的有机整体，就像许多不连贯的插曲一般，陷入一片混乱之中。这种基本品质体现了一个人的情感和思想脉络，也就是我们所说的"个性"。一个有性格的人才会成为坚定不移的人，成为忠实于自己的言行、信念和情感的人。正是这些人持之以恒地工作，才创造出巨大的社会价值。

每一个堕落的人，他在萌发犯罪动机和背叛自己的感情之前，在失足之前甚至在放弃高尚的信仰之前，通常会表现出懒惰或不能坚持不懈地工作的迹象。一位忠厚老实、举止得体的人，当他在显露出暴力的动机或行为上的失常之前，总会有一种先兆，那就是他的精力不再放在工作上。人们总是习惯性地认为那些勤劳的姑娘将会成为贤妻，一个好工人往往是忠厚老实的人，他能够给妻子带来好运。这里所说的好，并不是指他的能力，而是一种持之以恒的精神。

比如，一个在制作小工艺品方面有着高超的技巧，但在工作上缺乏意志力的冒牌艺术家，人们不会认为他有什么伟大之处。在别人的眼里，他不但不能够持家立业，是一个不称职的丈夫和父亲，而且还会给社会造成危害。与之恰恰相反的是，一个谦卑又虔诚的手工艺者，他的内心却充满了创造幸福和宁静生活的要素，就像人们议论的那样，他是一个有个性的人，一个可以征服世界的人。

一个在精神生活中建立起内在秩序与平衡，使个性得到发展，并能够在这一过程中坚持不懈的孩子，他将能够像成人那样造福于集体。一心一意地对自己进行训练的孩子，正在努力使自己成为一个坚定不移的人，一个个性鲜明的人，一个拥有人类全部优秀品质的人。他的那些努力将使他具备一个成功者的基本特征——坚韧不拔地工作。只要孩子可以做到这一点，那么无论他选择了什么样的工作，都能做得一样好。因为真正有价值的并非工作本身，工作只是造就和丰富一个人内心世界的途径。

那种为了让孩子做一些他们觉得重要的事情而去打扰孩子们工作的人，那种认为地理对指导孩子的修养十分重要就不让孩子们学算术的人，他们不懂得目的和手段的关系，这些人为了虚荣而毁了自己的孩子。一个人需要指导的不仅仅是他的修养，而是他本身作为一个人的需要。

如果说坚韧不拔是意志的基础，那么，我们所做的决定就可以被看作是通过意志所采取的行动。为了完成有意识的行动，我们就必须做出决定，而决定又是选择的结果。如果有几顶帽子，我们在出门时就必须决定戴哪一顶，是褐色的还是灰色的并不重要，重要的是我们必须选择其中的一顶。在做出选择时，动机起着决定性的作用，比如，我们是喜欢灰色的还是褐色的，一旦某一动机占据了上风，我们就做出了决定。

帽子的选择相对容易，因为我们的生活习惯会在这里起到一定的作用。而当我们想买件礼物时，情况就完全不同了。在那些琳琅满目的商品中，我们到底应该选择哪一种呢？如果我们对那些商品的情况不甚了解，就会犹豫不决。当我们想挑选一件艺术品时，却因为本身对艺术的无知，而担心被骗或当众出丑。我们不知道如何选择一条彩带或是一只银碗，就只好去向其他人寻求帮助，期望得到指点。

当然，我们不一定会完全按照别人给出的建议去做。别人的建议只是给我们提供了知识，为我们的选择提供了帮助，但它与我们在意志上的努力不可相提并论。意志是我们害怕失去的东西，它与我们做决定时所需要的知识不同。在听了一个或几个人的建议并做出选择的时候，就打上了我们个人的印记，成为我们自己的决定。

一个家庭主妇在为客人准备晚餐时同样要做出各种选择，好在她在这样的事情上经验非常丰富，而且有很高的鉴别能力。因此，她在做各种决定时得心应手，并不需要别人的帮助。

但是，像这样驾轻就熟的事情在我们的日常生活中毕竟太少了。众所周知，我们在任何情况下所做出的决定都是一种脑力劳动，都要付出不断的努力。只有那些意志薄弱的人才会厌烦去做这些事情，因而他会尽力去避免做出选择。

例如，一个服装师在为某位夫人挑选礼服时必须考虑周全，才能从许多动机中选择合适的一个。这位服装师需要知道，要做出一项决定，需要经过相当长时间的考虑，但由于他怕繁琐，就随便建议这位夫人说："选这件吧，这件礼服您穿上一定十分合适。"这位夫人也点头表示赞同。其实，与其说这位夫人对服装感觉满意，倒不如说她不想动脑筋就做出了决定。我们不能用这样的态度来对待所遇到的事情，我们的一生应该是不断做出选择的一生，即使是在外出时，也要准确地知道门已锁好，并确信门窗安全后才能决定离家。

我们愈是加强在这方面的训练，就愈能减少对他人的依赖。清晰的思路和做任何事情都做出明确决定的习惯，会给我们带来自由。那么把我们捆绑于屈辱的奴隶状态的沉重枷锁是什么呢？除了没有能力做出自己的决定和凡事依赖于他人的思想，又能有什么呢？一旦陷入这样的状态，我们就会从此害怕犯错误，不敢在黑暗中向前摸索，对于那些还不能认清结果的事情，总是消极逃避。就这样，我们就像一条被拴着链子的狗，跟在别人后面摇尾巴，直至完全陷入依赖他人的泥沼。如果没有人帮助，我们甚至连一封书信都发不出去，一块手帕也买不回来。

在这样的状态下，一旦有什么突发事情，需要立刻做出决定时，这个性格懦弱的人就会犹犹豫豫，因为他已经习惯了尾随于意志坚强的人后面。我们发现，他已不知不觉地被魔鬼般的屈服所包围，更可怕的是，对于这位意志薄弱者来说，他已走向会使其遭受灭顶之灾的深渊。因此，一个年轻人越是甘心居于服从的地位，就越是没有力量锻炼自己的意志，因而也就越容易成为现在这个处处充满危机的世界的牺牲品。

鼓起勇气与之抗争不能只是一种幻想，而应是一种对意志力的锻炼。我们在日常生活中也能看到这种情形。比如，一位家务缠身，任何事情都习惯于自己做主的家庭主妇，绝对比一位还没有孩子，整天无事可做，懒洋洋地打发着时光，习惯于服从丈夫意志的女人更能适应社会。前一种女人如果成了寡妇，可能会迫于形势而一步步地学会精通业务，继续经营丈夫的事业；后一种女人如果遇到这种打击，就只能另寻保护，以使自己在这场突如其来的灾难中免遭伤害。因此要想在精神上获得拯救，最终还得依靠自己。因为在危急的时候，我们几乎永远处于孤立无援的情境，即使有人相助，援兵也不会立即就到。

一个意识到要靠自己去拼博的人，就会进行拳击或决斗的训练，以增强自己的力量和技巧。他决不会双手抱在胸前，在那儿悠闲地坐着，因为他知道，如果那样坐着的话，他要么成为一个失败者，要么只能像个影子一样永远处于强者的保护之下，因此，这样的人若想在现实生活中改变命运是不可能的。

锻炼孩子坚强的意志

坚持不懈地努力工作，养成对造成冲突的动机进行挑选的习惯，在日常生活中对琐碎的事情做出决定，对别人的行为慢慢施加影响，在那些重复的行为中不断加强自我指导的能力，等等这些都是在为形成坚定的个性打基础。在这里，道德就如同一位深居中世纪城堡里的公主一样驻扎于我们体内。

当然，要"建造"一间能够让道德居住的"房子"，我们还必须对身体加以适当的控制，例如不抽烟，不酗酒，到户外锻炼以恢复体力。当然，还有比这些更为重要的，那就是为了使心理上的疲劳得以恢复，我们有必要对意志进行持之以恒的训练。

在孩子们通过自我训练，将那些复杂的、需要做出比较和判断的内心活动落实到行动中时，他们一方面用这种方式获得了有条理的、明晰的智力，另一方面也培养了他们的意志力。这是一门能帮助孩子在不依赖别人意见的情况下形成自己决定的学问。懂得了这门学问后，孩子们就能把握日常生活中碰到的所有事情，比如对于那些渴望得到的东西，他们能自己做出取舍决定；为了放松身心，他们会不由自主地伴随着音乐的旋律翩翩起舞；而当他们想安静时就会抑制自己所有想去运动的动机。这种坚持不懈地培养个性的努力，都是通过个人的决定付诸行动的。从此，条理分明取代了当初的紊乱，人的生命便进入了一种自发的状态，而伴随心理混乱的消失，怀疑和胆怯也消失得无影无踪。

如果不让条理和清晰在头脑里生根，而是让孩子们的思维处于一片混乱中，甚至让他们背诵一大堆课文，只会阻碍孩子们的成长，妨碍他们自己做出决定，他们的意志力也就无法得到加强。采取这种方式的教师会争辩道："小孩子不应该有自己的意志。"他们在发表这种言论时是诚实的，因为在教育孩子的过程中，他们从来就没有考虑过孩子们内心提出的"我想要"的要求。

这种教育的后果是难以想象的，教师们实际上是在阻碍孩子初期的意志发展，这种氛围让孩子们感受到一种控制他们的行动的力量，使他们变得胆怯，甚至在没有所依赖之人的帮助和同意时，连承担责任的勇气都没有。

一次，一位女士故意问一个原本知道樱桃是红色的孩子："樱桃是什么颜色的？"没想到，这个问题使这个胆小的孩子感到非常紧张，他竟然紧张得不知道如何回答，最终只是不高兴地说："我去问老师。"

一个人为作出决定而准备的意志力是最重要的功能，必须把它建立起来，并且不断强化。病理学显示，这项功能与意志的其他因素有非常大的不同，它是撑起人格的支柱。在心理疾病中有一种所谓的"怀疑癖"，这种病症的一个显著症状就是不能做决定，并伴随着一种严重的苦恼状态。

我在一家专治精神病的医院里遇到过一个患有"怀疑癖"的典型病人。这个病人到处搜索垃圾桶，生怕有什么有用的东西掉进了垃圾桶，甚至在他准备带着垃圾离开时，还要重新上楼逐门逐户地敲门，问人家垃圾桶里是否有值钱的东西，直到确信没有什么了才离开。一会儿他又回来了，再一次挨家挨户地敲门，就这样反复循环着。最终他只好向医生寻求帮助，看看是否有增强自己意志力的办法。

因此，我们也是一遍又一遍地告诉他，垃圾桶里没有什么值钱的东西，他尽可以放心地去干自己的事情。他听了这些话后，眼睛里闪着希望的火花，并在嘴里反复念叨着"我可以放心了！"然后走了出去，但是没过多久，他又回来了，仍然带着疑惑的神情问道："我真的可以放心了吗？"我们只好再一次告诉他："你真的可以放心了。"这一次是他的妻子将他带走了。我们从窗口看到，他在大街上还和他的妻子拉扯着，焦躁不安地又一次跑了回来，他第三次站在我们的门口，还是很不放心地问道："我真的可以走了吗？"

其实，正常人的脑子里同样隐含着这种病症的因素。比如，一个人准备出门时，他锁上门后，还会摇几下锁，而且在走了几步后又会回过头来，怀疑门没锁好。虽然他知道门锁上了，并且清楚地记得他还摇了几下锁头，但就是有一种无法控制的冲动迫使他回来，看看门是否真的被锁好了。

这种情形在一些孩子身上也有发现。例如，他们在上床睡觉之前，总喜欢检查一下床底下是否有猫狗之类的动物。结果呢？什么也没有看见，事实上，他们心里也清楚床底下什么也没有。即便如此，他们在上了床之后还会爬起来朝床底下看看有什么东西。

如果想让意志在身体里有效地完成工作并体现出它的价值，我们就有必要对意志加以训练，这对培养行为的准确性是非常有用的。众所周知，脚没有进行过基本的训练，就不会跳舞；手没有进行过动作练习，就无法弹钢琴。但这些基本动作的协调运动以及理解能力的培养，都必须从婴儿开始。在纯粹的生理活动中，我们的肌肉是用两种不相同的方式进行运动的。

比如，有的肌肉负责使手臂伸展，有的肌肉则负责把它收回；有的可以用来蹲下，有的则使你站起来。由此可见，它们所采取的活动通常具有对抗性。身体所呈现出的所有动作都是这些具有对抗性的肌肉互相合作的结果。在运动中，一会儿是这块肌肉在工作，一会儿是另一块肌肉在工作，它们的合力产生了作用。正是通过肌肉的这种合作，我们才可以完成最了不起的动作，刚劲有力、优美雅致、舒展大方的动作，使我们不仅具有高雅的姿态，而且还可以做出与音乐旋律相匹配的动作。

为了使这些具有对抗性的动作能够配合默契，就要进行动作方面的训练。值得注意的是，当我们进行动作练习时，必须要在具备动作的自然协调之后，才可以进行运动和舞蹈等方面的特殊动作训练，如果你想让自己的动作协调起来，就必须进行不断地练习。无论是优雅大方、身轻如燕的动作，还是那些富有生命力的动作，都需要进行不断地训练。

这里，意志力理所当然在起作用，比如，你希望自己致力于运动、舞蹈、防身术或参加比赛等活动中，都能够看到意志的影子。运动永远是随意的，无论是最初的肌肉协调运动，还是后来所设计出来的更高级的协调技巧。一言以蔽之，意志就如同一名指挥官，在指挥着一个组织严密、纪律过硬、技术精良的部队。

为了培养孩子的主观能动性，所有人都不应让他处于完全静止不动的状态中，更不应捆绑住他的四肢，使其肌肉萎缩，直至濒于瘫痪。可是，我们也不能只是向孩子讲述一些有关小丑、杂技演员、拳击冠军、摔跤运动员的精彩故事来刺激他，从而在他的心中激起模仿的强烈愿望。很明显，这是一种不可思议的荒诞行为。

不仅如此，我们还做过更加荒诞的事情。为了培养孩子的意志力，我们做出的结果往往产生反效果，或者妨碍了孩子意志力的发展，或者扼杀了他的意志力。我们总是希望用自己的意志去代替孩子的意志。我们依据自己的意志，要么让孩子静止不动，要么让他动个不停。我们还要为孩子做选择，为他的一切做主。只有这样，我们才会心满意足，有时还用教训的口吻说道："所谓的意志就是行动。"除了这些，我们还用寓言的形式向孩子们灌输一些英雄人物或意志坚强的伟人的故事，以为只要孩子们学习了这些人的行为，他们就会产生强烈的冲动意识，创造出奇迹。

我在读小学一年级的时候，遇到过一位很爱我们的"好"老师。她要求我们在位子上纹丝不动地坐着。上课时，她自己已经累得脸色苍白，却依然讲个不停。为了激励我们，她让我们去模仿那些杰出的女性，尤其是书上的女英雄，要求我们牢记这些人的生平。为了让我们出人头地，她要求我们大量阅读名人传记，从而使我们觉得成为英雄并非不可能，因为这个世界上的女英雄同样如此之多。她做出的所有努力无非是在告诫我们："你也应该努力出名！""难道你不想出名吗？"后来当有人问我同样的问题时，我会冷漠地回答："不！我绝不想这样。我关心孩子的未来胜于一切，我绝不会把那些大人的传记再次列入课程表之中。"

来自全世界多个国家参加教育心理会议的教育学家一度发出了如下悲叹：年轻人缺少个性已经对人类构成了非常大的威胁。但在我们看来，现在的问题并非人类缺少个性，而是学校摧残了孩子们的身体，削弱了他们的意志力，眼下需要做的是采取解放孩子们的行动。这样，人类身上潜在的力量就能得到发展。

还有一个更高层次的问题，就是应该怎样利用我们的坚强意志。这只能依赖于：意志已经得到发展，并且变得坚强。有一个经常用来教导孩子崇尚意志力的故事：维托里奥·阿尔费里到了晚年仍然坚持自学，用极大的毅力克服了刚开始学习时的枯燥乏味。尽管当时他已步入社会名流之列，却仍然努力学习拉丁语，并坚持了下米，成为世界闻名的大文学家。在谈到他是怎样实现这一转变的时候，他的一句名言经常被人引用："坚持，不断地坚持，全力以赴地坚持。"

维托里奥·阿尔费里在没有做出使自己的人生发生转变的重大决定时，只不过是一个在社交界以任性出名的贵夫人们的玩物，他意识到如果继续充当别人感情的奴隶，就会毁了自己的一切，这种内在的冲动激发了他想提高自己素养的愿望。

可是，每当他感到自己将成为一名伟大的人物，一种潜在的力量充满全身时；每当他准备充分利用这些力量，并接收它们的召唤，把自己的一生交付给它们时，一位夫人派人送来了香气四溢的请柬，他被拉回到戏院的包厢里，和贵夫人一起厮混，白白地浪费掉了一整晚的大好时光。可以说，他是出师不利，在他刚下决心时，这位夫人的吸引力战胜了他抵制诱惑的意志力。但是，当他在戏院里看着那些极为无聊的戏时，他感到十分愤慨，也觉得非常苦恼。这段时间给他带来了强烈的痛苦，最后，他竟然对身边这位迷人的夫人失去了爱慕之情。

于是，他决定采取行动，在他们之间设立一道无法逾越的障碍。他毅然剪去代表高贵出身的粗辫子。辫子没有了，就耻于出门了，然后又用绳子把自己绑在椅子上，虽然他坐在椅子上时心神不定，甚至一行字都看不下去，很想去他的心上人那里，但因为身体不能动弹，头上又没了辫子，就只好安静地待在屋子里。

他正是依靠那句名言"坚持，不断地坚持，全力以赴地坚持"，才让自己获得了自由，并把自己从无所事事和堕落毁灭的深渊中拉了出来，最终成为名垂千古的伟大人物。

通过对孩子们的意志力教育，我们想要带给他们的也正是这样的东西。我们希望孩子自己从使人类堕落的虚荣心中脱离出来，一心一意地工作，引导孩子们从事伟大的事业，为将自己变成一个伟大的人物而奋斗。

值得注意的是，这种充满爱的热情和希望，通常容易将孩子置于庇护之下，对他们的成长并无益处。我们想知道，孩子们是否有拯救自己的能力？有！孩子们在全心全意地爱着我们，用他们那幼小的心灵所能够包含的热情感染着我们。不仅如此，他们自身还有一种能够控制内心生活的东西，那就是他拥有自我发展的潜能。

正是这种潜能引导他去触摸某种东西，去熟悉它。而我们为他做了些什么呢？我们对他说："别动！"他四处奔跑，目的是为了能够走得更平稳，但我们却对他大喊大叫："别乱跑！"他向我们问个问题，本来是希望获得知识，我们却极其不耐烦地回答他："别来烦人！"像那位可爱的夫人在戏院的包厢里对待阿尔费里那样，我们只是把孩子放在身边看管着，让他听话，给他几个他丝毫提不起兴趣的玩具。这样的结局正如阿尔费里在感到无聊后所想的那样：为什么我深爱的人想毁了我？她为什么要用任性来使我倍感痛苦？难道就是因为我爱她？

所以，孩子们如果想要拯救自己，就必须具有和维托里奥·阿尔费里一样坚强的心灵，但遗憾的是，孩子们往往做不到。

我们经常意识不到孩子成了大人们的牺牲品。我们用命令和手中拥有的权力，要求他这样做或者那样做，我们一方面热切期待着孩子长大成人，另一方面却又让他无法成长。

也许有很多父母在读维托里奥·阿尔费里的故事时有这种想

法——他们的儿子将来会更有出息，因为他们的儿子无需通过给自己设置那些障碍（比如剪头发，或把自己捆在椅子上等）去抵制诱惑。他们想靠一种精神上的力量来抵制诱惑，一位满怀憧憬的父亲绝不会这样问自己：为了使儿子变得坚强，为了使他达到更高的精神境界，我又做了些什么？他很可能就是那个摧残了儿子的意志，使他变成了不懂得反抗的人。没有哪位父亲能达到如此高的境界。

在此，我给天下的父母和教育工作者们一个建议，你们的任务主要是保护和提高儿童的能力，而不是阻碍其发展。

培养儿童的注意力

我们把儿童安置在一个有利于他心理发育的环境里时，我们希望看到孩子立刻就能将注意力集中于某个物件上，然后按照我们事先设计的方式来使用它，并且多次重复这一行为。我们发现，每个儿童重复的次数都不相同，一个儿童也许重复20次，另一个儿童可能是40次，再下一个儿童可能达到200次。造成这种差异的，与其心理发育水平之间有着密切的关系。

促使儿童有这种表现的是一种原始的内在冲动，这与人在处于饥饿时所具有的那种模糊意识相同。要解决这种因饥饿所产生的冲动，就需要将儿童的意识引向正确的目标，让它变成一种基本的同时又是复杂的、可以反复进行的智力活动。比如说，一个儿童正忙着安置一些立体插板或10个小圆筒，并把它们移动到各自的位置，在他连续做了30次或40次后，突然发现犯了一个错误，或发现了一些问题，于是着手将这一问题解决，然后他开始对这一活动越来越有兴趣，并试图反复进行这一试验。事实上，这就能够促使儿童进行有利于内部发育的复杂的心理活动。

也许，正是由于这种内在意识的作用，儿童在使用这类物件时通常显得十分愉快，并且会不断地重复使用它们。正像我们要给一个口渴的人解渴，不能只让他喝一口水，而应该让他喝个饱，也就是说，应该让他喝足其身体所需要的水。同样的道理，要满足儿童的心理饥渴，光是让他们参观性地东瞧瞧西看看是不够的，因此只是听别人描述某种东西的使用过程是解决不了问题的，必须满足他们的内在需要，让他们拥有并能够充分使用这些物件。

我们应该把这一切作为心理构筑的基础，这是对儿童进行行为教育的唯一秘诀。我们给儿童提供的环境应该是他们得以自由活动的场所，而最终的目的则是满足儿童的精神活动。所以，在游戏时，我们向儿童提供的立体插板不只是让他们了解物体大小的知识，平面插板的设计也不只是为了让他们形成有关形状的概念，我们的目的是为了培养儿童的主观能动性。借助这些练习，可以让儿童获得真正明确的知识，并使他们在学习这些知识时可以保持同等程度的注意力。事实上，正是由于孩子所获得的感觉知识从范围、形状和颜色等方面来讲是准确的，才使人类的精神活动渗透到所有领域，并能够取得更大的成就。

心理学家达成共识，认为注意力的不稳定是三四岁儿童的特征，他们会被自己所看到的任何东西吸引，其注意力会不断地从一个物品转移到另一个物品。也就是说，他很难将注意力固定在某一个物品上。看来，想集中儿童的注意力十分困难，这正是儿童教育所面临的阻碍。威廉·詹姆士曾经说过："我们都知道儿童的注意力具有极端的易变性，这种易变性能够从他们的第一堂课上反映出来。"这种特性加上孩子注意力的被动性特点，使大多数儿童变成为只是偶然注意一下所看到的东西，这是教师必须解决的第一个问题。儿童从这种多变的注意力状态中自我恢复的能力是他们形成判断力、性格和意志的基础，而能够促使他们对这种能力进行改进的教育才是最好的教育。

从这方面讲，一个人如果听任自己的天性行事，就永远无法集中注意力，他只能听凭自己的好奇心使注意力从一个物体移到另一个物体。

事实上，在我们做过的实验中，儿童的注意力会随着某个固定的能吸引他注意力的物体而改变。在同样的情景中，一个婴儿在活动中所完成的那些复杂的活动，同样是受第一位的、无意识的营养需要所控制，并非是有意识的追求的结果。事实上，这时的婴儿还不可能有明确的意识。因此，最先呈现出来的是一种基本的外在刺激，这是真正的精神乳汁，我们可以从孩子的笑脸上看到他的注意力极为集中。

我发现，一个年仅三岁的儿童可以连续50次不停地重复着同样的活动，在这期间有许多人在他周围走动，还有人在弹钢琴，一群孩子在高声唱歌，但如此嘈杂的环境并不意味着能够分散他高度集中的注意力。同样，一个婴儿正在衔着母亲的乳头吃奶时，无论身边发生什么事，他都不会停下来；除非他已经吃饱了。

自由是进行儿童注意力实验研究的前提，不要忘记，对儿童注意力的刺激要强有力，还要注意其感官方面的生理适应性。因为儿童的生理发育还不完全，所以我们要遵循自然规律来发展这种适应性。在发展适应性的过程中，如果一个物体无法成为适应能力的有用刺激物，就不能让孩子在心理上保持注意力，而且还会造成他们生理上的疲劳，甚至伤害到眼睛、耳朵等适应性器官。当儿童可以自由地选择物件，并在使用过程中保持高度的注意力时，他就能明显地体验到一种健康快乐的官能活动，而且这种练习还对身体的各个器官大有裨益。

值得注意的是，与这种外部刺激相关的神经中枢同样要做好促进想象力形成的准备。换而言之，就是要做好内部的心理性适应活动。当外部刺激发挥作用时，大脑神经中枢就会通过内部程序按照顺序兴奋起来，两种力量的作用就如同在开启一扇关着的门——外部的感觉力量负责敲门，内部的力量则负责将门打开，如果内部的力量不努力把门打开，外部的刺激力量再强也毫无用处。一个不专注的人也许会漫不经心地跌入峡谷，而一个专注于工作的人却能做到对街上乐队的演奏充耳不闻。

注意力在心理学上是最受重视的，它在教育方面也体现出最实用的价值。教师的教学艺术就在于吸引儿童的注意力，使他们对教学充满期待，并在孩子们"敲门"时，给他们提供"开门"的内部力量。但是，假如这一工作是完全陌生的或者无法理解的，就很难唤起孩子们的兴趣。教学实际上是一门引导学生从已知到未知，从易到难的艺术，我们要引导他们通过新奇的未知领域的大门，更为深入地学习知识，并将儿童的注意力引向所期望的状态。

根据教育学理论，聪明的教师就如同军事家一样，他在办公桌上准备着战斗方案，并扮演着指挥官的角色，引导他人奔向预定的方向。这种教育观念源自于长期统治心理学的唯物主义理论。按照赫伯特·斯宾塞的理论，思想最初只是一堆无关紧要的"泥块"，后来由于外部因素的作用，使其留下了深浅不一、多多少少的痕迹。他认为，正是经验成就了人，只要教育体系中拥有一套合适的"经验结构"，就可以成就一个人。

儿童的注意力无法集中这一现象告诉我们，心灵敏捷的人容易受到自然法则的制约。现代心理学家威廉·詹姆士认为，精神的力量是生命的神秘因素之一。但丁也说："……人类不知道自己的最高智慧从何而来，也不知道他对物质的欲望从何而生，他只是像个蜜蜂那样，凭着自己的本能酿蜜……"人对外部事物的特殊态度构成了他的天性的一部分，并对他的性格特征的形成起到决定性作用。我们的注意力不会被那些无关紧要的东西所吸引，而是被那些我们有兴趣的东西吸引。只有那些能唤起内在活力的东西才能令我们产生兴趣。我们的内心会对外部世界所提供的信息做出选择，使其与我们的内部需求达成一致。比如，画家在这个世界上可以发现最丰富的色彩，音乐家则更容易受到声音的吸引。尽管人们的生活环境相同，但诸如个性特征、内在表现以及人与人之间的差别，在某些人那里还是表现得非常明显，然而他们只会从环境中获取自己所需要的东西。那些形成自我的来自外部世界的经验在人与人之间是不可能混为一谈的，而且还受个人能力的支配。

对儿童而言，没有一个教师能够使他对某一物品变得神情专注。很明显，这种专注力是内在力量作用的结果。我们在历史记载的天才中发现，尽管他们性格各不相同，但都有极高的注意力。比如，阿基米德就是在伏案钻研他的几何图形时被杀的，他是如此专心，以至于当城市被敌人攻破时，都未能使他从研究中分心；牛顿同样如此，当他沉迷于研究时完全忘记了吃饭；意大利诗人阿尔费尔瑞在写一首诗的时候，居然对从他窗前经过的结婚队伍的喧闹声充耳不闻。

然而，天才人物所具有的注意力方面的特征，是无法被任何一个有经验的教师唤起的，无论他的教学技艺多么巧妙、多么高超。

如果说儿童的内心里有一种精神力量在发挥作用的话，那么通过它就可以打开他的注意力之门。如果上述观点是正确的，那么由此引出的问题就是有关自由在儿童心智构筑中的作用，但这并非一个简单的教学问题。从逻辑上看，通过外部力量来为儿童提供适于其心理需要的营养成分，用尽可能完美的方式去尊重他们自由发展的态度，是建立一种新的教学方法的基础。

应该通过科学实验来建立儿童心理发展所必需的东西，在此我们能观察到许多复杂生命现象的发展。在此过程中，理性、意志和性格将共同发展起来，就好像营养合理时，儿童的脑、胃与肌肉会同时发育成长一样。

首先，我们能够发现孩子认知能力的产生，它为智能的发展提供了第一粒胚芽，以此来补充本能的兴趣。一旦发生了这样的情况，"认知"便开始为儿童建立类似于注意力的心理机制。这样就再一次发生了从已知到未知，从简单到复杂，从易到难的演变，只是其特征变得更为明显。

从已知到未知的演变，并非像有的教师所设想的那样，是从一个物体转移到另一个物体，它是儿童内心建立起来的一种复杂的观念系统，这一系统是儿童通过一系列心理活动而积极构建起来的，它代表着一种内在的心理发育过程。

要促成上述变化，我们就需要为儿童提供大量系统的、复杂的与他的本能相一致的材料。比如，我们可以向儿童提供一系列物件，引发他对颜色、形状、声音、触觉和气压的本能关注。与此同时，儿童则会用特有的方式，通过同各种物体发生连续的活动来对他的个性心理进行组织，同时获得一种对于事物的清晰、有序的认识。这一步完成以后，这些以形状、尺寸、颜色、光滑度、重量和硬度等因素呈现的物体，就与儿童的心理产生了联系。儿童的意识中开始有了一些东西，他随时期待着并且乐于接受它们。

当儿童在这种原始冲动的基础上又多了对外部事物的认识和注意之后，便与这个世界上的很多东西建立起了联系，并产生了更加广泛的兴趣。也就是说，他们不再只局限于与原始本能相关的兴趣，而是建立在已经获得的知识基础之上，并且成为他的洞察力的基础。

旧式的教育学观念认为，要使得儿童的注意力集中在未知的东西上，就必须让已知的和未知的产生联系，因为儿童能够从新知识的获取中扩大自己的兴趣。但是，我们通过实验了解到，这个观点只是发现了这一复杂现象的细枝末节。事实上，已知的知识会把兴趣转移到更具有复杂性和崇高意义的事物，并使人类文化得以连续不断地演变下去，而且这一过程本身就在头脑中维持着秩序。教师会在上课时简单扼要地说：这是长的，这是短的，这是红的，这是黄的，等等。他就这样用一个简单和固定的字词清楚地表明了感觉的先后顺序，并把它们加以分类、编辑，从而使得孩子的头脑中可以把一个印象与另一个印象完全区别开来，并且每个印象有其明确的位置，而且一种印象可以用一个字词记忆下来。因此，新的知识既不会被丢弃不用，也不会与旧的知识相互混淆，而且它会被储存在合适的地方，并与原有的同类知识归纳在一起，就像图书馆里分类明确的图书一样。就这样，在人的内心深处不仅有一种要求增加知识的动力，而且还会形成秩序，这种秩序又通过不断接收新的信息而得以维持。所以，内部的协调性就与生理上的适应能力相同，它本身就是在自发活动的基础上建立起来的，个性的自由发展、个人的成长与组织构筑都是由内部条件所决定的。

教师可以对这些现象予以控制，但一定要足够谨慎，以防止把儿童的注意力引向自己。因为儿童的全部精神状态关乎他的未来，教师的教学艺术就在于理解孩子的行为，避免对自然现象的过多干预。

我的这一观点遭到了教育界专家们的强烈反对，他们认为儿童必须养成注意每一样东西的习惯，甚至包括他们不感兴趣的东西。并且认为，这是现实生活对孩子们提出的要求，必须为此而努力。

这个论调考虑得并不全面，它与家庭里严厉的父亲所说的"孩子们应该习惯吃所有东西"之类的话很相似。在这里，道德教育被抛在一边。这委实让人感到悲哀，好在这种命令式的教育理念现在已过时了。如果这种做法还在大行其道，父母就会罚他们的孩子全天"禁食"，原因是他们的孩子在午饭时拒绝吃一道不喜欢的菜。也就是说，孩子除了必须吃那道被他拒绝的菜之外，不允许他动其他任何菜、任何东西，哪怕这道菜已经变凉，甚至令他恶心。最终，由于饥饿削弱了孩子的意志，破灭了他的幻想，只好无奈地将那盘冷菜吞下去。父母竟然还振振有词地说，无论如何也必须将孩子的生活安排妥当，孩子必须吃下所有端给他的食物。另外，为了使孩子克服贪吃的毛病，一些家长采取的办法更为粗暴："在他们尚未吃完的时候就强迫他们上床睡觉。"迄今为止，那些坚持认为儿童对不感兴趣的东西也应该注意的人，还在采取类似的办法。然而，即使孩子没有偏食的习惯，但那些冰冷的毫无味道的食物也不会变得香气扑鼻，这种不容易消化的食物只会毒害孩子的身体，并使他的身体变得虚弱。

被家长如此控制的孩子是不可能拥有坚强的意志去面对生活中的困难和可能发生的各种事情的。那些在吞咽了冷汤或不易消化的食物后就立即上床的孩子，他们的身体通常发育不良。一旦碰上传染病，他们会由于抵抗力差而患上疾病。另一方面，从道德上看，这种教育方式对孩子同样不利，因为他在童年时期有许多没有被满足的欲望，而在他的心里则会把这些欲望的满足当作最大的自由和最大的快乐。因此，当他长大成人后，就会在吃喝玩乐上没有任何节制。与这类人的遭遇截然不同，如今的男孩由于向他们提供了合理的食物，使他们拥有了健康的体魄，也就使他们成了有节制的人，追求一种健康的生活，不酗酒，也不会没有任何节制地进食，因为他知道这样会对身体造成伤害。一个现代人能从多方面抵抗传染病的侵袭，他会在没有任何强迫的情况下努力做好各种防备，敢于尝试各种艰苦的运动，能尝试完成一些伟大的事业，敢于面对严酷的道德冲突，并且使自己的精神净化。唯有这样的人才能成为一个意志坚强的人，一个可以及时做出决断的人。

一个人的内在活动发展得越正常，他就越能成为一个个性十足的人，也就越能培养出坚强的意志和健全的心智。一个将在人生道路上奋进的人，无须在诞生之日就开始做准备，但他必须是一个心理素养坚强的人。他身上所具有的强大力量是常年累月地储备起来的，没有哪个英雄在做出业绩前就是英雄。未来生活的艰苦程度是无法揣度的，更不会有人为我们想出迎接它的办法，因此积极健康的心理是应对任何事情的唯一办法。

当一个生物处于进化过程中时，生物学家能做到的事情就是确保它的正常发育。同样，胎儿必须用母体里的血来滋养，婴儿则需要母亲的乳汁哺育。当胎儿在子宫内生存时，一旦血液里缺乏蛋白质和氧气，或有毒物质进入母体，这个生命将无法正常发育。要知道，产后的照料是不可能使一个先天不足的婴儿强壮起来的。如果婴儿没有足够的奶，他在生命的最初阶段处于营养不良状态，就如同宣告他将永远处于劣等状态。躺着吃奶、充足的睡眠就是在为行走做准备。正是在吃奶的那段时间里，婴儿逐渐开始长牙了。鸟巢里刚刚开始学习飞翔的小鸟，它们不是马上就开始训练飞行的方式，而是在那温暖的、有吃有喝的小窝里静止不动。也就是说，它们在间接地为生活做着准备。

鸟儿飞翔的技巧、野兽的凶猛、夜莺的歌声、蝴蝶斑驳美丽的翅膀，所有这些自然景象，如果没有在秘密的巢中、洞穴里或孤独的茧内做准备，是永远无法实现的。自然界的万物在形成过程中都需要有一个宁静的环境，这是所有其他的东西都无法替代的。

儿童精神的发育也同样需要一个温暖的巢，只有那里才能提供他所需要的营养，为他今后的发展做准备。因此，向儿童提供与其精神形成的倾向一致的物质是非常必要的，其目的就是以最小的代价尽可能地充分地发展人的潜能，这也正是教育的目的所在。

培养儿童的想象力

如果想象的真正基础是现实，且一个人的感知能力与其观察的精确程度密不可分，那么，培养儿童的想象力，使他们准确地感知周围事物所需要的材料就显得尤为重要了。另一方面，让他们在严格界定的范围内进行推论，让他们进行把不同事物区别开来的智力训练，就可以为他们想象力的形成而奠定坚实的基础。这一基础打得越牢固，他们的想象力与具体形式的联系就越紧密，也就越能与独立的意象建立起合乎逻辑的联系。任何夸张或粗糙的幻想都无法使儿童走上正轨，我们只有做好了充分准备，才能开掘出一条奔腾壮丽的江河，使智慧之泉流淌其中。只有如此，它所涌出的泉水才不会泛滥，更不会有损于心智的内在秩序之美。

在培养儿童想象力的时候，千万不要阻止他们自发的活动，即使这类活动像沙粒一样渺小。我们的任务是等待，不要欺骗自己自认为能够创造智能。须知，我们除了观察和等待青草的萌芽和微生物的自然裂变，别的任何事情都不要去做。

我们一定要记住：创造性的想象力只要不是一种虚无缥缈的幻想，不是幻觉或错觉，就能够在坚实的岩石上建立起一座金碧辉煌的宫殿，智力的开发也就有了坚实的基础。

人们往往认为儿童的最大特征就是想象力极为丰富，所以，我们需要采取一种特殊的教育方法来开掘他们的这种天赋。还有人认为，儿童喜欢在虚无的、令人痴迷的世界里遨游，就如同原始人一样，他们经常被迷人的、超自然的和虚无缥缈的东西所吸引，对此我们必须指出，事实上，在任何情况下这种原始状态都只是暂时的，会被其他状态取而代之。因此对儿童的教育应当帮助他们克服这种状态，而非延伸或发展这种状态，甚至让他们停留在这种状态。

我们的确可以在孩子身上发现一些与原始人相似的特征。比如，在语言方面，他们的表达能力非常贫乏，只拥有一些表明具体意思的词汇；他们的用词也很笼统，一个词常常被用于表达几个目的或表示几件东西。但是，我们却不能人为地对他们加以干涉，或者有意给他们提速，以便尽快度过这个时期，否则只能拔苗助长。

与那些永远生活在虚幻中的人相比，我们的孩子却属于一种完全不同的类型。他们对伟大的艺术作品十分感兴趣，对科技文明充满向往，沉浸在需要丰富想象力的作品里，我们应该为孩子聪明才智的形成提供这样的环境。在智力发展的朦胧期，儿童被一些奇妙的幻想所吸引是很正常的事，不能因此否定孩子是我们的未来，他们应该更胜一筹。因此，我们绝对不要对孩子想象力的发展过分控制。

婴儿大脑的创造性活动现在已经被认为是人类孩提时代的重要活动，甚至被普遍认为是一种富有创造力的想象活动。通过这些活动，孩子赋予了他们所感兴趣的东西以赏心悦目的特征。

大家亲眼目睹过，孩子骑在父亲的肩膀上时，他的感觉就仿佛真的骑在马背上一样，这就是孩子具有丰富想象力的最好证据。当一群孩子在用椅子拼凑一辆扶手齐全的四轮豪华"马车"时，他们感受到了多么大的乐趣啊！拼凑成功后，一些孩子在马车里仰靠着，满心欢喜地欣赏着他们所虚构的车窗外的景色，还身临其境般地向外面的人群鞠躬致意；另一些孩子则坐在椅背上，抽打着存在于想象中的烈马，鞭子在空中舞动着。这是孩子们拥有丰富想象力的又一个例证。

但是，当那些早已拥有了小马驹，并且习惯于在马车或轿车里出入的富家子弟看到这一情景时，就会用鄙视的眼光看着这些兴高采烈的孩子，他们对这些穷孩子的举动感到非常吃惊，甚至会挖苦他们："他们穷得将一无所有，这样做的原因就是因为没有马，也没有马车。"此时，我们不能为了教育这些富家子弟而将他们的马驹牵走，而应给他一根手杖。同样，我们也无需阻止穷人的孩子对手杖和马车的幻想。一个穷人或者乞丐，当他来到富人家的厨房，闻到了扑鼻的香味，从而想象自己正在吃着丰盛的菜肴，又有谁可以阻止他的幻想呢？当一位穷困潦倒、深爱着孩子的母亲把仅有的一片面包分成两块，一左一右给她的孩子，并且对他说"这是面包，这是牛肉"时，孩子会心满意足地觉得自己在吃面包的同时也吃到了牛肉。有人曾十分严肃地问我："当一个小孩反复地用手指在桌子上比划着，想象自己在练琴时，如果我们真的给他提供一架钢琴，这是件好事还是坏事？""坏事。""为什么是件坏事呢？"我反问。"如果我们这样做了，孩子当然能够学会弹琴，但他的想象力就无法得到原先那样的锻炼了，"他的担心的确有道理。

费洛培尔的一些游戏存在同样的问题。比如，将一块积木交给孩子，告诉他："假装这是一匹马。"再将积木按照一定的次序摆好，并对孩子说："这是马厩，现在我们把马放进去吧。"然后再重新排列组合，对孩子说："这是一座塔，这是一个乡间教堂……"在这类练习中所使用的实物（积木），就不像上面例子中被当做马车的手杖那样容易引起幻想，因为孩子在向前移动时，可以骑着手杖，并且可以抽打手杖，他会产生丰富的想象力；而用积木搭建的塔和教堂则只会使孩子们的头脑更为混乱。更为严重的是，在此情况下，进行创造性想象、用头脑工作的已经不再是孩子，他们只是在按照教师的提示去做而已。这种情况下，孩子是否真的相信马厩变成了教堂，他是否正在开小差，谁都无法得知。这时孩子不得不用心琢磨教师所提示的一连串蒙太奇式的意象，尽管这些意象只存在于相同大小的积木之中。

如此，我们在这些还没有成熟的大脑里到底培养了些什么呢？通过这种教育形式，确实有人将树当成了王位而对其发号施令，有人甚至以为自己就是上帝。正是这种错误的知觉成为了错误判断的开端，并且有可能变成神经错乱的并发症。正像精神病人什么也做不了一样，那些因欲望无法满足而表现得狂躁不安的孩子，既不能为别人也不能为自己做任何事情。

成人总是妄想用一种让孩子将虚幻当作现实来接受的方法来发展他的想象力。例如，在拉丁语国家，大人是这样对孩子们讲述圣诞节故事的：一位叫比瓦娜的丑女人爬过围墙，然后从烟囱爬进屋子里，把玩具送给了听话的孩子，那些调皮的孩子就只能得到煤块。在盎格鲁—撒克逊地区，圣诞节的故事又是另一种情景：一位全身落满白雪的老人挎着一大篮子玩具，到了深夜，他来到孩子们的房间把这些玩具分发给熟睡的孩子们。这种方法怎么能够培养孩子们的想象力呢？故事里所体现的是我们的想象力，而不是孩子们自己的想象。他们只是在听我们讲故事而已，却失去了自己的想象空间。我们之所以这样对待孩子们，是因为我们只要他们轻信我们就可以了。轻信的确是那些尚未成熟的大脑的特征，孩子们的头脑因为缺乏经验，也不具备现实知识，因此缺乏辨别真理与谬误、美丽与丑恶、可能与不可能的能力。难道我们这种毛病只是因为孩子们处在无知、未成熟的年龄，就企图在他们身上培养轻信吗？这毫无疑问是错误的。仔细想想，成人也有轻信的毛病，这种毛病在与智慧作对，它既不是智慧的基础也不是智慧的结果。只有在愚昧的状态，轻信才会扎根和生长，我们把愚昧看作轻信的标志。

有一个流行于17世纪的很有讽刺意味的故事。那时候，巴黎的一座新桥是供人行走的通道，同时也是人们休闲和集会的地方，许多江湖骗子和庸医也混迹其中。有一个叫马里奥罗的江湖医生，在那儿兜售一种自称来自中国的药膏，他吹嘘说这种药膏能够使人的眼睛变大，嘴巴变小；可以使短鼻子变长，长鼻子变短。萨克警长将这个江湖医生拘捕起来，并审问他："马里奥罗，你是怎样招来这么多人为自己的招摇撞骗提供方便的？"

"先生"，马里奥罗回答，"您知道一天之内有多少人经过这座桥吗？"

"10万到12万人吧。"萨克回答。

"是的，先生，您想过没有，他们当中又有几个聪明人呢？"

"大约100个吧。"警长答道。

"这是最乐观的估计数字，"马里奥罗说道，"即使是真的，我还可以在其余的99900人之中找到机会啊。"

当然，可以说现在的情况比那时强多了，如今的聪明人比过去多得多，轻信的人也少了很多，但我要说的是，教育不应该使人走向轻信，而应该灌输智慧。谁把教育建立在轻信之上，谁就是妄图在沙漠上建造高楼大厦。

因此，我想起一个在社会上重复过无数次的故事。那是两位出身高贵的公主，为了免受命运安排的优越生活的诱惑和虚荣的折磨，决定去一所修道院接受教育。在修道院里，修女告诉她们这个世界充满了虚伪，不信可以尝试一下，当有人称赞你们时，你们躲起来，听听他背着你们时会说些什么，也许他会诅咒你们呢。这两位年轻的公主到了能够参加社交的年龄，第一次在晚会上露面，所有来宾都毫不吝啬地把这两位迷人的姑娘大大称赞了一番。面对这种情景，两位姑娘要验证一下修女的话，便躲进客厅里一间用大帘子遮掩着的地方，想听听人们在背后会说些什么。令她们惊奇的是，在这两位公主离开后，对她们的赞美不但没有消失，反而更多。这时候，两位公主感到很失落，开始抱怨修女说的话都是虚假的，立刻宣布不再信仰宗教，重新投入到尘世的欢乐中去了。

随着人们经验的积累和思想的慢慢成熟，轻信会逐渐消失。如果能够给予他们正确的指导，就可以使人们告别轻信。无论是一个国家，还是一个具体的人，随着文明的发展进步，人们的轻信心理必将减少。这也是人们常说的，知识驱走了无知的黑暗，幻想最容易徘徊在无知的地方，因为那里缺乏上升到更高层次文明的阶梯。鉴于此，难道我们要在轻信的基础上培养孩子们的幻想吗？答案是否定的。我们当然不希望看到孩子轻信别人告诉他的一切，相反，当得知自己的孩子不再相信神话时，我们会感到由衷的高兴。我们还会夸赞他："你已经不再是个孩子了。"情形理应是这样的，这也是我们期待已久的。我们坚信，孩子不再相信神话的那一天必将会到来。

当孩子长大成人时，我们应该扪心自问："在孩子成熟的过程中，我们又做了些什么呢？我们给了这脆弱的灵魂什么样的帮助了呢？我们是否使他变得正直坚强了？"没有！实际上，当我们想方设法使孩子保持幼稚、天真和充满幻想时，是他们自己克服了所有困难。他们不仅克服了自己的内心，还克服了我们施加的各种阻碍。他们跟随自己内在发展与成熟的动力去行动，它指向何处，他们就跟随到何处。孩子们甚至还会对我们说："你们把我们折磨得好苦啊！我们进行自我完善的任务本来就很艰巨了，你们还要压制我们！"不是吗?! 比如让他们紧咬牙关，以便不让牙齿长出来，因为我们把没有牙齿当做婴儿的特征；不让他站直身体，因为我们坚信婴儿就是不能站立起来的，如此等等。事实上，我们还在有意延长孩子们那贫乏的、不确切的语言阶段。我们并没有帮助他们聆听字词的准确发音，观察他们的嘴形变化，而是去模仿孩子幼稚的语言，再现他们笨拙的发音。这样做的后果是非常严重的，这等于延缓了孩子本来十分艰难的语言形成期，令他们倒退到疲惫的婴儿状态。

不仅如此，我们在儿童想象力的教育上也扮演了同样的角色。我们总是对那些幼稚的大脑处于幻想、无知和错误状态抱有兴趣，就像我们看到婴儿被抛上抛下时就十分高兴一样，甚至我们对孩子轻信我们向他们讲述的圣诞故事也会感到快乐。我们真有点像那些贵妇人，尽管她们表面上对收容所里那些贫穷的孩子满怀同情，而内心却在想："要是没有这些贫穷的孩子，我们的生活将会多么地乏味。"我们也会说出这样的话："如果孩子们不再轻信，我们的生活将失去很多乐趣！"

但是，我们这样做就是在犯罪，为了自己高兴，而人为地阻止儿童的发展。这和那些野蛮的王国人为地限制某些人身体的成长，使他们成为供国王消遣的侏儒一样。也许有人会说这一论调有些危言耸听，但事实就是这样，只是我们没有意识到而已。如果我们能克制住自己，不再人为地延长儿童的幼稚期，而是让他们能够自由自在地成长，并称赞他们在成长道路上所取得的每一个奇迹般的进步，这就为儿童的完美成长作出了贡献。

要培养婴儿的想象力，我们首先应该做的就是让他们在成为物质主人的环境里生活，或者用建立在事实上的知识和经验来丰富他们的头脑，让他们在此基础之上自由地成长。只有让他们自由地发展，他们才有机会展示其丰富的想象力。

我们可以从贫穷的孩子开始这一实验，因为这些孩子一无所有，他们所梦想的是最难以得到的，就像穷困潦倒的人梦想能够腰缠万贯，受压迫者渴望得到王位一样。所以，这种处境的孩子有朝一日有了自己的"房子"、扫帚、橡皮、陶器、肥皂、梳妆台以及家具时，他们会十分高兴地料理这些东西。而且在得到这些梦寐以求的东西后，他们的欲望就会大大减弱，从而过上一种内心丰富的安逸生活。

只有在拥有了真实的财富后，孩子们才能够平静下来，这样可以减少他们因为处于无意义的幻想之中而浪费宝贵的精力。一位自称应用了我的教学方法的孤儿院教师，曾经邀请我去参观孩子们演习实际生活的过程。我欣然赴约，同去的还有一些教育界权威人士。当我们来到现场时，看见一些孩子拿着玩具，坐在小桌子旁，正在给玩具娃娃摆桌子准备"吃饭"，但我们发现孩子们的脸上没有丝毫表情。当我吃惊地望着那位邀请我的教师时，她居然毫无反应。很明显，她认为假想的生活与现实生活没什么区别，孩子们在游戏中摆桌子"吃饭"与实际生活相差无几。但正是这种在孩提时代灌输的错误认识，将逐渐发展成为孩子的一种不良的精神或态度。

意大利的一位著名教育学家曾这样责问我："你莫非认为自由是新鲜的事情吗？读一读夸美纽斯的作品吧，你会发现，早在他那个时代就开始研究这个问题了。"我回答："没错，很多人都研究过，不同的是，我所说的自由是一种真正意义上的自由。"这位教育学家在听了我的话以后，也许仍然不能明白我所说的这两者之间的区别，于是我再补充一句："难道你不认为一个谈论百万财富的人与一个百万财富的拥有者是有差别的吗？"至此，他就不再对我说的有什么异议了。

一个沉醉于假想中的人，会认为他假想出来的东西是真实存在的，他永远追求幻想，而不承认现实，这种现象是十分普遍的。可怕的是人们居然没有意识到这一点，事实上，想象力总是存在的，不论它是否建立在一个坚实的基础上，以及是否有构筑它的材料。需注意的是，如果它不是建立在现实和真理的基础之上，就会成为压制智力发展、阻碍真知之光的消极力量。

正是由于这一错误认识，使人类已经或正在失去多少时间和精力啊！不以事实为基础的想象，就如同漫无目标地机械做功，这样会消耗体力直至病倒，或消耗智力直到着魔一样。

一般情况下，学校是一个呆板的、阴沉沉的所在。灰白色的墙壁、白棉布的窗帘都会让学生的感官难以松弛。学校之所以打造成这样压抑的环境，其目的就是使学生能够聚精会神地听教师讲课，因为他们会由于外在的刺激而分散注意力。孩子们就这样一小时、一整天地在教室里呆坐着，纹丝不动地听教师讲课。他们在画画时只能依葫芦画瓢，他们所从事的活动必须遵从教师的指令，对他们个性的品评完全来自于他们被动的服从程度。

正像克拉伯雷迪所说的那样："我们的教育是用一大堆对孩子的行为毫无指导意义的知识来压迫他们。他们早已无心听讲时，我们还要强迫他们；他们已经无话可说时，我们还要强迫他们回答问题或发表演讲；他们已经失去好奇心时，我们还要强迫他们观察事物；他们已经没有发现的欲望时，我们还要强迫他们去推理、论证一个命题，总之，我们总是强迫他们做这做那，从来不去征求他们的意见。"

孩子们在用眼睛读、用手写、用耳朵听教师讲课时，就好像忍受苦役一般。他们坐在那儿没有动，但他们的脑子却没有认真思考。他们不得不尽力随着教师的思维转，尽管教师所依据的只不过是随意设计的、没有考虑儿童特点的教学大纲。这样，那些不确定的意象只能像梦境一样不时地呈现在孩子眼前。教师在黑板上画一个三角形，很快将其擦掉，这个三角形只代表一个抽象概念暂时的视觉形象。而那些从没有用手拿过实体三角形的孩子必须用力记住三角形的形状。接着，围绕这个三角形，许多抽象的几何计算题便纷至沓来。像这样虚构的图形只能使孩子空手而归，它不能与其他事物互相融合而被感知，永远无法成为灵感的源泉。其他的事物也一样，目的本身就是疲劳的，这种疲劳几乎囊括了实验心理学的所有努力。

儿童必须先有内心生活的创造，然后才能将其表达出来。为了有所创作，他们需要自然地从外界吸收构筑材料。在他们能够发现事物之间的逻辑关系之前，我们必须让其思维得以锻炼。我们必须为孩子们提供内心生活所必需的东西，然后让他们自由自在地进行创造。只有如此，我们才能见到一个两眼闪闪发光，边走边思考，机灵又智慧的儿童。

我们必须关心和爱护如此努力着的孩子。如果创造的想象力迟迟不见，就说明孩子的智力尚未发育成熟。但此时我们不应该勉强孩子进行想象和创造，否则就等于给他戴上了一副假胡子。事实上，男孩子要到二十岁以后才能长出真正的胡子。

培养儿童的运动神经

锻炼孩子的运动神经，一定要符合孩子的生理机体所必需的协调运动，因为运动神经的培养过程极为复杂。如果没有指导教育，孩子的运动就会非常混乱。但是没办法，无拘无束正是孩子的天性，因此孩子表现得"手脚不闲"、"无拘无束"、"无法无天"。

对此，成人们的解决办法是不断地约束孩子的活动，唠叨着"老实点，别乱动"。其实此时孩子正把自己的运动组织协调起来，为探索对人体有益的活动而努力呢？需让孩子老实地待着？然后我们还是不要再做徒劳的尝试吧。要让孩子大胆地勇敢地运动，然后我们恰到好处地给予指导，这样做会更有效果。这个阶段儿童肌肉锻炼的目标就是这样的。让孩子在我们的恰当指导下无拘无束地成长，将来他们就会成为工作积极、从容而有情趣的人。培养孩子的正确运动模式，是"儿童之家"看起来"训练有素"的重要原因。对这个主题，我已在另外的著作中作了详尽的阐述。

肌肉训练有如下几个组成部分：

①基础运动（如坐、立、行、走，使用小的东西等）；

②照顾自己；

③干一些家务活；

④进行园艺劳动；

⑤做小手工；

⑥体育活动；

⑦有韵律的锻炼。

其中照顾自己就是练习自己穿衣服和脱衣服。我使用很多由布料或皮革等钉成的四方框做教具，对孩子们进行针对性训练。训练他们扣扣子、使用挂钩、系鞋带等。这些内容实际上囊括了人类创造的穿衣、系鞋以及其他东西的全部方法。在教学时，教师和孩子坐在一起，慢慢演示手指的动作，又做出详细的分解动作，这样孩子们就能够看明白了。

下面我们通过举例来说明。训练的第一步：先把四方框上的两块布对齐，然后才能从上到下地把两块布对正、系好。如果在四方框上进行扣纽扣练习的话，教师会给孩子演示分解动作。教师先捏住扣子，对准扣眼，最后再放进扣眼，到结束的时候，教师对扣子穿过扣眼的位置进行调整。同样，教师在教孩子打蝴蝶结的时候，先从系丝带开始，分段演示，直到打好蝴蝶结。

我们的系列电影中有一个就是教孩子们用丝带打蝴蝶结的全过程。只要有一部分孩子学习就可以达到很好的效果，他们会把自己的成果同别的孩子分享，他们会极为耐心细致地学习分解动作。孩子可以以最舒适的姿势坐好，在桌子上使用四方框加以练习。孩子们因在这个四方框上充满兴趣地多次练习系扣和解扣，双手就会变得非常熟练和灵活，一旦有机会，他就想给真正的衣服扣扣子，因而非常着迷。因此会有有趣的事情发生，那些最小的孩子不但想给自己穿衣，还想给他的小伙伴们也穿上衣服。他们寻找这种穿衣的乐趣，时刻寻找机会，非常小心地不让那些大人们帮他们穿衣服。

教师在教孩子们洗涤东西、摆放桌子等活动时要采用同样的方式，较大的活动同样如此。教师在开始的时候必须参与其中，认真地给孩子们示范动作，尽量少说话，也可以不说话。教师要把全部的动作教给孩子们，比如：如何坐下，如何从椅子上站起来，如何拿东西递给别人，等等。教师还要教孩子们把碟子依次擦好放到桌子上，要求不出任何声响地完成。

对此，孩子们很轻松地就学会了，他们在做这些事情时表现出的兴趣和谨慎令人惊讶。一些班级里的孩子较多，就要安排孩子们轮流承担家务劳动，例如上菜、洗碗碟之类。这种轮流制度令孩子们认真愉快地执行着。他们中甚至才两岁半的孩子都很自觉地去完成自己承担的工作，根本无需要求他们去做。纽约的雅格提教授就经历过这样的事情。有一次，雅格提看到一个看上去并不聪明的两岁的孩子因忘记了叉子应该放在餐盘右边还是左边，而站在那儿手无足措时，他非常感动。那个孩子长时间地思考着，显然是在努力回忆着。比他大一些的孩子用钦佩的目光看着他思考的样子。大孩子们也与我们相同，为生命的一步步成长而感到惊奇。

教师仅仅通过一点暗示、一次指点，就可以给孩子们一个极好的起点，然后，孩子就能够自我学习，自我成长。孩子们在互相学习之后，就开始兴致勃勃地工作了。宁静的活跃的气氛，使孩子更富有爱心，形成了互帮互助的品德。稍大些的孩子对小同伴在成长中的进步表现出理解和关心，这点甚是奇妙。总之，我们需要使孩子们获得这样宁静平和的环境，使他们有在和家里一样的感觉，而不需要我们多做什么。我们从这些电影中可以看到"儿童之家"的真实情况。孩子们不停地来回走动，认真履行自己的责任，教师坐在一旁，注视着孩子们的一举一动，不用刻意做出什么。影片中也有孩子们关于照顾"儿童之家"的一些画面，反映了孩子们爱护他人和爱护周边环境的意识。我们可以看到他们在洗脸，擦鞋子，洗涤家具，清理地毯上的尘土，连计步器上的金属显示器都被擦得十分光亮，等等。我们看到孩子们完全独立地完成了摆放餐桌的工作，他们分工合作，有的端盘子，有的摆放勺子和刀叉，还有的做其他工作。最后，大家坐在餐桌旁的时候，小服务员已经端来了热腾腾的汤。

孩子们也十分喜欢园艺和手工劳动课。大家都知道，园艺课是幼儿教育的重要内容，所有人都认为植物和小动物具有吸引孩子的注意力和爱心的作用。"儿童之家"仿效那些学校里现今最好的做法来从事这些工作，而莱特夫人的思想在很大程度上影响了这些学校。

我们把泥塑作为孩子们的手工课的重要内容。具体地说，就是把泥土捏成小瓦片、小花瓶和小砖头等东西。当然也可以借助模子之类的简单工具来制作这些东西，制作的目的是让孩子们记住全部制作过程，完成后，孩子们要把自己的小作品上釉并用炉烘烤。而烘烤好的亮白色或彩色的瓦片被孩子们堆成一面墙壁的模样，烘烤好的小砖块被孩子们用灰泥和泥铲铺在地板上。孩子们还挖好地基，然后，用自制的砖块建造一段围墙，或者给小鸡们建窝。

在体育训练时，首先应该考虑的一个步骤就是"踩钢丝"。所谓钢丝，就是我们用粉笔、颜料在地板上涂出的一条线。当然，有时画两条椭圆形的同轴线也是可以的。然后让孩子们像踩钢丝演员一般前后相接地踩着线走。孩子们也像真的踩钢丝演员那样小心谨慎地走路，以保持身体的平衡。但孩子们无需害怕危险，因为"钢丝"是在地板上画的。教学中，教师先做示范，向孩子们展示该怎么落脚，教师不用多说话，孩子们就跟在身后示范。开始时只跟着少数几个孩子，教师演示完毕离开后，让他们自行练习。

多数孩子都能坚持走下去，他们的脚步小心翼翼的，努力适应着教师的示范，一心一意地保持平衡，让自己稳稳地走在线上。别的孩子渐渐地聚在周围看他们表演，跃跃欲试。用不了几分钟，椭圆线或单行线上就站满了孩子，他们摇摇晃晃地坚持着身体平衡，盯着自己的脚，走在线圈上，每个人的表情都极其认真和专注。

为了配合孩子们的练习，放音乐是很好的方法。我们可以挑一首很简单的进行曲，节奏不要过分强烈，能给孩子们伴奏，更要激发孩子们独立做事的精神。

在孩子们学会那些保持身体平衡的办法后，他们的走路姿势就变得十分标准，极为优美，与此同时，他们不但拥有了稳健自在的步伐，还使体态变得优雅起来。"踩钢丝"练习也可以运用多种手段，从而使它变得更丰富多彩，比如首先可以用钢琴弹奏进行曲，以帮助孩子们掌握动作的节奏。连续几天反复弹奏进行曲，最后孩子们就能够把握住节拍，使手脚配合，以适应音乐节奏。还可以通过歌曲来配合他们的"踩钢丝"练习。

不久，孩子们就能逐渐地听懂音乐。像乔治小姐在华盛顿的学校里的做法那样，孩子们一边唱歌，一边在日常生活中运用教学用具学习。这样，"儿童之家"的孩子们就如同"小蜜蜂"一样，一边学习，一边歌唱。

我曾在书中提起过一家小体育馆，里面有一件非常实用的器具。他们做了一个"篱笆"，孩子们抓紧"篱笆"把自己吊在上面，这么做的目的是让孩子放松双脚，减轻身体的负担，使手臂变得强壮有力。"篱笆"的另外一个好处是能够在花园里发挥隔离作用，比如用篱笆隔开种花区和散步区，但篱笆又不会损害花园的外观。

开发儿童的智力

"能区别对待事物"是智力的重要特征之一。从工作角度讲，就是合理安排身边的每一件事情；从生活中来看，就是为创造事物做准备，而创造则要有秩序地进行。我们是在《圣经·创世纪》中找到这一教学依据的。在没有准备好的情况下，上帝是绝不会开始创造的，而他应该做的准备工作就是在混乱中建立秩序。"上帝首先把光明与黑暗分开，然后说，让江水汇集，让大陆出现。"我们意识中的内容可能非常丰富多样，但是，如果一个人的思维长期处于混乱之中，他的所有智力活动就会停滞不前。智力的闪现就如同点亮一盏灯火一样："让世界充满光明吧，它可以让你在这个世界上明辨是非，让你认清事物的本来面目。"所以，我们才能够大胆地说，促进一个人的智力发展就是要帮助他把意向中的意识进行井然有序地分类。

让我们一起回想一下一个三岁的孩子在面对这个世界时的真实情况吧。他因为一下子看到了如此多的东西而感到眼花缭乱，以致于昏昏欲睡。问题是他身边的人没有考虑到，还有走路这样实际的工作需要他去完成；他们同样不会想到，在孩子的器官还没有发展协调之前，必须随时纠正他在感官方面所犯的错误。因此，在万般无奈的情况下，这个被过多的刺激压迫着的孩子，就只好采取哭闹或睡觉来面对了。

三岁孩子的思维十分混乱，他像一个拥有很多书籍的人，却乱七八糟地把这些书堆放起来，发愁着说："这些书我该怎么办？"那么他何时才能把这些书摆放整齐，并骄傲地说出"我拥有一个图书馆"呢？

通过对感觉的锻炼，能够使孩子学会正确区别和分类。事实上，我们收集的感觉材料分析并描述了事物的属性，比如：大小、形状、颜色、表面光滑或粗糙、重量、温度、味道、噪音以及乐音等。最重要的是物质的性质，而非物质本身，虽然这些互不关联的性质是由物质代表的。我们能找到很多相同数目的对应物质来描述诸如长、短、厚、薄、大、小、红、黄、绿、热、冷、重、轻、粗糙、光滑、香、臭，以及声音洪亮与否等特性，这种方法对于孩子秩序感的建立极为重要。实际上，物质的特性不仅有质的差异，还有量的不同。它们可能高一点或低一点，厚一点或薄一点；声音有不同的调子；颜色有不一样的强度；形状也许会在某些程度上有相似之处；而粗糙和光滑也并非完全绝对的。

感觉教育的材料应该达到辨别事物的目的。首先，它应该使孩子通过大量的分析和比较能够了解两个刺激物的特征。接着，当课本将孩子的注意力指向一系列外部事物时，比如：光明、黑暗、长和短时，差异感便会被他们正确感知。

最后，他可以区分不同特征的差异程度，然后依次排列出一系列物质。例如，表明同一个音符的不同程度的格子，发出八个音调的铃铛，还有能以数字来表现长度或以厘米来表现厚度的东西。

这些对孩子有着巨大吸引力的练习如同我们所看到的那样，孩子们就这样不断地重复着。如果教师在每样东西上贴一个字，这样就完整了，最后就有了这样一个表格：可以根据名称想起该事物的特征和意象。

我们现在除了凭物质的特征来区分它们外，没有其他更好的办法了。所以，对这些物质的分类就要涉及到每件事物的基本顺序。从此，世界对孩子来说就不再是充满混乱的了。他的思维便有点像图书馆或收藏丰富的博物馆里放得井然有序的架子一样，每样东西都各归其类。他所学到的知识不再只是被储藏起来，而是得到了适当的分类。这种基本的秩序绝不会被打乱，而只会因为新的材料而不断丰富。

所以，孩子在获得区别事物的能力之后便奠定了智力的基础。至此，儿童认识了周围的事物，当他满怀欣喜地发现天空是蓝色的、手臂是光滑的、窗户是长方形的时候，其实并没有真正地发现天空的颜色，没有发现手臂，也没有看见窗，只是发现了它们在头脑中的位置和顺序而已，这就决定了孩子内心个性的稳定与平衡。

这种稳定平衡就像协调身体官能的肌肉，它会使身体保持平衡，获得进行各种运动的稳定和安全，带来了镇定和力量，提供了进行新尝试的可能性。一座安排得井井有条的图书馆为查找资料的人节约了时间和精力，就是这种秩序帮助人们节省了时间和精力。这样，孩子就可以完成更多的工作而不觉得疲倦，能在更短的时间内对刺激做出反应。

接着，孩子在大脑中建立起牢固秩序感的基础上，开始对外部事物进行区分、归类和编排，这不仅是孩子的智力表现，同时也是对人的精神的陶冶。如果一个受过教育的人能够凭借作者的文风就可以了解这个作者，或者能够辨别出这一时期文学作品的特征，我们可以断定他已经精通文学了。同样，如果某人凭一个画家用颜料的方式就能够分析出画家的性格，或者从浮雕的细节判断出其雕刻的年代，我们便可以说他已经精通艺术了。科学家正属于这一类型，他们善于观察事物，尽可能详尽地、恰当地评估事物的价值，这样，事物之间的差别就得到了清楚的感知和归类。科学家根据有条理的思维来区分事物，秧苗、微生物、动物或动物残骸对他们来说都不是秘密，虽然这些东西对他们来说也许是陌生的，化学家、物理学家、地质学家和考古学家同样如此。

造就文学家、科学家和鉴赏家的并不是知识的简单积累，而是建立在他们头脑中的知识体系。与之相反，未曾受过教育而对事物只有直接经验的人，或许是一个秉烛夜读的农民，或许是一个一生在花园里对植物进行区分的园丁，这些不曾受过教育的人，他们的经验不仅混乱无序，而且也只是局限于直接接触的事物之中。科学家的知识是极为丰富的，他们具有把事物的特性区分归类的能力，能够识别所有物质并随时确定它们的类别、它们之间的相互关系和各自的起源，因此科学家能够发现远比实物更深刻的事实与真理。

今天，我们的孩子如同艺术家和科学家那样凭特征对外界事物加以辨别和归纳，他们对一切事物都非常敏感，一切东西对他们来说都具有很高的价值，相反，那些无知的人从艺术品旁经过或听到古典音乐时，却不懂得欣赏。因此，没有受过教育的孩子对一切都无动于衷。

现在的普通教学法与我们常用的教学法恰恰是相悖的。这些教学法首先抹去了自发性的活动，将事物和它的特征一起介绍给了儿童，并要求他们注意所有特征，希望他们不用指导和顺序就可以抽象出这些特征。如此，这些教学法在被实验者的身上人为地制造了一种比大自然的混乱现象更缺乏创意的混乱状态。

如今通用的最直观的教学法展示了事物并记下它的全部特征，然后就能够把该事物描述出来。这种教学法并没有什么新花样，而是司空见惯的"感官记忆法"的翻版罢了，有所区别的是，它并不描述某一个想象出来的东西，而是描述现实存在的东西；不只是凭想象来描述，人的感官同样参加了这项活动。这样做的目的是为了使某物与其他物不同的特征可以更好地被记住，使得被动的大脑只限于接收眼前的事物及其杂乱无序的表象。事实上，每一个事物的特征都可能是无限的。实物课上，如果实物本身所有的特性与功能都包括在这些特征之中，那么大脑就必须对此进行综合思考。比如，在一次有关咖啡的直观课上（我曾在一所幼儿园里听过这样的课），教师对咖啡进行了详细地描绘，将孩子们的注意力集中在咖啡豆的大小、颜色、形状、芳香、味道和温度上，如果这位教师再继续描述咖啡树以及先辈们怎样漂洋过海把咖啡豆运到欧洲，然后点燃酒精灯把水煮开，以及磨碎咖啡豆以制作咖啡饮品等等，孩子们就会被弄得云里雾里，而对咖啡本身却没有过多印象。我们甚至还可以描述一下咖啡的兴奋作用，从咖啡籽中提取咖啡因等等。但这样的分析好像瓶子里溢出的油一样四处蔓延，毫无用途。如果我们问那些被这样教导出来的孩子："咖啡到底是什么东西？"他也许会这样回答："说来话长，我已经记不住了。"这些模糊的概念充斥着孩子的大脑，只会使他的大脑感到疲倦，根本无法进行积极的类似的联想。孩子能够做的努力最多是回忆咖啡的历史，可他的头脑如何能形成联想呢？何况这种联想也只是一些相似的、次要的联想，比如：他会心不在焉地想象着横渡海洋，想象着家里每天放着咖啡的桌子。换而言之，当他的思想允许自己脱离连续被动的联想时，就会像懒散的大脑一样陷入胡思乱想之中。因此这种孩子通常沉湎于幻想之中，没有内在思维活动的迹象，更谈不上个性的差异了。适应了直观教学法的孩子，他的大脑总是很容易接受各种各样的新观念，成为不断塞进新东西的仓库。

假如让孩子像看电影那样以静观的方法形成对某一事物的印象，然后再尝试着让他去认识事物的本质，而不让他参与关于这一事物的任何活动，那么，在这个孩子的大脑中是无法把这一事物与其他事物相互联系起来并加以思考的，比如：它们之间有什么共同的特征或者相似之处？这些事物是否有相同的用途？

我们在借助物质的相似性来联想它们的不同意象时，应当从总体上抽取这些物质所共有的特性。例如，假如我们说两个长方形的匾相差无几，我们已经先从匾的众多特性中抽取出诸如它们都是木制的、都是经过推刨的、都是光滑的、都上了色、都具有同样的温度以及形状相似等方面的特性。这可能会使人想起一连串的事物，比如桌面、窗子等。但是，在得出这样的结论前，大脑应该能够从这些物质的众多特征中抽象出长方形的概念。大脑一定要灵活，这样它才能够分析事物，从事物中提取某种特性，并在这种特性的引导下用相同的媒介来综合出众多的事物。如果无法从众多相关的事物特征中选取它们固有的特征，那么，通过比较、综合产生联想以及更高的智力活动都是不现实的。联想实际上是一种智力活动，因为智力的根本特性并非只是"拍摄"物体的形象，然后像相册一样将它们一张张地保存起来，或像铺路砖一样，一个挨一个地排着。像这种储存劳动的方式，无疑是对智力的糟蹋。

智力特有的逻辑思维能力以及其辨别的能力完全可以区分和抽象出事物的重要特征。智力正是在这些特征的基础之上不断前进着，最终建立起自己的内部结构。

现在，孩子们的思维在他们所接受的教学方法的帮助下，已经在事物特性的分类方面拥有了条理性，他们不仅要根据自己对事物特性的分析来观察它，而且还要区分它们的相同、不同和相似之处，这项工作使孩子们可以识别某一事物的不同特性。比如注意某些物体的形状及颜色的相似之处对儿童来说非常简单，因为形状及颜色已经被分成十分鲜明的类别，他们根据这些形状和颜色等类似的特征即可联想起一连串的物体。这是靠类似产生的联想，可以说是一种机械性的工作，可能孩子们因此而认为：书本是菱形的。如果他的大脑中不是早有菱形的概念，那么他得出这个结论定是经过了一个极为复杂的思维过程。白纸印上黑字，并装订成册，孩子们会因此而认定：书就是印上了字的白纸。

个性的差异只有在这种积极的活动中才可以表现出来。一个孩子发现窗帘是淡绿色的，另一个孩子则发现窗帘很轻飘；一个孩子注意到手的颜色，而另一个孩子则注意到手的皮肤很光滑。窗户在某一个孩子的眼里是有棱角的，而在另一个孩子的眼里却能够看到蔚蓝色的天空。孩子对事物主要特征的选择与他们内在的性格是完全一致的，这是一种自然的选择。

同样，科学家会选择对他们的联想来说最有价值的事物特征。比如，某位人类学家或许会根据大脑的形状来区分不同的人种，而另一位人类学家或许会根据肤色。无论应用哪种方法，其最终的结论都是一致的。也许每一位人类学家对人的外部特征都有极为精确的认识，但是，重要的是要找出一个可以作为分类的基础的特征，也就是找出一个在其基础之上的能够根据类似的特征对很多人进行分类的特征。纯粹现实主义者会从功利的角度，而不是从科学的角度去审视人类，比如：帽子制作商只会注意到头的大小，而不会在意人的其他特征；演说家则只会从人类对口语的理解去考虑人类的一切。然而，选择对于我们来说，则是将某种计划从含糊不清到具体实施，从理想到现实的转变所不可或缺的基础。

世界上的所有事物都有它的特性和局限性，我们的心理感觉机制是以自己的选择为基础的。那么感觉器官的作用是什么呢？难道它只对固定的一连串震动做出反应，而对其他的一切都不加理会吗？这样说来，眼睛只能限于看见光，耳朵只能限于听见声音，所以在形成思维的过程中，首先是应该经过必要的限制性选择，同时，思维还对感官的选择进一步加以限制，在内部进行选择活动的基础上再形成某种具体的选择。只有这样，注意力才能集中在某个特定的事物上，而不是放在全部的事物上，意志也就能够从众多可能的行动中选择其必须完成的那个。

儿童的行为能力

尽管对行为的研究以及因此得出的结论都无法完全解释生命的奥秘，但这些理论对我们认清事实非常有帮助。能够肯定的是，规则只有一个，各种动物的生命都遵循此规则发展，这个规则要追溯到胚胎时期，可以据此追踪儿童心理的发展变化，并且在社会现象中发现此规则。

许多动物早期的胚胎形状都十分相似，无论人、兔子或蜥蜴，这一发现对我们的研究极具指导意义。脊椎动物的发育成型都经过相似的过程，而当胚胎发育成熟时，它们之间的差别就很大了。有一件事是毋庸置疑的，那就是婴儿都有心理胚胎，每个孩子在出生时都是相似的，所以，在他们心理胚胎的成长期，也就是心灵的形成阶段，孩子们都需要相同的对待与教育，不论他们未来成为什么样的人，科学家或苦力、圣人或罪犯，都要经历同样的成长过程。因此，人类在生命的最初几年受到的教育是相似的，都要顺应其自然的本性。

　　一个人内在的个性是自然发展的，不是别人所能控制的，我们只能帮助一个人实现自我构筑，为他减少成长过程中影响自我实现的障碍。我们已经确定心理胚胎存在的事实，器官就是围绕着心理胚胎形成的，紧接着出现了两种系统——循环系统与神经系统，它们相互联结与整合。但是，科学无法进一步解释心理胚胎是如何成为生命体的事实，以及它是如何成为独立自由的个体的。

　　1930年，美国费城的学者得出一项与现行理论大相径庭的结论，他们发现大脑中的视觉神经元在视觉神经出现以前就存在了，比眼球的形成更早。由此能够论证，动物的心理是先于生理而形成的。每种动物的本能，早在它的器官形成之前就存在了。如果说动物的心理早已存在，那就代表着它的生理部分是自动完成构筑的，并努力使自己符合心理需求，符合他的本能，所有动物的肢体都是最适于表现其本能的器官。因此，新的行为理论与那种认为动物为了适应环境而采取某种习性的旧观念是完全不同的。原来认为动物的个体用意志的力量，带动其身体的结构在生存竞争中作出必要的修整，以求更好地适应环境，然后经过长期的演变，动物对身体的调整和适应才算完成。新的理论并不是完全否认这些，但它把动物本能的行为或习性摆在了核心位置，认为动物在其能力范围内也可以很好地适应环境。

　　在牛的身上我们能够发现一些东西。牛是一种强壮的动物，在地质学历史上，也可以追溯到它的进化过程。当地球上有植物覆盖的时候，牛就出现了。有人问，为什么牛会选择那些难以消化的草作为食物，并为此长出了四个胃呢？如果只是为了生存，它吃别的食物可能更好些，因为其他食物的种类也有很多，但几千年过去了，我们依旧看见牛在吃草。仔细观察可以发现，牛在靠近草的根部把草咬断，却不连根拔起，仿佛知道青草经过剪断，就会使地下的根茎长得更好，不然它很快就要开花结籽。后来，人们又发现青草对植被的保持也是相当重要的，因为它能防止水土流失，使土地肥沃，有利于植物的生长，这就说明青草在自然秩序中有着极为重要的作用。除了牛的啃咬之外，有两样工作对于青草的维护保养也同样重要，一是施肥，二是用力在青草上面滚压。但有哪一种农用机械能将这些工作做得比牛更好呢？牛除了协助草的生长，保持草场土壤肥沃之外，还能为我们提供牛奶。所以牛这种生物似乎是为大自然而设计的，正如乌鸦与秃鹰是为另一项服务而存在的一般，它们是大自然的清洁工。

从无数个动物选择食物的例子中，我们可以得出这样的结论：动物不仅是为了满足自己的胃口而吃，而且是为了达成某一个使命；无论什么种类的生物，所有的成员都在合作以维护整个自然界的和谐统一。有一些生物吃得令人相当难以想象，它们不仅仅是为了维系自己的生命而吃。例如，蚯蚓就不是为了能够存活而吃，但它们活着却是为了吃，它们每天吃大量的泥土，几乎是它体积的200倍。达尔文曾说过，如果不是蚯蚓，地球上的土壤也许没有如此肥沃。

蜜蜂传播花粉同样是我们熟悉的例子。从行为学的意义上看，有些动物不只为自己而生存，它们为了其他生命的生存而能够牺牲自己的生命。类似的思想境界在海洋中也可以发现，有些单细胞生物有着过滤器的功能，它能除去水里的一些有毒成分，它们要喝大量的水，一分钟要喝一加仑左右的水。动物的生活与地球生态的关系，动物本身并不清楚，但更高级的生命以及地表上的土壤、空气和水的净化等等，皆有赖于这些动物。

从上述情况我们可以感觉到，似乎有个特定的计划存在着，而动物的全部器官都在努力完成此项计划，生命也在接受这"隐藏的命令"的指挥，它使一切物质和谐统一，使这个世界变得更加美好。但须知，这个世界并非为我们的享受而创造，我们的存在是要促进世界向前进化。

当我们把人与其他动物作比较时，发现确有很多不同之处。主要的区别在于人类不具有独特的运动方式，或者说人类没有特定的栖息地。所有动物中，只有人最能适应各种气候，无论是热带还是极地，沙漠或是丛林，人能够自由选择自己喜欢去的地方。人类还能从事多样化的运动，而且可以用双手劳动，这是其他动物所不具备的。对于人来说，似乎没有什么不能做的事情。人类有多种语言，能走、能跑、能跳、能像鱼一样游泳，还能做些极富美感的运动，比如跳舞。然而，在孩子刚出生的时候，没有任何能力可以表现出来，这些需在童年时期慢慢学习。

婴儿刚出生时没有任何行动能力，然后他开始练习走路，以及像其他动物一样爬行，但必须靠自己的努力。孩子不但要获得所有人类应该拥有的能力，而且要调整自己的体温去适应他所面临的气候，还要适应文明社会日趋复杂的生活环境。这种适应工作，造物者只交给孩子来完成，成人早已不适合，成人似乎很难适应外国语言的腔调，即便这种语言比他自己的母语更为简单。成人即使喜欢某个环境，也只能把它放在记忆里；而孩子却可以将它在无意中吸收，以构成其内在心理的一部分。孩子就是这样，能够将所见所闻融入大脑，变成自己的一部分，语言学习就是个明显的例子。心理学家将这种记忆力称为"内在美"，它的目的是为个体构筑一种行为，使其不只能够适应他自己所属的时间与空间，同样能够适应社会的精神意识。成人发现自己常带有感情与偏见，特别是对于宗教，从理性的角度本应该拒绝，可他们却难以摆脱，因为宗教已经成为他们自己生活的一部分，已经融入了他们的血液之中。

如果我们要改变一个国家的风俗习惯，或者想强化某一民族的特定性格，就必须以孩子为突破口，从儿童时期开始。因为在成人身上所能改变的东西实在非常有限，因此，要改变一个民族或一个国家，要唤醒宗教或提高文化水平，我们必须依靠孩子，因为他们具有无限的可塑性。

模仿与准备

在前面章节，我们对一岁半儿童的发展进行了讨论，这是为上肢与下肢的协调做准备的时期，儿童的个性也同时在发展，因为两岁将迎来"语言爆发"期，这是一个飞速发展的时期。在"语言爆发"期来到之前，儿童已经开始表达自己的思想了，可以说，一岁半这段时间，是儿童不断努力、进行语言学习准备的时期。

这个时期特别需要注意的是，不要人为地干涉儿童的发展过程，从而打乱生命的自然规律。既然已经知道这是一个不断努力的时期，我们就应该为儿童提供帮助。当然，这种说法不是很具体。有些人则强调说，儿童在这个阶段开始模仿别人。这并不是什么新的观点，因为人们常常说儿童在模仿大人。但是，这种认识是肤浅的。研究表明，儿童在开始模仿之前，先要理解其模仿的东西。由于人们只看到儿童对成人的模仿，因此理所当然地认为成人应该规范自己的行为，以为儿童做好榜样，特别是母亲和教师更要显示出良好的品德，努力做到完美无缺。可是，大自然并不是这么推理的，大自然没有对成人提出如此高的要求，而是要求儿童在模仿之前必须有所准备，这种准备工作来自于潜能的发挥。成人只是儿童模仿的外在目标而已，因此成人刻意去为儿童做榜样，不一定能够产生好效果。

儿童行为的最大特征就是富有创造性，他们一旦开始模仿，往往会超过所模仿的榜样，在某些行为方面，儿童会做得更细致、更准确，这没有什么好奇怪的。如果一个孩子想成为钢琴家，那么，他不仅要会弹琴，还必须反复练习，以此来提高手指的技巧，同时要对音乐有自己的理解，一味模仿永远不可能成为钢琴家。也许因为我们自身缺乏理解力，经常用模仿的方法去教育孩子，试图让他们达到更高的水平，比如：我们经常给孩子讲英雄故事，以为这样就可以使他们成为英雄。如果儿童缺乏深层心理准备，这种做法将没有任何意义。因为没有人能通过模仿变成英雄，榜样的作用只能激发儿童的兴趣。

模仿的愿望或许能促进儿童学习，但要想更上一层楼则必须进行大量训练。模仿学习需要一个准备阶段，儿童在能够模仿之前，需要做出诸多努力，以便获得能够模仿的能力。大自然不只赋予人类模仿的能力，也赋予人类有意识地改变自己，以趋于完善的能力。如果我们想要对儿童的发展提供帮助，首先要了解儿童需要多大程度的帮助。

只要我们细心观察就可以发现，这个年龄段的儿童总是努力去完成一件事情。在成人看来，这些事情也许滑稽可笑，但是他们不管这些，坚持要把事情做完。这些行为是来自儿童内心需求的驱使，假如有人打断他们，就会扰乱他们性格的发展，令他们失去行动的目的和兴趣。我们认为，让儿童完成这些事情十分重要，因为这些行为都是准备工作的形式。事实上，人的一生都是在为将来做准备。统计证实，历史上那些伟大人物，在人生的这一时期很少受到干扰。成人提倡坚持不懈的精神，这也可以说是一种准备。既然这样，我们应该让儿童完成自己的事情，因为这是他们的心理与成长需要。

我们在上面章节讨论了儿童的运动发展，说过儿童往往喜欢动这动那，做一些滑稽而又有趣的事情。比如，一个不足两岁的孩子会去拿很重的东西，他这样做没有任何目的，完全受内心愿望的驱使。我的邻居家里有一些非常重的工具，有个一岁半大的孩子总喜欢跑去搬弄这些工具，他费劲地挪动它们，从来不知疲倦。另外，孩子们都喜欢帮大人摆弄桌子，他们会抢着抱那些大面包，会不停地拿这拿那，直到感到辛苦为止。为此，大人总担心孩子会累着，不让他们活动太多，最好是安静地坐着。心理学认为，成人的这种做法阻碍了儿童，会对他们的心理发展形成不良影响，很多精神疾病就是这样形成的。

儿童还非常喜欢爬楼梯，成人爬楼梯有目的，儿童爬楼梯却没有目的，纯粹是一种游戏。他们爬上了楼梯并不满足，又跑下来重爬，如此循环反复，不知疲倦。

对于儿童的这种行为，很少有成人加以干涉。不过，心理学家对此并不满意，他们要求专门为儿童开辟一个游戏场所，使他们可以不受干扰地做任何事情。为此，西方国家创办了托儿所和婴儿学校，主要招收一岁半以上的儿童。托儿所的东西都是特别设计的，比如在树顶上安装一个小房子，下面放一把梯子。在游戏中，儿童的潜能慢慢发挥出来，他们喜欢搬重东西，喜欢冒险，喜欢往高处爬，而且通常在一些艰险的地方爬，这会给他们带来极大的乐趣。

这些行为并没有外在的目的，同样也不是儿童要达到的目的，他们纯粹是为了满足内心的欲望。同时，通过这些行为能够锻炼协调运动的能力，因为只有拥有了这种能力，准备工作完成之后，儿童才可以模仿成人的行为。只有到了那时，环境才能激起儿童的兴趣，他们的内心才会出现模仿的渴望，他们才会在看见人们擦地板或者做糕点的时候，自己也跟着去做。

现在，我们来探讨一下两岁儿童对行走的心理需求。对于儿童来讲，行走是再自然不过的需求，因为他将要长大成人，必须具备成人的各种能力。如果心情良好，两岁的儿童可以走两公里路，这说明他们乐于克服行走带来的困难。值得注意的是，儿童对于行走的看法与成人完全不同。我们总认为孩子走不了特别远的路，原因在于我们无形中要求儿童的步幅和我们保持相同，这种想法未免有些愚蠢。这就如同要我们和马一起赛跑，并试图跟上马的速度一样，马看到我们累得上气不接下气，心里可能会说："你不行，还是到我的背上来吧。"儿童行走并非要达到什么目的地，他们只想走走而已。他们的腿很短，而且还不习惯走路，因此不应该要求他走快，而应该减慢自己的步伐。成人不应该苛求儿童适应自己，恰恰相反，我们应该适应儿童的需求。不仅仅是走路，在任何问题上都是这样。儿童的发展遵循一定的自然规律，如果想要帮助他们，就不要去违背这些规律而将自己的愿望强加给他们。儿童行走时不仅双腿用力，同时一双眼睛也没闲着，他们愿意走远路，是因为能够看到更多的事物。假如地上有一束草，他们会蹲下来看看，过一会儿，又站起来继续走；看到一朵花，他们会凑过鼻子嗅一嗅；看到一棵树，他们会在树下转几圈，或者往上爬，或者坐下来望着它。无形之中，他们已经走了几公里的路。如果路上有什么障碍，比如石头、树干什么的，那就更好了。儿童还特别喜欢水，他们一到溪流边就会兴奋地叫道:"水,水。"跟在儿童身边的父母就不一样了,心里多半想着尽快到达某个地方。

儿童走路和原始部落的人相似,毫无目的地四处游荡。原始部落的人不会说"我们去巴黎",因为他们不知道什么是巴黎;也不会说"我们去坐火车",因为他们不知道火车是什么。他们只是漫不经心地游荡,什么地方的东西吸引了他们,他们就在什么地方停留,比如一片可以砍柴的森林,或者一片可以放牧的草原。儿童和他们没有什么不同,不停地走,不断地发现新奇的东西。不断有所发现是儿童的本性,走在路上的儿童就是一个探索者。学校教育应该注重儿童这种探索活动,应该尽早帮助儿童开展这种活动,多带孩子到户外活动,观察他们喜欢的东西。学校还应该指导儿童区分各种颜色、识别树叶的形状和纹理、熟悉昆虫的习性、了解鸟和其他动物的名称,等等。这些东西一定能够引起儿童的兴趣,兴趣越大,他们走路的时间就越长。要使儿童具备创造和探索的能力,就应该拓展他们的兴趣。

单从健康角度来讲,走路也是十分有益的,它能改善人的呼吸,提高消化能力,能够强身健体,因此不论对儿童还是老人都是一种非常好的锻炼方式。在路上行走,一定会有很多发现,看到很多有趣的东西,我们会观察这些东西,对它们加以鉴别,比如我们会跃过一条小沟,爬上一座山岗,或者拾些木柴生火。这些活动需要使用各个器官,并不亚于任何一项体育锻炼,而且可以增长知识,提高对事物的兴趣。我们的教育应该让儿童多走路,开阔他们的眼界。只有如此,他们的生活才能越来越丰富。

现代教育更应该遵循这条原则,因为现代社会有便利的交通服务,人们很少步行。如果生命被分为两个部分——用肢体来游戏,用大脑来读书,那么人生不会比过去更完美。因为生命是一个整体,在儿童的成长过程中,更应该遵循这样的自然规律。

运动开发儿童的智商

我们对于运动的教育理论有一些不正确的认识，尤其是对运动在童年时期所能起到的作用的看法。现在的学校教育更多地注重智力培养，忽视了运动的作用，忽视了运动与心理发展之间的联系。也正是这个原因，我们把儿童这方面的学习叫做"训练"、"身体教育"或"游戏"。

还是来研究一下人类神经系统。首先，人类有一个极为复杂的大脑；其次，有各种感觉器官，能够搜集各种信息传递给大脑；再次是肌肉。也就是说，人体结构由三个主要部分组成：大脑、感觉器官、肌肉。这些精密的组织使人的运动能够实现。虽然人类善于思考，但人的意愿只有通过肢体运动才能实现。哲学家是勤思考而少活动的人，不过他们说话或者写作同样离不开肌肉的运动。如果他们无法表达自己的思想，这些思想又有什么价值呢？

人是什么呢？是会思想的动物。假如我们观察动物的活动，就会发现它们只能依靠运动来表达自己。所以，忽视运动即违背人类进化的逻辑。

科学研究发现，人要与周围环境建立起必要的联系，不仅需要神经系统发挥作用，同样离不开肌肉的协调工作。人们把大脑、感觉器官、肌肉称为"关系系统"，它们负责与外界的接触。相较于它们，人的其他组织就显得有些自私了，因为它们只为人自身服务，这些组织被称为"生长系统"，这个系统的功能仅限于人自身，而"关系系统"的作用是保持人体与外界的联系。

如果神经系统不发挥作用，我们就无法感觉美丽的世界，也不能形成自己的思想，因为它是人类所有灵感的源泉。所以，我们不应该认为神经系统只是一个生理组织。如果人类忽略与环境的协调关系，只提高自己的精神层次，就会傲慢自大，导致严重的错误。虽然动物没有思想，只能通过行动来表达自己，但大自然却赐予它们美丽的躯体和优美的动作。另外，动物与自然的和谐一致，还有更深远的目的。

人是大自然的一员，人的生命同样有其目的，只提高自己的精神层次是远远不够的。当然，自然赋予人类可以追求更高的生理和心理境界，但是，生命的目的和意义远不止这些。那么，"关系系统"有什么作用呢？世间万物都是有联系的，都是宇宙的一部分，并且按照宇宙的规律运转着。人类的精神素质不只是为了满足自己，还应该在整个宇宙精神中占有一片天地。

我们需要使自身的精神力量发挥作用，以此来实现人类之间的关系。如果人类只注重自己，就会变得狭隘自私，就会把自己的精神层面降低到生存层面。大自然赋予人类许多能力，我们必须使这些能力发展出来。这里，我所指的就是"关系系统"的作用。

大家都知道，保持身体健康，心、肺、胃等器官都必须发挥出正常功能。关系系统同样如此，只有大脑、中枢神经系统、感觉器官和肌肉都正常工作，这个系统才能发挥作用。

人是一个有机的整体，各个组织器官是相互联系的，完成一项运动需要几个部分的协调工作。要发挥大脑的作用，同时也要发动其他部分，诸如中枢神经系统、感觉器官和肌肉都要投入工作。也就是说，一种精神状态需要借助相应的运动来获得。我正是从这一点出发来讨论运动问题的。运动依赖于中枢神经系统，这个系统是"关系系统"的一个组成部分，"关系系统"的各个部分是一个整体，只能共同完成这项工作。

我们常犯的一个错误就是把运动分割开来，仿佛运动与人的其他机能完全没有关系。因此，我们只把肌肉看作是一个运动的器官，我们进行体育锻炼，只是为了身体的健康，改善饮食和睡眠。这种观点十分流行，不仅普通人这么认为，教育界也持这种观点。

这一错误认识导致运动与思想的脱节。事实上，两者紧密相关，是一个相互联系的整体。在设置课程时，不仅要考虑儿童的大脑，同时要考虑儿童的身体，不应该将身体与思想分开，只重视其中一部分，这样就破坏了人体机能的连续性。运动并不只是为了强身健体，而且要服务于整个大自然。

既然运动离不开大脑，它就不只是机体的动作，而是体现了更高的生命形式。如果人体和低级生物一样没有大脑，仅仅是一堆血肉，那么，人的发展就只能处于生长层面。但是人有思想，而且必须通过肌肉才能准确地表达；运动与心理活动相连，而且对儿童的心理发展产生直接影响。如果割裂两者，人就不能实现独立，也无法发挥出自然赋予的人的智慧。我们在讨论心理发展时，就有人这样说："怎么说到运动上来了？我们现在讨论的是心理问题。"在这些人的想象里，似乎人的智力如同中国的和尚一般，纹丝不动地坐在那里。迄今为止，西方教育界还坚持认为，运动仅仅能够强身健体，有益于呼吸和循环系统。但是，更科学的观点却认为，运动对心理和精神的发展同样重要，特别是儿童的心理发展。

只要我们对儿童的发展进行观察就会发现，儿童的大脑发育是通过运动来完成的。

就说语言的发展吧，研究认为，儿童语言能力的提高与发音器官肌肉的成长同步，而且，儿童理解力的发展同样离不开运动，运动促进大脑发育，大脑反过来又促进运动机能发展，这样形成一个循环过程。当然，在此过程中，器官也在发挥作用。如果一个儿童的感觉器官活动机会较少，心理活动就会处于较低的水平。

科学家将大脑所控制的肌肉称为随意肌，这些肌肉受意志的控制，而意志是大脑活动的最高形式。既然随意肌受意志的控制，那么从某种意义上来说，这些肌肉就是一种心理器官。

人体的大部分是肌肉，骨骼的作用是支撑肌肉。这样一来，肌肉和骨骼就形成了一个相似的系统。随意肌的数量非常大，主要集中在人体外部，肉眼可以看到它们的活动。随意肌有大有小、长短不一，各有不同的作用，假如一块肌肉向某一方向拉动，另一块肌肉就会做出相反的动作，这两个相反的力量越大，运动就会越精确。如果反复做一种运动，两块肌肉的活动就会更加和谐。

对于机体之间相反的力量，人类的研究还不足，不过它们控制着机体所有有意识的运动。不论是老虎有力的腾跃，还是松鼠灵巧的跳跃，都得益于这种相反的力量。这种内在和谐存在于任何动物身上，这是大自然的赐予。

任何活动都离不开微妙的运动机制。对人来讲，这种机制并非生来就有的，需要儿童进行各种活动来形成并逐步完善。人体的肌肉丰富而且细致，能够完成各种形式的动作。不过，人不像其他动物那样，一出生就能完成必需的运动。也就是说，人的肌肉开始时并不能协调运动，需要通过大脑进行完善。从另一个方面来说，这表明人拥有一种达到和谐的潜能，只要这种力量被激发，就能在活动中完善自己。很明显，实现这一目标的主要因素是人的本身。

人与动物不同，没有一种固定的运动方式能够加以选择。动物生下来就能够爬、跑、游，初生婴儿完全不具备这样的能力，但是，人能够通过练习来掌握各种运动技巧，而且比动物做得更好。这些潜在能力需要人通过努力才可以发挥出来。经过大量的重复练习，肌肉的活动会协调一致，因为神经系统是和谐一致的，同时传达意志的指令。

但人并不能完全发挥自身的潜力，现实生活中，无论多么优秀的运动员，都无法发挥肌肉的全部能力，再精细的动作，也没有穷尽肌肉的潜在能力。就如同一个人出生在豪富之家，他继承的财富如此巨大，不论如何慷慨大方，都无法用完这些财富。这些财富的真正价值，就是给了他一种自由——可以依据自己的意愿进行选择的自由。一个婴儿可能会成为体操运动员，但并不是说他已经拥有了运动员的肌肉。同样，舞蹈演员也并非天生的，他们都要用意志力来发展自己。人身上存在着无限的可能，但是没有什么是天生的，每个人将自己做出选择，并通过训练得到这种能力。

人与动物还有一个不同，就是人有各种各样的发展方向。就是在对同一种技艺的学习中，人与人之间也会出现差异。比如写字，每个人都能写字，但风格却截然不同。同样，每个人的行为方式也不尽相同。

我们说工作对人十分重要，不仅指人的生活需要工作来支持，也指人需要通过工作来表现自己。工作不只是思想的表现，也是人的运动潜能的发掘，因为工作需要思维和运动一起完成，假如一个人只从事单调繁重的劳动，他的肌肉组织就很难发育完善，他的心理发展也会停留在一个较低的水平。所以，一个人的工作将影响他的心理生命。如果一个人从来不工作，不仅生理生命会大大降低，而且心理生命还会受到压抑，因为他总是无事可做，无法激发出肌肉的潜能，而使用中的肌肉却承受着重压。正是因为这个原因，体育和游戏成为学校的必修课程，这些活动能够有效地防止肌肉功能退化。

我们认为，学校教育应该张弛有度——既不是单一的体育锻炼，也不是单一的智力培养，而是脑力和体力训练交替进行，从而锻炼好儿童的肌肉组织。西方的学校很注重书法，目的在于将学生培养成办公人员，这与上述教育方式截然不同。研究表明，这种过于专业的训练存在着很大缺陷，无法实现运动的作用。我认为，运动对儿童的身心发展有重要意义，只要儿童提高了自己的运动协调能力，就能够完善心理发展，反过来，心理发展又可以促进运动能力。

假如离开了运动，大脑会独立发展，另一方面，也有不受大脑支配的运动，这两种情况都是有害的。运动为人的整体服务，它建立在人与环境联系的基础上，建立在人与人的交往之上。运动只能在这个基础上发展。

现代社会重视个人的价值，导致人们过多强调自我完善和自我实现。现在，我们认识到了运动对人的重要意义，这种自我中心主义将随之消失，因为人有广泛的潜在能力，必须尽力发挥它们的作用，这就是我们的"运动哲学"。运动是生物与非生物的基本区别，生物的运动不是随机的，而是具有一定的目的。

大自然的基本性质就是运动。设想一下，如果所有运动都停止了，世界会是什么样子。鸟儿一动不动地停在树上，昆虫都爬在地面，水里的鱼儿不再游动，所有植物不再成长，花朵不再芬芳，果实不再成熟，空气里满是毒素，地球将变得多么恐怖。

当然，这种绝对的静止并不存在，如果自然的运行真的停止了，生物将没有任何目的地运动，全世界将陷入一片混乱。大自然设计了最完美的世界，在这个世界里，每种生物都有自己的运动方式和发展目的，同时又非常有序，因为在所有运动之间保持着一种和谐。

工作与运动不同，两者又不可分割。人的生活不能离开工作，同样，人类生活也不能离开运动。如果世界上的工作停止一个月，人类可能会毁灭。也就是说，人的运动还具有社会功能。如果运动只是增强体质，人类的潜能就无法得到利用，从而失去创造力。

社会是一个有秩序的整体，要建立社会秩序就离不开运动。每个社会成员既要服务自身，也要服务社会。所谓"行为"，无论对人还是动物，指的都是有目的的运动，这种行为是生物行动的核心。人的行为不单是要实现个人目的，比如打扫房间等，还要服务于他人。比如跳舞，这项运动是非常个人化的，假如没有观众，跳舞的乐趣和意义就要大打折扣。总之，运动是自然的规律，所有生命都依赖于特定的运动，同时，这些运动不只服务于自身，还有更为深远的意义。对运动作用的认识，可以帮助我们理解儿童的行为，并对他们进行更好的指导。

天才的奥秘

我经过多年的观察和实验发现，揭示了生活的普遍规律的正是孩子们，这一规律只被少数精英所意识到，同时他们也揭示出社会对他们的无意识的压抑。这种无意识的压抑给人类增加了沉重的负担，并使他们的内心受到伤害。我曾经将这个感受告诉一位有见识的女士，她对我的理论非常感兴趣，并希望我将它们写成一篇富含哲理的文章发表。但是，她对我正在进行的试验却无法接受。当我和她谈起孩子的时候，她显得有些不耐烦："啊！有关孩子的事情我都了解。从智力上讲，他们是天才；从道德上看，他们是天使。"对此，我不甘心，一再劝说她到我们的学校来看看，最终她同意了。在她参观完学校并且和我们的孩子交流后，显得非常激动，她抓住我的双手真诚地说："赶快把教学理论写出来，立刻拿去发表！想想看，人说不定什么时候就会死掉，如果不赶紧做这件事，要把这些发现带进坟墓吗？"我明白她的意思。

如果我们仔细研究那些天才的脑力劳动，就会发现——尽管他们的努力曾经为我们开拓了新的思维方式，曾经为我们的幸福和社会的进步带来了新的源泉，但我们必须认识到，他们的劳动并不是什么让普通人高不可攀的非凡工作。心理学家贝恩曾说："天才们具有很强的联想能力，这就是天才最基本的特点。"对于那些只要通过认真观察就能做出的简单推理，我们同样能有所发现。但想要有所发现，还必须对现实材料加以整理。不过，人与人的差别就在于这类现实材料只有发现者才能"发现"，其他人却将其忽略了。

可以说，天才有一种在思想上将事实分离出来并把它与其他东西区分开来的能力。就好像在一间黑屋子里，只有一束光会落在宝石上那样，天才就是落在宝石上的那一束光，他的思想会在意识领域内发起巨大的革命，并且为人类做出卓越的贡献。

在这里，我们需要强调的是，决定天才做出伟大发现的是他们在同一领域内对事实进行的分辨，然而所发现的事物本身并没有多么独特的价值。进行矿产开采的人都知道，珍宝往往隐藏在一堆看起来不起眼的普通物质之中，整天堆放在那儿，却不被人注意。与此相似的是，在真理被发现以后，许多人才大发感慨：这不就是我们早已熟知并一直为我们所使用的道理吗？！事实上，并不是真理在这时候就一下子变得价值连城了，真正使其变得有价值的是那些认识了真理并将真理落实于行动之中的人。

当然，新发现的真理并不是早就存在于人的大脑之中，它也是人类智力劳动的产物，而且有些真理还会经过一些波折才能够被社会所接受。刚开始它往往被嘲笑为奇谈怪论而遭到排挤，因此要让一种新颖的观念为人的大脑所接受是需要时间的，需要人类智力的协调与配合。哥伦布认为："如果说地球是圆的，那么当人从某一点出发，一直朝前走，他就会回到原来出发的地方。"这就是他智力劳动的产物，并且为人类发现了一片新大陆。也许有人会说，这块陆地恰好位于哥伦布的航线上，他遇见的是一片大陆而不是死亡，这只能说是他的幸运。但上帝有时就会给这种带有灵性的推理以巨大的奖赏。

当然，哥伦布之所以能够取得这样的伟业，除了卓越不凡的智力劳动外，还有过人的胆识。他是历尽千辛万苦才说服别人为他提供船只和随从人员，并帮助他完成这一伟业的，因此，使哥伦布最终获得胜利的是他的信念。

伏特发现电的过程也可以证明这一真理。有一天他的妻子发高烧，伏特便按当时常用的治疗方法为她配制了退烧剂——带皮的青蛙汤。那是个阴雨天，当他将死青蛙挂在窗户的铁棍上时，突然发现青蛙的腮在收缩。这位伟大的发明家立刻做出了如下推论："死了的肌肉还在收缩，说明有外力作用于它。"为了寻找这个外力，伏特进行了大量的实验，终于在地球的磁场中发现了电。这位天才的一个简单的推论，却给世界带来了如此众多的伟大发明。

对于一个并不起眼的发现（像死了的动物肌肉能收缩）进行严谨而务实的思考，然后在此基础上，把精力集中到"它为什么会收缩"这样的问题上，这就是人类取得一项伟大发现所经历的过程。

伽利略的发现与此相似。当他站在比萨教堂下面时，看到了正在左右摆动着的吊钟，并且发现钟摆来回摆动的时间是相同的。这一发现对人类来说是如此重要！钟摆使人类开始计算时间，也令天文学家计算宇宙有了开端。

牛顿发现万有引力的故事同样如此简单。当他看见苹果从树上掉下来时，便问自己："苹果怎么会掉下来呢？"正是这一发问使他发现了物体的重力，也使他确定了万有引力定律。

当我们研究瓦特的一生时，也是满怀惊叹。他既是一位物理学家，又是一位心理学家，同时还是一位大数学家。英国和德国的大学都授予了他荣誉称号。一个对人类做出了如此卓越的贡献并为自己赢得了丰碑的伟大人物，只不过是因为他发现了被水蒸气推动了的壶盖。"水蒸气的力量能够推动壶盖，也一定能够推动活塞，所以，它可以作为机器的动力。"一个小小的壶盖却得到了推动人类历史发展的魔力，这一发现使人类的工作和旅行生活有了很大便利。

人的大脑所遇到的阻碍越大，他的智慧之光就被浪费得越厉害，智能的力量就会被极大地耗散，这不仅会导致大脑推理活动的停滞，甚至会使他看不清事实。以生物学领域的一大发现为例，最初的生物学认为血液循环系统为血脉管的一个封闭系统，密封的上皮细胞不会被像微生物这样不锐利的物体所穿透，更不可能被圆形原生动物这类比微生物还松软的东西所穿透。这个已经被大家所熟知的理论显然不能解释事实，学生们要进一步追问：那么造成疟疾的原生生物是如何进入到循环的血液中去的呢？然而，从希波克拉底、蒲林尼、塞尔夏斯到伽林，人们始终坚信这些热病是有毒的沼泽地里从早到晚散发的恶劣空气造成的。而且在找到这种疟疾的真正病因之前，由于人们认为桉树上的放射物会过滤和杀死空气中的细菌，便大量栽种了桉树。奇怪的是，为什么就没有人想想：疟疾原虫怎么会通过空气进入到处于循环状态的血液中呢？是什么欺骗了那些从事这项研究的人呢？直到罗斯发现人是在被一种特殊的蚊子叮咬后才患上疟疾时，局面才得以改变。从此，人类在这方面的认识向真理迈出了一大步，即"如果鸟得疟疾是因为蚊子叮咬引起的，那么人类的疟疾也同样是蚊子的叮咬造成的。"

有人注意到，在疟疾流行的地区，空气新鲜，土地肥沃，人们只要不被那种蚊子叮咬，就能够从早到晚在那儿呼吸清新的空气，身体便也安然无恙。一些被贫血折磨得骨瘦如柴的农民只要有蚊帐的保护就能够保全性命，并且能够恢复健康。几乎所有人在发现这一简单的事实后都会惊呼：我们以前怎么就没有发现呢？原生生物不就是一个众所周知的事实吗？大家不是都在宣称循环系统是封闭的，是不会被微生物穿透的吗？

让我们再举一个错误明显的例子。在古希腊，人们依据经验断定："石头是从天上掉下来的。"在中国的古老编年史中也有陨石降落的记录。到了中世纪，有关陨石降落的记载就更加频繁了。荒唐的是，1492年降落的那颗陨石居然成为基督教组织对土耳其人发动战争的借口。资料显示，最大的陨石是1751年掉落在亚格拉姆附近的那颗，重达40公斤，现在被存放在维也纳矿物学博物馆里。一位德国学者曾对此事颇有感慨："那些对自然和历史一窍不通的人，也许相信铁会从天而降。但是，直到1751年，德国一些受过教育的人还相信铁会从天而降呢！足见人们对于历史和自然的无知程度！"

1790年，一颗重达10公斤的陨石落在了法国西南部的塔斯肯尼地区，许多人亲眼见证了这一现象，并且向巴黎科学院递交了一份由300个目击者签名的官方报告。科学院的回答却是："收到一份如此荒诞不经的正式报告，真是让人哭笑不得。"

几年以后，声学的奠基人契拉第里公开承认了这一现象。他相信陨石是存在的，可是，他却被诬蔑为"对自然法则一窍不通，是一个不考虑自己的言行会给这个道德社会造成多大危害的人"。甚至有一位著名学者大喊道："即使陨石从天上掉在了我的脚下，我也不会相信。"这个怀疑比圣托马斯的怀疑更加顽固。圣托马斯只是说："除非我摸得着的东西，我才会相信。"摆在我们面前的分明就是一块重达10公斤或40公斤的陨铁，完全能够摸得到，可那位学者却说："即使我摸着了，我也不相信。"

心理学很少研究那些对事实麻木不仁的情况，我们在教学方法上同样如此。许多事实本来已经不是秘密。比如，假如没有内在注意力与其配合，刺激对于感官的召唤就毫无作用。将这样的实验进行无数次后进行汇总，就成为我们头脑中一部分的常识。要想让我们看见某一物质，首先要将它摆在我们面前，同时还得将意识集中到该物质上，也就是说，产生一种能够使我们接受刺激的内在过程是不可或缺的。

这种情形在一个更加崇高、更加纯洁的精神领域也会发生。如果某人的思维没有意念相伴，事物就无法顺畅地进入他的意识之中，而不论他的思想多么有力或者独特都无济于事。在我们看来，意识不仅应该处于自由状态，而且还必须充满期待。一个思想混乱的人，不可能在没有任何准备的情况下接受突然降临的真理。如果没有坚定的信念，那么无论事实是多么明显地摆在那儿，我们对它的解释或阐述都只是枉然，因为是信念而不是证据使心灵向真理敞开。如果一个人的内在活动不开门容纳它，作为媒介的感觉也就没有办法了。我们现在处于一个实证主义的时代，这是一个人们对于没有亲手触摸到就无法相信它的存在的时代。所以，我们深切地感到，智力像精神一样处于危机重重的环境中，它的作用也许被低估了，也许还包含着矛盾或错误，甚至还没有被人们感觉到。因此某个没有被人们注意到的错误，智力也许会导致人神志昏迷或者致命的心理失常，所以像精神一样，智力同样需要外力的支持，否则它就会逐渐衰竭。智力所需要的支持并非感官上的，而是需要不断地净化，好在卫生学家已经建议人们对身体进行自我调理。我们能够花大量的时间去清洗、磨光指甲，为什么不能把这一自我调理扩展到一个人的内部呢？只有如此，我们才能保证身体的健康和完整。

培养智力的目的就是使它免受疾病和死亡的威胁，当然，我们不能强迫智力进行工作，那样会使它精疲力竭，起到相反效果。在这个精神混乱和精神病人成群的时代，虽然我们处于自我标榜是健康的人群中，但鄙陋的习俗对人类健康和发展的威胁仍然是不可小视的。

所以，我们对于孩子们的关注应该是有节制的，不应该强迫他们去学习，而要让智慧之光永远照亮他们的心灵。

第四章 带好孩子的最佳方法

让我们成为爱的导师

孩子对成人的一举一动都十分在意和敏感，他们也很愿意听从成人的每一个指令。但成人绝对不能想象，孩子们已经准备好了服从我们，而且孩子们的意志是如此坚定，这是孩子的特征之一。举个例子，有一个小孩将拖鞋扔在床上，他的妈妈生气地说："不可以这样，拖鞋太脏了！"然后生气的同时，用手把床单上的灰尘拍掉。自这件事之后，不论何时，只要这个孩子看到拖鞋就会说："好脏哦！"然后跑到床上去拍灰尘。

对此，我们该如何是好呢？孩子是如此地敏感，又是那么容易受到我们的影响。我们应该注意自己的言行举止，因为我们所做的每一件事、所说的每一句话，都会在孩子的脑海里留下很深的烙印。孩子认为是需要服从成人的，因为服从就是他这一阶段的生活内容，因此对指引他的生活的成人，孩子们既爱又崇拜。我们应该意识到，孩子的行为上稍有一点偏差，都可以看出他们的情绪不大对头，即需要我们给予重视。

不要忘了，孩子随时会对我们付出爱和尊重，并听从我们的教导。孩子是爱爸爸妈妈的，所以，我们必须了解他们，但我们却常常说，爸爸妈妈和教师是如何地喜爱孩子。有人主张必须教导孩子爱他们的爸爸妈妈和教师，甚至爱每一个人。但是谁才是教会孩子爱的导师呢？是那些永远阻止孩子活泼好动的人，还是那些只会惩罚孩子的人？没有人可以用井底之蛙的眼光来看待比自己更广阔的世界，不合格的人很难成为孩子的爱的导师。

孩子的确深深地爱着他的父母，你是否注意过，每当孩子睡觉的时候，总是要他的妈妈陪伴在身边。可是孩子所爱的人却以为"要制止这种无理取闹的行为，如果孩子睡觉的时候我们还需要陪在身边，一定会把他宠坏的"。家人在一起吃饭的时候，情形同样如此，有的父母会说，如果孩子要求和我们一起坐在餐桌前吃饭，当我们不让他过来他就哭闹的话，最好装作还没到吃饭的时间。虽然孩子太小，无法吃成人的食物，但在成人吃饭的时候，孩子只要在场就会满心欢喜。一旦孩子被领到餐桌前，就会不再哭泣，当然，假如孩子坐在餐桌前还继续哭的话，那是因为没有人理睬他。在这里，孩子一定十分想成为团体中的一员。

还有谁像孩子那样，在我们吃饭的时候都那么想和我们在一起呢？等到将来有一天，你会感叹："现在再也没有人在睡觉前还哀求我陪他。每个人在睡觉前只会想到自己，只记得今天做了什么，就是没有人想到爸爸妈妈。"这将是多么不幸啊！只有孩子每天晚上临睡前还记得说："不要走，陪我吧！"因此，我们千万不要失去人生中这个一去不复返的机会。

有时，孩子一醒来就会把还想睡觉的爸爸妈妈叫起来，这让父母们充满抱怨。实际上，每个人都应该和这个溜下床的天真的孩子步调一致。清晨，太阳出来的时候，大家就应该起床锻炼身体，但父母却仍在睡觉。孩子悄悄来到爸爸妈妈床边，仿佛在说："爸爸妈妈起床喽！我们要学习过健康的生活，清晨的太阳在向我们招手呢！"孩子们并不是想当老师，他早上一起来就会下意识地想跑到你们身边，是因为他爱你们。你看他走得步履蹒跚，经过没有什么光线的走廊，但从不怕黑，他推开半掩的房门，走到爸爸妈妈床边，轻轻摸他们的脸。爸爸妈妈经常会说："不要一大早就把我们吵醒。"孩子可能会这样回答："我不是来吵你们的，我只是想亲你们一下！"可是爸爸妈妈还是会找到其他的理由来教训孩子。想想看，在我们的生命中，有谁一睁开眼睛就希望和我们在一起？又有谁会如此不怕麻烦，只因为想看看我们或亲亲我们，而小心翼翼地害怕把我们吵醒？这样的事情在生命中又会有几次呢？可我们竟然会觉得，如果孩子有这种坏习惯，就必须想办法改正过来。由此可见，对于孩子的爱的表现，我们竟然麻木不仁。

须知，孩子清早起来，不仅是喜爱美丽的早晨，他们同样深爱着总是睡过头、浑浑噩噩的爸爸妈妈。孩子的到来给了我们一个全新的开端，他唤醒了我们的知觉，用自己的方式使我们保持清醒。孩子用与我们不同的方式，每天早晨出现在我们面前，仿佛是在说："你们可以过另外一种健康的生活，完全可以过得比现在更好。"

是的，我们原本能够过得更好，只是人都容易产生惰性。但孩子是可以促使成人积极进取的人，假如成人不愿意去改变，就会遭遇失败，以致逐渐变得顽固起来，变得麻木不仁。

让孩子成为自己的人生设计师

所谓的人格特质不是单指道德方面的行为，而是广义地强调孩子有多重性格。这里不仅包括智力上和外貌上的特性，还包含了孩子将这两者相结合的表现，这种综合表现是无法从心理学的角度加以分析的。更重要的是，我想在本章探讨一些不曾被仔细研究或者说是从不受重视的儿童活动问题。

比如，我们将孩子的活动过程用曲线图来表示。在纸上画一条水平线，表示孩子正处于休息状态，水平线以上表示有规律的活动；水平线以下表示随意玩耍或毫无规律的活动，而曲线和水平线之间的距离表示活动的程度，曲线的方向表示时间的长短。用这种方式，我们可以将孩子每一个活动的时间和规律用图形表现出来。而孩子活动的整个过程，将会在图上画成一道曲线。

另外，还可以用这种方法来测量一个孩子在"儿童之家"所进行的活动。当孩子们来到教室后，往往先是安静一会儿，然后才开始找事情做。因此，曲线是先向上画出，说明孩子是在有规律地活动。然后，他玩累了，活动慢慢变得有些混乱。这时的曲线就被画到水平线以下，最终一直下降到他的活动变得没有规律的部分。接着，孩子会换一种新的活动。举例说明，如果孩子在开始时先摆弄带插座的圆柱体，然后拿起蜡笔，认真画了一会儿，然后就去逗弄坐在身边的孩子，这时曲线就必须第二次画到水平线的下方。接着，孩子和小伙伴斗嘴，这时的曲线应该继续停留在活动变得没有规律的部分。最后他感觉累了，便随手拿起几个小铃铛放在秤盘上，也许觉得挺有趣，就渐渐专心地玩了起来，此时他的活动曲线则再一次攀升到水平线上方有规律的部分。等到孩子玩腻了，不知道接下来要做什么的时候，他就会烦躁地走到教师身边。

孩子的活动曲线当然不能显示出他是如何玩每一种东西的，这个问题我将另章论述。大多数无法专心的孩子，他们的活动都与上述曲线所描述的状态相吻合，这些孩子通常无法将注意力集中于某一件事情上，他们经常漫无目的地从一项活动转换到另一项活动，原本计划在半年时间内使用的教具，他们在几个小时之内就玩遍了。孩子们的这种没有章法可循的行为是很普遍的。

一段时间之后，也许几天、几个星期或几个月，我们又重新替这个孩子画了一张活动曲线图，发现他有了一些专注的表现。

从曲线图上，我们还可以明显地看出孩子的活动状况。他虽然没有很严重的无秩序现象，但是他的活动状态距离完全有规律的要求还有一段距离。也就是说，孩子的活动曲线基本保持在有规律和没有规律之间。这一类型的孩子在进入学校以后，更愿意做些比较容易的事情，他也许能够从教具里找出一些他已经熟悉的东西，会反复练习他已经学会的内容。过了一会儿，孩子看上去感觉疲倦，好像不知道该做些什么似的，此时他的活动曲线会下滑到代表休息状态的水平线。以上活动模式，不只是从一个孩子身上体现出来，甚至全班孩子都会如此。遇到这种情况，一个缺少教学经验的教师该怎样处理才好呢？他也许会这么想：孩子们已经完成了日常生活练习，又花了很多时间在摆弄教具上，所以他们一定累了。既然孩子是因为自己玩累了才没有办法专心，所以错误不在教师。

一个容易心软并且对当今流行的心理学理论有所了解的教师，则会理所当然地觉得，孩子做了那么多的事，一定很累，因此作为教师会适当打断孩子们的工作。为了让他们透透气，教师会领着孩子们到操场上去玩。等孩子们在操场上拼尽全力地跑了一阵子后，教师才把他们带回教室。此时的孩子比没出去玩之前更好动，更无法专心。孩子们会不断地从一项活动转换到另一项活动，而且这种"假累"现象会持续下去。

　　根据上述情况，教师们往往会得出错误的结论，他们认为孩子对自己选择的工作会感到满意。但这并不正确，因为孩子做事情随兴所至，一会儿之后他就会烦躁起来。教师对此常常感到无计可施，他们的确已经用尽了各种办法，诸如让孩子们休息、换一个地方玩等等，可是没有一个办法起到了真正的作用，孩子们不仅无法持续原来的事情，也没有平静下来。

　　虽然这些教师在很用心地钻研教学方法，但是他们对孩子缺少必要的信心，所以不会尊重孩子的自主权。这些教师竭尽全力，对每一项教学意见和教学计划都十分在意，只是这些教师早已习惯于干预和指导孩子们的活动，这反而干扰了孩子的自然发展，妨碍了孩子原本能够得到的启迪。

　　如果教师可以尊重孩子们的自由欲望，树立对他们的信心；如果教师可以把他的思想观念暂时放置一边；如果教师能够谦虚一些，不把他的指导当做是必不可少的；如果教师能够耐心等待，那么他一定会看到孩子们所发生的全新转变。孩子只有在找到自己心灵深处还没有被发现的潜能时，他烦躁不安的心情才会得到平复。

　　但是，假如孩子重新选择了一项比以前更为容易的活动，他不安的心情也可能得到平静，这项新的活动需要能够吸引孩子的全部注意力，孩子也必须全神贯注于这项活动中，同时孩子还应该不会受到身边事物的影响。

　　在孩子完成他的重要工作之后，脸上将会呈现出和"假累"完全不同的表情，"假累"是看上去很累，而现在的他——眼睛充满神采，看起来又很平静，仿佛有了新的动力，身上充满了朝气。我们称之为工作的循环，包含两个部分：第一部分是单一的准备工作，它引导孩子接触事物，并且带领孩子进入第二部分——真正重大的工作。

孩子在完成了他的工作之后，会显得十分平静。事实上，只有在这个时候孩子才会显现出真正的平静。看孩子祥和安静的样子，让我们清晰地感觉到他已经找到了新的真理，此时的孩子一点儿也不疲劳，反而充满活力，就如同我们刚刚享用了一顿美食，或是洗了热水澡一样舒服。我们都有这样的经验，吃饭和洗澡是两种费力气的工作，但它们不但不会让人觉得辛苦，反而会使人重新充满活力。正因为孩子可以从完成工作中获得平静，所以我们应尽可能地给孩子创造接触重要工作的机会。

在这里，让我们探讨一下"休息"的真正含义。我们认为，休息并不代表完全松懈。当我们静止的时候，全身的肌肉都比较僵硬，只有放松时，我们的身体才可以得到歇息。这样看来，我们只有从大脑智慧的劳动中，才能得到精神的平静。

人的生命是神奇的，如果某位教师说："我只有让孩子做各种各样的事情，他才会精力充沛。"那么，他的这一说法理应得到大家的尊重，因为这确实是了解孩子的最好方法。只有倾听孩子生命活动的声音，我们才能帮助孩子选择他真正需要的工作。所以，这位教师尊重孩子神奇的生命进程，也深知他一定有信心去等待，这就足够了。

结果出现在没有压力的学习环境中，孩子表现得快乐而且友善，甚至非常自信地想和教师聊一聊。孩子的心灵之窗似乎打开了，他想找教师说说话，因为孩子已经看出教师是聪明和优秀的。原来孩子视而不见的一切东西，现在它们仿佛都在向孩子招手。毫无疑问，孩子的感觉变得敏锐了，生活也变得丰富起来，对集体活动更加感兴趣。面对如此众多的生活上的新事物，孩子必须储备足够的精力。一个精神不振、感情贫乏的孩子，教师的教学对他而言是不会产生任何效果的。这样的孩子既没有自信也不懂规矩，就算能教会他一些东西，也会让大人感到身心疲惫。

在上述教学理论中，我们必须认可一个事实，那就是以往我们教育孩子的方式实在太糟糕了，比如，要求孩子一定要服从某个成人，这并非孩子内在发展所需要的行动表现。但是我们却仍在不断地要求孩子遵从这些外在的东西，剥夺孩子主动发展其潜能的机会，这样孩子怎么能成为自己的主人呢？我们真正应该做的是，引导孩子找到那条通往内心世界的道路，而不是一再地使孩子的自主发展遭受挫折。

孩子在工作时越专心就越安静，也就越能自愿地遵守纪律。凡是在教学上能够达到这种程度的教师，都会创造出一套独特的沟通方式。比如，一位教师也许会问另一位教师："你们班上的孩子表现得如何？他们都有组织、有秩序吗？"那位教师可能回答："嘿！你记不记得原来那个很淘气的小男孩？他现在变得又乖又自觉了。"用这种方式与孩子们沟通的教师，他对孩子们接下来的发展一般早已心中有数，对孩子的教育也就自然而然地科学化地开展起来。

一件简单的事情就可以让孩子变得遵守纪律，一个能够自律的孩子就这样走上了自然的心理发展之路。自律的孩子会习惯于工作，如果空闲下来他就不知如何是好了，甚至在等人的时候他都不愿浪费时间，这样的孩子浑身充满活力。

孩子越是能够自律地工作，"假累"的时间就会越短，工作完成后得以平静的时间就会延长，所以必须让孩子有比较多的时间沉浸在他已经完成的工作中，因为这个安静的时刻有它独特的意义。虽然工作看上去告一段落了，但是另一项观察外部世界的工作才刚刚在他的脑子里展开。孩子的内心安静了下来，他认真观察着周围正在发生的事情，并在脑子里思考着一些细节，从中有了一些新的发现。

要达到专心致志的目的，需要经历三个步骤：第一步，选择好有具体目标的工作；第二步，满足孩子的内在发展要求；第三步，使疑问得到解答。当孩子心里的疑问有了答案时，外在表现就会有所改变，因为孩子领悟了到他从来不曾经历过的事情。此时的孩子会变得非常听话，而且他所表现出来的耐心几乎令人无法相信，更让人惊讶的是，在这之前我们并没有教给孩子要听话或有耐心等道理。

如果一个孩子不能掌握身体平衡，他就可能会因为怕摔倒而不敢向前迈步，也不太敢随意挥动他的胳膊，这样的孩子走起路来往往是一步一个脚印。一旦他懂得了保持身体平衡，就会能跑善跳！孩子的心理发展过程也是同样的道理。一个精神上不平衡的孩子是很难专心思考的，也就无法控制自己的行动，因此这样的孩子又怎么可能不跌倒呢？如果孩子无法按照自己的意愿行事，他又怎么能够听从别人的意见呢？因为服从是一种精神上的服从，是心灵平静的结果，更是内心力量的表现。用来解释服从力量的最好词汇是"适应"，生物学家认为，一个人需要用非常大的力量来适应环境。这里所指的适应环境的力量又是什么呢？就是一种让人顺应自然规律，试着融入周围环境的重要力量。事实上，这种适应的力量在发生作用之前已经存在，因为它并不是需要用时才会有的，它需要我们提前做好准备。我想，园艺师最清楚拔苗助长的结果。

孩子理应得到健全的发展，还要达到精神上的平衡和协调，这样他才有力量去服从、去适应环境。自然界中，只有强者才可以适应环境；同样地，只有在精神上坚强的人，才懂得顺应和服从。

我们必须尽量按照孩子的天性来让他自主发展，只有如此，孩子才能够茁壮成长。一个能够健康成长的孩子，他未来的成就远比我们所预料的大得多。孩子的精神，也就是专注能力能够自由地发展到什么程度，就代表这个孩子能发展到何种程度，接下来的所有行为也就顺理成章——孩子会控制好他的身体，做到行动自如，也学会了小心谨慎。我们能够从孩子可以完全安静下来这一点上看出，他已经能够做到专心致志了。孩子做事的专心程度常常比成人还强，然而我们不要忽略了孩子是如何达到这一程度的，也不要忘了环境在孩子的身心发展中所扮演的角色。

必须再次提醒读者，我并没有从一开始就制定出全套理论，然后依据这套理论来拟定教学方法。事实上，恰恰相反，我是通过观察自主权受到尊重的孩子才了解到——一些内在的规则其实是有它的普遍价值的，这些孩子正是用他们自身的直觉，找到了自己的道路。

培养孩子的服从意识

探讨性格培养问题一定会涉及两个方面，即意志和服从。在许多人的思想里，这是两个完全对立的概念，这些人对教育问题持有同样的观点，或者认为教育就是约束儿童的意志，或者认为教育就是儿童对教师无条件地服从，换而言之，就是用教师的意志取代儿童的意志。下面，我们借助一些实际情况来说明这两个问题。首先要强调的是，人类对意志领域的认识极为混乱，存在各种不同的理论。我们在前面已经谈到过其中一种，这种理论认为人的意志受宇宙力量的支配，但这种力量并非物理意义上的力量，而是一种与宇宙万物相连的生命力，它促使生命不断演化，形成各种各样的生命形式，是生命的原动力。同时，生命的演化受到自然规律的支配，因此，既然人的生命也是这种力量的一种形式，那么，人的行为同样受到它的支配。

在儿童能够进行有意识的行为之前，这种力量就在他的意识中发挥作用了。不过，人的意志并不是与生俱来的，而是在成长过程中逐渐形成的，并且以实际经验的获取为基础。也就是说，人的意志是自然的一部分，它的发展过程服从自然规律。

一种观点认为，儿童生来就胆大妄为，而且还有暴力倾向。他们的依据是，儿童经常不听大人的话，不服管束，这就是他们天生意志特性的表现。可是事实并非如此，儿童的这种行为并不是他们意志的表现，因为这种行为不是"具有目的的行动"，这种情况和我们成人发怒相似，只有心理失去控制了才会发怒，而不能把这看作是一种理智的行为。孩子的执拗同样如此，都不是有意识的行为。我们平常说话做事就不一样了，这些行为都是有一定的目的的，也就是说，我们这样做是因为要解决一些问题。相反，一旦我们发现自己的行为与主观意愿不符，我们就会控制自己的意志。也是出于同一个理由，我们总是把自己的意志强加于儿童。

不过，人的主观意志并不一定会导致混乱和暴力，混乱和暴力只是一种情感波动的表现。通常来说，意志总是驱使人去做对自己有益的事情。大自然创造了生命，就赋予了它成长的使命，所以，儿童的意志一定会促进各种天赋能力的发展，以使其形成完善的人格，而不是相反。

如果儿童的意志同他所做的事情一致，证明他的意识已经在发挥作用。儿童挑选他们想做的事情，多次重复进行，表明他们对自己的行为有了一定程度的理解，这些行为开始时仅仅是一种本能的冲动，但如今正在变成有意识的行为。

我相信，儿童对这种差别同样有所感觉。有一个孩子就对此作出过精彩的陈述，这使我毕生难忘。一位贵族小姐到我们的学校参观，由于对学校的情况不了解，就询问一个小男孩："小朋友，告诉我，这就是指导你们活动的学校吗？"

不料，小男孩回答道："不，小姐，这不是指导我们活动的学校。我们只做自己喜欢做的事情。"很明显，这个孩子已经意识到了两者的区别。

我觉得必须指出的是，意志同样是人的一种能力，而且和其他能力一样，只有在不断的行动中才能得以发展。因此，我们应该努力去开发这种能力，而不是去压制它，因为这种能力弥足珍贵，它需要在持续的行为中慢慢发展，而毁掉它却极为容易，只需一瞬间就能办到。想一想，摧毁一个建筑物是很容易的，爆炸或者地震，只用几秒钟就能办到，但要建造一个建筑物就非常困难了，需要设计、材料、艺术等多方面的知识与心血。

即使建造一个没有生命的东西也是如此困难，可想而知，培育一个人的心灵将会多么不易，而且，人类的心理塑造过程是我们无法看到的。人们常说教师是人类灵魂的工程师，事实上，儿童心理的建筑师既不是母亲也不是教师，而是极富创造力的大自然。在生命的创造和发展过程中，母亲和教师只起到了一些辅助性的作用。当然，这些作用是不可缺少的，而且他们也必须把这些作用发挥好，否则就会在不经意之间毁掉了儿童的意志。

以上是我坚持的观点，现今，在儿童的意志发展问题上仍存在很大的分歧，其中很多是有害的偏见，因此我认为有责任在此澄清这个问题。

一个最为普遍的偏见就是，许多从事教育的人相信，教育可以通过说教（通过儿童的耳朵）和树立榜样（通过儿童的眼睛）来完成。然而，事实恰恰相反，完善的个性来自各种能力的协调发展，而这离不开自由的行动。古往今来，都存在一种偏见，就是把儿童看作被动的接受者，而非主动的学习者。世界各地都有一个相同的做法，就是通过神话故事来培养儿童的想象力，但是事实并没有他们想象的那样美好，儿童的想象力并没有被激发出来，他们仅仅听到了一些故事。这种人为干涉儿童成长的错误观点，对培养儿童意志力的危害更为严重。大部分学校根本不知道要训练儿童的意志力，他们认为教育就是直接告诉学生应该做什么，不该做什么，所有反抗行为都被认为是对社会准则的危害。可以这样说，就摧毁儿童的意志力而言，每个从事教育的人都在竭尽所能。

除了说教之外，教师们还树立榜样让儿童学习，而这个榜样就是他们自己。这样一来，哪还有想象力发挥的余地？还有意志力活动的空间吗？完全没有。因为一切都已确定，学生们只需要看和听就行了。

这些偏见必须抛弃，我们要有面对现实的勇气，并且需认清我们的真实情况。

按照传统方式教育学生的教师总结出了一句格言，而且这句格言看起来似乎很有道理："教育儿童，我自己必须首先做好。如果儿童听我的话，以我为榜样，那就什么都好办了。"在这里，教育者的信条就是服从。一位著名的教育家（名字我忘记了），说过一句名言：儿童有很多美德，但最重要的一个是服从。于是就这样，教育变得简单化了，教师们也变得傲慢、狭隘了。这样的教师也许在内心里会这样说："我做学生的时候什么都没有学到，毫无所获，我也要这样教育学生们，使这些孩子与我一样。"于是，这个教师开始进行他的"教育事业"。

在儿童面前，成人很容易把自己摆在上帝的位置上，此时，他们忘记了《圣经》上所说的魔鬼。魔鬼本来是上帝身边的大天使，但由于妄图取代上帝的位置，结果堕落成了魔鬼。儿童并不是仅仅需要大人照顾的孩子，他们的体内进行着创造活动，这种活动比教师、父母所能做的要重要得多。遗憾的是，这种创造活动需要得到教师和父母的理解和认可，否则儿童可能丧失自然发展的机会。几千年来，教师一直用教鞭把自己的意愿强加给儿童。一两百年之前，人类步入了文明社会，教师们不得不放弃了教鞭，他们当然不情愿，而且进行过抗议。他们说："如果放下了教鞭，我们就没法教书了。"智慧的所罗门不是也说过："父母不用棍棒是错误的，那样孩子就会下地狱！"就这样，恐吓和恐惧带来了纪律。我们把这种教育方式总结为一句话：不听话的就是坏孩子，听话的就是好孩子。

好在这种教育观念现在已经寸步难行了，因为现代社会崇尚民主、自由与人权，这种旧式教师被看成独裁者，还有谁愿意接受他们的教育呢？除非他们愿意在教育中加入一些想象和自由。可现在一些老式学校的教师还是守着传统不放。独裁者的暴力与教师的暴力有一点不同，就是独裁者企图通过暴力来建设点什么，而教师则直接使用暴力来毁人。这种教育观点之所以极端错误，是因为它坚信要使人服从就必须摧毁他的意志，如此一来，教师在向学生传授知识之前，就已经毁掉了学生们的思想。

与之相反，正常的意志发展从不拒绝服从，如果给予人以自由发展的机会，使人的意志力可以充分发展，他们就会自由选择应该服从的东西。这种服从并非专制下的屈服，而是包含了敬重与认可。在这样的学校中，教师的自尊心同样能够得到满足。

这就是说，意志力和服从意识并不对立，而是相辅相成，自由与意志力的发展是基础，服从是在这个基础上所做出的选择。这样，"服从"这个词就被赋予了新的含义，不再是听从他人的指使，而是一个人自由意志的体现。

事实上，只要对世人稍加观察，就能够发现服从在人的生活中无处不在，可以说是人类的一种自然特征。当然，服从意识在儿童身上有个发展过程，而且在人临近成熟的时候才会出现。

如果人的天性里不具有"服从"这种东西，且人类在进化中也没有形成这种品质，那么人类的生活是难以想象的。社会生活处处表明，人类是多么习惯于服从呀！但是，这样的服从却可能导致人类走向毁灭。因为这是一种盲从，一种奴隶式的服从，它不止一次地毁灭了一个民族、一个国家。人类并不缺少服从，恰恰相反，人类似乎太习惯于服从了。遗憾的是，我们一直缺少一种由意志力控制的服从。

我们在研究儿童的发展过程中发现，服从意识的形成是人类的一个重要特征。这为我们的研究指明了方向。观察发现，儿童的服从意识与个性发展大体同步。一开始，这种意识受本能冲动的影响，随后进入意识层面，最终进入意志控制的领域。下面，我们来探讨服从的真实含义。以前，服从意味着教师和家长要求儿童做某件事，儿童就按照他们的意愿去做这件事。可是，我们对服从意识发展的研究表明，服从并不是如此简单，它的发展要经历三个阶段。尤其是在第一个阶段，儿童表现得很任性，他们有时听话，有时不听话，没有任何理由。这种状况需要进行一番研究。

服从不仅仅出于一种"好的愿望"，相反，儿童在第一阶段的行为是受本能支配的，这种情况从胚胎发育一直持续到一岁。从一岁到六岁，这种无意识的状态慢慢消退，儿童开始拥有意识能力，能够实现自我控制。在此阶段，儿童的服从意识与具备的能力紧密相关。很明显，要执行一个指令需要一定的能力。比如，谁也不会服从"用鼻子走路"的命令，因为这是不现实的。同样，我们也无法要求一个不识字的人写信。因此，这个阶段儿童的服从意识取决于他的能力发展。

三岁以下儿童的心理发展尚未成型，他们还不能有意识地选择，如果我们的命令不符合他们内心的需求，他们是不会服从的。这一点人人都清楚，只要我们稍加注意就会发现，没有一个成人会要求两岁的孩子绝对服从他。成人心里明白，要禁止三岁以下的儿童做某件事情，只能进行强制性的呵斥。

不过，服从并不总意味着否定自己的内心想法。首先，服从可以是对他人意愿的满足。要使三岁以前的儿童服从则需要其具备一定的能力，超过三岁的儿童也是这样，服从命令之前必须具有一定的能力。我们知道，儿童的内心正在经历一个成长过程，这个过程分为几个阶段，在这个人格成型的过程中，儿童可能会服从某些要求，但这并不能说明他们拥有了服从意识，这只能说明他能够使用自己已经形成了的某种能力。但是，他们要完全掌握这种能力，还需要一段时间加以巩固。

　　这种情况和儿童刚开始运动时的情况相同。儿童成长到两岁左右，就开始学习行走，他会努力站起来，向前迈几步，接着跌倒在地，但他会不断地尝试，过一段时间，他们就不再尝试了。不过，只要他们完全掌握了行走的能力，也就能够任意地使用这种能力了。

　　虽然三岁以下儿童的服从意识取决于他所具备的能力，但他们并不总能服从一个命令，可能他们头一次服从了一个命令，第二次就又不服从了。这时教师们总认为这是儿童在故意闹别扭，因此对儿童进行训斥责骂，但这种做法非常容易阻碍他们的发展。说到儿童的行为反复多变，我想起一件有趣的事情。在世界教育理论界，瑞士教育家帕斯·塔罗维奇是个颇具影响力的人物，就是他提出了父爱教育理论。帕斯·塔罗维奇同情儿童所面临的困难，希望教师谅解儿童的错误行为，但是他说自己无法原谅儿童的反复无常。帕斯·塔罗维奇不能忍受儿童一会儿听话，一会儿又不听话。要是儿童第一次接受了他的要求，他就认为他们具备了这种能力，应该始终如一。正因为帕斯·塔罗维奇不能容忍儿童的反复无常，他的“父爱”最终也就化为了泡影。想想看吧，帕斯·塔罗维奇这样的人尚且如此，那些教师还用说吗？对儿童最有害的行为，就是在能力成型期挫伤他们的积极性。如果儿童还不能掌握自己的行为，还不能满足自己意志的要求，那么又如何去服从他人的要求呢？正因为他们的能力尚不稳固，所以，他们表现得时而听话，时而不听话。成人也有相似的情况。就拿一位乐手来说，他可能有些场次演奏得非常好，有些场次演奏得非常差，同样地，这并非意志力的原因，而是弹琴的技巧不够娴熟。所以，儿童服从意识发展的第一阶段很不稳定，表现为时而服从，时而不服从。

到了第二个阶段，儿童控制自己的能力得到了加强，不但能够听从自己的意志，而且能够随时服从他人的意志。这时候，儿童可以领会他人的意图，并且用自己的行为表达出来。这种服从正是那些教师们所希望看到的，他们认为这就是服从的最高水平。但是，儿童的发展远远没有结束，他们的发展水平要比我们想象的更高，儿童这种意识的发展还有第三个阶段。

儿童从发展中获得了很多种能力，而且能够自由使用这些能力，但他们的发展并没有停止，还要向更高的层次发展。儿童看上去真的以教师为标准，在向教师看齐，但与教师们的希望所不同的是，这里包含着一种平等的愿望。儿童仿佛在对自己说："这个人比我强大得多，他在影响我的大脑，使我变得与他一样聪明！"这种感觉可以给儿童带来很大快乐，也能激发他们的学习热情，于是，他们期待教师下达命令，而且越多越好。生活中经常见到这种有趣现象，孩子们围在教师身边，用期盼的眼睛望着他，等待执行他的命令。儿童的这种心理和狗的表现很相似。狗总是敬畏地看着主人，随时等待他的命令。它安静地蹲在主人身旁，眼睛盯着主人手里的球，一旦那球抛出去，就会立即冲过去把球叼住，然后非常有成就感地跑回来，接着等待下一个命令。狗渴望主人下达命令，它在执行命令时得到了很大的乐趣。这与儿童服从意识的第三个阶段极为相似，他们好像也在等待教师的命令，而且乐于执行这些命令。

有这样一个有趣的例子。有一位女教师教了10年书，总能把自己的班级管理得井井有条。一天，她对学生说："把你们的东西收拾好，在下午放学之前。"没料到，她的话才说了一半，所有的孩子就开始收拾起来，直到她把后面的半句话完，孩子们的手才停下来。孩子们就是如此乐于服从，而且反应如此迅速。这样看来，教师在这种场合应该这样说："今天下午放学之前，你们要把东西收拾好。"

后来这位教师告诉我，这种事情很普遍，儿童总是乐于听从她的命令，而且反应极为迅速，所以她说话前总得考虑一下，怎样说更合适。一般人通常认为自己能够随意地发号施令。可是，这个女教师却不是这样，因为在学生中的威信给了她一种压力。一次，她路过自习室，听见里面非常吵闹，就拿起粉笔，想在黑板上写出"肃静"这个单词，不想刚刚写了第一个字母，整个教室就已经鸦雀无声了。

作为一名教师，我也多次经历过这种场面。我认为，儿童在这种场合表现出的一致性，是这个整体对我的认可。在这里，服从含有多层次的意思。我把这种现象叫做"静穆游戏"。这种静穆需要所有人都保持安静，也就是说，必须所有人都意识到应该保持安静，并且同时这样做，这就产生了一种群体意识。我曾经多次反复进行这个游戏，发现随着游戏的重复，这种群体意识得到了增加，孩子们保持肃静的时间也变得越来越长。于是，我在"静穆游戏"中增加了"点名游戏"。就是在这种静穆的环境下，我轻声地点学生的名字，点到某个同学的名字，这个同学就一声不响地站起来，尽量不弄出声音，而其他同学则一直保持着同一个姿势。大家可以想象一下，最后被点到的学生要坐多长时间！我发现这些孩子的意志力已经发展到了非常高的程度。我们做这种练习的目的，就是要加强儿童对自己行为的控制，以此来培养他们的意志力。经过这样的游戏锻炼，孩子们的群体意识和服从意识都得到了提高，因为服从意识包含于群体意识之中。

在意志力发展的第三个阶段，儿童具备了服从的能力，服从能力使他们形成了服从意识。学校教育向我们表明，孩子的服从意识十分浓厚，不论教师命令做什么，他们都会立刻去做。正因为如此，上面提到的那个女教师觉得自己应该保持谨慎，以免给孩子的意志力发展带来负面影响，在这种意识的促进之下，她渐渐获得了一种可贵的品质，这就是一名教师不可或缺的责任感。

纠正孩子的错误

上面提到过，我们学校的孩子可以随意活动，不受任何限制，但这并不是说他们没有组织性。事实上，组织性是必不可少的，如果我们想让孩子们自由"工作"，必须给他们做一些安排，给他们创造环境，提供他们需要的经验条件，这些是不可或缺的。一旦儿童能够集中自己的精力，投入到自己的"工作"之中，他们就会越来越积极，教师的作用也就越来越小。实际上，在我们的学校里，教师大多数时候只是站在一边，什么也不用管。

如前所述，儿童在这样的活动中能够融入群体之中，并且形成一种社会关系，而且效果非常好。看到这种情况，人们难免会这样想，要是这些孩子永远不受成人的约束该有多好！孩子们在一起时所发生的事情，就像在胚胎中的发展一样奇妙。我们不应该干涉这种生活，而应该为他们创造必需的条件。

总之，我们的社会需要对教师和儿童的关系进行重新定位，这方面的问题将在其他章节讨论。不过，有一点必须指出，教师绝不能对儿童进行干涉，无论用什么方式，夸奖也好，惩罚也好，改正他们的错误也好，都是错误的。

可能很多人无法理解我的这一观点，他们会说："要是不帮助孩子们改正错误，如何才能把他们领上正道呢？"这种看法很普遍，很多教师也这样认为，他们以为自己的工作就是挑出孩子的错误。不论是在学习上，还是在人格修养上，这些教师都在这么做，他们相信儿童的教育就是两个方面：奖赏和惩罚。

如果儿童真的离不开夸奖和惩罚，也就说明他们已经丧失了自我约束的能力。但就算是这样，当孩子们正在进行工作的时候，对他们进行奖赏或惩罚，则会严重影响他们的精神自由。这同样违背了我们的教育宗旨，因为我们崇尚的是自由发展。在我们的学校，从来不使用奖赏和惩罚的方法，更多的时间，儿童都是在自由地做着他们的事情。

也许人们会提出异议，怎么可以不对儿童进行奖赏呢？但是，我们自有我们的理由，这样做无需付出多少代价，不会对孩子产生太大的影响，却能够带来更大的收获。因为许多教师平时很少给儿童奖赏，却每天都在惩罚他们。例如，总要他们改正练习本上的问题，然后作业的分数就从0分变成10分。对此，我想问，在这些教师给儿童打0分的时候，是否觉得这样做真能够改正他们的缺点？但事实却是，纠正之后，教师常常会说："你怎么总犯这样的错误呢？我讲的话你好像永远听不进去，这样下去，你别指望通过考试了。"

教师在评判作业上的这种态度，只会打消儿童的热情和积极性。很简单，如果你对一个孩子说他很愚蠢，是个淘气鬼，不会有益于他，反而会伤害他，因为要让孩子少犯错误，就必须使他变得心智成熟。既然他已经落后了，又得不到鼓励和帮助，如何才能提高呢？以前，教师们经常揪差生的耳朵，或者用尺子打学生的手，因为他们写不好字。这种做法现在看来多么可笑，就算他把孩子的耳朵揪红了，他们能够聪明起来吗？把手指打肿了，就可以写好字了吗？只有不断练习、不断获取经验才能提高儿童的能力，这些都需要很长的时间。训斥并不能够改变不听话的孩子，只有让他们和其他孩子一起学习，才能变得听话，所以我们对他们说"你很淘气"是毫无用处的。假如你说某个人很笨，缺少做某些事情的能力，他只会这样回答你："还用你说吗？我自己清楚"。

的确，这只说出了一个事实，算不上一种纠正。儿童缺陷的修复只能通过能力的发展，也就是通过儿童主动的活动来实现。

当然，儿童很多时候不知道自己的错误，但这并不代表必须有人来指出这些错误，因为教师自己也会不自觉地犯错误，但是他们不愿意意识到这一点。教师们总要求自己永远正确，以便给孩子们树立榜样，因此犯了错误是绝不会在孩子面前承认的，因为在他们的心自中，教师的尊严意味着永远正确。当然，教师需要有一个较高的标准，同时，这些问题来源于一整套错误的教育观念，不应该完全由他们负责。

如果我们尊重事实，那么就应该承认这样的事实：所有人都会犯错误，世界上没有十全十美的人。既然如此，我们对错误就应该有一个正确的态度，因为错误是生活的一个组成部分，同样有它的价值。很多时候，错误只是不够成熟的表现。随着生命的发展，许多错误都将得到改正。跌跌撞撞的孩童最终学会了走路，这是通过成长过程获得的。以为自己完美，只是自欺欺人，因为成人和婴儿的区别只是所处的成长阶段不同而已。事实上，成人在生活中总在犯错误，而且没有想去纠正。一个意识不到自己的错误，认为自己很完美的教师绝不是一个好教师。只要我们经历了不同的事情，就会发现错误无处不在。如果我们渴望完美，就必须对自己的缺点有很好的认识，只有努力改正缺点，才能提高自己。

错误是难以避免的，我们应该对此有清醒的认识。即使是数学、物理、化学这些要求精确的学科，错误同样不可避免而且有时起着十分重要的作用。很简单，科学的发展都是从错误开始的，科学和错误联系密切。人们之所以把它们区别开来，只是因为科学可以对错误进行衡量。科学在对错误的衡量过程中有两个十分重要的因素，其中一个是需要精确的数据，但这个数据并不会百分之百准确，其误差有一个允许的范围。科学的成果并非绝对正确，一定存在一定程度的失误。比如，抗生素的有效率是95％，既然如此，知道有5％的失误对我们来说就非常重要。尺子是用来测量的工具，也只能精确到一定的单位。绝对正确的数据是不存在的，一个科学结论的真实性与一定的误差相关，如果没有这种不确定性，这个数据就是不严肃的。既然错误在科学中这样重要，对人们的工作同样也会起重要作用。总之，错误和其他要素一样，也是事情的组成部分，它的特殊之处在于我们只有了解它，才可以改正它。

根据以上科学规律，我们得出了一条通向完美的方法，这就是"控制错误"。既然学校的教师、学生都不可避免犯错误，错误不可能完全消除，我们就制定了一条原则——重要的不是改正错误，而是认识到自己的错误。每个人都应该反省自己，看看自己做的事情正确与否。但是，我们无需太重视这些错误，而是要对自己所犯的错误感兴趣才对。

在大多数学校，孩子们并不知道自己犯了错误，他们对自己的错误没有意识，而且也采取无所谓的态度，因为纠正错误是教师的任务，与他们无关。这种现象与我们崇尚的自由、理性是相距甚远的！

如果我们自己不能够改正错误，就需要有他人的帮助。但是谁能比我们更了解自己的行为呢？如果我们能认识到错误，并自己改正该有多好！能够自行改正错误是一种重要的能力，这对性格的形成具有决定性的作用，缺乏这种能力会使人变得极为自卑。

"制止错误"的方法能够帮助我们鉴别行为是否正确。在现实生活中，我们经常遇到这样的情况，想到一个城市去，却不知道该怎么走，这时人们会选择带一份地图，或者找寻路标。如果看见路标上写着"艾哈迈德—2公里"，心里就踏实了，因为没有走错路；如果看见路标上写着"孟买—50公里"，就会知道自己走错路了。如果没有地图和路标，就要不断地问路，而且得到的回答很可能完全相反。可见，要到达一定的目标，不能没有一个可靠的方向指示牌。

由此可见，这些生活的必备常识应该在早期教育中进行培养，只有如此，孩子才能认识到自己的错误。学校应该向学生提供这方面的帮助，就如同向他们提供学习资料一样。发展方向的正确与否决定着发展的动力和结果，所以，必须随时检查自己的方向是否发生了偏离。如果能够在教育中实现这个原则。那么，教师和家长完美与否就不重要了。如果这样的话，成人犯了错误也不会觉得难堪，反而会引起儿童的一定兴趣，因为对儿童来说，犯错误是很自然的事情。当儿童认识到每个人都会犯错误时，一定会对他们产生很大影响，也会拉近大人与孩子之间的距离。错误可以拉近儿童与大人之间的距离，使他们成为朋友。假如两个"完美"的人在一起，一定争吵不休，因为他们自以为完美，当然无心理解对方，更难以忍受对方。

儿童最初喜好的游戏是堆积木。在这项游戏中，他们首先认识了不同的几何体；然后学会了使用自己的手指。在堆积木时，儿童用手指抓住木块，一个接一个地向上堆。在堆积木的过程中，他们总会发现自己犯了一些错误，要么摆得太松，积木很快垮了；要么一个圆柱体太大，不能插进下面的积木孔里。于是，儿童会对自己的作品进行一番研究，检查是什么地方出了问题，然后努力解决这个问题。这时，他们的神情非常专注，因为这个错误引起了他们的兴趣。就这样，他们会再来一遍，如果仍然不成功，就会不断重复这个游戏。这种游戏会给儿童带来两个好处：一是锻炼他们的思维，二是提高他们对错误的控制能力。我们学校的玩具都是经过专门设计的，孩子们能很直观地看出自己的错误。这些玩具不但适合3~6岁儿童，就连两岁的孩子也可以使用。借助这些玩具，孩子们能很快发现自己的错误，从而走上不断完善自己的道路。当然，能够改正错误，并不代表儿童已经完美了，还需要对自己的能力有所认识，这样才能激发他们工作的愿望。

儿童也许会说："我还有很多缺陷，还远没有掌握必备的能力，但是我知道自己能做什么。我会犯很多错误，但是我已经能够改正了。"这种审慎、自信的性格才是我们所希望的，它将让孩子终生受益。但要把儿童引上这样的发展道路并不是件容易的事。面对一个孩子，说他灵活或懒惰、聪明或愚笨、好或坏，不仅无济于事，而且常常会适得其反。因此，我们不但要对儿童进行教育，而且要为他们创造认识自己的错误的条件。

现在让我们看看一些孩子的情况，这些孩子都在我们学校学习了较长时间。如果教师布置了一些数学题，孩子们在得出结果之后，总是乐于把结果检查一遍，在他们看来，检查行为比结果的对错更具吸引力。还有这样一种练习，就是让孩子们把卡片放到对应的物体下面，这也是非常受孩子们欢迎的工作，他们会对摆放的结果反复检查，一旦发现出了错误，就会非常快乐。可见，孩子们从发现错误中得到了很多乐趣。因此，提高儿童对错误的认识，我们还在教学中安排了一些明显的错误。

如果儿童能够养成检查自己行为的习惯，对他们的发展将会非常有益。一次，我们安排做"执行命令"的游戏，一个小女孩得到这样的命令："到外面去，把门关上，然后回来。"小女孩想了想，然后按照指令行动，可是刚做到一半，她就跑回来对教师说："如果我把门关上了，怎样回来呢？"

教师对她说："你说得很对，这道命令有错误。"接着，教师改写了命令。女孩接过来看完后说："好，现在我可以完成了。"

上面说了，对错误的认识能拉近人与人之间的距离，增进彼此间的关系。虽然错误会扩大人与人之间的距离，不过对错误的改正又会把人结合到一起。只要对错误保持正确的态度，承认每个人并非完美无缺，谁都会犯错误，那么，错误就不再令人无法接受，反而会成为一件有趣的事情，因为在发现错误、改正错误的过程中同样会得到很大的乐趣。在孩子们的眼里，犯错误是很自然的事情，只要教师能够正确对待自己的错误，错误就会成为师生之间的桥梁，增进师生之间的交流。教师不会因为承认错误就失去尊严，儿童也不会因为教师犯错就对他失敬。须知，错误不只是一个人的问题，更是人们交流的一种媒介，每个人都应该纠正自己的错误。就是这样，从而使得生活中的小事情变得重要起来。

儿童的家教方式

现在，我们已经明白了大多数的儿童教育方式是以偏颇的观念，先入为主的成见为基础的。很多人已经尝试着将实际观察所得到的看法公布于众，比如许多通过多方面的观察而设计出的教学方法，已经取得了成功，使儿童教育的方向发生了明显的转变。因此，任何现代的教育方法，在实施以前，都必须先观察孩子的反应，通过反复地试验总结而成。这些教育方法最终也应该走进家庭，到时，不但一个面貌全新的孩子会应运而生，爸爸妈妈们也会因此而脱胎换骨。

迄今为止，家长对孩子的教育方法无外乎纠正他们的不当行为，教育他们分辨对与错，但能够率先示范、以身作则的家长少之又少，他们大多数人以道理劝说和口头训诫为主，一旦这些方法都没有效果，便采取责骂和鞭打的极端行为。在这个热爱和平、自由与平等的社会，除了父母以外，没有人有权力用体罚的方式来教育孩子。

然而，这个体罚的权力也让家长肩负着双重的责任：一是在没有抵抗力的孩子面前，家长必须展现出他们的权威；二是家长必须在行为举止方面做孩子的榜样。家长很了解自己在孩子的未来发展道路上正扮演着决定性的角色，正如一句谚语所说的那样："那双推动摇篮的手，掌握了整个世界的未来。"然而，一个童年时只需要靠练习和耐心便能够顺利学会简单工作的母亲，是无法用那套方法来教育孩子的。而一个少年得志的父亲则懒得去思考怎样培养孩子的人格，也不会用心观察孩子的举止。结果，无论是疏忽还是已竭尽全力，甚或由于过去的经验太空洞而且缺乏兴趣，做父母的往往拒绝肩负自己的重大责任——教育好子女，做孩子的表率。

一个天真无邪的婴儿降生时，爸爸妈妈便开始互相指责对方的不是，这样会一下让他们成为孩子模仿的范例。当然，如何教育子女是一件非常困难的事，因为他们突然要面对很多新的义务，比如十全十美、教育子女、改正孩子的缺点以及让他们取得进步，最重要的是通过自己的优良风范来教导孩子，这些都是父母身上肩负的任务。由于日常生活中的许多困难与矛盾，做父母的需要面对，因此父母的素养与心境会对子女教育产生重大影响。

接下来，让我们讨论一下"说谎"这个问题。一位好母亲最重要的责任之一，就是培养自己的孩子养成诚实的习惯。我熟识的一位母亲为了教导她的小女儿要诚实，向她描述了很多说谎的卑劣行径。同时，她还在小女儿面前称赞那种即使受到磨难、做出牺牲，也坚守诚实的勇气和坚定意志。做妈妈的绞尽脑汁想让孩子理解，一个小小的谎言最终会让人犯下一连串的错误，就如同一句谚语所说："说谎会使人失去理智。"她还特别对小女儿强调，一个身处富裕家庭的人更应该维护自己的尊严，以为那些家境贫寒、没有办法得到良好教育的人树立典范。

可是她自己又是如何做的呢？一天，她的一位朋友打电话邀请她去听音乐会。这位妈妈连声推辞道："啊！很抱歉，我头疼得很厉害，实在没有办法去。"她的电话还没讲完，就听到隔壁房间传来一声尖叫。她立刻跑过去，发现小女孩用双手捂着脸，整个人也跌坐在地上。"亲爱的，发生了什么事？"小女孩痛哭着回答道："妈妈撒谎！"

小女孩对妈妈的信任感就这样被完全毁掉了，她和妈妈之间从此树起了一道隔离的高墙。孩子开始对大人社交的认识产生怀疑，使得社交在孩子心目中的神圣感受到了亵渎。这位妈妈费尽心思，好不容易才让孩子养成诚实的习惯，而她却从未注意自己在日常生活中的习惯。

那些千方百计督促孩子养成诚实习惯的大人，却常常把孩子包围在谎言里，而这些谎言不但是有预谋的弥天大谎，而且往往是用来欺骗孩子的。说到欺骗，我联想到一则与圣诞节和圣诞老人有关的故事，一位妈妈欺骗孩子说真的有圣诞老人存在，然后又感到非常内疚，于是她决定对孩子说出事情的真相。当孩子知道自己过去一直被欺骗后，十分失望，整整一个礼拜都闷闷不乐。他的妈妈在跟我说起这件事的时候难过地流下了眼泪。

不过，同样的事情并非都是同一种结果。比如，有一位妈妈也向她的小儿子说过类似的话，小男孩听了以后立刻笑了起来，还对他的妈妈说："哦！妈妈，我早就知道世界上没有圣诞老人！""可是你为什么不告诉我呢？""因为妈妈每次听了这个故事都很高兴呀！"在这种情况下，父母和孩子的角色完全对换了。孩子是极为敏锐的观察家，为了让爸爸妈妈高兴，他顺从并取悦他们。

很多做父母的认为，小孩应该没有怀疑地听自己的话，他们希望孩子能够非常爱他们。在这方面，孩子也常常成为自己父母的教师，因为孩子的思想是那样纯真，他们的正义感是令人难以想象的。有一天晚上，一位好心的妈妈让孩子上床睡觉。小男孩请求妈妈允许他把已经做了一半的事情完成后再去睡，可这位妈妈丝毫不肯让步。小男孩只得无奈地上床了，可是过一会儿他又爬起来，想把事情完成。小男孩的妈妈发现他竟然偷偷溜下床，就狠狠地责骂了他一顿。小男孩哭着对妈妈说："我没有撒谎啊，我跟你说过我想把事情做完的。"妈妈不想和他进行讨论，就叫小男孩对她说声"对不起"。但是这个小男孩还想继续和妈妈理论，他并没有欺骗她，就像刚刚他坚持说要把事情做完才去睡一样。因此小男孩解释说，因为他没有欺骗任何人，所以他不明白为什么要道歉。"好吧！"妈妈说，"我明白了，原来你根本不爱妈妈！"小男孩回答道："妈妈，我是非常爱你的，可是我并没有做错什么事，为什么要道歉呢？"听起来，孩子的谈吐才像个大人，而这位当妈妈的反而像孩子一样蛮不讲理。

　　还有一个故事，讲的是一位当牧师的爸爸，他的小女儿每个礼拜天都会到教堂里去帮忙。某个礼拜天，这位牧师正在布道，题目是耶稣的同情心。他说："我们所有的人都是兄弟姐妹，穷人以及受苦难者同样是耶稣的子民，如果我们要获得永生，就必须对穷人和苦难的人加以爱护。"牧师的小女儿被爸爸的讲道深深感动。回家路上，小女儿见到路边有一个小女孩在乞讨，那可怜的小女孩身上遍布着许多伤口，她跑过去，怜惜地拥抱并亲吻了小女孩。牧师和他的妻子却吓坏了，一把抓回了他们穿戴整洁漂亮的小女儿，匆忙地带着她走开了，还不停地责骂孩子。回到家以后，牧师的妻子赶紧帮小女孩洗了澡，全身的衣服也都重新换了。从此，小女孩再去听爸爸布道时，就像听其他故事一样，不再有任何特别的感觉了。

　　上面提到的事情不胜枚举，生活中存在着许多父母与子女间的冲突，或者说是成人与孩子间的不和谐。对于大人们自以为是的态度和他们不恰当的行为，其实孩子们都看在眼里，记在心里。这些隐藏着的矛盾迟早有一天会引发冲突。孩子和成人之间隔着一道鸿沟，没有人能够跨越。在孩子和父母的冲突中，虽然取得胜利的一方一般是势力强大者，但是做父母的依仗强权所取得的胜利，往往并不能够使他们的小对手信服，因为大人确实是做错了。家长们还会采取高压手段来制服孩子，并强迫他们服从，以便保持自己在孩子面前的威严形象。为了树立自己的权威，父母们往往会命令孩子闭嘴，这才保证了自己所要的"和平"。但是，父母在取得胜利的同时，也失去了孩子对他们的信任，并且连他们和孩子之间的自然情感和相互信赖也一起消失。

这样一来，孩子的内心无法得到最需要的慰藉，人格也将会向不良的方向发展。为了适应成人的不正确行为，孩子必须刻意来压抑某些生理反应，因此会患上各种疾病。这种伤害会引起孩子的一些不良行为，并被视作他们的特质，其实这是孩子的自我保护机制。例如，以羞怯的姿态或故意说谎来掩饰其"不乖"的行为。但是，孩子的恐惧感和说谎一样，是因为被迫屈服和顺从家长而导致的。这种情绪对孩子造成的伤害，要比其他情绪更为严重，因为它使孩子把想象与感觉一概而论。这种情绪上的混乱常发生在缺乏内在发展机会的孩子身上。

除了上面提到的种种缺憾外，我们还发现了一种"被动模仿"的弊病。孩子一味地学别人的样子，与其说是一种自我改进和成长的方式，还不如说是走向堕落的前兆。因为进步是一种自我、内在的工作，光学别人是不会进步的。孩子被压抑的内心的期望，就像深埋在地底的矿物一般被隐藏起来，导致我们永远也无法知道它们的真正价值。这些欲念因为一直无法实现，也不曾有机会控制，更因为它时刻盘桓于心头，所以它慢慢地吸引着孩子，并且不断地诱惑着他。

成人压制了孩子的自然冲动，因而阻碍了他们做有用的事和发挥潜力的能力。换而言之，在孩子按照自然法则发展的道路上，成人却成为绊脚石。孩子因此而在学习上走了许多冤枉路，陷入一大堆没有任何意义的学习中，在其中辛苦地打转。与生俱来的克服困难的能力，也在不知不觉中受到了影响，孩子只得认命，只是听从大人的指挥，对所有的事情都变得毫无兴趣。

孩子本来是拥有羽翼的，但在他们要展翅高飞时却被折断了。孩子的想象力一旦无法接触自己感兴趣的东西，就会失去自觉性，就会在物质世界中盲目地寻找。由于缺乏对现实的体验，孩子离真实的世界越来越遥远，生活也变得异常，只能陷入无益的空想中。

但孩子弱小的灵魂仍然会不断地抗争，以保护自己。然而他们只能用躁动、任性、生气、哭闹和耍脾气等消极方式来反抗。孩子故意调皮捣蛋实际上是他们愤怒和反抗的另一种形式，借此不当的方式来消耗精力，从而在贫乏的想象力下表现出邪恶的言行以及令人生气的捣蛋行为。除此以外，这些让教师们无计可施，令人疲于管教的"小麻烦"，还可能成为其他孩子的模仿对象。而大人们用来管教这些孩子的办法，就如同对付一个无视法律、闯入圣地的敌人一样。

在和大人的冲突对立中，首先是孩子的神经系统会受到伤害。现在许多医生开始认识到，孩子情绪失调的根本原因，源于他婴儿时期受到的压抑。孩子在婴儿期有一些征兆，例如失眠、做噩梦、消化不良和口吃等，往往都是情绪失调的恶果。

一旦孩子有了这些不良表现，爸爸妈妈就会想尽办法去治疗他们的情绪疾病，努力改善孩子性格上的缺陷。尽管他们为了治疗孩子的疾病而身心疲惫，然而这些伤害还是伴随孩子进入了成年期。之所以造成这样的后果，是因为父母对孩子的压制，却错误地认为这是爱的表现，忽略了孩子真正的需要。

我们必须让孩子受到压制的精神重获自由！只有如此，孩子身上的所有病症才可能消失殆尽，至于那些无法治愈的疾病，则很可能是天生的。人性的缺点之一是，很多人总觉得应该有一个权威来告诉大家如何做才是正确的，以便指引人们走入正途。

当我们克服了上述毛病，还要防止走向另一个极端——虽然年轻的父母都能够让天真纯洁的孩子自由发展，但千万不要片面地理解为"不去纠正孩子的缺点"。一旦爸爸妈妈这样做了，就会忽视孩子的所作所为，绝大多数孩子会因此而产生情绪上的问题。在这里，我不想制定出新的原则，只是总结了一些理论。在应用这些理论之前，我们必须先思考真正发生在孩子身上的问题是什么，然后再考虑该怎么办，这样才能够满足孩子的心理需求。

现在的妈妈照顾孩子的技巧及健康知识都十分丰富，她们懂得营养均衡的重要性，知道怎样让孩子适应环境，也明白让孩子在新鲜空气中玩耍对他们吸收更多的氧气很有帮助。可是孩子并不是一只仅仅需要喂养的小动物，从出生那天起，他们就具有了精神与灵魂。如果真正为孩子的幸福着想，仅仅照料他们的身体是远远不够的，我们还需要为他们的精神发展铺平道路。从孩子出生的第一天开始，我们就应该尊重他的精神需求，并且寻求帮助他们的方法。

在照顾孩子的身体健康方面，有明确的准则可循，但是在孩子的精神健康方面，这个原则所包含的范围就非常宽了，而且至今仍然有许多不被了解。不能否认的是，孩子需要的绝对不只是吃的东西。在没有受到大人干扰的情况下，孩子自己完成一件事以后的那种骄傲和高兴的表情，就是在告诉我们——他丰富的内在潜能和表达的需要。而我们要做的是引导孩子，并创造机会开发他的潜能，而绝非阻碍他的自主活动。

现在的玩具大多数都缺少刺激孩子精神发展的功能，我相信这类玩具在消费市场上也终将被淘汰。让我们一起来看看过去几年玩具市场的变化，制造者不断加大玩具的尺寸，他们将布娃娃做得几乎和真的小女孩一样高，配套的产品如床、衣橱、炉子等，也紧跟着变大了。可是小女孩们并不喜欢这样的玩具。因此，我们必须让孩子生活在一个他们可以把握的生活环境中，比如：一个属于孩子的小小盥洗台，几把小椅子，一个他能够打开抽屉的柜子，一些能够使用的日常生活用具，一张睡觉用的小床，一张可以让孩子自己叠好的漂亮毯子。我们必须让孩子生活在一个既可以居住又可以玩乐的环境之中。我们会看到孩子在这样的环境中，双手整天都忙个不停，晚上只想赶快换上睡衣，然后爬上自己的小床舒服地躺好睡觉。孩子也会清理自己的家具，自己穿上衣服，还会养成健康的饮食习惯，会照顾好自己。孩子整个人会变得既安静又懂礼貌，不哭不闹，也不调皮捣蛋，真是一个乖巧的孩子。

新式教育不仅提供了一个适合儿童发展的环境，并且注意到孩子喜欢自己工作，还有非常强的秩序感，因此强调对孩子的生活进行观察的必要性，希望能在孩子的精神展开之前，觉察到他们的需要。新式教育期望通过我们对人体保健已有的知识，把它们妥善运用于教育中，以取得新的进步。对我们来讲，孩子心理的健全发展是最重要的，这同样是新式教育的基础。

下面，我将列举出几项原则，希望妈妈们能在此基础上找到最适合自己孩子的方法。

尊重孩子正在进行的所有合理活动，并尝试了解他们的活动目的，这是首要的一项原则。孩子内在的潜力，是促使他向各个方面努力的动力。问题是，我们往往对孩子在生活中所表现出来的潜力熟视无睹。当说到孩子们的活动时，我们脑子里浮现的只是曾经观察到的某项特定的行为，我们之所以能够观察到，可能只是因为孩子的这一行为引起了我们的特别注意。出现在我们脑海里的，也可能是孩子让我们领教过的调皮捣蛋的举动，或者是孩子再也无法忍受压抑而终于爆发出来的心理偏差。事实上，孩子活动的目的并不是显而易见的。我们应该相信他们拥有善良的本质，然后满怀爱心地去发现孩子善良的本质。只有这样，我们才能逐渐对孩子做出正确的评价。如果爸爸妈妈希望对自己孩子的自然行为有一定程度的了解，就应该按照上述建议，时刻做好发现孩子善良一面的准备。

以下是我在孩子身上观察到的一些情形。

我首先把焦点放在一个三个月大，刚刚才从生命的起点出发的女婴身上。我观察了婴儿发现自己双手的全过程。小女婴用尽全力想要仔细看看自己的手，可是她的手臂实在太短了，需要用力移动眼睛才能够看得到。虽然小女婴的身边有许多可以看的东西，可是她最感兴趣的还是自己的手。女婴的努力属于一种本能的表现，一种为了满足内在需求而宁可放弃舒适感的表现。

稍微过了一会儿，我拿了一些东西给她触摸、玩耍，可是她还是显得心不在焉，对我给的东西没有丝毫兴趣。她张开小手，看也没看就让东西从手上掉下去了。但是从那时起，她每一次尝试要抓起什么东西的时候，脸上总会呈现出灿烂的表情，不论她想抓住的物品离她很远还是很近，也不管自己是否能够抓到。小女婴满脸疑惑地不停地看着自己的手，她的表情仿佛是在说："咦！为什么有时候我可以抓住东西，有时候却不能？"对手的使用过程，显然吸引了女婴的注意力。当小女婴长到六个月大的时候，我给了她一个银色的玩具摇铃。我将摇铃放在她的手里，并教她摇出声音。玩了几分钟之后，她就把摇铃扔到了地上。我把摇铃捡起来再次放回她的手里，可是她又把它丢了。我们就这样你扔我捡地重复了好多次。这孩子好像是故意把摇铃扔到地上，好让人马上帮她捡回来。一天，当小女婴手里又拿着摇铃的时候，她不再像原来那样把手全部打开让摇铃掉下去，而是先放开一个手指头，然后再依次放开另外几个手指头，一直到五个指头全打开了，摇铃才掉了下去。这时，女婴认真地看着自己的手指头，她还反复做着一根一根张开手指的动作，并继续观察着。显然，小女孩感兴趣的并不是玩具摇铃，而是她自己手指的游戏，是那些能抓住东西的手指头让她觉得有趣，也正是对手指头所做的观察令她感到快乐。

回想一下，在她更小的时候，为了看到自己的手还需要很不舒服地移动双眼，如今她竟然研究起手的作用了。小女婴的妈妈在这方面表现得非常明智，她克制住自己，不去把玩具摇铃收起来，并且她也加入到孩子的游戏中，因为理解孩子一再重复的游戏对她的成长有着极其重要的帮助。

这个例子向我们说明了孩子在生命早期的简单需要。假如人们没有注意到婴儿对手的好奇心，也许她的手就会被戴上手套，这就阻碍了她想要看手的欲望。小女婴的父母也可能因为看到她总是把摇铃扔到地上，就干脆把摇铃拿走，那么我们上面所观察到的一切就无法出现了。而这种帮助婴儿智能发展的最好、最自然的方式，就有可能被压制。原本正在享受发现新事物的乐趣的孩子，可能会因为她的游戏被中断而哭闹起来。这时，爸爸妈妈也许会认为孩子哭得毫无道理，于是一道充满误解的高墙便从婴儿期开始，树立于大人和孩子的心灵之间。

或许有人质疑，在如此幼小的婴儿身上，真的有一个内在生命存在吗？如果这些人想了解孩子的需要，希望认识到这些需要对孩子生命发展的重要性，他们就必须尝试去了解幼小心灵的独特语言，尊重孩子发展的自由，包括帮助他们培养这些能力。

下面这个例子讲的是一个一岁的男孩。一天，小男孩看着妈妈在他出生以前所画的一些图画。小男孩尤其喜欢看那些上面有小孩的画，而且还要亲亲画上的小孩。小男孩也能够辨认花的图样，他会把鼻子贴在上面，仿佛是在闻着花香的样子。由此可见，小男孩看到孩子和花所做出的不同反应，清楚地展示出他对这两者不同之处的理解。旁观者看到小男孩做出这些动作，觉得他实在太可爱了，纷纷笑着拿起其他东西来效仿小男孩又亲又闻的举动。在这些人看来，小男孩看到孩子和花儿的反应好像只是一件有趣的事，并没有任何行为意义。于是他们拿起蜡笔给小男孩闻，递上枕头让小男孩亲。不久，小男孩脸上原本智慧的神情，转而为困惑所取代。在此之前，小男孩还为自己可以分辨图画里的东西高兴得手舞足蹈，这种分辨能力的形成是孩子智力发展的重要环节。但是现在，面对成人残忍的挑衅与干扰，孩子实在是有些力不从心。小男孩最后只能黑白不分，把每样东西都闻闻亲亲，别人笑，他也跟着笑，这样一来，孩子独立发展的道路就因此而受到钳制。

我们是否像那些笑话小男孩的人一样，犯了错误却丝毫不觉呢？成人抑制了孩子自然的行为反应，还常常把孩子弄得不知所措，然而当孩子无助地流泪时，大人反而奇怪这孩子为什么会无缘无故地哭起来。我们不曾关心过孩子为什么哭，正如我们从来不曾注意到孩子因为精神得到满足而流露出的微笑一样。其实，这种情形在婴儿的生命之初——感觉最脆弱的时候，在将要感受人际交往的时候，就开始发生了。而孩子和成人之间的情感拉锯战，也是从这个时候起正式展开了。

我们把婴儿放入摇篮，轻轻地摇他，他就会入睡。我们不应该无视那哭闹着求助的幼小心灵。但如果孩子精力十分充沛，我们立刻就知道他需要的睡眠不多。他的眼神明亮、聪慧，显现出想和人交往的神情。他如果需要帮忙，就会把目光投向每一个愿意帮助他的人。常言道，小孩子喜爱妈妈奶水充足的乳房，更胜于爱妈妈本人。这句话似乎是说孩子今后会对所有给他好东西的人表示好感。事实上，这种说法是不确切的，应该说早在生命之初，孩子就会很自然地亲近任何可以为他的精神发展提供帮助的人。我们都知道孩子喜欢大人的陪伴，并且想方设法成为大人生活中的一部分。虽然只是和家人一起坐在餐桌前用餐，或者坐在火炉旁取暖，但是孩子却会因此而感到心满意足。人们交谈的每一个言语，都是最悦耳的天籁之音，也是自然界赋予人类学习语言的方法。

第二项原则是，我们必须竭尽所能地支持孩子的活动意愿，培养他们独立的个性，不让他们养成依赖的习惯。迄今为止，孩子开口说的第一个字和他抬脚迈开的第一步，是我们看得到的，而且可以说是儿童在发展道路上极具象征意义的里程碑，也是他们进步的有力证据。第一个字开启了语言的功能，第一步则证明了儿童直立行走的能力。因为，这两个方面对一个家庭来讲都是意义非凡的大事，当这些事情发生的时候，有心的妈妈还会把它们专门记录下来。

学会走路和说话并不是很容易的事。孩子需要不断努力，他那短小的双腿才可以站立起来，那大脑袋小身体才能维持平衡。就连孩子说出的第一个字，也是相当复杂的表达方式。说话、走路当然并非孩子最先学会的两件事，它们只是孩子的两个最明显的发展阶段而已。在此以前，孩子的智能和平衡感早就发展到了一定水平，这也是孩子在学会说话和走路之前必须经历的过程，这些会吸引我们倾注所有的注意力。

是的，孩子会自然地成长，但是只有在孩子得到充分练习的条件下，这句话才算真正正确。如果孩子在成长的过程中缺乏练习的机会，他的智能发展就会停留在较低的水平。我认为那些从婴儿时期便开始受到支持与正确引导的孩子，其发育状况要比其他孩子好很多。

那些丝毫不关心自己孩子的妈妈，会从婴儿断奶时开始，就粗鲁地把饭菜接连不断地塞进他们的嘴里。如果我们能在孩子吃饭的时候，和他一起坐在小桌子前慢慢品尝，我们就会很欣喜地发现孩子会自己拿汤匙放进嘴里！

孩子学会自己吃饭是妈妈的一大功劳，因为在此期间妈妈需要付出极大的爱心与耐心。妈妈必须同时喂养孩子的身体和精神，而孩子的精神需求比身体需求更重要。一些养育观念，比如对清洁卫生的注意，当然也是非常重要的，但是与精神上的滋养相比，清洁卫生就是次要工作了。孩子刚刚学会自己吃饭，还不太懂得正确地握汤匙、拿筷子，肯定会把自己弄脏。妈妈此时就不要坚持干净的原则了，而是要让孩子自己动手的合理需求得到满足。事实上，随着生理与精神的不断发展完善，孩子的动作也会日趋纯熟，他不会再把自己弄得脏兮兮的，吃东西的时候也能够保持整洁，这说明孩子在精神的发展上取得了重大进步，这也是孩子精神发育上的一大福音。

从一个孩子能持续多少次这样的行为中，我们就可以看出他的意志力怎样。早在孩子会说话甚至走路之前——大概快到一岁的时候，孩子的行为或动作就变得好像心里有一个声音在指引着他去做。他会突然想要自己试着用汤匙吃东西，可是他这时候还无法成功地把食物送到嘴里。即使肚子饿得慌，他仍然不希望别人帮忙。只有等自己动手的需求满足了，他才会允许妈妈喂。孩子这样做也许会把自己弄得脏兮兮的，但他的脸上还是充满了快乐、聪慧的神情。此时，孩子自己动手的欲望已经得到满足，他会很配合地把任何食物吃下去。用这种方式教育的孩子，在四岁左右就学会了自己动手，自己吃东西，使大人们感到惊讶。虽然孩子这时候还无法开口说话，但是他能够听懂别人跟他讲的话，还会用动作来予以回应。

孩子的一些动作可以让人感受到已然开化的智慧。当我们说："去洗洗手！"孩子就会去洗手。当我们让孩子把地上的东西拾起来，或者把脏东西擦掉，他同样会照着去做，而且每件事都做得非常认真和投入。

一次，我带着一个将近一岁的小男孩去乡下。由于他刚刚学会走路，因此当我们走上一条石子路时，我下意识地要去拉他的手。但是我强迫自己打消了此种念头，只是以口头提醒的方式告诉他："从旁边走！""小心，这儿有石头哦！""这里要小心走！"男孩很认真地听着我的提醒，一步步地小心走路。他不但没有跌倒，还走得很稳。我说一句他走一步，我轻声地说，他留意地听。小男孩对这个听话行事的活动充满兴趣，乐在其中。用这样的方式来教育孩子，是每一位妈妈真正需要尽到的责任。

假如我们只是给孩子一些对其发展没有多大用处的东西，这对孩子来说并没有真正的帮助。只有配合孩子的精神发展需要，才能使他获得最大的帮助。另外，了解孩子的天性以及尊重孩子的本能活动，同样是两项有意义的教育孩子的重要工作。

第三项原则是，我们必须时刻警觉和孩子的相处之道。因为孩子的感情——特别是对外来影响的感受，比我们想象的要更加敏感且细腻。

如果我们既没有足够的经验，也缺少应有的爱心，不去辨别孩子在生活中所流露出来的细致情感；如果我们不懂得如何尊重孩子，只是在孩子表现得最激烈的时候才有所察觉，那么这时我们的帮助就为时晚矣。孩子之所以会有某些过激的行为，完全是因为我们忽略了他的某些需要，所以他才会哭闹，而我们这时匆忙地赶去安慰孩子，明显是把事情的次序给颠倒了。

然而，有些家长还保持着另外一种育儿原则，他们从过去的经验中得知，孩子哭闹一阵后就会自己安静下来，所以，孩子的眼泪是无法打动他们的，他们也不会想到去安慰孩子。这些家长认为如果孩子一哭就去安慰他，这样不但会把孩子宠坏，还会使他们养成用眼泪来引起大人关注的坏习惯，而爸爸妈妈有时就可能会变成这些被宠坏的孩子的奴隶。

我有必要就此看法作出一个回答，孩子那看似莫名其妙的眼泪，其实在他习惯于我们的爱抚前就开始了，实际上这是孩子内心挣扎不安的表现。为了内在身心的构筑，孩子需要充分的休息，更需要一个平和温馨、让他感到安心的环境。可是，大人却一再强加干预，比如，我们一股脑地灌输一些东西到孩子的大脑中，速度快得使他根本来不及消化吸收，导致他像饿过了头或吃得过饱似地放声大哭，因为他感觉到了消化不良。

我们应该尝试着让孩子自己擦干眼泪，并尽自己所能去安慰他，可是我们往往忽略了他们的真正需要，虽然孩子哭闹背后的原因是如此难以捉摸，但是它却可以解答所有的问题。

海伦是一个不足一岁的小女孩，她常常用西班牙语中的加泰隆尼亚方言"不怕"（Pupa）这个词来代表"不好"（Bad）的意思，通常都是因为有了什么原因才会哭。海伦对周围的事物非常好奇，我们注意到，每次她都是经历了一些不太开心的事，比如撞到什么东西，觉得冷了，碰到冰凉的大理石板，或者手摸到粗糙的东西，就会说出"不怕"（Pupa）这个词。当她伸出被撞疼的手指给大人看时，大人都会说几句安慰的话，或是亲亲她受伤的手指。海伦很在意大人对她的及时关心，然后她会说："不怕！"（Pupa）仿佛是在告诉大家："我觉得好多了，你不必再安慰我了。"通过这样的互动，海伦不但能够表达她的感受，也懂得体谅身边的人对她所付出的关爱。她绝不是一个被宠坏了的孩子，因为没有人给予海伦毫无意义的拥抱，或者过多的安慰。实际上，通过关心孩子的感受，我们不仅让孩子清楚地观察到了人与人之间的互动，还有助于发展其社交能力，这等于帮助他们学习了社交上的第一经验，另外，孩子细微敏锐的情感天赋也因此能够得到顺利发展。每当孩子告诉我们什么事使他觉得不愉快时，我们绝对不能这样说："没关系，不用在意。"我们应该理解孩子不愉快的感觉，并轻声地加以安慰，但也尽量不要去渲染他们所遇到的不快。

孩子觉得不快乐，或者心里有不愉快的事儿，大人如果在此时帮助他树立自信心，就很容易使他在情绪上产生共鸣，这样做不但能起到鼓舞孩子面对负面情绪的作用，同时也能够引导孩子正确排解自己的情绪。我们绝对不能否定孩子当时的感觉，也不要对孩子的情绪熟视无睹。当然，另一方面，最好也不要对孩子的情绪谈论过多，或者在孩子的情绪问题上大做文章。一句温柔关爱的话，才是孩子唯一需要的安慰。得到及时的安慰和关心以后，孩子可以将他对周围事物的观察继续下去，不受影响地自由地体验生活，孩子身体的发育也会因此受益匪浅。

海伦并非一个动不动就哭的小女孩。如果她的身边发生了什么不好的事情，她会不停地自言自语"不怕"，然后期望有人来安慰她。

有一次海伦生病了，她一直对妈妈说着"不怕"，仿佛是在安慰自己。与其他同龄的小孩子相比，海伦在身体不舒服时的忍受能力真是惊人，她不但懂得调节自己的情绪和感觉，还会像成人一样把烦闷与不适抛开。

看到别人痛苦，孩子通常也会跟着伤心哭泣。海伦和劳伦斯这两个小孩子就是这样，他们的情绪十分敏感。例如，有人假装打了护士一下，或者爸爸作势要打他们的一个小伙伴，海伦和劳伦斯立刻就会大哭起来。如果有人心情不好，或是为了什么事而伤心哭泣，海伦会立即跑到这个人身边温柔地亲亲他，然后用自信的口气说："不怕！"以表达"不要怕，一切都会好起来的，我们别再提这件事了"！虽然海伦还不太会说话，但是她的语气是如此地坚定和明确！假如是劳伦斯的话，他会表现得更为积极。如果他的爸爸做错了事，劳伦斯会鼓足勇气数落爸爸的不是。假如爸爸对他做出一些粗鲁的举动，或者推搡他，他绝不会哭，他会昂起头站到爸爸面前，用很严肃的神情看着爸爸，然后用责怪的口气说："不，爸爸！"意思是说："你不能这样对待我！"

一天，劳伦斯躺在床上想要睡觉，他爸爸在隔壁房间里大声和别人讲话，劳伦斯从床上跳起来，大声喊道："爸爸，小声点！"听到这个警告，爸爸赶紧把说话声音压低，劳伦斯也就心满意足地伸伸懒腰，继续他的美梦去了。

我还记得在海伦三岁左右的时候，曾经发生过这样一件事。海伦的阿姨拿了一些"儿童之家"的教具——色板给她看，其中有一块色板被阿姨不小心掉到地上打碎了，她的阿姨抓住这个机会，教育海伦说："你看，我们做事一定要很小心！"海伦接着阿姨的话说："不能让它掉到地上哦！"小孩子就是这样，想到什么就说什么。他们也会批评、责备大人的不是，只有当大人解释为什么这么做的时候，小孩子内心中的正义感才能得到平衡。

我们无需在孩子面前充当完美的人，不要期望着每件事都能做得尽善尽美；相反，我们有理由审视自己的缺点，虚心接受孩子公正的批评。有了这样的想法，当我们在孩子面前做错了事的时候，也就能够原谅自己了。

海伦的阿姨有一天对她说："亲爱的，今天早晨我对你说话的声音大了些，都怪我心情不好，不该把气撒在你身上。""亲爱的阿姨，"小海伦拥抱了一下阿姨说，"你知道吗？我非常爱你！"

总之，请不要把在孩子面前树立起一个完美形象当做我们的责任，我们在孩子的眼睛里永远都会有些小缺点。孩子比我们自己更能看清缺点在哪里，而且还能帮助我们认识到缺点并加以改正。我们要随时注意孩子精神上的表现，要让他们充满自由，这样他们才能够清楚地了解自己的需要，进而寻求有利于自己发展的所有外在需求。这就是促使孩子自由、协调发展以及焕发出活力的重要前提。

教师如何带好孩子

如果想当蒙台梭利学校的教师，一定要有心理准备。也就是说，要时刻记得这样一件事：在其他学校，教师需要随时注意学生的行为，随时照顾他们，随时教育他们；而在蒙台梭利学校，教师首要的任务是把跑到其他班级的学生找回来，这是蒙台梭利学校的教师和别的学校的教师最大的差别。刚到蒙台梭利工作的教师必须记住——儿童是通过工作来发展自己的。因此，作为教师，必须抛弃过去那些自以为是的想法，包括孩子的发展水平存在差异的观念；他需要关心的是儿童的正常发展，而不是某种类型儿童的缺陷；他一定要坚信，一旦儿童被工作吸引，自然美好的天性就会发挥出来；不论孩子眼下状况如何，总有一天他会把注意力集中到所做的工作上。所以，教师必须投入全部精力去改变自己的工作方法，以满足不同发展阶段儿童的需要。总而言之，他需要处理好以下三方面的问题。

在第一个阶段，教师应该是环境的管理者，要随时留意环境状况，而不应该被孩子们吵得心神不宁，这样才能帮助儿童走上自主发展的正轨。在我们的家庭中，妻子为了能够吸引丈夫，总是千方百计地把自己的家装饰得漂亮些。她们要吸引在外面工作的丈夫，却并不把全部精力放在他们身上，反而下功夫美化家庭环境，把家庭变成一个温馨、舒适、充满乐趣的地方。或许她们过于讲究了，不过，一个家庭要具有吸引力，干净、整洁，房间中的物品摆放整齐、有条不紊，则是最起码的要求。学校也一样，教室应该保持干净、整洁，各种小东西摆放有序，而且放在适宜孩子们使用的位置；同时，教师也应该衣着整洁，神态平和，具有一定的威严，这样才能对孩子产生吸引力，使孩子们乐意接受他的帮助。

当然，教师的性情各有不同，不能一概而论，但有一件事必须记住——教师的形象极为重要，这关系到他们能否获得学生的尊重。一名教师必须注意自己的言谈举止，尽量使自己多一点风度，像一个绅士。孩子们通常把母亲当做自己的审美标准，当他们见到一个美丽的女人时，往往会说："好可爱呀，就像我的妈妈！"可能这个孩子的妈妈一点儿都不漂亮，但在孩子们的眼里她非常漂亮，而且认为漂亮的女人都像他的妈妈一样。母亲是儿童生活环境的重要组成部分，同样，教师也是儿童学习环境的重要组成部分，因此，教师必须注意自己的形象。

环境对儿童的影响是间接的，但是，如果环境不适宜，儿童的身体、智力和心理发展都会受影响。前面提到过，教师对儿童的发展只起到辅助作用，维护一个适宜的环境就是其中之一。所以，在这个阶段，教师的首要任务是关注环境。

到了第二个阶段，环境问题已经解决，我们自然会问："面对这些心理还在发育的孩子，教师应该做些什么呢？怎样才能吸引他们？怎样才能让他们专注地工作呢？"我的答案是"引诱"（希望这个词不会引起误解），就是诱导儿童向我们的标准看齐。既然这样，如果教师不注意环境，家具上布满污迹，玩具缺胳膊少腿，而且随意摆放；不注意礼貌，举止懒散，随随便便，那么他的教育目的就无法实现。在儿童还缺乏自我意识之前，在他们还不能够集中注意力之前，教师应该像一束温暖的阳光，照亮他们幼小的心灵。我们不必担心教师过多的指导会影响儿童的心理发展，因为在此阶段，儿童的心理发展尚未开始，这个时候给儿童一些指导是必不可少的。

曾经发生过这样一件事，一个基督徒看见满街都是流浪儿，就想要把他们召集起来，可是这些野孩子并不听招呼，于是这个基督徒想出各种方法吸引他们，最终把孩子们召集到了一起。

教师们应该向这个基督徒学习，用各种方法吸引孩子，比如讲故事、做游戏、唱歌等。如果教师能够吸引孩子们做游戏，就能够使孩子们安静下来，尽管这些游戏不一定有多大的教育意义。谁都知道，活泼的教师比死板的教师更具吸引力。只要努力去做，每位教师都可以成为充满活力的人，都可以兴奋地说："同学们，大家一起来，把这些东西全部搬走。"都可以和孩子们一起做游戏，鼓励他们，表扬他们，或者对孩子们说："水桶有些脏了，我们把它涮洗干净好不好？"或者说"我们到草地上采一些花好不好？"这些行为都能够激励孩子们去行动。

在第二个阶段，教师应该做的就是这些。有的孩子在这个阶段总是难以安静下来，总是打扰其他孩子，这时候，教师就需要进行干涉。尽管我反复强调，当孩子专心做自己的事情时，尽量不要打扰他们，因为这样做会妨碍他们的正常发展，可对这样的孩子恰恰相反，我们应该打断他们，否则更多的孩子会受到干扰。当然，做这样的事要注意方法。依据我的经验，最有效的办法是对这些孩子表示极端的关注，或者用惊叹性的语言来吸引他们的注意力。例如，可以对他说："怎么样，约翰？到我这儿来，我有东西给你玩。"要是他不加理会，可以接着说："我们到花园里去，好不好？"然后把他带出去，或者交给助手来管理，使其他孩子免受干扰。

在第三个阶段，儿童开始对一些东西产生兴趣，尤其是与他们生活有关的东西。经验表明，在儿童能够集中精力之前，不应该向他们提供与文化有关的东西，因为只有当他们拥有了这种能力时，这些东西对他们才有益处。当然，这并非绝对的，需要看儿童的实际生活经验。但是，有一点的确十分重要，就是当儿童对什么东西发生兴趣的时候，千万不要打扰他们，因为这种兴趣的出现，表明他们的某种内在能力开始发展。这种兴趣会使儿童接触很多东西，从中学到一些新的行为方式。当然，这种能力的萌发极为脆弱，微小的干扰都可能产生不利的影响。就如同一个美丽的肥皂泡，细微的干扰都会使之破灭。

因此，教师在这个时期一定要谨慎，千万不要去打扰儿童，即使出于关心、赞许也是不应该的，这是教师经常出现的一个错误。当儿童专心工作的时候，教师走到他们的身旁，突然说一句"真不错"，仅此一句，就会把儿童的兴趣破坏殆尽，因为此时儿童的心理十分脆弱，很容易受影响。一般情况下，儿童对某种东西的兴趣会维持两周左右，因此要是教师过分热情，看到孩子做事困难，就走过来帮忙，孩子很可能甩手走开，丢下这件事情不管了。儿童的兴趣不仅在于动手，还在于从反复揣摩中得到乐趣，因而，如果教师加以干涉，使得他们的注意力无法集中，也就不再对这件事情感兴趣了。我们经常看到这样的情况，一个儿童在奋力地搬动一件重东西，当教师走过来帮忙的时候，孩子就丢下这件东西跑开了。我们说作为教师必须小心，因为帮助、表扬，甚至一个眼神都可能打扰儿童。也许有人觉得这些话有点危言耸听，但事实就是如此。其实这些话很好理解，只要有人在旁边看着，成人也难以集中精力做事情，因为这种干扰很容易感觉到，儿童更是如此。

优秀的教师都知道自己应该如何去做——只要儿童集中注意力做自己的事情，就应该把他们当做不存在一样。合格的教师当然不会放弃自己的职责，但也不会去打扰孩子，而是用眼角的余光观察他们在做什么。

对此，当儿童可以有目的地进行选择的时候，可能产生另一个问题，就是许多孩子争抢一件东西。我的意见是，只要没有发生什么特殊情况，教师就不要轻易介入，最好让孩子们自己解决问题。

总之，教师在这个阶段的责任是，当孩子们已经熟悉了一种东西之后，就要及时提供一些新的东西。当然，这种技巧并不好掌握，需要经过一段时间的实践，而且应当把它提到心理学的高度。从心理角度上讲，帮助可能会带来一种傲慢心理，这是一个教师应当时刻警惕的。教师的所作所为不应出于一时冲动，而应该是有条理和有分寸的，要使孩子能够从这种无私的给予中得到快乐。教师对儿童的帮助和支持要尽可能地隐蔽，这样，即使他们意识到了教师的介入，也会认为是很自然的事情，而不会想到这是别人的一种有意识的帮助，从而即可训练孩子的独立性与自主性。教师和儿童间的交流发生在精神领域，儿童的心理就是教师需要伺候的主人，教师要像仆人一样用心伺候这个主人。教师需要把桌子擦拭干净，把用具摆放在固定位置，但当把这些事情做好之后，就应该退到幕后。教师必须从儿童心理的角度来思考问题，如果他们没有需要，就不要自作主张，一旦他们有所吩咐，就要立即予以满足。如果儿童需要夸奖，教师就应该说："啊，太棒了！"虽然他并不一定觉得真是如此。同样，如果儿童正在全心全意地做自己的事情，一定不要打扰他们。如果发现他们需要得到认可，就应当给予赞许。所以我们说，教师和儿童的关系集中在心理领域，而且就像主人与仆人的关系。一言以蔽之，教师的工作就是为儿童的心理发展服务。在当今教育领域，这种师生关系却是一件新鲜事。教师不是为儿童的身体服务，无需为孩子缝缝补补，洗洗涮涮，这些事情儿童将来会自己做，只要他们的自然发展不受阻碍，就可以获得身体上的独立。同样，只要他们能够自由选择，在工作中不受干扰，他们就可以获得思想和意志的独立。人格的发展就是不断获得独立的过程，教师必须帮助儿童获得独立行事、判断和思考的能力。

教师的工作是一门艺术，是为人类心灵服务的艺术，只有在为儿童服务的过程中才能得以完善。

只要教师的方法正确，可以满足儿童发展的需要，那么儿童天性中的优秀品质就会不断显现出来。对成人来说，儿童心灵中所迸发出的火花是多么珍贵、多么令人高兴，就像在沙漠中穿行的人看到了绿洲，听到了叮咚的流水声。人类的优秀品质往往埋藏在儿童的心里，如果教师能通过自己的工作将它们开发出来，自身将会感到多么快慰和满足；这些儿童也将会成为人类的优秀成员，会引导他们一生的热情从不熄灭，工作富有成效，他们会克服各种困难，会真心关爱弱者，并给予有效的帮助，他们知道如何尊重他人，如何呵护人类美好的心灵。

但是，所有这些都不是一朝一夕就能够达到的，需要逐渐发展形成的。开始时，教师可能这样说："这个孩子发展得很不错，超出了我对他的期望。"

对于一个教师来说，是否知道一个孩子叫什么名字、父母的职业并不重要，重要的是了解他们在生活中的表现，观察他们身上出现的发展特征，只有如此，教师才能对儿童有深入的了解。当儿童的美好天性展现在教师面前时，作为教师要对儿童有深入的理解，因为儿童的天性具有触动人、改变人的力量。

爱有两个层次，人们平时对孩子的爱就是照顾他们，关心他们，爱抚他们。孩子激发了我们心里的爱，我们又把这种爱赠与他们，因为父母和儿童之间有一种心灵上共鸣的世界。也就是说，儿童的爱能够促使父母与教师成长。

在达到这样的精神境界之前，教师通常认为自己的职业很崇高，可是一到了节假日，情况就变了，教师也会像其他职业的人一样要求加工资，缩短工作时间，他们还希望在自己的学生面前有威信，是学生的偶像，这些都能给他们带来满足。但是，对于一个追求更高境界的人而言，这些都不是真正的幸福，很多这样的人都辞去了高薪职业，而献身于幼儿教育工作，人们把这样的人称为"婴儿教师"。这样的"婴儿教师"我认识很多，其中有两位是巴黎的医学博士，他们放弃了原有的工作，转而从事幼教工作，对儿童发育现象进行研究，获得了很大成就。对于这些教师来说，成功的标志是什么呢？是他们可以自豪地说："孩子们能够自己认真工作，而不取决于教师在不在身边。"

但在观念发生转变之前，教师们并非这样看。那时，他们总是认为是自己教给了儿童知识，是自己提高了学生的水平，儿童的进步理应归功于他们的劳动。但是，随着对儿童精神发展的认识，他们的观念发生了变化，他们开始重新认识自己工作的意义，他们会说："我的贡献在于，帮助儿童完成了他们想做的工作。"这项工作的确令孩子感到满意。在儿童六岁的时候，一个充满活力的人格就呈现出来了，教师此时能够意识到，自己确实为人类做了一项伟大的工作。如果没有与儿童进行交流，教师可能对他们的生活一无所知，也不会对他们的未来充满兴趣，更不会去关心他们是上了中学、进了大学，还是中途辍学。无论怎样，当教师们看着孩子们顺利地度过了这个性格成型时期，获得了必要的工作能力，就可以坦然地说："这些孩子已经完成了这个阶段的发展，在这个过程中，我一直伴随在他们左右。我曾为这些孩子的精神发展做出过自己的贡献。"

这些教师不会在孩子们的身上行使自己的权威，他们甘为人梯，甘心促使儿童的心理正常发展，如今，他们认识到了自己工作的价值所在。据此，很多人认为儿童的健康发展应该归功于教师的自我牺牲。他们会说："这些教师真是谦虚呀！他们在教育孩子的时候，从不把自己当做权威。"另一些人却说："未必是这样吧！如果教师的自然本能都受到压制，那么这种教育方法能取得成功吗？"实际情况并不是这样，教师在教学过程中并没有做出牺牲，也不存在任何压制，他们只有一种满足感，体验到了另一种生命价值。这种价值他们以前不知道，如今在伴随儿童成长的过程中显现了出来。

在我们所倡导的这种教育方式中，所有原则都有了不同的含义。下面就以"公正"为例加以说明。

"公正"是现代社会的基本准则，无论对一个学校、一个社会，还是一个民主国家，公正就是"在法律面前人人平等，无论贫富和社会地位如何"。这样，公正就和法律、监狱、诉讼联系在一起了。在民主国家，法院被人们称为"正义之所"，如果有一个人说："我是一个诚实的公民"，那意思就是说，他与警察局、法院等法律机关并无瓜葛。假如公正就是这个意思，那么教师在对学生表示关心时就要注意——弄不好，他就得对所有儿童表示关心，因为他必须公正。很明显，这是一种低水平上的公正，因为这种公正要求一种不现实的平等，如同说，所有的人都长得一样高。

高水平的公正属于精神领域。这个层次的公正，可以确保每个儿童得到最大的发展。这个公正就是给所有需要帮助的人提供帮助，促使其精神境界得以全面发展。这种公正就意味着，对处于每个年龄段的儿童的精神发展提供帮助，使他们获得形成这种精神境界的能力。而这也是社会组织形成的基础。这种公正是人类的精神财富，我们不能把它丢弃，因为物质财富的价值远不能与之相提并论。在现代社会，物质财富不再具有决定意义，只有一个人的能力得到了全面发展，生活资源才不会成问题。如果人类的精神能够达到完善，人类就会变得更加富有，贫富差距也就不再有意义。人真正的创造力不是来自肉体，而是来自精神，不是来自四肢，而是来自大脑。只要人类的精神和智慧得到全面发展，就没有什么无法解决的问题。

在没有外人干预的情况下，儿童会形成一个秩序井然的群体。而成人的社会，却充斥着监狱、警察、士兵和枪炮。儿童的发展规律告诉我们，自由和纪律相互依存，如同硬币的正反两面，因为自然发展的自由性能够形成纪律性。硬币都有正反两面，一面是人头或者图画，制作精致，十分美观；另一面没有装饰，只有一些数字和说明文字，我们可以把这一面比作自由，把另一面比作纪律。在传统的学校里，当一个班级纪律涣散的时候，教师会觉得这是自己导致的，于是找出所犯的错误，并予以纠正，同时，他会为自己没有教育好孩子而感到惭愧。如果使用新式教育方法，教师就不会因此感到惭愧了。

教师在为儿童服务的同时，也在为自己的生活服务，在协助儿童精神发展的同时，也提升了自己的精神境界。人类生活的规律是不停向上发展的，儿童就是为人类的生活添砖加瓦的人。

自然是有秩序的，人类同样需要生活在某种秩序之中。秩序是自然发展的结果，当它在我们面前出现时，我们会发现生活早已进入了秩序状态。很明显，在自然赋予儿童的诸多使命中，包括激发我们持续进取的使命。假如我们伴随儿童一起成长，就会被带入更高的精神境界，那个时候人类的物质需要就自然会得到解决。

在结束本章之前，请允许我重复一下曾经说过的一句话，这句话对大家记住上述谈论的问题很有帮助，这句话是对这个问题的总结："上帝，请帮助我们认识儿童的秘密吧！只有依照您的旨意和自然的规律，我们才能了解儿童，帮助儿童。"

教师与纪律

有一位没有经验的女教师，她对儿童教育十分热情，认为儿童的天性中并不缺少纪律性。但是，她在教学中却遇到了很大的问题。

后来，这位教师接受了我们的观点，意识到应该让儿童选择自己喜好的事情，而不应该对他们的自发行为加以干涉，并且知道了教师不能强制儿童做什么事情，诸如恐吓、奖赏和惩罚都是不正确的做法。她同意我们的观点，即教师应该从孩子身边隐退，扮演一个旁观者的角色，为儿童提供足够的发展空间，尽量避免自己的个性对儿童的成长造成过多的影响。同时，她还为孩子准备了大量玩具。然而，这位可敬的教师的努力却没有获得回报，孩子们的服从意识不但没有增加，反而减少了。

难道是这些原则错了吗？不是，原则并没有错。很明显，这位年轻的女教师刚刚接触工作，缺乏教学经验，她忽视了理论和实际之间的差距。这种情况在所有人身上都会发生，比如医生，或者其他受过较多理论教育的人，一旦开始实际工作，他们就会发现处理事情远比求解数学方程要困难得多。

我们千万不要忘记儿童的纪律性是后天形成的，教育的任务就是有意识地引导这个过程。当儿童的心理被事物所吸引，把注意力集中在某些事物上，就表明他们开始有了纪律性。这些事物不但可以给儿童提供实践经验，而且可以提高他们控制错误的能力，正是这种实践经验的作用，才使儿童的心理形成了一个整体，他们也就变得安静快乐起来。儿童的性格发展，显示了人类心理的巨大价值，而教师需要做的，就是给儿童指明通向身心完善的道路，帮助他们扫清身心发展中遇到的障碍，如果教师对此缺乏认识，就可能成为儿童身心发展的最大障碍。假如儿童已经具有了这种纪律性，可以很好地运用他们的意志力，那么我们的工作就成为多余，因为儿童的本能倾向能够使他们克服困难。

那些送到我们学校来的三岁儿童，面临的情况已经十分严重了，比如这些孩子都对成人持有一种防御意识，很难在他们身上看到正常儿童所具有的那种安静、平和与聪慧，他们的个性也显得很浅薄，比如懒散、任性、不服管教、表达不清。一句话，这些儿童需要我们的帮助，他们的聪明才智和美好天性等待着我们去唤醒。虽然他们的发展遇到了障碍，受到过压制，但是他们没有被毁掉，因为他们的缺点还可以纠正。学校将给他们提供足够的发展空间、机会和条件。我们的教师很清楚，这些儿童之所以有许多缺陷，是因为正常的心理发展遇到了障碍，只有帮助他们排除了这些障碍，才能使他们自由地发展。要是教师连儿童纯粹的冲动和心理的自然能力都无法区分，那么他的教导就不会有任何效果。对这两种行为的区别是教师工作的基础。这两种行为都出自儿童的自由意愿，但两者又完全不同，所以有不同的特点。教师必须能够区别儿童的这两种行为，这样才可能成为一个合格的观察者和指导者。教师的角色与医生有很多相似之处，一个医生首先要能够区别正常的生理反应和疾病症状，如果连有病、没病都不能区别，更谈不上对病症的诊断和治疗了。同理，要指导儿童追求完美，首先要能够分辨出好与坏。我们可以对儿童心理发展的各个阶段做出准确的描述，这样能够向教师们提供一些标志性的特征。

下面，我将对三四岁的儿童进行集中分析讨论。这个年龄的儿童不具备纪律性，因为他们尚未接触到这种因素。现在我们就来谈论一下这个年龄段的儿童所具备的三种主要特征：

（1）主动行为失常。这里只讨论这些行为，而不讨论行为的动机。这种症状充分表现出行为的不和谐，缺乏协调性。这种症状极为重要，因为它关系到神经医学问题。如果一个患有严重疾病的患者，比如，处于发病初期的瘫痪病人，医生能够在他的主动行为中发现一些微小缺陷。如果这个医生清楚这些缺陷的重要性，就不会说这个患者心理失常、行为紊乱，即使这是主动行为失常的两种主要症状。同理，笨拙的儿童会有一些其他表现，比如举止无礼，经常大喊大叫，做出一些奇怪的动作，如前冲、旋转等。不过这些行为并没有什么医学价值，我们可以通过教育使这种行为变得和谐，这样主动行为的失常就会减少。很明显，一些带有病变性质的反常现象，是难以借助教育手段来弥补的。因此，对儿童在发展过程出现的种种失常现象，教师无需一一进行纠正，只需为儿童的正常发展提供有趣方式就可以了。

（2）儿童不能把注意力集中在一个物体上。这些儿童的大脑经常处于空想状态，他们总是喜欢玩石块、树叶之类的东西，并且会对着这些东西说话。这样的孩子长大之后，只会沉迷于不切实际的幻想中，成为想象的俘虏。而且这种想象越偏离正常，大脑会越疲惫。不幸的是，竟然有人认为这种空想能够促进心理的发展，认为这种想象力颇有创造性，是艺术天赋的一种表现。其实不是这么回事，对于这种儿童来说，这样的想象就是石头、树叶，除此之外什么都不是。

人的精神世界是如何建立起来的呢？它基于能与外界和谐相处的完整人格。人的精神力量应该投向现实事物，而空想则恰恰相反，它只会妨碍人对现实的关注，会给人造成一种逃避现实与责任的不良心理。空想远离现实世界，绝非正常的发展状态，不会带来精神的和谐与完善。可以说，空想是精神器官的一种萎缩症状。为了把儿童的注意力转移到实物上来，教师们想出了很多方法，比如让孩子们摆桌子。这些方法不一定有实际作用，要改变这种不良症状，最有效的办法是帮助孩子协调运动能力，并把注意力集中到周围环境上来。当然，对儿童的各种不良症状逐个进行纠正，既不可能，也不必要。但治病要治本，只要儿童可以集中注意力，从实际事物上获得需要的经验，各种能力获得正常的发展，他们就能够恢复健康。

（3）模仿倾向。这种倾向不是独立的，而是与前两种现象密切相关。在如今人们的生活中，这种倾向变得越来越现实了。可以说，这是人类的一种根本性的弱点。这里所说的模仿倾向，是两岁儿童个性表现的一个特征，属于儿童正常发展的范围之外，更小一些的儿童同样存在着模仿行为，但与此不同，这在前面已经讨论过。这里的原因在于儿童的一些能力的发展受到了抑制，使得儿童被迫模仿他人的行为，他们就如同没有风帆的船一样，随波逐流，迷失了自己的发展方向。我们对一些两岁儿童进行了详细的观察，发现他们的所有知识都是来自模仿，这表明了一种心理退化，因为须知，正常儿童对知识的吸收表现出内在的创造力。造成这种模仿倾向的主要原因，可能是行为失常和心理波动。须知，模仿这种行为只会降低儿童的身心发展水平。

有一个例子，假如一个孩子出于某种原因大吵大闹，或者躺在地板上要赖，又哭又叫，其他孩子即可能模仿他，甚至比他闹得更凶。这就是我所说的不正常的模仿行为，这种行为会传染整个群体，甚至传到班级之外。这种"群体本能"会导致大量儿童出现反常现象，结果做出违背常规的事情来。

总之，这种模仿带来的退化越严重，儿童就越难恢复正常发展。不过，一旦他们回到身心发展的正轨上来，所有这些不良现象都会随之消失。

如果一位教师只知道让儿童自由表达，只知道帮助儿童身心发展的方法，而缺少实际的教学经验，当他要管理一个班级的时候，就会发现许多令人头痛的问题，比如：小家伙们并不像他想象的那样严守纪律，他们十分散漫，随意拿东西，一切都很混乱。如果他对此不闻不问，就会吵闹声四起，把事情弄得一团糟。不论这种局面是如何造成的，是缺乏教学经验，还是思路错误，要想解决问题，只能对儿童的心理活动进行研究。因为作为一名教师，只能想办法帮助这些在地板上跑来跑去的小家伙。

首先要想办法让孩子们有所警醒。这时候，一种和蔼而又略带威严的口气或许合适。教师要敢于制止孩子的错误行为，这是必要的，就像要他们回答问题之前，得先点他们的名字一样，要想令这些小家伙觉醒，就要叩击他们的心灵。这时候，教师需要暂时放弃所学到的教育理论，拿走孩子们身边的小物件，然后发挥自己的智慧，从每个孩子的问题入手，开始自己的教育工作。教师了解所有孩子的问题，也应该可以找到解决的方法。一个好医生不仅仅会开药方，一个好教师也不能死背教育方法，而应该对具体情况加以分析，找到解决问题的办法。这时候，教师必须想办法恢复班级的平静，他可以加重说话的口气，提醒大家注意；也可以低声对个别几个孩子说话，以此吸引其他孩子的注意力。当然能够使用的方法很多，这些需要教师根据情况来自行选择。

在实际教学中，有的班级从不会出现混乱局面，显然，这个班级有一位经验丰富的教师。这样的教师在离开班级之前，会观察班级的情况，如果自己离开之后有出现混乱的可能，就会预先作必要的指导。教师在夸奖或者教导儿童的时候，语气要平静，要显得坚定而又不乏耐心。

还有一些方法能够让儿童安静下来，比如，让孩子们重新摆放桌椅，同时要求他们尽量不要发出声响，或者让他们把椅子在过道上排成一排，然后端正地坐在上面，或者组织他们在教室里慢慢跑动，这些方法可以集中孩子们的注意力。当教师觉得恰到好处，就可以说："好了，孩子们，我们安静一会儿吧"，这样教室里就会出现安静的局面。随后，教师可以给孩子们一些玩具，但不要让他们玩太长时间，让他们学会使用就可以了，时间长了孩子们可能会产生厌烦情绪。

这样，班级就会长时间保持安静。孩子们在一个现实的世界里忙忙碌碌，每个人都在做自己的事，每个行为都有自己的目的性，比如，擦桌子、扫地、学习使用小东西等。

很显然，在这样的学习环境里，儿童的各种能力会得到加强，教师也会感到满意。但是，这种情况并不能令人完全满意，因为这种蒙台梭利式的小物件尚不足，在我教过的一些学校，孩子们总是反复地摆弄同样的东西。

可是，即使有很多玩具供孩子玩耍，这里也会出现一个问题，威胁到这种稳定的局面。这就是孩子们会不停地变换手里的玩具，每种玩具都摆弄一会儿，随后就去寻找别的东西，教师会看到孩子们不停地跑向玩具柜。如果没有一种玩具能激起孩子的兴趣，他们的能力就难以得到发展，个性也就无法得到锻炼。假如孩子们像蜜蜂一样在花丛中来回穿梭，却找不到可采的蜜，他们的内心就无法得到满足与和谐。显然，如果儿童本能的力量没有觉醒，他们就无法进行工作，也就不能完成性格和心理的发展。

一旦出现这种局面，教师的工作就会难上加难，他在孩子之间奔来跑去，却又不知道该如何做，反而把焦虑情绪传染给孩子们。感到厌烦的孩子就会在他背后胡闹，教师照顾这一个孩子，另外一个又出了问题。这种情况表明，孩子们的道德和智力发展尚未开始，还有待于我们去开发。

教师心里明白，这种纪律是很脆弱的，随时可能失去控制，出现无序的状况，会使他们处于一种紧张的状态，这对教师是一种折磨，也会给儿童带来不良影响。根本原因是这些教师没有受到足够的训练，又缺乏教学经验。教师应该知道，这些孩子正在经历着一个心理转型期，个性发展的通道尚未打开，他们还在原地徘徊。这时孩子们的行为当然难以令人满意，更谈不上完美。他们刚刚可以控制自己的行为，但还不够稳定，时好时坏，与第一阶段相比，他们似乎没有取得多大进步，虽然他们已经接触到了现实世界，可还远没有把它和自己联系起来。就像大病初愈的人一样，这些孩子的一切都有待于加强。这是一个重要阶段，教师的工作需要起到两个作用：一是对每一个孩子进行监护，二是逐个进行教育。也就是说，教师必须管理好整个班级，同时要对孩子进行个别指导，告诉每个孩子每件东西如何使用。教师还要记住，在单独指导某个孩子时，不要避开其他孩子，必须时刻记得指导是所有孩子的需要。教师需要对学生进行个别指导，而且在指导中要显得十分亲密，这样才能打动儿童的心灵，激发他们潜在的能力。迟早有一天，孩子们会对手里的东西产生兴趣，并且把注意力集中起来，反复使用这个物体。于是，儿童手的技能就得以提高，而且会出现一种积极、满足的状态，这表明，他们的心理发展步入了一个新阶段。

我们知道，自由选择对儿童的心理发展极为重要。可是，这样的选择有一个前提，就是儿童必须对自己的心理需要较为明确。如果儿童受多种外物的吸引，兴趣就容易被分散，一会儿摆弄这个，一会儿摆弄那个，这样就没有发挥意志的作用，更谈不上自由选择。这一点很重要，如果儿童不能运用自己的主观意志，就无法获得完美的发展。一旦这样，他就只能被动地接受环境的影响，受外部刺激的摆布，他的心理也会像钟摆一样摇摆不定，得不到稳定和平衡。儿童心理发育成熟的标准，必须是他们具备了自我感知的能力，能够集中精力完成一件事情。

自由选择对其他生物也十分重要，几乎任何生物都具备在复杂环境中选择的能力，我们能在各种生物的活动中发现。植物从泥土中吸收特定的养分，昆虫只选择自己喜好的花朵，人也一样，差别在于人的这种能力并非天生的，而是后天获得的。

不足一岁的儿童心理非常敏感，如果成人的举措不当，很可能扼杀这种敏感性，使他们对各种刺激都感兴趣，最终受到外部刺激的摆布。大多数成人已经丧失了这种敏感性，所以十分容易忽视儿童的这种能力。假如一位教师缺乏必要的心理训练，很容易扼杀儿童的这种能力，就如同一头大象踩碎一朵小花一样。

当儿童聚精会神地摆弄某件物体时，他的心理处于一种和谐、满足的状态，大人无需为此担心，应该尽量满足他的需要，协助他排除可能遇到的障碍。

在儿童达到这种心理状态之前，教师必须学会控制自己，不去干扰他们的工作，给儿童留下自由活动的空间。但是，这并不是说，教师只是看着孩子玩，自己站在那里不做任何事，他不仅要给儿童提供必要的帮助，同时也要观察他们的活动，因为儿童的注意力是否集中，有时很难判断。当然，在做这项工作时，教师不应该把自己放到台前，更不要随便向他们提供帮助，只需要了解他们的心理发展状况。如果儿童的注意力集中在某件事情上，他会十分快乐，这时，他忘记了周围的一切，全身心投入到自己的工作中，正是在这个过程中，他的个性诞生了。当他从自己的世界中走出来时，会发现周围的环境充满了新鲜感，会对一切充满喜爱之情，对所有人都非常友好，对美好的事物更加热爱。

这个心理反应很简单：暂时与这个世界隔离，是为了获得与之融和的能力。同样的道理，如果我们要清楚地看到地面的景色，最好乘坐飞机。人类的心理反应也是一样的，为了和我们周围的人更和睦地相处，我们应该与他们分开一段时间，促使心灵汲取爱的力量。智者就是这样，他们在为人类的幸福奔走之前，通常远离人群，躲进山洞或小屋里，独自思考造福人类的方法。

儿童暂时与外界隔离开来，集中注意力完成自己的工作，对他形成平静而又坚毅的性格很有帮助。不仅如此，他还会从中获得自我牺牲、工作规律、服从意识、爱心等优良品质。儿童将学会热爱生活，他们的爱将如同泉水一样汩汩奔涌，滋润生活在他身边的人。

集中注意力还可以培养儿童的社会感，这是教师不能忽视的。他们应当关注儿童的表现，一旦发现这种社会感出现在儿童身上，就应向他提供必要的帮助。孩子对教师充满了期待，他们想要从教师身上学到东西，如同渴望从蓝天、花草中汲取营养一样。

孩子们强烈的求知欲给教师非常大的压力，尤其对于那些缺乏经验的教育工作者。教师应该清楚自己的工作重点。第一阶段，应该把精力放在儿童的基本要求上，无需过多关注他们的混乱行为。现在同样如此，教师不能被各种表面现象所迷惑，必须关注主要的事情，虽然他们的工作退到了幕后，可同样十分重要，应该如门的合页那样，对整个局势加以控制。

儿童的心理发展必须靠自己，教师的工作只能起辅助作用，虽然这种工作必须准确、及时，而且是经常性的。最初，教师可能看不到自己的作用，因为他们的努力并没有在儿童身上体现出来。不久，他们就会发现儿童开始变得独立，表达能力大为增强，其发展速度明显加快。此时，教师才会感觉到自己工作的价值，也许他们会想起施洗者约翰见到弥赛亚后说的话："他注定成长，而我将退到幕后。"

这个时期的儿童需要权威的指导，当他们完成一件事（比如画了一幅图画或者写了一个单词）之后，就会跑到教师面前，希望得到他们的评价。儿童不需要别人的指教，他们知道一件事情应该如何去做。一个完备的心灵可以自由地选择，并且完成自己的工作。但是儿童对自己工作尚无把握，需要得到教师的肯定。

儿童是完备的，他们的发展遵从内心的要求，这种本能保护了他们精神的独立，这种本能同样使他们寻找正确的方向，因此，他们希望成人关注他们的行为，给他们的工作成果一个评价。这种心理在儿童学习行走时就表现出来了，他们已拥有了走路的能力，却还是要求大人看着他们，或者站在前面，伸开双臂迎候他们。当儿童完成了某项工作，无论成绩如何，教师都应该予以鼓励，至少也应示以微笑。当然，儿童的成长和自信心决定于他们自身，教师只是起辅助作用。

当儿童形成了自己的判断标准，对自己有了信心，以后就不再寻求这种鼓励了。这时，儿童喜欢独立做自己的事情，他们会不厌其烦地重复，努力把事情做好，他们只对自己的工作感兴趣，而不是别人的评价。参观过我们学校的人也许还记得，我们在介绍儿童的工作时，从来不说这个孩子的名字。因为我们知道，孩子们并不关心自己的名字，他们关心的是工作的成果。其他学校则与此不同，要是教师忘记介绍作者的名字，就会感到非常难堪，因为那个孩子会很不高兴，甚至会用埋怨的口吻说："这是我做的！"

我们学校却不是这样，那个小作者多半正躲在某个角落里制作另一件作品呢，他最不喜欢的就是有人打扰他。儿童在反复制作作品的同时，还会形成一种纪律性。这个时期的儿童，虽然表现得忙乱，却自有条理；虽然要求独立，却不乏服从意识；虽然渴望关怀，却又充满爱心。他们如同春天的花朵，使人们对秋天的丰收充满了期待。

第五章　用最好的方法爱孩子

孩子智力的自由开发

对儿童进行教育必须同时使他们的机体保持运动状态，这是实现儿童自由的关键。

那些怀有某种智力目的而四下走动的儿童，才能使自己得以持续完善，他们也必然能够自由地发展自己的内在人格。那些在某种智力目的支持和指引下工作的儿童，才可以做到持之以恒。如果他们没有这种智力目的，也没有对工作的持之以恒的态度，就不可能有良好的内部发育，也就难以取得明显的进步。当我们逐渐克制住自己，不再对孩子们指手画脚时；当我们把孩子从我们的影响中解放出来，将他放在适合发展的环境中时，他就会对自己的智力充满信心！

在此基础上，孩子们将会自发地从事一些具体活动：洗洗手和脸，换个外套，清扫房间，拂去家具上的灰尘，铺地毯，摆桌子，栽种花草，照顾小动物，等等。他们会受到感官的吸引，或在其指导下自主地选择有益于自己发展的工作，正是这些感官材料使他们能够对事物进行区分，然后进行选择与推理，使自我得到发展。

在选定了将要从事的工作后，他就开始坚持不懈地去做。这一转变不仅使其内心不断成长，而且还将成为推动他继续前进的强大力量。在这种情况下，他会把自己的工作从简单的实物逐渐过渡到复杂的东西上，并使自己的身心得到陶冶。他正是根据自己大脑里形成的内在秩序，以及在生活中获得的技能来培养自己的性格的。

我们所说的让孩子自我发展，指的是让他的智能得到发展，并不是像大家通常认为的那样把他交给本能。本能是指动物所具有的最原始的东西。我们总是习惯于把孩子当成狗或家畜一样对待。在这种错误观念的影响下，当我们议论一个自由的孩子时，难免会想到他就像一条吠叫不停、蹦蹦跳跳或四处偷东西吃的小狗一样。因此，人们已经习惯于把孩子的抗议、挣扎以及他们为使自己摆脱屈辱的境况而做出的保护手段看作本能的表现，并认为孩子们的这些行为就像兽类一样野蛮。但是，回忆一下我们对孩子都做了些什么？我们一开始把他们比作植物和花朵，等他们稍大点后，又设法让他们像植物一样安静，尽量使他们的感官像植物一样，使他们成为我们的奴隶，听凭我们的处置和摆布。我们这样对待他们，他们怎么可能成为一株我们所希望的带着天使般芳香的花朵呢？这样只会使他身上的本性逐渐湮灭，直到死亡，人性一点点退化的痕迹将在他身上毕露无遗。

反之，如果我们让孩子成为智力活动的主体，情形将会完全改变。

要想把孩子培养成高度自觉地从事智力活动的人，我们就必须赋予自由以新的概念。

我坚信，智力是解决人类社会自由问题的关键。遗憾的是，近些年来，我们的社会被一种只要求在思想上自由的偏见弄得混乱不堪。这与目前我们对孩子自由的曲解极为相似，有人以为人类只有倒退到最原始的思想自由状态才能得到解放。问题是我们能够这样去自由地思考吗？这种所谓的自由时期不正是一个大脑神经衰退的时期吗？那就如同将社会权利交给文盲！

举个例子，如果我们让一个人在健康和疾病之间做出选择，他能够有多大的自由选择度呢？如果我们让一个不曾受过教育的农民在有利益的投资和没有利益的投资之间加以选择，他会自由选择哪一种呢？如果他选择后一种，他就是"自由"地甘心被骗了；如果他选择了前一种投资，也并非因为有了自由选择的权利才选中的它，而是幸运而已。只有当他有了足够的知识来区分有利可图和无利可图的投资时，他才真正称得上是自由的。只有在他形成这种内在能力后，他才能真正获得自由，如果只是简单地凭借社会的约束力是无法达到目的的。如果人的自由只是一种简单的释放本能的自由，那就好办多了，我们只要颁布一道法令：让瞎子能够看见东西，让聋子能够听到声音。让这些可怜的人恢复健康，那不就万事大吉了？但现实是这样的吗？

我相信，总有一天人们会认识到，人的最基本的权利，就是培养自我的权利。只有达到了这一高度，我们作为一个人才不会受到压抑，更不会受到奴役，并且能够在所处的环境中自由地选择发展自我的方法。总而言之，我们只有接受了教育，才能找到与个性相关联的解决社会问题的基本方法。

孩子的发育和成长过程已经给了我们真实的启发，那就是智力的发育是揭示他们成长秘密的关键，是培养他们内心世界的办法。

有了这个认识后，智力卫生学就显得尤为重要了。当智力被视为培养孩子的关键，甚至是孩子们生活的支柱时，人们就不会再让它无意义地消耗掉，或者不分情况就将其压抑和禁锢。

现在我们往往对孩子的身体以及附属于身体的部分，如牙齿、指甲、头发等过于操心。我相信在不远的将来，儿童的智力问题一定会被人们更明确地认识和更慎重地对待。当然，我们明白通向文明的道路是极为漫长的。

什么叫智力？我们先不上升到哲学的高度来探讨它的定义，而是思考一下促使心智形成的映像、联想和再创造活动的总和，并将这种心智活动与环境联系起来。依照贝恩的观点，对差异的感知是智力活动的开始，大脑活动的第一步就是对差异加以鉴别。感觉就是对外部世界的知觉，收集材料并将这些材料进行区别就是智力活动的最初阶段。

我们需要对智力进行尽量精确、清晰地分析。

展现在我们面前的，作为智力标记的第一个特征与时间密切相关。很多人认为，快就等同于聪明。对某一刺激迅速做出反应，思想快捷，判断神速，这些都是智力最明显的外在表现。是什么令一个人做出这么迅速的反应呢？这必然与从外界获取信息，精心编织意象以及将内心想到的答案表达出来的能力有关。对于这种能力，可以用一套类似于心理体操的系统加以训练，以促进其发展。这个系统的操作过程是：收集大量的感知材料，使它们彼此建立相互联系，并以此做出判断，持续一段时间后，就养成了自由展示这些东西的习惯。因此，心理学家认为，应该使行为管道和联想管道更具有渗透性，使反应期更短一些，在可以促进智力发展的肌肉运动中，动作不仅要表现得更加完善，还要更加快捷，我们所说的聪明的孩子不仅是指可以对事物加以理解，而且还应该能对事物加以迅速理解。如果某人学同样的东西要比别人用更多的时间，他的反应就相对迟钝些。人们喜欢用"什么都逃不过他的眼睛"来评价那些聪颖敏捷的孩子，的确如此，他的注意力总是能够高度集中，随时准备着接受各种各样的刺激，就像那灵敏度极高的天平对微小的重量变化都能做出反应一样，灵敏的大脑也可以对哪怕有一丁点吸引力的东西做出反应。这样的孩子的联想能力也是很强的，我们常常用"一眨眼就明白了"来形容他们在这方面的能力。

　　感官练习能够激发孩子们的主要活动意识。我们可以把孩子的感官与刺激物适当分离，这样有利于他有清晰的意识；可以让他敏锐地察觉到热与冷、粗糙与光滑、重与轻以及声音与噪音的差别；可以让他在鸦雀无声的环境里闭上眼睛，等待一种细微纯净的声音的召唤……所有练习的目的是，让孩子感觉到外部世界好像在叩响他的心灵之门，并唤醒他的心灵活动。依我们的经验看，各种感觉与环境相互融合时，这两者就能产生相互谐调的作用，并能加强已经被唤醒的意识活动。这个问题可以用下面的例子加以说明：一个正在全神贯注地给图案上颜色的孩子，当有音乐陪伴时，他会选择最美丽的色彩来着色；当一个孩子身处优雅宜人的校园，并且被赏心悦目的鲜花环绕时，他会引吭高歌，唱出最美妙的歌曲。

　　孩子们的自我教育一旦开始，他们就会表现出下述特征：大脑的反应将变得更为迅速；思维更有准备；原来那些从他们身边溜过却根本没有引起注意，或者只产生一点点兴趣的感官刺激物，如今却能被他们强烈地感知到；同时，他们能够很轻易地发现物与物之间的关系，这样，当他们在运用这些东西时，一旦出现差错就可以及时被发现，并迅速做出判断，然后予以纠正。正是经过了这种感官体验，孩子完成了原始而基本的智力训练，唤醒了他的中枢神经系统，并且使其保持运动状态。

当我们看到这些反应灵敏、生机勃勃的孩子对最轻微的感召都表现得敏感、时刻准备着朝我们飞奔而来，以及对所遇到的事物都能集中注意力时，我们就会下意识地将他们与那些普通学校里表现迟钝的孩子相比，那里的孩子通常举动迟缓，对刺激物反应淡漠，缺乏自发联想的能力。当我们在作这些比较时，自然会拿今天的文明与古时的文明相比，比如，今天的社会环境与往日相比更加舒适；马车在过去曾经是主要的交通工具，现在我们可以坐汽车或飞机旅行了，这样我们比过去大大节省了时间；过去我们交流的方式是书信，如今我们主要通过电话交谈；在敌我交战时，古人通常是一对一地互相厮杀，而今天则是危及成千上万人的大屠杀。所有这些使我们认识到，文明的进化并不是建立在对生命珍惜或对灵魂珍惜的基础上，而是建立在对时间珍惜的基础上。我们确实从外部感觉到了文明的发展，机器无疑是运动得更快了，经济也发展得更快了。

然而，人类本身却没能跟上文明发展的脚步，个人还未能秩序井然地进行自我的发展。在这个复杂多变的环境里，孩子们还无法随时应付所面对的各种事件，还不会充分利用人类在外部环境上的进步来为自己服务。虽然我们早已进入了一个文明社会，但是我们的灵魂却一直在被欺骗、被压制！

如果人类不努力改造自己，使自己与这个新世界和谐起来，那么，总有一天就会被这个新世界压得粉身碎骨，甚至被摧毁。

孩子对这个世界所做出的反应不仅仅表现为思维的快捷和聪颖，它不只是与训练有关，而且也跟建立相应的内在秩序密切相关，对所熟悉的工作进行有组织、条理清晰的安排，更能说明智力的形成过程。

总而言之，秩序是一个人能够做出迅速反应的关键。一个思维混乱的大脑是很难对某个知觉对象有什么正确认识的，它并不比写一篇推理性论文更容易，无论是社会还是具体的个人，只有组织和秩序才会使其有迅速发展的可能。

孩子的奖罚方法

有一天，我去学校上班，看到一个儿童坐在教室里的一把扶手椅上，独自一人，显得非常无聊。那个儿童的胸前戴着一枚奖章，那是一位教师为奖励表现好的儿童而发的金十字奖章。这位教师对我说，这个儿童现在正在接受惩罚呢。这枚奖章是另一位儿童得到的，他只把它在自己的胸前戴了一小会儿，就将它送给了别的儿童——就是这位正在受惩罚的小家伙。获得奖章的儿童觉得奖章不仅对他没有任何用处，还会妨碍他从事其他的工作。接受奖章的儿童坐在椅子上，对奖章毫不在乎地看了一眼，然后心安理得地环顾教室，丝毫没有对惩罚感到羞愧。这件事给我们一个启示，那就是，奖励和惩罚似乎是毫无意义的。但应该对儿童进行深入的观察才可以下结论。后来的长期的实验充分证明我们最初的看法是正确的。对于对任何一种处罚都不在乎的儿童来说，教师没有必要再去奖励或惩罚他们了。这就是教师的感觉。我们更为惊讶的是大多数儿童经常对奖励持拒绝的态度。儿童得到奖章，却把奖章送给其他儿童，这件事说明他并不认为这是一种错误的行为，反而觉得这样做很好。我们后来常常见到那些儿童胸前戴着金十字奖章，但表情十分平淡。这表明儿童出现了意识的觉醒以及最初的尊严感，这在原来是无法想象的事情。对儿童奖励和惩罚自此以后被我们撤销了。

回归自然才是孩子的最佳选择

很多人建议，为什么不在原有的幼儿教育基础上继续展开实验，以更有利于对七岁以上的儿童进行新式教育。事实上，他们是对我已提出的那些法则能否适用于这一阶段的儿童持怀疑态度。据了解，他们的异议主要在于孩子的道德规范方面。

难道孩子就不懂得尊重别人的意愿？难道他就不会在某一天自告奋勇地执行一项必须完成的任务？难道他就不应该有自我牺牲精神？

此外，还有些人为七岁以上的孩子设计了各种稀奇古怪的算术题，对他们进行智力训练。你是想要把课程全部取消，还是让孩子屈服于这些所谓的必修课呢？

显然，所有争论都围绕着对我提出的"自由"一词的理解，而这种自由正是我所倡导的教育体系中难以撼动的基础。因此，大家都有必要认真对待。

我知道要给那些有异议的人一个清晰的、令人信服的回答，并不十分容易，因为即使是一些人们坚信不移的问题，也同样免不了产生争议。举一些类似的例子或许能更明白地表达我的意思。在照料婴儿方面，我们原来是如何做的呢？许多人至今仍对那些很早以前的做法记忆深刻，比如，必须捆绑一个婴儿的双腿，否则他的腿就会长成罗圈腿；必须割断他舌头下的韧带，这样才能保证他到时候可以开口说话；必须一天到晚给婴儿戴着帽子，不然他的耳朵就会难看地凸出来；必须认真摆好婴儿躺着的姿势，以防止他那柔软的颅骨发生变形；有些母亲会不厌其烦地去捏婴儿的小鼻子，以为这样就能使孩子有一个又长又挺的鼻子；还有些母亲在婴儿出生后不久，将一种小耳环穿入他们的耳垂，据说这样可以"改善孩子的视力"。如今，许多国家已经对这些做法弃之不用了，不过，有些国家仍然保留着。

再举一个例子，父母们都有过扶着幼儿走路的经历，有些望子成龙的母亲，甚至在婴儿出生的头几个月里，就耐心地每天用好几个小时来教他走路，她们会夹着婴儿柔弱的身体，满怀希望地看着孩子的小脚漫无目的地移动。具有讽刺意味的是，她们居然以为宝宝已经开始学会走路了。事实上，这个时候婴儿的神经系统还没有发育完全，他们的动作也无法协调，而婴儿的脚弓在这时确实已渐渐成形，于是他就开始尝试大胆地移动小腿，这些母亲们因为缺乏这方面的知识，居然把孩子的进步归功于自己的教导有方。这时，婴儿刚刚具有运动能力，尽管他还没有平衡感，不具备站立的能力，自作聪明的母亲便用带子把孩子的身体提起来，将他牵引着向前走。有时候，她们甚至会把孩子放入一个底部比较宽大的竹篮里，这种篮子可以防止他跌倒。母亲们就这样把孩子的身体绑在竹篮里面，并将他的手臂放在外面，使他的整个身体靠竹篮的边缘来支撑。在这种装备的帮助下，尽管孩子还无法站立起来，他也能够向前移动双脚了，而婴儿的这种状况就被母亲认为是在走路了。

这些父母强加给孩子的支撑物，就好像残疾人的专用拐杖一样，这些已经习惯了在篮子的辅助下走路的孩子，突然被拿去篮子，必然会重重跌倒。

当我们将正确的方法引入教育孩子的领域时，它会给这个社会带来什么呢？我要提前声明，它不会教你如何使婴儿的鼻子挺起来或保持完美的耳朵形状，也不会教你如何让婴儿出生后立即学会走路的方法。我只是想建议你：让自然本身来决定孩子的头、鼻子及耳朵的形状；不把孩子舌头下的韧带割断他也会说话；婴儿的腿无需捆绑也会自然长直，走路的机能会自然产生，大人们在这些方面最好不要进行人为的干涉。

我们必须遵循如下原则：尽可能地把一切事情交给大自然去做，因为孩子越能得到自由的发展的空间，他就越能够形成协调的身体比例，也越能造就健全的身体机能。我主张抛弃各种束缚，让婴儿在恬静的状态下保持最大限度的安宁。让婴儿的双腿完全放松，使他在躺着时能够得到全身心的舒展，不要像许多人所习惯的那样，将婴儿逗弄得手舞足蹈。在时机还未成熟之前，千万不要强迫孩子走路，因为只要到了一定年龄，他就可以自己站立起来，也自然会行走。

令人欣慰的是，现在大多数母亲已经接受了这一观念。那些卖绑带、帽子和篮子的小贩们只好换个营生了。

结果如何呢？显而易见：孩子们的双腿长得比以前更直了，他们走路的姿态也比以前更优美。

这是一个令人欣慰的事实，想想看，由于我们过去一直相信儿童的双腿、鼻子、耳朵甚至脑袋的形状都与大人料理有关，我们为此而经历了多少担惊受怕的日子呀！我们感到身上的担子是那样沉重，以致许多人都觉得自己难以胜任！有了新的认识后，现在我们可以说："大自然会为我们考虑好一切的。我们只需要给孩子自由，在一旁观察他的成长。然后就让我们充当奇迹的见证者吧。"

在孩子的内心活动方面，我们都曾有过这样的经历，那就是帮助孩子形成特定的性格，开发他的智力，学会表达情感等，所有这些都是十分有必要的。我们也曾为此忧虑过，并时常自问：我们应该怎样帮助他呢？就像母亲经常捏孩子的鼻子或用帽子固定他们的耳朵那样，我们能用这些"特殊"的方法去束缚孩子吗？实际上，人的性格、智力以及情感是与身体的成长同步进行的，如果我们不能认识到这一点，那就只能任人摆布了。

必须明确的是，我们既不是人类精神的缔造者，也不是世界上物质的创造者，这一切大自然在掌控着。如果我们确信了这一点，就得承认"不在孩子自然发展的道路上设置障碍"是最基本的原则。同时奉劝大家，不要孤立地看待这些问题，也就是说，不要单方面考虑什么因素最有助于个性、智力或情感的发展。事实上，只要弄明白一个问题，就可以揭示出教育的根本，这个问题就是：我们怎样让孩子自由？

只要坚定了自由的原则，就能为孩子设计出一套科学而有利于健康成长的方案；只有在一种自由的环境下，人的头、鼻子、耳朵的发育才能发育到最完美的状态，而他走路的姿态也将在先天能力的驱使下达到尽善尽美。只有自由，才能使孩子的性格、智力和情感得到最大程度的发展。同时，这种认知还要求教育工作者平心静气地对待孩子成长过程中出现的所有奇迹，把我们从虚构的责任中解放出来。

成人的不幸就在于，当我们知道那些将我们压得喘不过气来的责任事实上并不存在时，我们还在自欺欺人地为完善它们而付出辛苦。而实际上它们是独立的，是可以自我完善的！当有人向我们阐述这个道理后，我们才为此而感到懊悔，并抱怨自己如此的愚蠢，但我们还是不愿就此罢休，还在思考着更为深奥的道理：我们真正的使命与责任是什么呢？如果我们以前所做的一切都是在自欺欺人，那么，什么才是我们应该追求的真理？我们是否犯了渎职罪？我们的罪过又在哪呢？

在婴儿的身体逐渐趋向于成熟完善的自然过程中，我们应该受到启发。从这方面看，卫生系统努力的方向就非常正确，它没有将自己局限于人体解剖理论的范围。相反，它不仅让人们对自己的身体发育有了一定的了解，而且使所有人都相信，身体的发育依靠的是自然的力量。事实上，婴儿的幸福与体形完美与否没有什么直接关系，真正值得关注的是高得令人震惊的婴儿死亡率。

在疾病不断侵袭婴儿身心的情况下，我们却更多地注意他们鼻子的高矮和腿的形状，而对于婴儿死亡率这样一个重大问题竟无人关注，这委实令人感到惊讶。我相信许多人和我一样听说过这样的对话："我在养育婴儿方面是很有经验的，因为我曾经有八个孩子。""那么还有几个活着？""两个"。这么低的成活率，她居然还相信自己是个养育孩子的权威！

死亡统计所披露的数字极为惊人，它不仅局限于一个地区或一个国家，这种可怕的死亡率甚至已危及到整个人类社会。有两种因素起了决定性的作用，首先是婴儿自身的脆弱，其次是人们普遍缺乏对这种脆弱的保护意识。错误不在于人们没有良好的愿望，也不在于为人父母者缺乏爱子之心，而在于人们的无知，在于人们对可怕的危险丝毫没有察觉。据我所知，现今对婴儿身体危害最大的是各种传染病，特别是内脏器官的传染病，这差不多成了婴儿死亡的主要原因。这些疾病还常常因照管婴儿的人的失误而加重，他们的错误主要在于对保健常识惊人的无知，对婴儿的饮食控制没有任何计划。婴儿的尿布湿了，她们就将其在太阳下晒干，不洗就给孩子换上。细菌在发酵后非常容易引起口腔发炎，母亲从不注意清洗自己的乳头，给婴儿喂奶也没有规律，孩子的哭声就是喂奶的唯一指令，无论白天还是黑夜，给孩子喂奶都是依据这一信息。孩子越是因为消化不良而大声哭闹，母亲便越是频繁地给他喂奶，这样，孩子的病不断加重。很多人都见过母亲怀抱着发烧的婴儿的情景，为了使他安静下来，母亲只好将奶头一直堵在孩子的小嘴里。此时，我们感受到了那些母亲所具有的自我牺牲精神的目标，也十分理解那些做母亲的烦恼！

因此，科学理论为我们找到了一些简单的规则，它要求人们尽量讲究卫生。它所阐述的每条规则都那样鲜明，如果父母们还不明白这些简单的规则就是为他们制定的话，那真要令人震惊了。看看这些规则是不是十分简单明了吧，婴儿也应该像成人那样有规律地进餐：孩子在消化完上一次的食物后，才可以再喂一些新鲜的食物；应根据婴儿年龄阶段的不同和生理功能的发展来调节他的饮食，也就是在间歇几小时后再喂奶；不能给这个年龄的孩子吃干面包，因为面包屑很可能会被孩子匆匆咽下，而这个年龄段的孩子又无法消化它。最后一点尤其应该注意，母亲为了阻止孩子哭闹，会把干面包塞到他的嘴里，这种现象在社会底层极为常见。

母亲们感到最棘手的问题是：孩子哭闹时，我们该做些什么？而实际上，她们会惊奇地发现，无需做任何努力，过一会儿孩子的哭声就会减弱，直至完全停止。她们甚至还发现，那些一岁左右的孩子，在喂奶的间隙也显得非常安静，脸蛋红润，眼睛睁得大大的，他们是那样的安宁，就像大自然一瞬间静止了一般。

孩子为什么会不断地哭闹呢？这些哭声实际上是痛苦和死亡的信息，然而，世界对这些哀哭的小东西竟感到无能为力，他们被包裹在层层襁褓之中，有时还被交给一个不能胜任看护工作的小孩照看，他们没有自己的房间，也没有自己的床。

是科学拯救了孩子们，并为他们创造了保育室、摇篮，以及合身的衣服，工业文明为断奶后的幼儿提供了卫生的食物，卫生学专家为他们准备了营养食品。简而言之，他们有了一个完全崭新的世界，这个世界充满智慧与欢乐。孩子成为自己生存权利的主人，这一切功劳应属于卫生法规的推广。

这一切让我们明白，应该允许孩子有精神上的自由，因为自然的创造力能够比我们更好地塑造他的精神。当然，这并不意味着我们要忽视孩子的精神世界，甚至可以放任其发展。事实上，反省我们所做的一切就会发现，虽然我们无法塑造孩子独特的性格，无法对他的智力和感情给予直接的影响，然而我们却有许许多多的职责与关心，长久以来，我们忽视了这些职责，孩子们在精神上所表现出来的某些畸形，正是由于我们忽视了自己的职责而造成的。因此，自由并不意味着放任，而是引导我们从幻想走向现实，指导我们积极有效地照顾孩子。

爱的教育

人把按照规律做每一项工作都当做实现自我、和谐发展、获得爱的愿望的途径，这可以说是一个人健康的标志。

爱是一种结果，而非冲动。它像一颗来自太阳系的行星。爱的动力既是本能的驱使，也是生命的创造性力量。创造的过程中产生了爱，这种爱充满儿童的思想原野。儿童通过爱达到了自我。

儿童在整个敏感期里与周围的环境联系起来的那种无法抵抗的冲动，事实上我们可以想象为是一种对他的环境的热爱。它作为一种令人激动的情感，不是通常所理解的爱，而是一种能够理解和吸收的智慧之爱，爱是过程，也是结果。它是引导儿童去观察事物的那种自然的欲望，被但丁称为"爱的智慧"。

爱在现实中发挥了儿童能用一种敏锐和热情的方式去观察环境的作用，而环境中这些东西常常是被我们所忽视了的。爱有什么特点呢？那就是他人不注意的事物也会使我们敏感，我们可以揭示他人还没有认识到的事物细节和特性。人们要问："难道只有爱才能发现它们吗？"是的，那是因为儿童通过爱取得了智慧，通过爱而产生兴趣，所以，成人熟视无睹的东西，儿童能够看到。

成人认为应该是儿童与生俱来对环境的乐趣产生了爱。但是，成人并没有站在一种精神能量和一种伴随着创造力的道德美的高度去看它。

儿童的爱是单纯的。他的爱是为了满足自己获得感觉印象的需要，为了获得生长媒介的需要。他不停地吸收东西并使之成为生命的一部分，由此创造自己本质的生命。成人是儿童爱的对象。因为儿童从成人那里不仅得到所需的物质，而且得到许多关爱。因为这对他的自我发展是必不可少的，所以对儿童来说，成人是值得尊敬的人。儿童从成人的话语里汲取他必须学会的词汇，并将其作为他的一种指导。在儿童看来，成人的嘴唇就如同一口喷泉。成人的话对于儿童来说具有神奇的催化作用。成人用他的行动向儿童展示了人是怎样行动的。儿童模仿成人，从而开始自己的独立生活。成人的言语对儿童有很深的吸引力，甚至会使他神迷。这表明成人言语的暗示力量巨大。儿童对成人过度敏感，以致他们的生活和行动在某种程度上被成人支配着，从而丧失了自己的个性。

儿童服从来自于暗示的力量，可以用把自己的鞋子放在床单上等事件来证明。成人对儿童所讲的话永远铭刻在儿童心中，就像刻在大理石上一样。前面那位母亲打开装有手帕和喇叭的包裹时，她的小女孩的反应就是把它叫做"音乐"。所以成人应该仔细和认真地考虑在儿童面前讲的所有话，因为儿童是如此渴望得到爱。

儿童的精神根源就是乐于服从成人。但是，当那些对儿童自己发展有很大帮助的本能被成人试图抛弃时，他就不再服从了。成人为了个人的利益，会阻止儿童的创造，就如同在儿童出乳牙时不让乳牙长出。儿童发脾气，加以反抗，是他们创造性的冲动与他所爱的但不理解他的成人之间冲突的结果。成人在儿童不服从或发脾气时，应该想到这种冲突的根源，同时想到这是儿童发展所必需的生命活动对他人进行的心理防御。

儿童爱我们，并愿意服从我们，这是我们必须记住的，儿童对其他任何东西的爱都不会超过对成人的爱，但人们只知道成人对儿童爱的深沉。我们经常能够听到"可怜天下父母心"、"教师爱学生如子女"这样的话，还拼命教育儿童去爱，爱父母，爱老师，爱所有的人，爱动物，爱植物，爱一切。那么，谁有资格教育儿童呢？谁可以做他在爱的艺术方面的老师呢？难道是那些批评儿童不听话，只想保护自己和财产免遭儿童侵犯的成人吗？显然，这样的人无法教会儿童去爱，因为他们自身就不具备那种被我们称为"爱的智慧"的东西。

儿童是爱成人的，他需要成人在身边陪伴，而且能引起成人对他的注意，他就会很高兴："看我！和我在一起吧！"

儿童希望晚上睡觉时，他所爱的人陪着他，不要离开他。一个正在吮奶的孩子也想跟着我们去吃饭，吃并不是他的目的，与我们在一起才是他真正的目的。成人往往忽略儿童这种深厚的爱。但是，现在如此深厚地爱我们的儿童总有一天将长大，那时这种爱就会减弱甚至消失，这些我们一定要记住。因为到那时没有人会像现在这个儿童那样地爱我们。没有谁还会在睡觉前充满真诚地对我们说："和我在一起吧！"没有谁还会在我们吃饭时如此渴望站在我们身边。我们害怕和隔离这种爱，但再也找不到与它相同的另外一种爱了。我们对他唠唠叨叨地说："我没时间！我没办法！我忙死了！"我们心里所想的却是："要改变孩子的做法，否则，就会成为他的奴隶。"我们想摆脱儿童这块绊脚石，不这样，我们就不能做我们想做的事情，不这样，我们就会觉得不方便。如果儿童每天早晨进去把酣睡的父母唤醒，那就太令人讨厌了！保姆是父母们早晨睡觉的保护者，因为保姆会尽力阻止他们这样做。

如果不是爱，儿童还会因为什么，一醒过来就去寻找他的父母呢？太阳刚升起时，孩子就从床上起来，去找熟睡的父母仿佛要说："圣洁地生活吧！太阳高高！早晨来到！"但是，儿童并不是想要作为教师去教导他们，而只是去看所爱的人。父母住的那个房间，窗帘拉着，光线仍然是暗的，黎明的曙光照不醒这两个贪睡的人。儿童蹒跚地走进去，他害怕黑暗，心里紧张，可是他克服了一切困难，温柔地抚摸他的父母，父母却生气地说："跟你说过多少次了，你怎么还是大清早就来叫醒我们？"

儿童回答说："我不想叫醒你们，我只是想轻轻抚摸你们一下，我只是要吻你们一下。"他的心里话是："我并不想把你们吵醒，我只想让你们的精神更健康。"

儿童对我们的爱的确太重要了。父母却对生活麻木了，需要一个小孩子去唤醒他们，用那种充满生气、富有活力、成人早已失去的能力激发他们。他们需要一个特别的朋友，每天清晨对他们说："你们不要麻木地生活！更要好地生活啊！"

是的。要更积极地生活！要更温柔地感受爱的抚摸！

假如没有儿童的帮助，成人将会变得颓废。假如不努力自我更新，成人就会渐渐僵化，最终将会麻木不仁和毫无热情。

儿童的不幸遭遇

从在罗马创建的第一批"儿童之家"中，我们能够找到一个令人感动和值得赞赏的例子。这所"儿童之家"的情况与第一所"儿童之家"不同，因为它是为了照料在墨西拿地震（意大利历史上最严重的灾难之一）后幸存的孤儿而创建的。地震后，在墨西拿城的废墟周围发现了约60名幸存的儿童，他们都不记得自己的姓名和家庭背景。那场可怕的地震使他们变得沮丧、沉默、冷淡、厌食而且失眠。晚上，可以听到他们大叫和哭泣。

意大利皇后对他们非常关心，她为这些遭遇不幸的孩子提供了一个欢乐的场所。他们的新家有适合自己使用的各种色彩鲜艳的小家具：有门的小柜、小圆桌、稍高的长方形桌子、立式小凳和小扶手椅。窗户都悬挂着漂亮的窗帘。餐具及就餐设施也极为引人注目，他们有自己的小刀、叉子、勺子、盘子、餐巾，甚至肥皂和毛巾的大小也与他们的小手相适应。在每件东西上都有一个考究的装饰品。教室墙上挂着很多图画，四周摆着花瓶。这是圣芳济修会的一个寺院，有着宽敞的花园、宽阔的过道、金鱼池和鸽房，身着灰长袍并罩着庄严的长头巾的修女平静地走动着。

这些修女教给儿童良好的行为举止，并使其渐渐得到改善。她们中的许多人过去是贵族。这些人回忆起她们原来在上流社会里的行为方式，并把它们教给似乎永不知足的儿童。儿童学习像王子一样用餐，学习像最好的侍从一样端菜。虽然他们失去了对食物的自然欲望，但他们对所学到的新知识和进行各种活动很高兴。他们的食欲逐渐恢复了，并能很快地入睡。他们的变化的确给人们留下了深刻的印象。可以看到，他们四处奔跑、跳跃，或把东西提到花园去，或把房间里的家具搬到树下，既没有损坏任何东西，也没有碰撞任何东西。在整个过程中，他们表现出欢乐和幸福的神情。

有人在那时首次使用了"皈依"这个词。一位女士——她是意大利最著名的作家之一——评论说："这些儿童令我想起了皈依。再也没有比征服忧愁和沮丧并逐步上升到更高生活层次更为不可思议的皈依了。"尽管这种表述充满矛盾，但它在很多人的心理上留下了深刻的印象。"皈依"似乎是与童年时期的无知状态相对立的，然而，这个词强调了对所有人来说都显而易见的精神变化。儿童在经历了一次精神新生后，摆脱了悲伤和放纵，产生了欢乐和纯洁。我们如果将放任和悲伤看做一种对完美状态的背离，那么，恢复纯净和欢乐的状态就代表着皈依。

这些儿童确实"皈依"了。他们从悲伤转变为欢乐，克服了许多难以弥补的缺陷。不仅如此，通常被看做是缺点的某些特征也消失了。因此，这些儿童带来了一种令人迷惑的更新，他们以某种不可思议的方式表明，人一旦犯了错误，必须完全更新。这种更新只有在一个人的创造力的源泉中才能够发现。如果没有这种发现，我们学校里这些曾经几乎绝望的儿童，就不可能正确区分自己身上的善与恶，因为对于成人来说这早已确定了。儿童的善是根据他们对成人生活环境的适应来衡量的，而不是相反。儿童的自然本性正是由于这种错误的观念而被掩盖住了。天真无邪的儿童消失了，他在成人社会生活中完完全全是一个陌生人。对于善与恶的评判把儿童隐藏起来了。

儿童的真正含义

以"蒙台梭利"命名的教学法，是与人们最新开发的现代教育形式迥然不同的，它旨在从孩子身上发现一些过去未曾被家长们观察到的精神特质，强调要充分发掘孩子的潜能。

由于有以上认识，也为了更深入地了解孩子，并采取措施保护他们的权利，我们应尽快采取直接的教育拯救行动。我们要大声疾呼——保护儿童的权益，因为孩子是父母强权统治下的弱势群体，他们很难得到了解和尊重，就连一点点的心理需求也常常得不到认可。事实证明，孩子们的处境实在不容乐观。

蒙台梭利学校是一个可以让孩子安心成长的地方。在这里，孩子被压抑的心灵能够得到充分的释放，他们可以毫无顾忌地表达自己的心声，他们表现出来的学习态度和行为方式，也与现今流行的儿童教育理念有所不同，它促使我们反思曾经在教育上的严重错误，并将教育的重心转移到敏感儿童身上。

孩子向我们展示的是他们还没有被探查到的心智，他们的一些行为倾向也是许多心理学家和教育学家未曾研究过的。比如，像玩具一类的东西，我们认为孩子都应该非常喜欢，可有的孩子就是不感兴趣，甚至童话故事也无法吸引他。事实上，他们一直想摆脱大人的控制，任何事都想自己动手。除非真的感到无能为力，否则孩子们决不希望让大人插手。孩子们在工作的时候是那样安静和专注，那种全神贯注的神情真是令人感叹！

孩子们自然而然流露出的这种神情和能力，过去因为大人们的自视甚高以及不适当的参与和干扰而长期受到压制。大人们以为自己所做的事一定都比小孩们完美，于是就把自己的那套规则和模式强加在孩子身上，总想控制孩子的行动，迫使他们屈服，而放弃自己的创意和愿望。

成人喜欢自以为是地解释孩子的所有行为，认为自己对待孩子的方法都是正确的，这就使学校教育出现了偏差，甚至误导了整个教育体制。这些教育方法上的错误，引发了我们新的反思。长期以来，儿童和家长之间的关系，长期处于一种相互对立的矛盾状态中，如今这种对立关系面临着社会的考验。想要改变儿童与成人之间的对立关系，我们必须采取改革教育方法的行动，这一行动不只是针对教育工作者，更应该引起所有成人，尤其是准父母们的重视。

蒙台梭利教学法在世界上具有各种文化习俗的国家引起了非常大的反响。如今，世界各地都有蒙台梭利学校成立。蒙台梭利教学法在各个国家受到了普遍的重视，这就证明儿童和成人之间的冲突和矛盾是一个遍及全球的现象。孩子从出生那天起，就开始受到成人的压制，不幸的是，许多人竟对这种现象毫无察觉。在这个所谓的文明社会里，孩子的自我发展受到了极大的限制，其根源就是社会为孩子制定了大多的繁文缛节，以及大人对孩子的行为采取了过多的强制性约束。

一个在大人控制下长大的孩子，他的许多需求是无法得到满足的。这里所讲的需求不单单是身体上的，更重要的还是心理上的。孩子的心理需求能否得到满足，是决定他们今后智能和道德发展的重要因素。孩子被家长强大的力量压制着，不但不能按照自己的想法做事，还不得不去适应一个自己讨厌的环境，这一切都是因为大人们天真地认为这样做是在帮助孩子学会在社会上立足。几乎所有教育行为都不谋而合地采取了命令的方式，甚至可以说是粗暴的方法，用这种方法来强迫孩子适应大人的生活准则。这种方法的基本特征是要求孩子必须无条件地服从大人的命令。这就等于否定了孩子作为一个独立个体存在的必要，这对孩子来说很不公平，他们因此而受到的身心伤害是成人都无法忍受的。

大人对孩子的权威心理存在于每个家庭之中，即使那些备受宠爱的孩子也摆脱不了家长权威的压制。类似于这种家庭中的强权教育，在学校里更是有过之而无不及。学校有组织的强权行为使孩子们过早地适应了成人的社会，这种教育的目的也无非是为了让孩子早点配合大人的生活。事实上学校里严格的课业标准和强制性的规定，是与孩子无忧无虑的童年生活毫不相称的。来自学校的压力，使得他们的日常生活被紧张和焦虑所充斥。学校和家长们这种极为相似的权威式教育方法，对缺乏抵抗能力的孩子来说，无疑是一种强大的压力，在这种情况下，他们发出了胆怯不安的求救声，却从没有引起任何人的关注。孩子们期待有人能够听听他们的意见，但是他们一再被拒绝，弱小的心灵受到了严重的伤害。久而久之，他们不但变得不愿意听话，更有可能变得不尊重自己，放任自己做出各种不合情理的行为。

如果我们以孩子的幸福为目的，就必须采取合理和人道的做法，为他们创造一个良好的学习环境。这个环境应当能够让孩子们在其中自由发展，任何一项教育制度的推行，都应该以不再压制孩子的性情为准；这个环境还应该使孩子们免受成人世界的干扰，它应该像孩子们的避风港，或是沙漠中的绿洲，让孩子的心灵得以寄托，随时保证孩子们健康成长。

孩子受到成人的压制，是一个全世界都存在的社会问题。历史上受到强权压制的人，有奴隶、仆人和工人，他们都属于弱势群体，他们解放的唯一办法就是依靠社会的改革，而社会的改革通常发生于统治者和被统治者之间的较量之后。美国南北战争是为了废除黑奴制度；法国大革命则是为了推翻统治阶级，建立新制度……

和孩子们休戚相关的社会问题，就不是单纯的阶级、种族或国家的问题了。一个只会在大人身边扮演附庸角色的孩子，很难在社会环境中独立生存，大人们不顾孩子权益的做法破坏了一个社会的整体性。被当成大人附属品的孩子手无缚鸡之力，更无法为自己争取权益。所有关心儿童福利的人已达成共识：孩子是无辜的受害者，他们应该得到全社会的同情。

人们经常拿不幸的孩子和幸福的孩子进行比较，拿出身贫寒的孩子和有钱人家的孩子进行比较，拿被遗弃的孩子和被宠爱的孩子进行比较。这些比较的结果都表明，人的个性差异在童年时期就已经表现出来了，而且童年时期的经历对其成年之后的生活的确有着深远的意义和重大的影响。

孩子是什么？是成人制造出来的物品吗？是成人的私有财产吗？任何一个奴隶主对奴隶的拥有都不会像父母拥有孩子那样完全，也没有一个仆人必须像孩子那样永远听从指令。自古以来，没有任何成人的权益像儿童的权益那样不被重视；更没有任何一个员工必须像孩子那样整日地遵从规定，至少员工还有下班的时候，还有自由时间可以支配。我想，没有任何人会愿意处在孩子的地位，他们被大人用严格的规定加以限制着，什么时间必须做功课，什么时间才可以玩，都得遵从大人的规定。这个社会从未将孩子看作是一个独立的人。因此，在一个家庭里，妈妈负责洗衣做饭，爸爸外出工作赚钱，他们只要捎带着照顾孩子就可以了。大家始终认为，这样的安排就是能够为孩子提供的最好照顾。

古往今来，所有的道德思想和哲学理论基本上都以大人为主导，和孩子有关的社会问题被忽略了，没有人想过孩子是一个与成人完全不同的独立个体，也没有人考虑过孩子们也有着自己独特的性情，更没有人想过那些日后取得非凡成就的孩子，他们的个别需要是什么。大人们仅仅把孩子看成是不会思考的弱小者，他们认为孩子理应按照自己的指令来做事。遗憾的是，没有人真正了解孩子忍受了多少磨难。在人类历史上，有关孩子工作和生活的记载仍是一页空白，我们希望可以将这一页加以补充。

三岁的孩子

造物主好像在孩子三岁时画了一条界线，将三岁以下和三岁以上分成了两个部分。前者虽然十分重要并充满创造性，但就像孩子出生前的胚胎期一样，成了被遗忘的时期，因为孩子到了三岁才开始有意识和记忆。在心理胚胎的发育过程中，有些活动是分开、各自独立的，比如语言和四肢的运动，又比如在产前，胎儿的身体器官一个接一个地出现，但是他自己却丝毫没有记忆。三岁以前的孩子，人格还没有形成，只有当身体各部分的构筑都完成时，他才可能完美地统一起来。这个潜意识和无意识的产物，这个被遗忘的生命，似乎被人们从记忆中抹去了，当他满三岁出现在人们面前时，好像是无法想象的。

孩子与我们沟通的权利似乎被造物主剥夺了，除非我们了解他早期的生命进程，或认识他的本性，否则我们很可能不经意间毁坏孩子已构筑完成的部分。人们已经偏离了生命原来的道路而创造文明，受文明洗礼的人类只知道维护物质利益，却不知道保护自己的心灵，结果让孩子不得不生活在充满阻碍的环境里。

孩子完全是在大人的监督之下成长的，除非有来自造物主的科学的启示，否则他们的成长会受到成人的极大阻碍。三岁的孩子需要借助在生存环境中的活动才能顺利发展，他可以运用三年来所获得的能力，虽然他已经忘记了以前发生的事情，但他的能力却已渗透到了意识的各个层次，这种能力会借助生命的活动表现出来。智慧能够引导孩子在玩耍中执行心灵的意志。

对孩子来讲，三岁之前是靠心灵探索世界，三岁以后则是借双手探索世界，而他以前所获得的能力，比如语言等，在三岁以后也将更趋完善。三岁的孩子在各方面的发展虽然已经趋于完善，但还需要继续扩充内容，直到四岁半，他们依然具有心理胚胎期的学习能力，而且不知何为疲倦；这时，双手成了直接接触事物的器官，扩充性的发展主要是靠双手的工作而非用脚到处游走。三岁的孩子可以连续玩耍很长时间，如果双手在不停地忙碌的话，他反倒有如鱼得水般的快乐。这是成人称之为最幸福的玩耍时期。玩具商也设计了许多玩具来迎合这个年龄段的孩子游戏的需求，结果孩子的房间里塞满了许多没有用的，并且无益于心智发展的玩具，孩子想要身边的所有东西，但成人只给其中的一些，而拒绝其他要求。孩子真正应该触摸的是大自然中的沙子，在没有沙子的地方，富裕家庭就会买些回来。对于孩子来说，水也是有趣的东西，但大人只给他一点点，因为水会弄湿衣服，水和沙子都会把衣服弄脏，而需要大人洗。当孩子玩腻了沙子，大人就给他过家家的玩具，有小房子、玩具钢琴等，都不是真正可以使用的东西，他们看出孩子想学大人做家务，可是给的东西却又是假的，真是可笑！

在没人陪的时候，大人会丢给孩子一个或几个洋娃娃做伴。当然洋娃娃可能比难得陪他的爸爸妈妈来得更现实一些，但洋娃娃不会说话，也不会回报孩子给它的爱，只能勉强作为孩子生活中的代替品。玩具逐渐变得重要起来，因为人们认识到它对孩子智力的发展很有帮助。这当然比没有东西玩好些，但问题是孩子很快就厌倦了，又要新的玩具。孩子有时故意把自己的玩具弄坏，大人还错误地认为他喜欢把东西拆得七零八落，或有破坏欲。事实上，这是因为孩子没有合适的东西可以摆弄，他不喜欢这些玩具，因为它们并不真实。孩子会因此变得无精打采，不能专心致志地做任何事，甚至人格也变得扭曲。其实这个时期的孩子很渴望在各方面认真地模仿大人，以便使自己更趋完美，可是这种努力往往被大人否定，这就使孩子陷入了误区。

越是在高度文明的社会里，孩子的处境就越可悲。生在简单社会里的孩子反而更加快乐，他可以自由地使用周围的物品，因为那些物品并不昂贵，无需担心损坏它。当母亲洗衣服或烤面包时，孩子同样可以参与进去。如果能找到适合自己的事，孩子完全可以调理自己的生活。

我们不得不坚信这个事实：三岁的孩子必须自己动手摆弄东西。如果依照孩子的身体比例制作一些物品，让他像大人一样使用，他的性格就会变得平和、满足。孩子不在乎生活环境里所没有的东西，因为他会在玩耍中适应周围的环境，造物主就是要让他享有做成一件事情的快乐。所以，"新的教育方式"提供了符合孩子力量和趣味的理论，如同成人在田间工作或居家生活一样，孩子也应该有属于他们自己的田园或家。不需要给他们玩具，应该给他们小型工具来耕耘自己的园地；不要让孩子们玩"过家家"，应该给他们一个真正的家；不要给他洋娃娃，要给他一群伙伴，让他去体验社会生活，我们应该用这些来取代那些单一的玩具。

当我们把虚假的玩具扔在一旁，给孩子真实的东西时，他的反应会出乎我们的预料。孩子们会表现出不同的性格，他们会拒绝帮助，并清楚地表示要独立完成自己的事情，母亲或教师只能在旁边做观察者，现在孩子成了真正的小主人。

许多年以前，我有幸在罗马看到这样一个事实，假如不是因为当时的情形特殊，我是绝对也看不到的，如果当时的"儿童之家"是设在纽约的高级住宅区，可能就不会发生值得注意的事。许多贵族学校并不缺乏教具，但那里的孩子同样会受到其他事的干扰。

当时对观察有利的三个环境因素是：

1. 学校位于非常贫穷的地区，孩子们苦于物质的匮乏，但那里的自然环境良好，所以孩子们的心灵是富有的。

2. 这些孩子的父母大多数都目不识丁，无法提供给孩子自以为高明的帮助。

3. 教师都不是专业学校毕业的，不受传统教育的偏见影响。

假如在美国搞这项实验可能就不会成功，因为他们要找最好的教师来配合，而"好教师"学了一堆对孩子毫无用处的东西，满脑子都是阻碍孩子独立自主的观念，只知道将自己的观念强加到孩子身上，这就阻碍了孩子的发展。我们都希望实验取得成功，那就应该以贫穷的孩子为研究对象，给他们提供一个从没有经历过的环境，再给予设计合理的教具，令孩子们产生兴趣，并唤醒他们的注意力。40年前的这个实验在社会上引起了非常大的震动，因为人们从来没有看到过三岁的小孩能有这样的表现，然而孩子专注于一件事只是他最基本的表现，接着，实验一项项地做下去，孩子们忘情地流连其中。在从前那无法使孩子满足的环境中，孩子只能不安心地动来动去，无法专注于任何一件事，如今，我们已经证明了，这种情形绝非一个孩子应该表现的真正性格。

我们一定记得，三岁孩子的心里有一位教师，一直准确无误地引导着他。我们所说的自由的孩子，就是能够接受内心强大力量引导的孩子。受心灵引导的孩子会把工作做得十分彻底，例如，大人原本只想让他擦擦桌面，但孩子连桌腿、四周边缘甚至桌子的缝隙都擦干净了。如果教师允许孩子自由做事，不横加干涉，孩子就会全神贯注地投入工作。而大多数教师在面对孩子时通常忍不住打岔、说教，所以，那些受心灵自然引导的孩子，难与爱说教的教师相处。也许教师认为应该由易到难，渐进地引导孩子进步，或者让孩子由简单到复杂地学习知识，而孩子却更喜欢先难后易，有时甚至表现出跳跃式的进步。

教师的另一个偏见就是对疲劳的认识。当孩子对某一事物充满兴趣的时候，是不会觉得疲劳的，可是教师偏要每隔一段时间就让他们休息一下，反而使孩子们对所做的事丧失兴趣，并感到了疲劳。那些从师范学校毕业的教师，大多数积重难返地持有这种偏见，几乎无法纠正。如今多数大学也有这种偏见，认为每堂课最多只能上45分钟，然后就应休息一下，这对孩子来说其实是十分有害的。教育是遵从人类社会的逻辑，但自然的心灵却有自己的法则。多年以来，人们把心智活动与身体活动看作是两码事，认为只有安静地坐在教室里学习才是心智活动，而人的身体活动则应该抛开心智。这等于把孩子一分为二，当孩子思考的时候，不准他动手动脚，但事实上，孩子不用双手便不能思考，他甚至还得不停地走动，如同古希腊四处游走的哲学家一样，行动与思考同时进行。

我们在尽最大的努力帮助教师摆脱这些偏见，我们的最大成就也就在此。如果教育体系里还保有设想的空间，而且受过正规训练的教师非常少，我们就谢天谢地了，这是最理想的状况。当然，新教师必须知道某些基本的事情。例如，我的第一个实验对象是公寓管理员，我告诉她为孩子示范教具的使用方法后就可以走开，让孩子自己完成操作。她虽然没有受过高等教育，但把任务执行得很好，所以当孩子们的表现十分完美时，她同样感到非常惊讶，以为有一个天使或神灵在帮助孩子们完成那一切。她有时十分震惊地跑到我的面前来说："夫人，我今天看到孩子开始写字了！"从孩子写出的漂亮句子来看，仿佛有神灵在他心里，因为他以前从没有写过字，也没有阅读过一本书籍。

经验让我们明白了，教师必须大胆放手，为孩子们准备好材料，就让他们自己动手。我们的任务就是要让家长和教师了解，对孩子的干涉是不必要的，即使孩子做错了什么也没有关系，这就是所谓的"非干预教学法"。教师应该分析孩子可能需要什么，像一个仆人认真地为主人准备好晚餐后退下，由主人随意享用。教师还应该具备谦卑的品性，不要把自己的意志强加给孩子，同时还必须保持警觉，时刻注意孩子的进展，为他们准备好下一步所需要的材料。

文化层次相对较低的家长最热心配合我们的工作。当孩子写出第一个字时，不识字的父母会兴奋得把他们的孩子举起来；然而，有钱的家长只表示了极少的兴趣，有时还要追问学校是否教美德的课业，至于孩子写出第一个字的成果好像无足轻重。有的家长也许会说打扫卫生之类的事情是佣人的工作，孩子到学校的目的不是为了学做这些低贱的工作；还有一个家长认为自己的孩子太小，还没到学算术的年龄，怕孩子的脑子用坏了，而出面干涉教育工作。这样，孩子就产生了很复杂的情感，他既有优越感又有自卑感，成为心智上不健全的人。

在我们的教育实验中，局外人觉得很糟的事情，通常却很有实际价值，这些实验不仅能促进孩子的发展，也使家长有所领悟。在最初的儿童之家，孩子开始练习做家务事后，就会回去告诉他们的母亲，衣服上不整洁是一件损害自己形象的事情。很快，他们的母亲的衣服也开始变得洁净无瑕，每次外出都穿戴整齐。很多父母还开始学习读书写字，因为这些是他们的孩子已经掌握了的。整个社会的气氛和环境因为孩子而逐渐改变，仿佛我们手中拿着一根魔杖。

成人和孩子

如今，教育不仅仅被看作一门技艺，而且属于社会科学这个领域中最重要的一个研究门类。人类的进步和发展，除了依靠改善外在环境的科学技术外，最有效的方式还是借助于针对儿童的教育科学。不仅科学家和教育家对教育科学研究产生了十分浓厚的兴趣，连家长和公众也表现出了相当的关切。现代教育理念有两项主要原则：第一项原则是了解和培养孩子的个人特质，也就是了解每个孩子的本性，并透过孩子特有的性格来引导他；第二项原则是给孩子足够的自由。

虽然教育科学已经解开了很多儿童教育上的难题，但是要领会现代教育的宗旨，还需要克服不少难以克服的困难。在现代教育中，"问题"这个词经常被当做研究的主题，例如，人们时常提到学校问题、性格问题、兴趣和能力问题等。但在其他科学研究领域却是"原理"两个字用得更频繁一些，例如，光辐射原理、地心引力原理等。通常，在科学研究领域，问题更多地产生于不明确的地方和外围部分，科学研究的核心则包括发现问题和解决问题。但在具有实验性的现代教育方面，却忽视了重要的问题，这等于偏离了科学的正轨。虽然有人说："我已经把教育的问题都解决了，我在人类精神方面已有很多新的发现，我将教育置于明确、单纯的境地。"对于这一论调，学者们是不会相信的。社会有一股无形的压力，迫使人们不得不去适应一些令人无法想象的事，也必须适应那些维护社会安定的礼教束缚，因此，每个人都得或多或少地牺牲一些自我。我们的孩子也如此，在学习的义务下，他们不得不有所牺牲，不管我们多么希望孩子们能够享受到学习的乐趣。孩子们必须努力地学习，但又不能把自己弄得筋疲力尽。我们一方面希望孩子自由自在，另一方面又要求孩子服从，这些理想和现实之间的冲突，引发了很多教育上的问题。所谓教育科学的改革最终变成了大人想象孩子未来命运的声声叹息。所有的学校教育改革，其本意都是为了缓和沉重的教学所造成的伤害，例如，重新修改教学课程和教育制度，强调体能运动和休息的必要等。然而，这些补救方案，并没有达到真正使孩子自由发展的效果。

无论怎样，针对教育问题的解决，绝对不能有丝毫的让步和妥协。我们必须进行真正的改革，必须开拓出一条崭新的教育之路，因为现今的教育仍是一条死胡同。

当其他科学领域早已出现许多有利于人类生命且令人激动的发明时，教育科学却仍未有令人惊喜的进步。在教育研究领域，所有正在探讨的项目都局限于对外在现象的研究。借用医学术语说，就是治标不治本。

很多不同的症状，可能都是由同一个病因引起的，想要解除病痛，假如只是一项一项地分开治疗，而不找出病源所在，到最后可能就难有成效。举例说明，心脏活动的异常可能会引起身体所有器官功能的紊乱，如果我们只是治疗其中一个器官的病症，而不想办法使心脏功能恢复正常，那么所有的症状仍然会出现。还有一个和神经官能有关的例子，假如一位心理分析师发现，患者是由于情绪和思想错综复杂的相互影响，使得神经超负荷而产生的病症，那么这位心理分析师就必须寻找病症的根源，追查深埋在潜意识中的病因。一旦查到发病的根本原因，一切问题就会迎刃而解，据此拟出的治疗方案才会使所有的病症逐渐消失或者转为无害。

我所说的教育问题，就如同以上例子里所比喻的外在病症，由一个隐藏着的主要因素所引发，这个主要因素和人类的潜意识无关。蒙台梭利教学法，始终坚持远离当今教育体制的"病态程序"，而坚持朝着一条期望揭示并治愈教育顽疾的道路前行。蒙台梭利教学法的出现，使教育问题的起因被克服，问题也随之消失了。

如今我们发现的所谓教育问题，尤其是那些与孩子的个性、性格发展和智能发展相关的问题，实际上全都起源于孩子和成人之间的冲突和对立，成人在孩子发展道路上所设下的难关，不但难以计数，而且颇具伤害力。成人在设置这些困难时，往往携着道德和科学的名义，并且想要操纵孩子的意志来满足自己的意愿。所以，孩子最亲近的成人——母亲或是教师，在孩子的人格形成过程中，反而成了最可能有危害的人。儿童与成人之间的矛盾冲突与教育密切相关，也是导致儿童成年以后精神错乱、性情异常以及情绪不稳定的主要因素。这些问题从大人传给孩子，又从孩子传给大人，形成一种恶性循环。

所以，要从根本上解决教育问题，首先针对的绝不应该是儿童，而应针对教育工作者。教育工作者必须理清自己的思想观念，抛弃一切偏见，最后还必须改变自己的态度；接着就是准备一个适于孩子生活的环境，一个没有障碍的学习空间。对于环境的设计要符合孩子的需求，让孩子可以得到心灵的解放，使孩子能够克服一切困难，并显露出自己的非凡品性。上述两个步骤是奠定成人和儿童新道德观的基础。

自从我们为孩子营造了一个适宜的环境，感受到了孩子在活动中自然流露出的创造力之后，我们便发现孩子在工作中展现出原来不曾见到过的沉稳。一个与孩子精神上的基本需求相匹配的环境，可以让他长时间潜藏着的态度浮现出来，因为过去和成人之间的不停抗争，使孩子不得不武装自己，表现出压抑的精神状态。

我们通过观察发现，孩子的内心存在着两种截然不同的心理状态：一是自然而富有创造力的状态，显现出孩子正常、善良的一面；二是因为受到成人的压制而产生的自卑心理。这一发现让我们对孩子的形象有了全新的认识，为我们昏暗的教育之路点亮了一盏灯，引领我们走向新式教育的正确之路。孩子所表现出来的纯真、勇气和自信，源于道德的力量，也是孩子融入社会的迹象；而孩子的缺点如行为缺陷、破坏性、说谎、害羞、恐惧以及那些让人难以预料的对抗方法，立即会消失得无影无踪。现在，与成人沟通的是一个完全改变了的孩子，教师同样应该以全新的态度来面对他，不应该再把威严和权力集于一身，而应以谦和的态度来帮助孩子。既然我们已经发现了孩子的心理层面有两种不同的状态，当我们开始讨论教育方针时，就必须先理清讨论的基本对象，我们是应该以受到成人压制的孩子为讨论对象，还是以在良好环境下自由成长，得以发挥创造潜能的孩子为讨论对象？

对于那些被压制的孩子来说，成人就是制造出许多实际问题的罪魁祸首。但对于那些自由成长的孩子来说，成人则扮演着一个对自己的错误充满坦诚，而且能和孩子平等相待的角色，成人可以轻松愉悦地与孩子相处，并且和孩子共享温馨且充满爱意的新世界。

教育科学也应该在与孩子平等相待的体制下施行，实际上，科学的理念就是先假设一个真理的存在，然后才能有一个向前发展的巩固基础，才可以发展出一套切实可行的办法，从而减少错误的产生。孩子本身就是引导我们求得真理的人，孩子希望大人能够给予他们有用的协助，这也是成人在自我帮助。

孩子是通过各种活动在环境中成长起来的，但是除了活动以外，孩子还需要对物质的接触，在学习上得到指导以及对万物必不可少的了解，这些都是孩子发展道路上的重要需求，都有赖于成人提供。成人必须给孩子必要的东西，实现孩子的需求，尽可能地帮助孩子自己行动，如果大人做得不好，孩子就没有办法顺利地发展。但是假如大人做得太多，同样可能阻碍孩子的发展，使他们的创造力难于发挥。而这之间的平衡点，我们称之为"介入的门槛"。随着教育经验的逐渐累积，我们就会慢慢找到介入的恰当时机，而孩子和施教者之间的了解也就能更透彻。

孩子的活动是通过和物质的接触产生的，所以，我们把一些经过科学论证而挑选出来的教具放在孩子的身边，让孩子们随意使用。关于文化传承的问题，也会因为这种做法而得到解决，这样的做法不但减少了大人的介入和干预，也保持了相对传统的教学形式，让孩子依据自己的发展所需，摸索着学习。每一个从活动中获得自由的孩子，可以发挥自己的最佳创造力，也将在学习过程中不断进步。所以，个体的发展也有助于文化的传承。教师扮演着指导者的角色，只有在必要时才出现，孩子的个性循着自己的规则展现，演绎着行为的各项能力。

我们从实践经验中总结出许多对教学有益的心得，这些经验和心得对我们已经开始起草的科学教育纲领有很大帮助。其中的一项纲领是：成人对儿童的干预、教具的使用和学习环境都必须有所限制。教具提供得太多或太少，都可能对儿童的发展造成负面影响。教具的缺乏可能会导致儿童学习上的停顿，教具过多则容易使他难于选择、精力涣散。为了更清楚地讲解上述概念，让我举一个和食物有关的例子，食物如果缺少营养会导致我们营养不良，而吃得太多则会造成消化不良，使身体患上各种疾病。以前，人们以为吃得多有益健康，可是如今大家都知道了，吃得太饱并不会使人充满活力，反而会让人觉得疲劳。原来的错误观念被清除以后，医生才可以拟定维护身体健康的食物质量标准，营养学寻求的则是更加精确的计算方式。

如今，有些人相信教具是儿童教育的关键，他们以为无需计划、不受任何限制地提供尽可能多的教具给儿童是比较好的方法。这种理论与以前人们认为只要吃得多，身体自然就健康的想法如出一辙。两者之所以可以一概而论，是因为它们同样都涉及到"喂养"，一个关系到身体，一个则关系到心智。如今，我们关于智力发展的方式，也就是在教具上的研究表明，限制教具的使用更能够激发起儿童自觉性活动和全面发展。

有一部分人以为，可以运用的心理因素只有心智和语言表达能力，这样的人显然会彻底忽略了婴幼儿，因为即便是出生才几个月的孩子，也已经显现出他的独特性。认为婴儿只需要身体上的照顾的论调，模糊了最重要的概念。然而当成人放下架子尝试着去理解孩子心理的时候，就会清楚地发现，孩子的内心世界远比大家认识到的丰富和成熟。事实上，曾有研究报告详尽地指出，即使是出生不久的婴儿，也会和环境水乳交融。孩子适应环境的能力，更胜于他的肌肉的发育能力。孩子的内心存在着一股鲜活的精神力量，虽然他的肌肉收缩或语言能力的发展还没有开始，但他仍然需要我们的协助和精神上的呵护。由此得出结论，孩子天生是有二元性的，其中一元是他内在的心理发展，二元则是身体的成长。这与其他动物的发展不同，其他动物几乎是从一落地开始，天生的直觉就指引它怎么做，而人类的婴儿必须自行构筑这套机制，以便呈现出自己的精神及采取行动。人类独特的优势，就是自我必须启动身体用来动作的复杂器官，这些动作最终又会显示出个体的独特性。人必须创建自我，拥有自我，最终要能控制自我，所以我们的孩子其实是一个连续发展变化的个体，他必须循序渐进地在行动和精神活动中求得平衡的发展。成人的行为通常是经过思索而产生的，而孩子则必须设法让思想和行为取得一致。思想和行动是否臻于一致是孩子发展过程中的关键。

因此，妨碍孩子的行动便是在孩子的人格构筑过程中设立了障碍。思想是独立于行动而产生的，而行动则可以听从他人的命令，动作并不是只对某个精神做出反应，假如这样，性格就会变得脆弱，内心的不协调则会减弱任何行动的效果。这对人类的未来来说，是一件需要高度重视的事，也是家庭教育和学校教育亟待深思的首要课题。

孩子的精神比人们所认为的更加高尚。经常让孩子觉得痛苦的，不是要做许多事情，而是不得不去做那些对他来说没有任何意义的事。孩子感兴趣而且愿意付出辛苦的，是那些与他的智能和尊严相符的事情。我在全世界上千所学校里，看见很多孩子做出了成人以为他们无法做到的事。孩子工作时的表现，证明他们完全可以长时间地做一件事而不觉得疲劳，可专心到几乎与世隔绝，这些都是孩子人格发展过程中的一方面。孩子在文化方面显得非常早熟，四岁半的孩子已经能够写字，并且很热衷于享受其中的乐趣，我们将这一时期孩子热衷于绘画和写字定义为"画写爆发"。

孩子们很小的时候，就在轻松、有趣的氛围下学会绘画和写字，他们从来不觉得写字很累，因为这是一项自发的活动。

看着这些健康、安静、纯真、感情细腻、充满爱和欢乐并随时准备帮助别人的孩子，我不禁想到，由于从前对孩子所施加的错误管教，人们已浪费了太多的精力。是成人让孩子变得什么都不会做，变得疑惑和叛逆；是成人消磨了孩子旺盛的精力，破坏了孩子独特的个性。成人急切地纠正孩子的错误，修复孩子心理上的缺损，弥补孩子性格上的缺陷，殊不知这一切正是成人自己造成的。我们发现自己在一个没有出口的迷阵当中打转，陷落于一个没有一丝希望的挫败里。成人发现自己受困于问题密布的丛林中，不知该怎么办，唯有等到自己可以勇于面对错误并加以改正，问题才能消失。孩子长大成人以后，又成了这些错误的继承人，如果不改正，这个错误便会代代相传下去。

儿童是爱的源泉

我们学校经常搞一些社交活动，当然，这些活动都是典型的蒙台梭利式聚会，每次活动都有许多学生的亲属和朋友来参加，因此聚会上可见到多种多样的人，婴儿、少年、成人、专业人员和非专业人员，受过高等教育的人和没有文化的人。在整个活动中，这些不同的人混杂在一起，没有任何人对他们进行组织，但聚会在和谐愉快的气氛中进行，总是获得圆满的成功。很明显，这种自由的聚会不同于那些典型的学术会议。世界各地都有人来参加我们的训练班，当这些人学成离去的时候，都达到了一定的教育水准，这是我们接受他们的唯一条件。这些学员来自世界各地，身份各不相同，有大学生、教师、律师、医生、病人等；不只这样，这些人的思想观念也各不相同，我的一个美国学生就是无政府主义者。尽管学员之间的差异如此之大，可是他们从来没有发生过摩擦。为什么呢？原因是这些人都有一个共同的理想，他们正是为这个理想而来到了蒙台梭利学校。相较于印度，比利时是一个很小的国家，可是这里却使用两种语言：佛来芒语和法语。比利时的人口也不是很少，可是他们之间的关系却非常复杂，而且分属不同的社会组织，如天主教、社会主义，以及其他政治团体。可以想象，这些人聚在一起的事情是很少见的。然而，我们的聚会很成功，这真有点令人吃惊，当地许多报纸评论道："很长时间以来，我们一直试图举行由各个团体参加的会议，可是没有能够实现，现在它却自己出现了。"

这就是儿童的力量，是他们把这些人聚集到了一起。无论人们的政治观念、宗教信仰有何不同，他们都会热爱儿童。正是对儿童的爱促使他们团结在一起。成人由于利益和信仰的分歧，形成了各种各样的团体，如果聚集在一起讨论一些事情，很可能因为观点不同而相互谩骂，甚至大打出手。但是，当这些人面对孩子时，他们的心里就会出现相同的情感。可是，儿童的这种巨大作用一直没有引起我们的注意。

现在，我们就来探讨一下爱的本质。先让我们看看诗人和先哲是如何描述爱的，因为只有借助他们的手，爱的力量才能得到完满的表达。爱是人类最伟大的情感，它孕育了人的生命，人世间难道还有比爱更加美好的东西吗？爱的力量无比强大，即使最野蛮和粗暴的人也为之屈服，最残忍的暴君也能被爱所感动。所以，无论人们的行为存在多大差别，每个人的内心都蕴藏着爱，这是人的天性，只要这种力量发挥作用，就能够触动人们的心灵。如果人的天性中没有爱，那么，不管把爱描述得多么美好，人们也不会产生共鸣。虽然爱的作用很微小，却随时都在影响着每一个人，因为人天生就有对爱的渴求。

　　既然我们希望世界更加和谐美好，就应该关心爱的作用，研究爱的含义。儿童是爱的起点，爱的源泉，但凡与儿童相关的话题也都与爱相关。很难给爱下一个准确的定义，虽然我们时刻感受到爱，却很少有人真正理解爱，没有人清楚爱的根源在哪里，谁也说不出爱的作用到底有多大。虽然存在种族、宗教信仰、社会地位等差别，但是只要谈论起儿童，人们之间就会形成一种友好团结的关系，彼此的戒备之心就消失了，各种隔阂也随之消失了。

　　只要与儿童生活在一起，人们就会变得更加亲切、友好，不再有猜疑之心。爱赐予人生命，爱是道德的基础，爱不仅蕴涵在儿童的天性之中，也是成人的禀性之一，成人常有的一种保护他人的冲动就是其表现，而且，群体之间的团结也是由爱的力量促成的。

　　本世纪，战争给人类带来了巨大的灾难，也许，此时谈论爱不合时宜。可是，人们对爱的寻求反而更为执著了，这是一件多么奇妙的事情！人们没有被战争和仇恨打倒，恰恰相反，制定了共同生活的计划，这不仅说明了爱的存在，而且说明了爱是团结的基础。如今，战争的威胁尚未消除，很多人都在说："放弃你的爱吧，不要再做梦了，让我们面对现实。灾难随时都会在我们身边发生，人为的灾难吞噬着村庄、森林、妇女和儿童，这难道不是事实吗？"我们不否认事实，可即便如此，我们仍然要谈论爱，寻求爱，为爱的重建添砖加瓦，因为有无数人和我们一样，也在谈论爱，寻求。无论宗教人士还是反宗教人士，无论新闻媒体还是路人，无论受过教育者还是文盲，无论富人还是穷人，凡是热爱生活的人都在谈论着爱。

仇恨给这个世界带来了非常大的破坏，爱遭到人们的质疑，既然找不到别的出路，我们为什么不对爱进行研究呢？我们为什么不对这种自然的力量进行研究呢？为什么不使爱的力量发挥出来，造福于全人类呢？我们应该扪心自问，为什么在危机到来的时候，人们会忘记使用爱的力量？为什么不把爱的力量与其他力量相联合呢？人类把大量的精力投入到自然现象的研究上，为什么就不能分出点时间来研究这种力量呢？所有能够唤起爱的工作都应该受到重视。前面已经说过，爱是诗人和哲人经常谈论的话题，这给人一种印象，似乎爱只是一种理想。我要说，爱是人类的理想，同样客观存在着，过去是这样，未来也是这样。

我们需要明白，我们之所以能够感受到现实的爱，并不是学校教育的结果，而是我们的天性蕴涵着爱。

诗人和先哲的话语也许会被时代的喧嚣所淹没，被人们忘记，但是人们对爱的强烈渴求，并不受外界的影响。爱和对爱的渴望是人类生命的一部分，不是能够学来的，它只有在生命中得到充分体现，这是先哲们的妙语贤言无法办到的。

人们习惯于从宗教和诗歌中认识爱，我们还可以从生命本身的角度来思考爱，从这个角度来分析，爱不仅是我们所渴望的东西，而且是一种牢不可破的生活现实。现在，让我们来讨论这种现实存在的爱，以及先哲们对它的阐述。

我们说爱是宇宙中最强大的力量，其实这种说法并不准确，因为爱不仅是一种力量，而且是一种创造。准确地说，爱是"上帝的巨大能量"。

我多么希望能在这里复述人类对爱的赞美，包括所有诗人、先哲和圣人们的话语，但是这些话语是如此之多，它们包括所有语种，我实在有心无力。我只能在这里引用圣·保罗的话，因为我觉得，这位圣人把爱表述得最为透彻，即使在两千年后的今天，这些话仍然激起我们的热情。圣·保罗说："假如没有爱，世间的所有语言不过是一些毫无意义的声音。即使我能够预言久远的未来、揭示无尽的奥秘、掌握所有的知识，即使上帝赐予我移山倒海的能力，假如没有爱，也将一事无成。即使我散尽财产救济穷人，即使我抛弃生命追求道义，假如没有爱，又能成就什么呢？"如果我们对圣·保罗说："你对爱有如此深的感受，那你一定知道爱的真谛吧。请给我们解释一下如何？"我们这样说并不是不恭，因为这种高尚的情感很难描述。事实上，圣·保罗的话正好反映了现代人的处境，人类不是已经获得了移山倒海的能力了吗？如今，我们在地球的一端轻声说话，地球的另一端不是可以听到吗？可是，假如我们的世界没有爱，所有这一切又有什么意义呢？人类已经建立起广泛的组织机构，救济世界各地的穷苦人，为他们提供粮食和衣物，但是，假如缺乏真正的爱心，这一切的意义又何在呢？鼓声能够传得很远，震撼人们的心魄，那是因为鼓有着广阔的内心。

那么，爱的本质是什么呢？上面所引圣·保罗的话告诉我们，爱是伟大的、崇高的。这位圣徒还说过很多话，同样能给我们启示：

"爱意味着仁慈之心，持久的忍耐；爱就是不嫉妒他人，不做亏心事，不自高自大；爱就是摒除野心，放弃私利，克制怒气，不做恶事；爱就是热爱真理和正义；爱就是宽容、信任、期望和忍耐。"这些话都是对人类精神世界的描绘。如果我们对儿童的心灵有所了解，就会把他们和这些话联系起来，这些话不正是对儿童"具有吸收力的心理"的形象描绘？儿童纯洁的心灵可以包容世界上的任何东西，并且通过自己的行为体现出来。儿童是弱小的，但却具有忍耐力，无论他们出生在哪里，无论环境如何艰险，他们都可以逐渐适应它，慢慢成长起来，而且长大之后，能够从生活中获得人生的乐趣。不论儿童出生在沙漠、平原、山地甚至是冰雪覆盖的极地，他们都会适应环境，并在那里生活下来。无论成长的环境狭窄还是广阔，儿童都会与之发生血肉联系，如果他们离开自己的家园，就会失去生活的感觉，他们会终生喜爱自己出生和成长的地方。

儿童那"具有吸收力的心理"能够包容一切，人类精神领域的所有东西都会在儿童身上体现出来，无论是希望、信仰、团结还是忍耐。

　　这就是我们的儿童。

　　如果自然界没有赋予儿童这种心理能力，任何一种文化都得不到发展；如果文化的发展是儿童出生后才开始的，人类文明就得不到持续的进步。

　　人类创造了自己的社会，而这个社会的基础就是"具有吸收力的心理"，这是我们从对儿童的观察中得到的启示。长久以来，人类为自己的命运而苦恼，但是，儿童用爱的方式为我们指明了方向。先哲们没有告诉我们爱的真谛，儿童的发展却向我们展示了爱的轨迹。如果我们把圣·保罗的话和儿童联系起来，就不能不说："这位圣徒的话在儿童身上得到了完整体现。儿童身上集中了所有爱的资源。"

　　可见，爱不仅存在于诗人和圣哲的心中，而且源于每一个人的心灵。大自然把这种伟大力量赋予了所有的人，使他们在生活的任何场合发挥作用。虽然人类为各种分歧和仇恨所困扰，但是，爱从未在世界上隐退，它向灾祸不断的大地降下甘霖，滋润人类的心田。近代战争的巨大破坏力告诉我们，假如世间没有爱，人类所创造的一切，包括文明的进步都会失去价值。这很好理解，因为生命把爱赐予了每一个人，只有儿童的这种天赋得以发挥，人类的活动才会有成果。如果爱的潜能无法得到发挥，任凭动物性的掠夺习性发展，人类就会和禽兽没有差别。我们并非不承认人类取得的巨大成就，但是，如果我们渴望生活更加美好，就必须谦虚地向儿童学习，把自己的力量和儿童的力量结合起来。这是因为，在人类创造的所有奇迹之中，只有一个领域尚未得到有效利用，这就是"儿童的奇迹"。

　　然而，爱远远不止于此。如今，爱在人们的心目中充满了幻想色彩。我认为，爱应该属于一种本原力量的一部分，这种本原力量也就是物质的"吸引力"，或者说"亲和力"，爱包容在这种力量之中，共同统治整个世界。这种力量形成物质的基础，星辰运行、原子排列、物质聚合、大地形成、有机物的结构、生命的衍生全部来自这种力量。由此推断，爱应该是无意识的，但是，人的精神能够在生活中意识到爱，充分感受到爱。

生命在于延续，所有动物都有繁殖能力，这也是爱在自然中的一种表现，如果没有爱的作用，生命就无法延续，物种也会灭绝。

在自然生命的活动中，爱不仅表现在生命的繁衍上，动物的其他行为同样表现出爱，如：同一物种之间的亲和力，群体对个体的保护等。动物可以感觉到这种力量，但是它们的意识却无法捕捉到它。造物主对爱十分珍惜，自然在给予爱时极为节俭，每个生命都将得到所必需的爱，可是没有浪费的余地，爱就是如此宝贵。新生命刚来到这个世界，就会唤起母亲的爱，在这种力量的驱使下，母亲时刻守护在孩子身边，喂养它，保护它，给它温暖，确保这个小生命的安全和健康。母体对幼体的保护是普遍的，这是出于生命延续的需要。不过爱的价值在此并未得到完整的体现。幼体一旦长大，父母的这种爱就会逐渐消失，母子之间的感情纽带就会分离。以前，幼体从母亲那里得到一切，现在，它必须独自获取生活资料，如果寄希望从母亲那里获得什么，哪怕是一口食物，都会遭到母亲的猛烈攻击。

这种情况表明了什么呢？这表明在动物的世界里，一旦爱达到其目的之后就会消失，就像太阳隐没在云层中一样。人类就不同了，婴儿长大之后，围绕在他身边的爱不仅不会消失，还会从家庭延伸到其他生活环境。一旦我们需要，爱就会把许多人团结在我们身边。

爱对于人类来说是永恒的，它不仅仅出现在个体之间，而且出现在人类生活的方方面面。如果我们的前人不曾感觉到爱的力量，他们也许不会建立社会组织，不会把爱在人类之间传播。

既然大自然有目的地把爱给予了生命，既然她在分配这种力量时是如此谨慎，那么，大自然如此慷慨地把爱赐予人类，就绝不是没有目的了。假如造物主的目的是用爱来拯救人类，那么，一旦人类忽略了这种宝贵的恩赐，就会导致毁灭。即使人类真的从宇宙中消失了，爱也不会消失，这种力量将永生不灭，继续完成其创造、成就和拯救的使命。

爱是大自然赐给人类的珍贵礼物，就像"宇宙意识"的作用一样，爱降临人间也是有意识和目的的。我们必须珍惜它，热爱它，发展它。爱存在于所有生命之中，但只有人类可以将这种力量升华，使之成为无尽的精神财富，并用它把人类凝聚成一个整体。爱不是用概念能够表达的，它是一种真实的力量。

只有借助这种力量，人才能充分享受自己的创造和智慧的成果。失去了这种力量，人类的活动将会遭到混乱和破坏（这样的事情屡见不鲜）；失去了这种力量，人类的所有创造发明都无法得到保存，将全部毁灭殆尽。

现在，我们就能够理解圣人的话了："没有爱，一切都将徒劳无益。"爱并非黑夜中的灯塔，也绝非穿越云际的电波，它胜过人类所有的一切，它是宇宙中最强大的力量，这种力量贯穿每个人的心灵，成为人类所有力量中最伟大的一种。每一个降临到这个世界的婴儿，都给人类带来了这种力量，即使环境遏制了这种力量的发展，我们也能够感觉到它的作用。因此，我们必须投入精力研究这种力量，要知道大自然不是把爱给予了我们生活的环境，而是直接给予了我们。如果我们想对爱有一个切实的了解，就必须关注儿童的发展。如果一个人希望拯救人类，使人类更加团结，就必须在这条理想的道路上艰难地走下去。

为孩子提供最好的环境

看来，要从事新式教育工作，不仅需要改变教师的职能，还要改变学校的环境，只是把新教材引入普通学校，是不可能带来全面改革的。学校应成为儿童自由生活的场所，他不仅能够在这里享有精神及发育方面潜在的自由，而且能够在这里找到成长与发育的最好条件。学校不仅要引入帮助儿童提高生活质量的生理卫生学，还要在这里进行儿童服装的改革，使新式服装符合整洁、简朴而又便于自由活动的要求，同时还可以让孩子学会自己穿戴。没有任何地方比学校更适宜实验和普及与营养有关的儿童卫生学了，以上规则尤其适用于那些"楼内学校"，学生的家长能够在这里居住，有点像我们最初的"儿童之家"。

　　在这种自由的学校里，对房间也有独特的要求。例如，按照心理卫生的标准，我们将教室的面积大大增加了；还根据呼吸的需要，用"求容积法"推算出自由流通所需要的空气及相应空间；厕所面积也扩大了，同时配了洗澡间；安装了混凝土地板和可以清洗的壁板，还配有中央暖气系统；提供一日三餐；还设了花园，装上了宽敞的阳台；将窗户改装得宽大些，以便光线能够自由进入；还设有体育馆，里面是宽敞的大厅和昂贵的设备；其中最为复杂的是学生的课桌，我们提供的课桌是座位和桌子都能自动旋转的，以防止孩子因过于频繁地做相同的运动或长时间固定不动而导致畸形。总而言之，在学校正好可以应用生理卫生学的知识，当然，这要求学校耗费更多的钱，但它能为儿童提供更大的自由活动的空间。不只是这样，如果要达到理想和完美的境界，还应该给孩子提供比"生理"教室大两倍的"心理"教室，以我们的经验，要达到舒适的目的，必须使房间的地面有一半是空着的，不要放置任何东西，这就是使孩子们感到舒服，并可以进行自由活动的空间，他们在这里的感觉一定会比在一个塞满家具的不太大的房间要好得多。

　　家具问题也容不得忽视，在我们学校使用的是一种"轻便家具"，这种家具既简单又实惠。我们还让它相对容易清洗，这一点对儿童来说有非同寻常的意义，一方面可以让他们学会"清洗"，另一方面又进行了一次愉快而又有教育意义的练习。我们所说的"轻便家具"，从本质上讲应该达到艺术美的境地，它并不笨拙或奢华，而是用浅绿色衬托出高雅、和谐与洁净，并与简单、轻便融为一体。位于波利代洛乡村的"儿童之家"，是为纪念贡冉嘎侯爵建立的。在那个儿童之家里，配备的各种家具，桌子、椅子、餐具柜、陶器的形状和颜色，纺织品的图案以及其他装饰，都与古老的乡村艺术格调一致，它们显得那样简单、古朴、优雅、自然、美观、大方。于是我们突发奇想，如果能使这种乡村艺术复活，也许会形成一种新的时尚。更深一层的推论是，我们应当按照这种风格制造出简单、典雅而又得体的家具，以代替学校现在所摆设的用如此复杂而又昂贵的材料制造出的家具，这样既体现了家具的实用性，又表现出人们的革新精神。

沿着这个思路，如果人们对曾经流传于意大利各地的乡村艺术进行挖掘整理，这些独具特色、丰富多样的家具将会在各地得以使用与推广。这不仅使我们的鉴赏力得到非常大的提高，而且对改变我们的一些不良习惯很有帮助，更为重要的是，这种努力将为人类引入一种全新的启蒙教育模式。艺术的人性化，将使孩子们摆脱目前那种丑恶与黑暗的环境。确实，一进卫生间就让人感到恐怖，那毫无装饰的墙，加上雪白的家具，一看就像医院。学校呢，说它像一座坟墓丝毫不过分，在那里，黑色的课桌像灵柩一样排列着。他们之所以选择黑色，仅仅是为了遮盖学生在学习时不可避免地造成的污迹。教室里除了黑色的课桌、比太平间还简单的毫无装饰的灰色墙壁，其他但凡能吸引学生注意力的东西都被搬走了，据说这样是为了使儿童饥渴的心灵充分接受教师所传授的难以消化的知识食粮。换言之，这样煞费苦心，就是为了使学生的注意力集中于教师的演讲之中。其实，一旦孩子真正被自己的工作所吸引，就不会有任何东西或装饰能够分散他的注意力，而美的环境既有助于他集中思想，又可使他疲惫的精力得以恢复。可以说，最适合生活的地方也是最美丽的。因此，如果我们希望学校成为观察人类生活的实验室，就必须把美的东西尽可能的凝聚于此，就像在生物学家的实验室里，为了培养杆菌就必须准备好炉子和土壤一样。

儿童的用具，桌子和椅子应当轻巧，并且方便搬动，更重要的是应该具有教育意义。因此，我们让儿童使用瓷碗、玻璃杯和玻璃吸管，因为这些物品非常容易被摔碎，一旦它们有了破损，就等于是向孩子们鲁莽和漫不经心的行为提出警告。这样就能够引导儿童改正自己的行为，训练他们的动作仔细、准确，做到不碰撞、不打翻、不摔坏东西，逐渐使自己的行为变得文明和有节奏，并慢慢像主人一样成为各种器皿和用具的管理者。同样，孩子们也会养成尽量不弄脏、不弄坏周围那些洁净、漂亮的东西的习惯。借助这些训练，孩子们得到了自我完善，使各种动作统一并协调起来，使活动更加灵活和自由。我们可以时常让儿童聆听恬静、优雅的音乐，在接受过这种熏陶后，他们就会对噪声和吵闹感到厌恶，同时也会约束自己不轻易发出这类不和谐的声音，并尽量避免与别人争吵。

与之形成鲜明对比的是，在普通学校里，那些沉重、坚固，甚至连搬运工人也难以搬动的课桌，孩子们即使对它碰撞上百次，即使在那黑色桌椅洒上千百次的墨水，即使把那金属盘子掉在地上一百次，它们也不会有丝毫破损，并且看不出一点污迹！然而，这种环境却会使孩子们对自己的缺点毫无认识，使他们隐藏错误，施展魔法般的伪装手段。

孩子需要运动，这已是普遍为人们所接受的原则。所以，当我们谈到"自由的儿童"时，通常是指孩子们能够自由地运动，包括自由地跑跑跳跳。经过不断地努力，到今天，几乎所有母亲都接受了儿科医生的建议，就是让孩子们到公园去，在草坪上玩耍，在室外自由地活动。

谈到儿童在学校里的自由时，我们往往把他们的自由想象为可以在课桌上做各种危险的动作，或者疯狂地撞墙，或者是在一个宽阔的地方自由活动。由此可以得出结论，如果将儿童关闭在一个狭小的房间里，他们将无可避免地对障碍采取暴力行动，在如此紊乱的环境里，他们的工作是不会有秩序的。

在心理卫生领域，自由运动并不只局限于身体的自由这种极为原始的状态。当我们讨论怎样看待儿童的自由活动时，可以与一只幼犬或一只小猫的活动进行对比，无论幼犬还是小猫，都可以自由地跑和跳，而且它们也有这样做的能力，孩子们经常在公园和田野里又跑又跳的情形同样如此。如果我们用这种自由运动的观念对待鸟儿，我们的许多做法就会对鸟儿有利，比如，我们会在鸟笼里的合适位置绑上一根或两根交叉的树枝，以方便鸟儿自由地上下跳跃。当然，不管我们做出如何周到的安排，对于一只曾在广阔无际的平原上自由飞翔的鸟儿来讲，被关在笼子里都是不幸的。

如果说，为了保证一只鸟儿或爬行动物的运动自由，给它们提供相应的环境是必要的，那么，我们能够以此类推，也可以为儿童提供像小猫小狗一样的自由吗？根据我们的观察，当儿童自己做练习时，他们通常会表现出不耐烦、容易吵闹和啼哭，大一点的孩子还企图搞一些发明。当我们让孩子去做那些为了步行而步行，仅仅为了跑步而跑步等没有任何趣味的练习时，他们会感觉难以忍受，甚至觉得屈辱。因此，让儿童听任摆布的活动很少有良好的效果，也对他们的发展毫无益处，它只有一个好处，就是对儿童的消化及生长发育还有点帮助，它会使孩子的行为变得粗野，还会造成他们一些不得体的跳跃或蹒跚步态，以及其他危险行为。也就是说，孩子无法像小猫那样在运动中显得优雅自在，像小动物那样通过自然而轻松的跑跳来完善自己的动作，儿童在运动中毫无优雅的气质可言，也没有任何使自己动作完善的冲动。所以我们断言，能使小猫得到满足的那些活动并无法使儿童满足。既然儿童的本性与小猫不同，他们的活动方式也必然是不同的。

如果儿童在运动中没有智能方面的含义，也没有人对他们的运动进行有效的指导，那么，他们在运动中就会产生厌倦情绪。这是可以理解的，当我们被迫去做那些漫无目的的动作时，就会感受到一种可怕的空虚。我们知道，为了惩罚奴隶，人类曾发明了一种残酷的刑罚，那就是强迫他们在地上挖深坑，然后又让他们把刚挖好的坑填平，这种惩罚的目的就是让他们从事毫无目的的工作。

科学家对疲劳的实验表明，人们所从事的工作一旦带有智能的因素，与他们从事相等的无目的的工作相比，一般不容易陷入疲劳状态。为此，有精神病医生向病人建议，不应通过户外锻炼而是通过在户外的工作来治愈其神经衰弱症。

弄清这两者的差别是很重要的。前者没有什么目的，它只是一种持续的活动。比如除去灰尘，擦洗一张小桌子，扫地，洗刷鞋子，铺地毯，这些都是为了维护主人的东西所从事的工作，与技工所做的工作截然不同，技工是用智力去生产产品的。前者只是一种简单劳动，它不需要投入多少智力活动，它只需要做一些简单的动作；后者则是一种建设性的工作，它需要一些最基本的智力准备，需要协调一系列与练习有关的肌肉运动。

对孩子来说，这种简单的建设性工作非常适合他，他可以通过这些工作进行自我训练，从而协调自己的动作。

为了配合孩子的工作，我们必须为他准备一个适宜的环境，就像在鸟笼里为鸟儿放置树枝一样，这样就能让儿童自由发挥模仿和活动的能力。儿童生活环境中所配置的设施及用具应与他们的身体高矮和力量大小成正比，比如，家具应轻便，容易搬动；食品柜的高度应以孩子能够用手臂够到为准；锁也要易于儿童使用；给柜子安上小的脚轮；门要轻便并且容易开关；墙上可以钉高度适中的衣夹；使用的刷子应该是他们的小手能握得住的；肥皂块的大小要适中；脸盆的大小正好适于孩子盛水与倒水；扫帚是圆柄的，而且要轻巧；衣服要容易穿和脱。这就是我们所说的可以刺激孩子自发活动的环境。在这样的环境中，孩子可以在没有一点疲劳感的状态下逐步完善动作的协调性，并学会人类特有的优雅与灵巧。

向儿童提供自由活动的场所，有助于他们进行自我训练，同时寻求自我发展，它是儿童成长的重要条件，是形成一个人独特而且复杂个性的重要因素。儿童的社会意识就是在与其他可以自由活动的儿童的共处中形成的。儿童对自己所做的一切感到满足，处于受保护和控制的环境中，使自己的意识得到升华，儿童在发展个性意识的过程中还培养了坚持完成任务的意志和品质，并在兢兢业业完成任务的过程中得到一种理性的快乐。在这样的环境里儿童不仅会自觉自愿地努力工作，而且还在工作中使自己的精神得以健全，他的身体器官也将在工作中得到生长发育并日益强壮。

第六章　如何育儿

儿童的运动方法

生命不息，运动不止，运动自始至终伴随着所有机体活动。通过运动，儿童得到发展。儿童的发展不仅有赖于心理的发展，同样有赖于身体的运动。运动给身体带来健康，给心理带来勇气、自信和不容忽视的影响。

运动对儿童极为重要，它是在功能上运用的创造性力量，并使人类达到人种的完善。儿童通过运动改善外界环境，履行自己改造世界的使命。人的身体和智力发展都离不开运动，因为人要想与外界现实建立明确关系，达到目标的唯一途径就是运动。

通过运动，可以保持儿童的肌肉健康，他的生命就不会枯竭，变得极为有活力。儿童在运动中还可以通过自我控制、运用动作，使自己的意志得以实现，是儿童智慧成果的外在展现。

遗憾的是成人不仅不重视而且还阻止儿童身体的运动。

不可否认，一些科学家和教育家并没有注意到运动对于人的发展的重要性。如果"动物"包含了"活动"或"运动"的意思，那么植物和动物的区别就是，植物扎根于土壤上，动物却可以到处活动。那我们制止儿童的运动的做法，是不是很可笑呢？

人们的潜意识接受着赞美儿童的语言。比如：儿童是"幼小的花朵"，这就是说他应该斯斯文文的；儿童是"小天使"，就是说他应该是活跃的。被人类认为的儿童世界和儿童好像没有关系。

人类心灵的盲目令人十分费解，心理分析家弗洛伊德认为，人类潜意识中存在着"心理盲点"，盲目的程度十分可怕。从中可以看出，科学远远不能揭示人类潜意识的奥秘。

所有人承认感觉器官对心理发展的重要性。聋盲人或聋盲儿童的心理发展很困难。人们深信这种观点，因为眼睛和耳朵就是心灵的窗户，它们被认为是"智慧媒介"。聋盲人的智力低于正常人，人们认同这一观点。聋盲是一种不利条件，但它与身体健康并无冲突。但是，如果人为地剥夺儿童的视力和听觉，还认为儿童会更好地获得高水平的文化知识和社会道德，真是太愚昧了。

尽管如此，要人们接受运动对人的道德和智力发展十分重要这个思想，也是很困难的。一个正常发育的儿童会因为不运动而使发育受到阻碍，与没有视力或听力的人相比，他的"智慧媒介"更匮乏。

一个不能运动的人遭受到的痛苦比聋盲人更甚。聋盲人没有办法与某些环境接触，然而在经过一个适应的过程后，其他感官的敏锐可以部分弥补已失去的感官。但是身体运动是无法用其他东西替代的个性的一部分，一个不运动的人不但会伤害自己，而且也远离了生活。

人们通常会把肌肉想象成某个身体的器官。这种概念与我们关于精神的概念似乎是不同的，精神脱离物质，就像僵死了一样。运动或身体活动对心理的发展和人的智力发展，相对于通过听觉和视觉获得的智力感觉更有价值。对一些流行的观念来说，这是一种挑战。

人们眼睛和耳朵的活动也遵循物理学的规律。眼睛是结构奇妙的"逼真的照相机"，耳朵是一支拥有会振动的弦和键的爵士乐队。

当我们提到这些智力发展的优良装备时，不是机械地对待它们，而是当做思考自我的媒介。自我与世界的联系只有通过这些奇妙而有活力的工具才能建立起来，我们还运用这些媒介来满足我们的心理需求。朝晖夕阳、艺术名作、山水风光、优美歌声、宏大音响都是自然之美，这些形态各异和持续的感官印象，给我们的心理生活带来源泉和养料。

真正的力量是自我，唯一的主宰和感觉的媒介是自我。如果自我感受不到形式各样的自然美，那么这些感官还有什么价值呢？视觉或听觉本身并不十分重要，但通过看和听使自己得以形成和发展的更高目的，那就是最重要的。

同样，我们可以类推自我和运动之间的关系，各种各样的器官，都是运动所需要的，即使这些器官不像耳朵的鼓膜或眼球的晶体那样高度专门化。这就产生了人类生活和教育的基本问题，也就是我们应该如何激励和引导儿童的运动器官，使他们的行动比本能感知的东西具有更高的指导性。

如果自我得不到这种必要的条件，那么将遭到整体性破坏，自我的本能仿佛游离于不断生长的身体之外，不可捉摸。

节 奏

大人如果不把手的运动当作是儿童工作本能的首次展现，不去理解儿童活动时需要运用他的手，就会给儿童的工作制造障碍。这并不只是大人的防御心态在作怪，还有其他因素，一个原因是，大人注意的是自己行为的外在目的，并根据想法来制定行动方案。这就是大人的自然法则，即"效益至上法则"。成人往往运用最直接的方法，在最短的时间内实现利益最大化。如果一个儿童正在努力做某些看似没有成效和幼稚的事情而被成人看到，或者成人刹那间就可以做完这些事情并且做得更好，这时他就为儿童感到痛苦，想去帮忙。儿童对于琐碎的或一无是处的东西特别有热情，成人看到后认为这是可笑的，甚至是不可理喻的。当一个儿童发现桌布放得不端正时，就会分析桌布应该怎样铺，尝试用自己记忆中的方法铺好它。他虽然做得很慢，但投入了全部精力和热情。因为儿童心理的主要任务是记忆。把一些东西整理好，对于这个发展阶段的儿童来说无疑是一种有成就感的活动。即使没有成人的帮助，儿童只要通过自己的努力也能够把事情做好。如果一个儿童要自己梳头，成人又不支持这种可贵的想法，那么，儿童会感到不高兴，很有挫败感。儿童不可能很好地达到成人的标准，很快地梳好头，成人却能把儿童的头发梳得既快又好——这就是成人的想法。这个儿童正在进行一种有益的活动，如果他看到成人走过来拿起梳子，说必须由成人来梳头，他就会觉得成人是一个强有力的无法挑战的巨人。如此情况也在成人看到儿童尝试穿衣服或系鞋带时发生。成人对儿童所有的想法都会阻拦，甚至变得恼火，因为儿童尝试去进行一种无意义的活动。

节奏是不可以随意改变的！新观念对于成人应该能够理解。在活动时每一个人都会有一种独特的节奏，就像一个人的体形一样。我们对他人跟我们相似的活动节奏感到高兴，然而，我们如果被迫去适应他人的节奏，就会感到痛苦。例如，我们跟一个局部瘫痪的人在一起走路时，如果是被迫这样做，那么就会感到痛苦。如果一个中风病人缓慢地举杯到唇边时，他的缓慢动作与我们灵活的动作所产生的强烈反差，我们对此也会感到痛苦，我们就会用自己的节奏来代替他的节奏来帮助他，因为这会使我们摆脱痛苦。

成人对儿童的做法如出一辙。在潜意识里成人阻止儿童进行那些缓慢和看似笨拙的没有效率的活动，正像他不得不驱赶可恶的苍蝇一样。

成人却容忍了儿童活动节奏的强烈和迅速。充满生气的儿童在他的环境中所造成的无序和混乱能被成人接受，他们会耐心地"坐视不管"，因为他们注意到了这些事情是清晰和可以理解的，儿童有意识的行为是可以被成人控制的。但是有时候成人认为必须进行干预，比如当儿童的动作缓慢时，他们就以自己代替儿童来行动。但是成人在这样做的同时，并不是满足儿童最基本的心理需求，而是在儿童想要自主完成的活动上代替儿童行动。成人成为了儿童自然发展的最大障碍，因为他阻止儿童的自由行动。想独立而不是靠其他人帮忙洗澡、穿衣或梳头的"不听话的"儿童哭叫绝望，显示了儿童以自己的努力求得发展的决心。

儿童受到的所有制约中的第一种制约是成人给了儿童不必要的帮助，谁会想到这种压制将对儿童以后的生活产生最严重的后果呢？

在潜意识里日本人对儿童有着一种根深蒂固的观念，即儿童是痛苦的。父母会在夭折的儿童墓前放置一些小石块之类的东西祭祀死者。他们认为在坟墓前所放置的小石块，可以使儿童免于遭受另一个世界的恶魔攻击。恶魔将毁坏儿童正在建造的一些东西，但是带着父母真诚关爱的那些小石块能够帮助儿童进行重建。死去的儿童遭受痛苦，这是最难忘的一种观念，表明我们在用潜意识解释死亡之后的事情。

儿童的秩序感

很容易被我们发现另一种很简单的事实。教师把一些有利于儿童发展的直观教具分给儿童，儿童用完以后，交给教师放回原处。这位教师对我说，每当孩子们看到她这样做的时候，就会站起来围在她四周。她要求孩子们回到各自的座位上，但是他们会再次走回来。这种情况重复发生很多次之后，她认为儿童有不服从管理的倾向。但当我观察这些儿童时，发现他们只不过是想独自把各种教具放回原处，而不是由教师完成，于是，我允许他们自由行动。儿童从此开始了一种新的生活。儿童认为把一些东西整齐放好是一种很有吸引力的工作。如果有一个儿童手中装水的杯子掉在地板上，把杯子摔碎了，别的儿童就会跑来，捡起碎玻璃片，把地板擦干净。

有一天，这位教师不小心弄掉一个装有彩色小方块的盒子，盒子里装着80块颜色不同的彩色方块。这位教师有点慌张，我看出重新排列起来是很困难的，因为有这么多在颜色上只是略有差别的小方块啊。但在这时候，孩子们马上向她跑过来，把所有的彩色小方块按颜色的深浅放在它们原来的位置上，动作是如此的快速、准确。儿童对色彩的敏感性远远胜过我们。

儿童的"安静"训练

有一天，我让一个孩子的母亲站在院子里，我抱着她那只有四个月大的女儿走进教室。这个女婴整个身体依照当地盛行的一种风俗被襁褓紧裹着。她的脸胖乎乎、红扑扑的，表情也很自然。这种"自然"给我留下很深刻的印象，我要和孩子们分享这种体验。我对孩子们说："她多么安静。"然后我调皮地说："看她站得多么稳当啊，你们谁也做不到她那么好。"（我告诉他们婴儿的脚包在襁褓里）我看到所有孩子都把他们的脚并拢在一起不动，都用奇怪的眼神盯着我，好像在专心地听我讲话，努力地领会我的意思。真让人惊讶。"请你们留心她，"我继续说，"听，她的呼吸多么安静，你们哪一个都不会像她一样安静地呼吸……"表情惊奇、一动不动的孩子们开始像婴儿一样屏住呼吸了。那一刻真令人难忘。甚至，开始听到平时难以听见的挂钟的嘀嗒声了。这个女婴给教室里带来安静的气息，这是史无前例的。没有一个孩子做可能产生声音的动作，他们聚精会神地体验着这种安静，并反复回味。这项活动吸引了所有的孩子都来参加。这不是一种热情推动的结果，因为它主要来自一种内心的愿望，而不是激情等冲动的来自外在的东西。那一刻，每个孩子都控制自己的呼吸，安安静静地坐着，仿佛正在沉思，像个宁静而专注的思想者。这片安静令人感动，此刻我们渐渐能听到极其轻微的声音，就像远处的滴水声和鸟鸣声。于是，我们就开始了"安静"的练习。

　　一天，我想，可以以这种"安静"为标准，检验孩子们的听觉灵敏度。于是，我像医生一样，在不远处低声叫他们的名字。喊到谁的名字，就要求他不发出任何响声地走到我的面前。有40个儿童参加了这次练习。我想，通过这样的练习，可以磨炼这些儿童的耐心。对那些达标的儿童，奖励是一些糖果。但他们拒绝拿这些糖果，心里好像在说："别破坏我们美好的体验好吗？我们心里充满欣喜，一直都是这样的，请不要分散我们的注意力好吗？"我终于意识到，尽管安静环境中几乎听不到什么声音，但是儿童拥有对安静的敏感性和对呼唤他们的声音的敏感性。他们会蹑手蹑脚地走过来，极为小心，努力做到不碰任何东西，不然就会发出被人听到的响声。

　　后来，我们很清楚地认识到，每一项练习都能起到纠正错误的效果，例如以安静制止喧闹。这些练习对完善儿童的能力是有益的。仅仅通过言教是很难获得练习效果的，而不断进行这种练习能训练儿童行为完美的程度。我们的儿童绕过各种东西而不碰撞它们，轻快地走路而不发出响声，这都是不断学习的结果。儿童们愉快地完成了这些动作，因为自己做得很完美。他们发掘了自己的潜力，并欢欣鼓舞地锻炼了自己，获得持久的生命力。

　　我使自己相信如下结论花了很长的时间，那就是儿童拒绝拿糖果事件的内在原因。糖果不是必要的和规定的食物，往往被作为一种奖品提供给儿童。儿童喜欢吃糖果是不可否认的，所以儿童拒绝接受糖果太令我匪夷所思了，我希望用进一步的试验来探究。我到学校去的时候随身带了一些糖果，给儿童的时候他们拒绝接受，有的儿童只把它放在口袋里而不吃。我猜想他们的家庭都很贫穷，可能要把这些糖果带回家去。我说："这些糖果你们可以吃，你们可以带其他的糖果回家。"他们接受了这些糖果，但还是放进口袋里。后来，当他们的教师去看望其中一个生病的男孩时，才发现男孩对这种礼物的珍惜十分感人。小男孩首先十分感谢教师的来访，并从一只小盒子里取出一块糖果给教师吃，这是他在学校中得到的。这些存放在小盒子里的诱人的糖果放了好几个星期，这个小男孩一直没有舍得吃掉它们。

　　在这些儿童中，这种现象是极其普遍的。许多参观者在得知了这一现象后到我们学校来证实这种现象。在儿童的心里，这是一种自然而然的表现。当然，没有人想要教他们很伪善地放弃糖果，也没有人会荒诞地对他说："不要玩耍，也不要吃糖果。"当儿童的境界得到升华时，他们拒绝这些无用的表面的奖赏，这是完全自愿的。有一次，有人烤制小甜饼给他们吃，甜饼烤制成几何形状。他们不仅没有吃，还认真地看着它们说："这是圆饼！这是长方饼！"有一个关于穷孩子的有趣故事，讲的是一个小孩注视着母亲，他的母亲在厨房里忙着烹调。母亲拿起一块黄油时，这个小孩说："这是长方形的！"母亲切去一角，这个小孩就说："现在是三角形的。"接着说，"剩下的像四边形。"但他一直没有说："给我一些面包和黄油。"这出乎人们的意料。

自由活泼的活动

　　成人以一种合乎逻辑的方式明确地行动，在此之前儿童已经开始为自己的目的行动了。通常发生在一岁半到三岁的儿童身上的情况是这样的，对成人而言，通常难于接受的使用物品的方式，却经常被他们使用。我看到一个一岁半的儿童，他发现了一叠餐巾，餐巾刚刚被烫平，整齐地堆在一起。小家伙极小心地拿起一块餐巾，用一只手压在上面，整齐的餐巾散开，他穿过房间，走到斜对面，把餐巾放在那个角落里的地板上说："一块。"然后，他按来时的路线又返回去。这表明某种特殊的敏感性的信号在指引着他。他重复地把所有的餐巾都拿到斜对面的角落。后来，他把这个过程反过来完成，又把所有的餐巾依次放回原来的地方。虽然这堆餐巾堆放得不像最初所放置的那样完美，但仍然折叠得相当好。在如此重复漫长的过程中，幸运的是家中没有一个人。儿童经常听到成人在他们身后呵斥："不许动！放下手里的东西。"为了教训儿童不要碰那些东西，成人不知打了多少次他们细嫩的小手啊！

拧下瓶盖子，再把它盖上是另一项使儿童入迷的"基本"工作。当这种盖子可以反射出五彩光芒时，这种情况就更严重了。取下瓶盖子，盖上瓶盖子，似乎是他们的一项乐此不疲的工作。把墨水瓶或盒子的盖子拿起来又盖上去，或者把橱门打开和关上，又是儿童喜欢的另一项工作。儿童会经常为了这些东西和成人发生冲突，这是完全可以理解的，首先这些东西是父母桌子上的东西，或者是房间里家具的一部分，所以父母禁止儿童碰它们，然而它们对儿童有一种与生俱来的吸引力。儿童被认为"不听话"，常常是这种冲突的结果。其实儿童并不真想要这样一个瓶子或墨水瓶，只要给儿童用某些替代物品，允许他们进行同样的活动，他们就心满意足了。

诸如此类基本活动，可以被看做是人的最初阶段的活动，它们没有逻辑性和目的。我们在这个准备时期已经为幼儿设计了一些直观的教具，例如，一系列大大小小的圆柱体，正好可以塞入木板上大小不同的洞中。由于这些直观的教具能够很好地满足儿童生活中这个时期的需要，所以，教具的使用获得了很好的效果。

按照常理，这个让儿童自由的思想是很容易被理解的，但是，在成人看来，实现这个理想却很难，其原因是成人心里存在着极深的障碍。因此对成人来讲，即使表面上同意儿童自由触摸和搬运东西的要求，内心也是极不情愿的。一位十分熟悉这个思想的年轻的纽约妇女，渴望在她两岁半的儿子身上实施这个思想。有一天，她的儿子把一只装满水的水罐从卧室拿到客厅里去。她注意到孩子紧张万分，尽力慢慢地穿过这个房间，并不断地提醒自己："当心！当心！"孩子的母亲看到这水罐很重，终于觉得他需要帮助。于是她帮忙拎起这水罐拿到他想拿到的地方。但是，这个孩子感到自尊心受到伤害。这位母亲承认造成孩子痛苦的原因在于自己，但又觉得自己没有做错什么，她说："我心里很矛盾，一方面，我认识到孩子正在做的事情是对的；一方面，我又觉得把孩子搞得很疲惫，浪费很多时间，也不适当，而我只要出一点力就可以完成这件事情。"

她在询问我的意见时，真诚地说："我知道自己做得不好。我也在反思，我是出于保护财产的目的才不让儿子自己去做的。"我问她："你有漂亮的瓷器吗？比如杯子？给你的孩子一件轻巧的瓷杯，看看到底会发生什么。"这位妇女听从了我的建议。后来她告诉她的儿子拿着杯子小心地走着，走一步，停一停，最后把杯子安全地拿到了目的地。孩子的母亲在整个过程中有两种矛盾的心情：一是为她儿子的工作而感到高兴，二是为她的杯子担心。由于两种心情都很强烈，她拿不定主意，最后还是让儿子完成了这项工作。这是一项孩子如此渴望要做的，对他的心理发展极为重要。

还有一次，我给一个才十四个月大的小女孩一块抹布，允许她做些清洁工作。于是她坐下来用抹布把许多东西擦亮，她对自己的工作很满意。然而她的母亲却极力反对她这么做，认为如此幼小的儿童不需要用抹布按所谓的卫生习惯去做家务。

不理解儿童本能的工作的重要性的成人，往往对儿童第一次展现工作本能时感到奇怪。成人认识到自己必须做出巨大的牺牲，即尊重这些与自己的日常生活极不协调的行为，又必须克制自己的习惯。成人认为儿童肯定不是一个社会以内的人。但是要把儿童完全放在这个环境之外，就好比禁止他学习说话那样，会阻碍他健康成长。

为了使这个冲突得到很好的解决，让儿童可以更好地展现自己，我们要为他营造一个好的环境。当儿童说第一句话时，并不需要为他准备什么，因为他的牙牙学语在大人听来是一种欢乐的声音。但是，儿童的小手会要求一种"工作的器具"，采取与他的工作目的相适应的工具。我们经常发现儿童在活动中所作的努力，远远出乎我们的意料。我有一张照片，画面是一个英国小女孩拿了一只使她双手无法承受的大面包，面包大得使她不得不把它紧贴在身体上。她不知道自己的脚该往哪里踩，因为她被迫挺着肚子走路。在这张照片上，还有一只狗伴随着她。小女孩的后面是一群都在注视着她的成人。他们必须尽最大的努力来克制自己要冲过去帮助孩子拿面包的冲动。

有时候，在一个适宜的工作环境中，展现出的一种很熟练的技术性，令我们赞叹不已。如果成人专门为儿童营造这样一个环境，那么儿童世界将产生复杂的社会作用。我对一个两岁的小男孩印象很深。这个小孩子具有很强的号召力，为了接待其他同龄的儿童，他摆放桌子，打扫房间。在两束明亮的蜡烛光的照耀之下，他一直做这些有意义的事。在母亲为他准备生日蛋糕的时候，他就混淆了一些事情的本意，他走来走去，得意地对人说："我两岁了，所以我有两根蜡烛。"

阅读和书写教学方法

当我在一所罗马学校担任心理矫治的教师时，就已经开始利用各种教学方式进行独创性的读写实验。

伊塔德和塞昆没有提供任何理性的写作教学方法。在前面，我们已经了解到伊塔德是如何进行字母教学的，现在我们来看看塞昆是如何进行书写教学的。他说："若想让孩子们从图形转换到书写（这也是最直接的应用），教师只需要说'D'是一个圆的一部分，然后将这个半圆两端放在垂线上；'A'则是两条斜线在顶端相交，中间被一条水平线截断。""我们无需担心孩子们怎样学习书写，他们会在头脑中想象图形，然后再写。我们更没必要让孩子根据对比和类比的法则去画字母。比如O和I、B和P、T和L等。"

在他眼里，我们没有必要进行书写的教学。只要孩子会画，就能够书写。但是，书写意味着要写字母！另外，在塞昆的书中，从未对他的学生是否应当用另外的方式进行书写进行解释，相反，他以大量的笔墨来描述图形，这种图形为书写做准备，还包括了写作。然而这种使用图形的方法难度很大，只有通过伊塔德和塞昆的共同努力才能够实现。

对于图形，首先要给图形留出一定的空间，其次就是做记号或画线。图形和线段中始终要有这两个概念相伴随。

这两个概念是紧密相连的，它们之间的关系产生出观念和画直线的能力。因为只有当这些直线遵循着一定的方法和确定方向延伸的时候，才称得上是直线，否则就不是直线，只是随意的产物。

与之相反的是，具备理性的标记就可以拥有一个名字，因为它的方向是确定的，并且所有的书写都是不同方向线段的集合体。所以，在一般意义上可以称之为书写的行为之前，我们必须坚持这样的观念，普通的孩子通过直觉获得这种观念，但是对弱智儿来说就得仔细地传授这种观念。通过系统的方法，建立起理性的联系对于孩子来说就不困难了，并且在模仿的帮助下，可以画出一些简单的直线，然后才逐渐地复杂起来。

教学应当有：首先，画出各种不同种类的直线；其次，将这些直线画成不同的方向，以及相对平面的不同位置；再次，将这些直线进行重组，形成各种由简到繁的图形。所以，我们必须教会学生如何区分直线和曲线、水平和垂直以及各种斜线；最终我们必须明确由两条或者更多条直线相交的点——一个图形正是由这些点构成的。

这对图形的理性分析很有帮助，书写就是从中产生的。我在关注一个孩子之前，他就已经能够写出许多字母，而他已经花了6天时间去学习画垂直或者是水平线段，在画曲线和斜线上同样花了6天时间。我有太多的学生，在很长一段时间内他们甚至都不能在尝试画一条确定方向的直线之前在纸上模仿我的手的运动，即使是模仿能力最强、最聪明的孩子也将我画给他们看的图形画反了，不论这些交汇点是多么明显，他们都将交点弄混了。事实上，我已经教给他们有关直线及其结构的详尽知识，这些知识能够帮助他们利用平面和各种不同的标记建立连接。但在研究中我发现，我的学生都是有缺陷的，这些学生在画垂线、水平线、斜线和曲线上面所能够取得的进步，与在画这些线的时候他们在智力上所面临的困难程度紧密相连。

据此，我并不只让孩子们完成一些困难的东西，而是要让他们克服一系列困难。所以，我也在问自己，这些困难是否够艰巨，是否还没有变得一个比一个难？这就是指引着我的一些观念。

垂直线可以用手或者眼睛上下比划，而水平直线对于手和眼睛来说都不那么自然，因为水平直线的位置比较低，并且呈现出曲线形状（就像地平线，水平直线也正是从"地平线"那里得到了这个名字），水平直线从中央开始向平面的两端延伸。斜线要求更加复杂的观念比较，曲线与平面之间有多种不同的位置关系，因此，对我们而言，研究斜线和曲线只是一种时间的浪费，最简单的线就是垂线。

接下来讲一讲我是如何教授给学生这种观念的，比如：从给定的一点到另一点只能画一条直线。

我们可以用手来进行演示：我在黑板上画两个点，然后通过一条垂直的线将它们连接起来，我的学生也在自己的纸上试图模仿，但是有的学生将这条垂线画到了位于下方的点的左侧，有的则画到了右侧。这种错误经常是因为智力或者是弱视造成的，而不是手的缘故。为了减少误差，我在点的左右两侧各画了一条垂线，这样孩子们就能够在这个封闭的范围内通过画这两条线的平行线将这两点连接起来。一旦这两条线还不够用，我就在纸的两边放上两把垂直的尺子，这样就能够以一种绝对的方式来防止出现偏差。但是，不可以让这种限制长时间发挥作用，起初我们没有使用尺子，而只是使用了两条平行线，即使是低能儿也会在这两条线中间画出第三条线。接着我们随机擦掉一条线，左边或右边的都可以，后来我们将这两条线都擦掉，只剩下那两个点，这两个点指示了线段开始和结束的位置。这样，孩子们就懂得了不借助任何辅助，并且在没有点的比较的情况下画垂线。

这种方法在水平直线的教学中同样适用，不过，同样的指导方式面临着同样的困难。如果孩子刚开始偶然画得很好，我们也必须等待他们从中间开始，以一种自然的方式向两边延伸画出水平线。理由我已经解释过，如果两个点还不足以让孩子们画出一条完美的水平线，我们同样可以使用平行线或者尺子。

最后，我们让他画出一条水平直线，将这条水平直线和垂直的尺子放在一起形成直角。通过这样的方式，他们明白垂直和水平到底是什么。在画出这样一个图形的时候，也就明白这两个概念之间的关系。

"在发展线的概念过程中，斜线的教学似乎跟随着水平线和垂直线，但实际上并不应该这样。因为如果垂直线发生偏斜，或者水平线的方向产生变化，就会产生斜线。这种线与线的密切关系，使得我们如果没有任何准备就进行斜线的教学，会使学生无法理解。"

塞昆对于不同方向的线条进行了长篇论述。他让学生们在两条平行线中进行练习。他还提到了四条曲线的问题，他让学生们在垂直线的左右、水平线的上下画线。他说："我们找到了解决问题的方法——垂直线、水平线、斜线和四条曲线的结合构成了一个圆。这就包含了所有线和所有的书写。"

"进行到这一步之后，伊塔德和我停顿了很久。在认识了这些线之后，孩子们接下来要做的是画一些图形，并从一些最简单的图形开始我们的课程。伊塔德建议我从正方形开始，我按照他的建议进行了三个月，却无法使孩子们明白我的意思。"在有关几何图形产生的理念指引下，经过多次反复的试验，塞昆意识到三角形是最容易画的图形。

"从许多试验中，我推断出了对弱智儿进行书写和图画教学的第一条准则，该准则的应用对我而言是如此简单，以至于没有必要进行深入的讨论。"

以上就是我的前辈们针对残障儿童使用书写的教学方法。

至于阅读，伊塔德是这样做的：在墙上钉上钉子，然后挂上三角形、正方形和圆形等用木头做出来的各种几何图形。接着，他在墙上画出这些图形的精确印痕，然后再拿走这些图形。伊塔德通过这种构想设计出了平面几何教学用具。最后，他制作了一些很大的木质字母印模，而且用同样的方法制作出了许多字母印痕。他利用墙上的印痕，排列钉子，以便于孩子们将字母放在上面，并且可以自由取放。后来，塞昆用水平面取替了墙面，将字母画在一个盒子的底端，然后让孩子们在上面加字母。

我认为伊塔德和塞昆所使用的阅读和书写的教学方法的缺陷是过于繁琐。这种方法有两个致命错误使得它在面对一般儿童时有失水准。这两个致命错误是：书写印刷体的大写字母，通过对几何的研究来为书写做准备。我认为只有中学生才能够做到这一点。塞昆突然从对孩子的心理观察、从孩子与周围环境的关系，转换到了直线的产生和直线与平面的关系，是完全错误的。

在他眼中，正是由于"自然的命令"，孩子们才乐于画垂线，而水平线很快会转变成曲线。这种"自然的命令"是通过人们将地平线看成曲线表现出来的。

塞昆之所以举这些例子是为了说明特殊训练的必要性，它使人们能够适应观察和指引理性思维。观察必须绝对客观，也就是说，必须摒弃先入为主的观念。而在这个例子中，塞昆存在着几何图形一定是书写的准备这样一种先入为主的观念，限制了他去发现一种对于书写准备来说非常必要的自然过程。另一方面，他还事先主观认为存在直线的偏差，并且认为这种偏差的不准确性都是由于"头脑和眼睛"，而不是"手"。

塞昆认为一种好的方法必须从几何开始；他还认为只有在与抽象事物建立联系时，孩子们的智力才值得注意。这本身就是一个错误的观点，就如很多人自以为知识渊博，就开始蔑视那些简单的东西。让我们来看看那些被看作是天才的人的思想吧，牛顿在大自然中静静地坐着，苹果从一棵树上掉了下来，他看到了并且问："为什么？"这种现象从来就是不足为怪的，但从树上坠落的果实与物体的重力在天才的头脑中是紧密相连的。

如果牛顿是一位幼师，他一定会让孩子们仰望星罗棋布的夜空；而一位博学的人却极有可能觉得让孩子去理解一些抽象的微积分是十分必要的，因为微积分对于天文学非常重要。可是，伽利略只通过观察高悬吊灯的摇摆就发现了钟摆定律。

正如在道德领域，谦卑和贫困能够促使我们达到一种精神上的超越；在智力领域，简约就在于要摒弃头脑中的各种先入为主的观念，它能够引领我们发现新事物。透过人类的发展史，你会发现，这些发现源自客观的观察和逻辑的思维，然而我们却很少能够做到。例如，在拉弗伦发现能够侵入红细胞的疟原虫之后，我们却仍旧怀疑注射疫苗预防疟疾的可能性，尽管我们知道血液系统是一个封闭的管道系统，不奇怪吗？相反，尽管寄生虫是一个确定的生物种类，而有关魔鬼的东西非常模糊，可是人们却相信魔鬼来自低地、来自非洲风的吹送、来自潮湿等种种理论。

在逻辑上拉弗伦有关疟疾的理论非常完善，这一理论本身也非常伟大。正如我们所知，在生物学中，植物体分子的复制是通过孢子分裂进行的，而动物体分子的复制则是通过细胞结合进行的。换而言之，一段时间之后，原始细胞分裂成彼此之间都相同的新细胞。而此时将会形成雄性的和雌性的两类不同的细胞，只有将这两类细胞重新组合，形成单个细胞，才能再次开始繁殖循环。在拉弗伦的时代，所有这些都为人熟知，人们也知道疟原虫是一种原生动物，从而将疟原虫位于红细胞基质中的分隔看成是一种分裂过程，寄生虫产生出不同的性别形体，看起来似乎是合乎逻辑的，然而当时包括拉弗伦在内的许多进行这一研究的科学家却都无法解释这种性别差异的出现。后来，拉弗伦阐述了一个观念，认为这两种形式是疟原虫的退化形式，因此就不能够产生确定的疾病变化。这一观念立刻被人们所接受。确实如此，寄生虫出现两种不同的性别形式之前，疟疾就治愈了，因为这两种细胞的结合在人类血液当中是不可能的。拉弗伦的解释受到了莫雷尔有关人类的退化伴随着畸形的理论启发。因为他受到了莫雷尔理论当中伟大概念的启发，如今所有人都认为这位著名病理学家提出这一理论是幸运的。

如果我们都能进行这样的推理过程：疟原虫是一种原生动物，通过分裂进行自我复制，分裂结束后，我们可以看到两类不同的细胞：一类是半月形的，另一类是线型的。它们就是雌性和雄性的细胞，它们之间继续进行结合。通过这种方式推论者就能走上一条发现之路！但无人发现这样一种简单的推理。想象一下，如果教育能够提供给人类一种真实的观察和逻辑的思考，我们的世界将会获得多么巨大的进步！

我之所以谈到这些是为了指出这样一种必要性：通过一种更加理性的方式来教育我们的后代。这正是我们所需要的，世界将会因为我们的后代而取得巨大的进步。我们能轻松利用周围的环境，我相信我们已经到了通过理性的教育来开发人力资源的时刻。然而与此同时，那种使我们倾向于欣赏复杂事物的本能依然存在，使事物复杂化的本能始终伴随着我们。塞昆给孩子们讲授几何是为了教孩子们进行书写，让孩子们努力去学习抽象的几何仅仅是为了写出简简单单的一个字母"R"，这便是最好的例子。

许多人现在依然相信，为了让孩子们学会书写，必须首先让他们学会画垂线。但是，为了书写字母表中的字母——它们都是圆的——而从直线和锐角开始进行教学是非常不自然的。事实上对于一个初学者，想要写出一个漂亮的曲线构成的字母"O"，并且没有棱角、不僵硬，是很困难的！然而，孩子们却被强迫努力去写一页又一页的直线和锐角。是谁第一个提出书写必须要从直线开始的观念呢？果真如此，我们为什么又要避开为写出曲线和角而做准备呢？

让我们暂时抛开这种先入为主之见，用一种简单的方式来做吧！

有必要从垂线开始学习书写吗？我们只需要片刻清晰而具有逻辑性的思考就能够回答这个问题，答案是"否定的"。那种练习需要花费孩子们太多的苦心。最简单的应当是第一步，然而画垂线时铅笔所做的上下运动却是所有运动中最难的，只有专业人士才能在满满一页纸上画出规则的垂线。直线的确非常独特，它表明了两点之间的最短距离，而其他所有偏离这一方向的线则表明了它们不是直的。因此，这些无限多条偏离方向的线看起来要容易得多。

　　让成人在黑板上画一条直线，是一件非常容易的事情。但如果要求他们从某一确定的点画一条特定方向的直线，那么他们就会把线画得很长，那是为了将线回直，他们需要积攒力量。如果我们要求将线画得很短，在一定的范围内，就会错误百出，因为这样做直接阻碍了使线保持确定方向的动力。而正是在书写教学所采用的一般方法中，我们加入了这样一种限制，同时还有对书写姿势的进一步的限制使得书写学习变得更加困难了。

　　在法国，我留意到一些智障儿童所画的垂直线，尽管一开始是直线的样子，但后来却成了"C"的样子。这表明相对于正常儿童来说，这些智障儿童缺少坚持的能力，他们最开始为了模仿所付出的努力逐渐耗尽，强迫性或者是刺激性动作逐渐被一种自然的动作所取代。所以，直线慢慢变成了曲线，越来越像字母"C"。在正常儿童的练习本中从未出现过这种现象，因为他们能够通过努力进行坚持，直到一页练习写完。也正因为这样，正常掩饰了教学法中的错误。

　　让我们来看看正常儿童自觉的绘画过程，比如当他们拿起树枝在花园的沙地上画图形的时候，我们看到的都是一些长而交织在一起的曲线，从来没有短而直的线。这种现象塞昆也观察到了，当他让他的学生画水平线的时候，水平线很快就变成了曲线。但是他错误地将这种现象归因于对地平线的模仿！

　　字母是由曲线构成的，而我们必须以练习直线来做准备。以画垂线为字母的书写做准备，这看上去非常不合逻辑。但是，也许有人会说："许多字母当中确实存在直线呀！"没错，可是没有理由要求我们也从直线开始书写，我们必须从整个图形当中选择一个细节开始。就好比我们分析话语来发现语法规则一样，我们可以借此来分析字母以发现直线和曲线。但是我们说话的时候却是独立于那些语法规则的，那么，我们在书写的时候为什么不能独立于那些分析，不能单独处理组成字母的各部分呢？

　　如果我们只有在学习了语法之后才能说话，或者要求我们在仰望繁星之前学会微积分，那该是多么悲哀的事！如出一辙的是，在教一个智障儿书写之前必须让他明白抽象的直线偏离和几何问题。而如果我们为了书写，必须分析性地遵循构成字母的规则，遗憾就更大了。事实上，这完全是一种生硬而不自然的努力，它不是用来让人学会书写，而是用来作为教授书写的那种方法的一种证明。

现在，让我们暂且摒弃所有的教条，也不考虑文化习俗。我们对于了解人类如何开始书写，和书写本身的起源不感兴趣，同时将那种关于书写的观念——学习书写必须从做垂线开始——搁在一边，就让我们像真理那样清楚而没有偏见吧。

"让我们观察一个书写当中的个体，让我们去分析他在书写当中所采用的动作"，这说的是一个书写的人的技术性操作。这涉及到书写的哲学研究，因此许多人都从客观开始研究书写本身，并且许多方法也正是建立在这种研究方式之上的，不过我们所调查的是进行书写的个人，而不是书写本身。

从个体开始进行的研究与前面的许多研究方法截然不同，是一种具有很大的原创性的方式，它建立在人类学研究基础上，毋庸置疑地标志着一个书写的新时代。

当我对正常儿童进行试验的时候我并不知道试验的结果会怎样。如果要给这种书写的新方法命名的话，我会叫它人类学的方法——人类学的研究确实给了这种方法以启示。但是经验使我想到了另一个令人吃惊且非常自然的名称——"自觉书写法"。

我对智障儿童进行教学的时候，凑巧观察到这样一个事实：一个十一岁的女孩，她的手拥有正常人的力气和运动神经能力，但无法学会缝纫，甚至是缝纫的第一步——缝补。这仅仅要求先将针穿到布料下面，然后再穿回来，如此反复而已。

我让她编织福禄贝尔垫子，她需要让一根纸条横向上下交错着穿过一列纵向纸条，这些纵向纸条的两端都被固定了。我突然开始思考这两种练习之间的相互关联性，因此饶有兴趣地观察这个女孩。后来当她熟练了福禄贝尔练习之后，我又让她回到缝纫练习当中来，异常欣慰地发现她现在能够完成缝补了。从那时起，我们的缝纫课程就从编织福禄贝尔开始了。

在缝纫当中，我发现手的一些必要动作可以不经过练习缝纫就能得到准备。由此我发现，在让孩子进行一项作业之前，我们应当找到如何教孩子进行这项作业的方法。尤其是，可以采用一些准备活动，而且通过重复性练习可以将准备活动简化为一种机制。这种重复性练习并不存在于作业本身，而只是一种准备性练习，接下来，学生就可以进行真正的作业了，尽管以前没有直接动手接触过，他们也能够完成作业。

我想，通过这种方式或许能够为书写做准备，这让我感到异常兴奋。我对这种方法的简便性感到吃惊，同时也对于以前从未想到此种方法而深感遗憾。而这种方法却是来自于我对一个不能进行缝纫的小女孩的观察。我已经教给了孩子们如何触摸和感受平面几何图形的轮廓，我现在所要教给他们的仅仅是用手指去触摸和感受字母的形状。

我有一些制作完美的书写体字母，矮一些的字母高8厘米，高一些的字母与之成相应的比例。这些字母都是木制的，厚0.5厘米，元音涂成了红色，而辅音涂成了蓝色。这些字母的下面由黄铜包裹着没有上色，这样就比较耐久。

我们只有一套这些木制字母的复制品，但是却有许多纸片，在上面画着木制字母般大小、颜色的字母。这些木制字母被放在纸片上，然后根据对比或者是类比分组。我们还有一些物体的图片，图片当中物体名称的第一个字母与字母表中的每一个字母都是相互对应的。在这些图片的上方，物体名称的第一个字母是很大的手写体，而在旁边，则是小一些的印刷体。这些图片的作用在于帮助记忆字母发音，而小一些的印刷体字母与那个手写体大字母相结合，有助于阅读。图片代表不了什么新的观念，只是完善了以前的一个系列。

实验中最让人感到有趣的是，我给孩子们展示了怎样才能将木制字母放在分组的字母卡片上之后，就让他们不断触摸这些最时髦的手写体字母。

通过各种方式重复这个练习，孩子们很快就学会了手的必要动作，这可以让孩子不经过书写就能复写出字母的形状。

一个未曾提到过的观念使我非常震惊——在书写当中，我们区分了两类不同的运动形式。事实上，除了复写字母的运动外，还有一种拿笔姿势的运动形式。智障儿童对于触摸所有字母已经非常熟练的时候，仍旧不知道如何拿笔。稳定握住并且流利地运用一个小棍子，与一种特殊的肌肉运动机制相关，这种机制本身却与书写运动无关。事实上，这种机制对于写出所有不同字母的动作而言是必要的。所以，它是一种独特的机制，与单个图形的运动神经记忆共存。通过让缺陷儿童用手指触摸字母激发起书写动作锻炼了他们的一种心理——运动神经通路，强化了肌肉记忆和每个相对应字母的关系。另一个方面，这里也存在着另外一种对于握笔和运笔而言都是必不可少的肌肉机制的准备，通过在已经叙述过的阶段中添加两个我们可以实现这种机制的阶段练习。在第二阶段，孩子不只是用右手食指触摸字母，而是用双手的食指和中指。在第三阶段，孩子用一根小木棍来接触字母，手握木棍的姿势要跟握笔的姿势一样，事实上，我让孩子重复同样的动作，时而握着书写工具，时而不握。

孩子的视觉会跟随字母的轮廓进行移动。孩子的手指的确通过触摸几何图形轮廓而得到了训练，但这种训练并不总是充分的。成人通过玻璃或者是透明纸拓图案时，也不能很好地感觉出轮廓线而用笔画下来。

所以，智障儿童并不总是能够精确地跟着图案练习，无论是使用手指还是木棍。在此项练习的过程当中，教学用具没有提供任何有利的提示，或仅提供了某种不确定的视觉提示，这种视觉提示只是看一看手指是否还在继续触摸图案。我想，为了让孩子们更加准确地进行运动，应当让所有的字母都刻凹槽，这样小木棍就可以在里面行走。我设计了这种器具，但是由于造价太高而没有付诸实施。

试验过后，我在国家心理矫正学校对教学方法班的教师们详述了这种方法。虽然这些课程讲义已经出版，尽管已经有200多名小学教师掌握了这种方法，但他们当中没有一个人从中获得一点帮助。费拉里教授在一篇文章中对此表示惊奇：

"我们拿出了一些上面印有红色元音字母的纸片。而在孩子们看来它们只是一些不规则的红色图形，另一方面，我们给孩子红色的木制元音字母，让他们按顺序把这个木制字母放到相对应的纸片上。我们让孩子触摸字体最时髦的木制元音字母，然后告诉他们每个字母的名称，这些元音字母根据下面的图形顺序排列：o e a i u

"接着，我们对孩子们说：'找到字母"O"，把它放到相应的位置上。这个字母是什么？'结果我们发现，如果只是让他们看字母的话，许多孩子就会犯错误。

"不过庆幸的是，他们却能够通过触摸来判别字母，这是让人感兴趣的，这种观察可以用来解释不同的个体类型——视觉型，还是运动神经型。

"我们让孩子触摸放在纸片上的字母，起初只用食指，然后食指和中指并用，最后手中像握笔一样拿着一根小木棍，对字母进行书写一般的描画。

"蓝色的辅音字母是根据形状类比排列在相对应的纸片上。纸片都附有可移动的蓝色木制字母，这些辅音字母就像那些元音字母一样放置。与此同时，这套教具还包括另一套卡片，在这套卡片上，除了辅音以外，还印着1~2个以这个字母开头的物体的名称。在手写体字母旁边，是一个与之颜色相同但小一些的印刷体字母。

"教师指着字母和卡片，用语言学命名的方法来命名这些辅音，然后读出印刷在卡片上的物体名称，并且强调第一个字母，比如'P—Pear，指出辅音P是哪一个，然后将它放在与之对应的位置上，触摸它'等。所有这些让我们得以研究孩子们的语言方面存在的不足。通过书写方式来描画字母的同时，利用肌肉训练我们可以为书写做准备。经过这种方法教育的一个小女孩已经用铅笔复写出了所有的字母，虽然她还不认识这些字母。她将这些字母写成8厘米高，并且令人吃惊的有规则，这个小姑娘的手工非常灵巧。孩子们看上去是用一种书写的方式来触摸、识别字母，这同时就是在为阅读和书写做准备。在触摸的同时仔细看字母，通过感觉的协调可以更快地强化印象。后来，这两类动作相分离，观看转化成阅读，触摸转化成书写。根据个人的不同类别，有的人先学习阅读，有的人先学习书写。"

1899年我发明了直到现在还在使用的阅读和书写的基本方法。有一次，我给一名缺陷儿童一支粉笔，他在黑板上竟然写出了字母表中的全部字母，要知道这可是他的第一次！对此，我感到万分惊讶。

书写的实现比我预想的要快得多。就像我说的，有的孩子能够用铅笔写出字母，虽然他们有可能一个也不认识。另外我也注意到在正常儿童当中，肌肉感觉在婴儿时期最容易发展，这使得书写对孩子来说非常容易。而对阅读来说则并非如此，阅读需要长时间的教育，需要更高等级的智力发展，因为阅读需要是对有关符号进行解释，需要嗓音的变化调整，为的是更好地理解话语，所有这些都是纯粹智力性的工作。在书写时，孩子们在教学法的引导下，将声音转变成符号，同时进行手部活动，这对他们而言是一件既容易又愉快的事情。儿童书写能力的发展总是伴随着简便性和自觉性，就如口头语言的发展一样。发展口头语言是一种声音的听觉运动神经型转换。相反，阅读部分却与抽象智力文化紧密相连，它是对来自符号象征系统的概念所作的解释，只能在儿童期之后获得。

1907年11月上旬我开始了针对正常儿童的第一次实验。在圣洛伦佐的两所"儿童之家"，我从孩子们入学第一天开始（一部分孩子是1月6日，另一部分是3月7日）就只使用实际生活和感觉训练游戏。我并没有让他们进行书写练习，因为，我和其他所有人一样，认为应当尽量推迟这种练习，就好比教授阅读和书写，在六岁以前应该避免。但是孩子们似乎需要这些练习，因为这些练习已经使他们以某种令人吃惊的方式获得了智力发展。他们知道如何穿衣服脱衣服，如何洗澡；知道如何扫地，给家具除尘，将房间收拾整齐；知道如何打开或关上盒子，呵护花草；知道如何观察事物，如何用手去"看"东西等。他们中的许多人跑到我这里来，直接要求学习阅读和书写，即使是在被拒绝之后，仍有不少孩子来到学校骄傲地表示他们知道如何在黑板上写出"O"。

最后，许多母亲来到学校请求我们教她们的孩子们进行书写，她们说："儿童之家里的孩子被唤醒了，他们毫不费劲地学会了很多东西，如果你们教他们阅读和书写的话，他们也一定能很快学会，而且能够节省出需要在小学学习书写和阅读所付出的精力。"母亲们认为她们的孩子可以从我们这里轻轻松松地学会书写和阅读的这种信念，让我印象深刻。想到在缺陷儿童学校里面所获得的成果，在9月份开学的时候我决定进行一次尝试。在9月份继续我们中断的工作会更好一些，而在小学10月份开学以前我们不进行任何书写和阅读的教学还有另外的好处，这样做可以把我们的孩子与小学生们进行比较，因为小学生们将在同样的时间里与我们的孩子受到同样的教育。

所以，在9月份，我开始寻找能为我们制作教具的人，但是却没有人愿意做。我希望能有一套精美的字母，就像在缺陷儿童学校里面那样，后来我打消了这个念头。我也很喜欢商店橱窗里那种普通上釉的字母，然而令我失望透顶的是，怎么也找不到书写体的字母。

10月份一晃就过去了！小学生们已经画了许多页垂线，而我们还在等待着，这时我决定把大个的纸质字母去掉。我想到可以用砂纸来剪出这些字母，因为孩子们要触摸这些字母。把剪出的字母粘在光滑的卡片上，这样它们就更接近那些用于触觉练习的基本训练用具了。

在制作完成了这些简单的用具后，我才注意到这些字母与原来那些为智障儿童设计的大号字母相比所具有的优势。而我却在那些大字母上足足浪费了两个月的时间！如果我很富有的话，就会拥有那些漂亮而无用的字母了——我们总是喜欢一些旧的东西，却不理解新的东西，我们总是寻求衰落了的事物的美，而认识不到我们的未来在新观念的简约之中会萌发出来。最终，我发现制作纸质字母非常容易，并且可以让许多孩子同时使用，它们不仅可以用来认识字母，且能够用来组合单词。在使用砂纸字母进行触摸的时候，我发现了孩子们手指的寻找动作。这样，不只是视觉，还包括触觉都可以直接用来帮助教授书写的准确性。下午放学后，我和两位教师异常兴奋地开始用纸和砂纸剪出各种字母。首先，我们将它涂成蓝色；其次，将它粘在纸上。我们工作的时候，一幅全面而清晰的画面在我的脑海中呈现出来，这种方法太简单了，以至于当我想到以前从未意识到这种方法时就大笑不止。我们第一次尝试的故事很有趣。有一天一位教师病了，我让我的一个学生——师范学校的教学法教授安娜·费德莉去代课。在那天工作结束后我去看她的时候，她给我看了自己做的两个改动，其中一个是在每个字母的后面横穿了一条纸带，这样便于学生认出字母的方向，因为学生经常将字母颠倒。另外一个是做了一个卡片盒，这样每个字母就可以放在盒子相对应的位置里，而不像一开始那样杂乱无章。我至今仍然保存着这个由费德莉在院子里找到的旧盒子做成的卡片箱，她还粗略地用白线缝了几针。

费德莉笑着把这些"拙劣的手工"的东西给我看，激发了我极大的兴趣与热情。我立刻就发现装在盒子里面的字母对教学非常实用。的确，它可以让孩子们用眼睛比较所有的字母，并选择自己所需要的字母。这就是我前面所说过的那种教学器具的起源。

最后，我只需要提及一点就足以说明我们的方法所具有的优势。在圣诞节后的半个月或一个月里，当小学生们还在为了忘记直钩和画出曲线的"O"及其他元音字母而艰苦努力的时候，我们已经有两个四岁的小家伙有能力给西格诺·爱多阿多·塔拉莫先生写去信笺表示祝福和感谢。这些祝福和感谢写在便笺上，里面既没有任何污点，也没有任何涂改，达到了三年级小学生的水平。

富裕家庭的儿童教育法则

富裕家庭的儿童是生活在不正常的社会环境下的儿童。人们可能会觉得，教他们一定比教第一所"儿童之家"中的贫困家庭的儿童或墨西拿地震后幸存下来的孤儿容易很多。但实际上，他们是如何"好教"的呢？正如他们的家庭一样，富裕家庭的儿童被社会所提供的奢侈品所包围，似乎享有特权。只要引证欧洲和美国的一些教师的经验就足以说明问题，这些教师向我谈到了他们的第一印象，并描述了他们在反对那种错误观念时所遇到的困难。

尽管富裕家庭的儿童有豪华的居住环境，有花园小径和鲜艳的花朵，但这些东西丝毫吸引不了他们。他们对那些能使贫困家庭儿童着迷的东西同样不感兴趣，而只选择自己偏爱的东西。因此，他们的教师确实感到迷茫和毫无信心。在一些学校，那些贫困家庭的儿童，通常会迫不及待地奔向那些为他们准备的东西。然而，富裕家庭的儿童对那些精致玩具早已玩腻了，将这些东西作为某种刺激物提供给他们时，他们是不会立即做出反应的。

一位美国教师G小姐从华盛顿写信给我说："这些儿童争抢其他人手里的教具。如果我试图拿某个教具给其中一个人看时，其他人就会丢掉他们手中的教具，吵吵嚷嚷和毫无目的地围住我。我对一个教具解释结束时，他们就会为它而争吵起来。他们对各种各样的感官材料并没有表现出真正的兴趣。他们的注意力从一个教具到另一个教具，没有一丝的留恋。有一个儿童就喜欢走动，他坐在那里的时间还不够用手摸遍提供给他的那些教具。很多时候，他们的运动毫无目的。他们丝毫不在乎值得注意的东西，只会满屋子奔跑。他们碰撞桌子，掀翻椅子，踩在为他们提供的教具上。有时，他们在某个地方玩儿，然后就跑开了，捡起另一件教具，但接着又把它随意地扔了。"

D小姐从巴黎给我写信说："我必须承认我的经验实在令人沮丧。他们没有主动性和持久性。儿童对任何工作的专注少于一分钟。他们就像一群羊，常常相互跟来跟去。当一个人拿着某件教具时，其余人也会要这件教具。有时，他们甚至会耍脾气，以至于在地板上打滚而把椅子弄翻。"

下面一份简短的描述来自罗马的一所招收富裕家庭儿童的学校："这些儿童在工作时随心所欲，并拒绝接受指导。因此，我们主要关心的事情是纪律。"

G小姐继续描述她在华盛顿的经验："但是现在的纪律情况逐渐好了起来。几天后，这些'不守秩序的儿童'开始变得规矩起来。他们看来似乎开始自己指导自己了，开始对那些起初被他们当作傻乎乎的玩具、对那些先前不在乎的教具感兴趣了。作为这种新兴趣的结果，他们开始作为独立的人而行动。一个能吸引儿童全部注意力的教具使他们不会被另一个所吸引。这些儿童已经对各自感兴趣的东西开始关注了。

"当一个儿童找到了能自发地激起他强烈兴趣的某种东西、某个特别的教具时，实际上他就赢得了这场战斗。这种兴趣有时在没有任何预兆的情况下就突然产生了。我曾试图用学校中几乎所有不同的教具来激发一个儿童的兴趣，却没有引起他的一丝注意。但是，偶然有一次，我给他两块写字板，一块是红色的，另一块是蓝色的，要他注意这两种不同的颜色，他立刻伸出手来，就像一直在急迫地等待它们似的。他在那堂课里认识了5种颜色。之后的几天里，他拿起了各种教具，慢慢地对所有东西都感兴趣了。

"有个儿童的注意力最初只能持续很短的时间。后来由于他对被称为'长度'的最复杂的教具感兴趣，就逐渐克服了这种紊乱的状态。他不断地玩这个教具，玩了整整一周，学会了如何数数和做简单的加法。然后，他又开始用那些较简单的教具进行工作，变得对这个教育体系中的各种教具都感兴趣了。

"一旦儿童发现自己感兴趣的某种教具，就能克服那种不稳定性，学会全神贯注。"

这位教师还就如何激发儿童的个性作了以下的描述："有姐妹俩，一个三岁，另一个五岁。这个三岁的女孩丝毫没有自己的个性，在所有的事情上都模仿她的姐姐。她对学校里的任何事情丝毫不感兴趣，只会到处尾随自己的姐姐，模仿姐姐所做的每一件事情。然而，有一天她突然开始对红色立方体发生了兴趣。她搭起一座城堡，并多次重复这项练习，完全忘记了姐姐。她那迷惑不解的姐姐喊住她问道：'我在搭圆圈时你为什么却在搭一座城堡？'正是从那时起，这个小女孩不再是她姐姐的一个影子了，她展现了自己的个性并开始发展。"

D小姐描述了一个四岁的女孩的例子。这个女孩怎么也不能做到拿一杯水而不使杯里的水溅出来，即使这个杯子里只有半杯水。所以，她故意避免做这种事。可是，在成功地完成了自己感兴趣的另一项练习后，她开始能够很轻松地拿几杯水，给正在画水彩画的同伴们送去时，能够做到不溅出一滴水。

一位澳大利亚教师B小姐向我们描述了另一个有趣的事实。在她的学校，有一个小女孩还不会讲话，只能发一些简单模糊的音节。她的父母焦急万分地把她带到一位医生那里去检查是否智力迟钝。突然有一天，这个小女孩开始对立体的镶嵌物感兴趣了，于是，她就花了很长的时间把那些小的木制圆柱体从它们的洞孔里取出来，再放回去。她饶有兴趣地这样做了很多遍之后，就跑到教师面前说："你来看！"

B小姐还描述了儿童在工作中的欢乐。"我们感到当我们出示一些真正的新物体，儿童会表现出一种莫名的自豪感。当他们学会做一些很简单的事情时，会兴奋地在我们身边手舞足蹈，并伸出手臂抱住我们的脖子，还会告诉我：'全是我自己做的。没想到吧！我今天做得比昨天好。'"

D小姐继续描述说："圣诞节过后，这个班发生了巨大的变化。我没有进行任何干预，秩序似乎是自己建立起来的。这些儿童似乎陶醉在他们的工作里，再也不像以前那样随心所欲地工作了。他们主动走到柜边，选择以前感到厌烦的那些教具，并相继取出它们，没有丝毫表现出疲倦的样子。因此，在班级中已经形成了一种工作的氛围。那些过去仅出于一时冲动而去选择教具的儿童，现在表现出一种内在的需要。他们把精力集中在一些精确的和有条理的工作上，并且在克服困难时体验到了一种真正的快乐。这种工作对他们的性格产生了直接的效果。他们成了自己的主人。"

给D小姐留下最深刻印象的一个例子是有关一个四岁半小男孩的。他的想象力极其丰富，给他一个教具时，他从不去注意它的形状，而是马上使它人格化，与此同时，也使他自己人格化。他滔滔不绝地说话，因此无法把自己的注意力集中在那些教具上。因为心理紊乱，在活动中就表现得很笨拙，他甚至不会系纽扣。但是，某种奇迹突然降临到他的身上。D小姐说："他的显著变化令我惊讶不已。他把某项练习当成了自己最喜爱的工作，一遍遍重复地加以练习。这样，他就变得沉静了。"

第七章　生命之初

高级智力的活动

　　世间万物既有它的特性也有其局限性，人的心理感觉机能是建立在选择之上的。在形成思维的过程中，首先是经过感官进行选择的各种信息，然后思维再对感官所做出的选择作进一步的限制，在以上选择活动的基础上，于是就形成了某个具体的选择。这样，人的注意力才能够集中在特定的事物上，而不是在所有的事物上，然后经过控制意志，就能从众多可能的行动中选择必须完成的行动。

　　高级智力活动正是以前面所描述的方式进行的，智力通过人自身的注意力和内在意志活动，提炼出事物的主要特征，并通过对意象的联想，使之形成意识。在这一系列过程中，人的智力活动会抛弃大量导致事物前后关系混乱的因素。所有健全的大脑都能去粗取精，舍弃那些多余的东西，将独特的、清晰的、敏感的和重要的东西保留下来，尤其会保留那些对创造有用的东西。如果没有这项独特的活动，智力就不能称之为智力了。如果一个人的注意力处于漂浮不定的状态，在确定某一行动时，他的意志也就会迟疑不决；如果一个人的注意力是分散的，他就会浮光掠影，对任何事情都不能够深入钻研。

　　在日常生活中，如果没有对所接收的信息加以限制，就难以认识事物，所有生物都有其形式和范围，这正是世界上最神秘的法则。我们的内在活动只是使这种限定更加明确和集中，也正因如此，我们的内在活动才得以挣脱原始的混沌状态，并得到不断的雕琢和改造。

　　选择是人对一个事物的概念和对事物进行判断和推理的基础。例如，在观察了圆柱体的许多特征之后，我们就能从其中得出结论：圆柱体是一个支撑物。这一结论是建立在对它的所有特征进行选择的基础之上的，即从圆柱体的许多其他特征，比如它是坚硬的、碳酸钙组合而成的等，从其中提取出一个特征。我们只有具备了这样的选择能力，才能够进行推理。正如我们在前面已经讨论过的，培养意志力就是要通过训练，使一个人的内在冲动和抑制力达到平衡，直到形成习惯。同样，对于智力的训练，也必须在外力的引导和帮助下进行联想和选择，直到他能够对各种观点及选择加以限定，以培养出自己独具特色的智力习惯。通过这种内心活动，形成个人的倾向性。

不可否认，理解和研究别人的推理与自己进行推理有着本质上的区别。根据艺术家对颜色的兴趣、表现形式来研究他对外部世界的看法，与我们从某一方面观察外部世界，并在此基础上进行艺术创造有着本质的区别。一味地学习和模仿别人，头脑中只能储藏诸如阿基米德难题的答案、拉斐尔的艺术作品、历史和地理知识等，大脑就像小商贩篮子里摆放的旧衣服一样混乱不堪，没有轻重主次之分。但是，如果同样的事物不是被放在一个狭小的篮子里，而是摆放在一间错落有致、宽敞明亮的屋子里，就不会显得那样杂乱无章。一个条理清晰的大脑肯定比一个将知识当做垃圾一样堆放的大脑能获取的东西多，这样的大脑就像一间井然有序的房子一样，各种知识分门别类且用途分明。同样，当别人想把他对一件事的解释强加于我们时，与我们自己主动去理解完全不同。这就如同一座雕塑在蜡泥上，只能留下短暂印象的作品，与另一座被艺术家雕刻在大理石上的艺术品之间的差别一样。一个能够主动去理解的人会觉得自己的意识得到了解放，并且感到自己的身体里有某种东西在闪闪发光。对于这类人而言，理解事物就是认识事物的开始，这会使我们的生活出现崭新的变化。因此，在人的所有情感中，也许再也没有什么比智力情感更为丰富的了。一个在世界上有所发现的人，一定能够享受到人类的最大乐趣。退一步说，一个能对世界有所理解的人，他能比别人获得更高的享受，能够以此战胜人间的痛苦和悲伤。的确如此，如果一个不幸的人能够冷静地弄明白自己饱受磨难的原委，他就能够获得自救和自解，就能在一片混浊不清的黑暗之中，找到一线使自己获得安慰的智慧之光，并找到脱身的办法，比如一条狗，就有可能在主人的坟前悲伤而死，而一位母亲则能够在儿子死后又坚强地活下来，这其中的差别就在于后者有理智的自助。与人相比，狗就没有理智，它的死是由于智慧之光没有照射到那个黑暗的心灵世界里面，以消除它的悲伤。

因为智力活动使我们与这个世界建立起联系，使一颗受到创伤的心趋于平静。我们不可能从一位教授枯燥无味的讲课中领悟这种感受，也不可能从背诵某位专家的理论中警醒，因为他们并不关心我们的困难，我们只能从崇高的智力活动中去获取。当我们说"理智一些"或"力量来自于信仰"时，说的就是要让智力永远处于探索之中，让它自由地完成塑造和拯救灵魂的任务！

试想一下，如果通过智力活动我们真的能够将自己从死亡的边缘拯救出来，那将给我们带来多大的快慰呀！

当我们说一个人的头脑灵活时，是从他富有创造力的角度去理解的。头脑开窍的过程也伴随着他对情感给予更积极的理解。它属于精神的活动范畴。

我认识一个自幼丧母的女孩，她对教师在课堂上枯燥无味的教学感到厌烦，几乎到了想辍学的地步。事实上，正是这种缺乏母爱的生活加深了大脑的疲劳感。于是，她的父亲带她到乡下，让她在那儿过了一两年无忧无虑的生活，然后又把她带回镇上，请了几位教授做家庭教师。然而，不管做出怎样的努力，这个女孩还是处于被动倦怠的状态。她的父亲焦急万分，经常问她："你怎么啦？"女孩总是不知所措地回答："我也不知道。"一个偶然的机会，孩子的父亲把这个女孩托付了我，由我单独看护。那时候我还是医学院的学生，便用我的教学方法对她进行试验。有一天，我们正在学习有机化学，她突然盯住我，两眼闪闪发光，情不自禁地喊道："我明白了！"接着，她站起来，边跑边喊："爸爸，爸爸，我明白了！"她拉着父亲的手说："现在，我可以告诉你这是什么意思了，我的脑子已经开窍了。"我对此惊讶万分，因为我并不知道这个女孩的历史。那父女俩当时欢欣鼓舞的情景令我扼腕叹息：由于我们的智力受到了压抑，我们的生活中丧失了多少乐趣和欢欣啊！

事实上，孩子在智力方面取得的每一个进步都能给他带来快乐。孩子们一旦享受到了这种快乐，就不会再去喜欢蜜饯和玩具，连虚荣心也随之消失了。

正是由于这种变化，才使别人对他们刮目相看。而且与那种歇斯底里的傻笑相比，它是一种高层次的、有别于动物的快乐，一种可以将我们从悲伤与黑暗的孤寂中拯救出来的快乐。

如果有人对这种方法加以指责，那么受到伤害的将是这些孩子，丝毫无损于方法本身。成人之所以会有这样的指责，是因为他们并不把孩子当人来看待，在他们看来，孩子的快乐也就是只满足于贪嘴、玩耍甚至其他更溺爱的事情。实际上，这些快乐都不会使孩子坚持多久，只有当他感受到作为人的快乐时，才会像前面那位向父亲宣布已经从多年毫无生气的阴暗生活中走出来的女孩一样，觉得自己的生活是多么愉快。

从孩子身上我们看到的这种转折，正是他们智力上的天才表现，也正是他们发现真理之时！难道这不是代表了一种自然的生活心态吗？难道这种天才的表现不是充满了激情的人生的表现吗？只有这样，一个人才能通过自己的独特个性，揭示出人类的真正共性。我们看到，孩子们积极塑造自己个性的道路与我们所熟知的天才所走过的道路是一致的，他们是那么专心致志，全力以赴，这使他们免遭外界环境的干扰，并且他们所付出努力的强度及坚持的时间与精神活动的发展是一致的，正如天才们的努力一样，他们的这种持之以恒也会有结果。它是智力升华的源泉，是使思维能力拓展的源泉，同时也是使外部表现张力勃发的源泉。

因此，在我们眼里，天才就是将束缚自己手脚的镣铐挣脱的人，使自己享受自由的人，在众人面前坚持他所认定的人性标准的人。

要想培养这种专注的精神，还必须学会陷入沉思。我们有过这样的体会，大量地、持续地读书反而会削弱我们的思维能力，不断地重复着背一首诗，直到将它牢牢地印在脑中，所有这些都不是沉思。

背诵但丁的诗歌与思考赞美诗中的内涵完全是两码事。背诵但丁的诗歌可以装饰人的头脑，最多也只是在脑子里留下一丝印象，而对诗歌主体的沉思则可以起到改造和启迪一个人的作用。深入品味能使你的体魄更加健硕，心灵更加剔透，思维也更加活跃。

看来，沉思是培养孩子天性的最好方法，因为没有别的更好的办法，能使他如此持久地全神贯注，并且有利于内心逐渐成熟。所有树立了自己目标的孩子，都有一种强烈的内在活动需要，会努力培养和发展这种内在活动，使之成为习惯。孩子们就是在这种追求中不断地成长，使自己的智力得到协调的发展。因此，当他们学会了沉思之时，就走上了充满光明的进步之路。

经过了沉思的锻炼之后，孩子们才会乐于安静地练习。接下来，他们会努力在行动时做到不发出声音，举止尽量显得优雅，使自己陶醉于精神集中后所呈现的愉悦状态之中。

通过这类练习孩子们的个性也得到巩固和加强，在认识外部世界的时候他们会越来越习惯于用这种正确的方法去认识外部世界，并能自然而然地运用这种方法去观察、推理和判断，用它来修正意识中的错误。后来，他们能够自发地活动，主动选择并继续自己的工作，从周围环境中获得专注的能力，他们将按照自己的内在动力去活动，而不受外界的任何干扰，包括教师以及比他们年龄大的同伴的影响，即便有人恫吓这些刚被引入正途而仍然幼稚无知的学生，学生们也不会因此而害怕。

从创造者变为工作者

前一章我们讨论了儿童的一个发展阶段，这个阶段的发展持续到三岁。这种情况和儿童在子宫里的情况如出一辙，当婴儿出生之后，他不记得在子宫经历的事情了，好像大自然在那里画了一条分界线，分界线那边发生的事情被遗忘，这边发生的事情将被记忆在脑海中。我们把忘记的部分称为"精神胚胎"阶段，这是为了与"生理胚胎"阶段区别开来。

在精神胚胎阶段，婴儿的各种能力独立发展，另一方面也在形成感觉能力、心理的各种控制能力。出生前的阶段也与精神胚胎阶段类似，只是各自独立发展的不是精神能力，而是生理器官。这个阶段发生了如此多的事情，我们却完全没有记忆，因为，只有各种器官发育完全之后，才能形成完整的人格，才能有记忆。

与出生一样，儿童在三岁时生命又仿佛重新开始了，因为这个时期出现了意识，并开始发挥作用。儿童的心理出现了一个明显的界限，区分开无意识和有意识两个阶段。无意识阶段被忘记，成为过去。三岁以前的是儿童各种功能的建立时期，三岁以后是各种功能的发展时期，在这两个阶段之间存在一条遗忘河。一个普遍存在的心理现象是：人们很少记起三岁前的事情。心理分析专家一直在努力，试图唤起人们三岁前的记忆，但他们的努力落空了，没有人能想起这个时期发生了什么事情。这是多么富有戏剧性的事情！人经历了一个从无到有的创造过程，却对此完全缺乏记忆。

儿童在三岁之前的，可以称为处于无意识状态的创造者，几乎被人类从记忆中完全抹去。三岁之后，仿佛变成了另一个孩子，他们与成人之间的天然纽带断了，他们已经属于自己。所以，我们成人应该对三岁前儿童所做的事情反思，因为儿童这时没有任何自我保护能力，完全依赖成人。除非我们对自然规律有足够的认识，而且自觉地遵循这个规律，不然的话，我们的行为就可能具有破坏性。

三岁之后，儿童开始具备自我保护的能力。只要他感觉受到约束，就会用语言抗议，或者搞恶作剧。儿童反抗的真实目的并不是保护自己，而是为了获得自由的空间，以便了解周围的环境，促进自我的发展。那么，儿童发展什么呢？儿童所争取发展的，就是前一阶段形成的各种能力。3~6岁的儿童将有意识地介入周围的环境，对它们进行研究，进入一个真正具有建设性的阶段。他们身上的各种潜能逐渐展现出来，这些都离不开意识取得的经验，这些经验不再是玩耍或者盲目行为，必须从环境中获得。儿童那双灵巧的手开始从事人类特有的活动。如果说在第一阶段，儿童只能被动地观望世界，只能默默地打好心理基础的话，那么在第二阶段，他就能实现自己的意愿了。于是儿童那双智慧的手忙开了，他将自己动手改造这个世界。

这时候儿童身上出现了一个新的发展阶段，开始了一个对各种能力进行完善的时期。最明显的例子就是语言，虽然两岁半的儿童已经学会说话，而且语言的自然发展将持续到五岁，但是语言是在三岁以后得到完善的，这时儿童不仅能说单词，还能说一些语句了。同时，儿童特殊的语言感觉能力并没有消失，这种能力将加强儿童对声音的记忆，丰富儿童的语言表达能力。

这时候，儿童将同时进行两个方面的工作：一是在与周围环境的交往中，增强对自己行为的意识；二是完善已经形成的各种能力。可以说3~6岁儿童的发展特征是：通过行为进行自我"建设性的完善"。

在上一个发展阶段，儿童的大脑依靠感觉能力感知周围环境，如今这种吸收、学习的能力依然存在，当然已经脱离了无意识状态，在主动经验的帮助下发挥作用，因此更加丰富了。儿童不仅感知环境，而且亲自参与其中，手的使用延伸了大脑的功能。过去，儿童只能在成人的带领下接触周围环境。如今，他们能够介入这些事物，并对它们进行鉴别。所以，这个年龄的儿童总是非常忙碌，兴奋不已。此时儿童的智力发展已经走出发生阶段，迈上了形成阶段。由于儿童对世界的强烈要求，这一阶段还将出现进一步的心理发展。

3~6岁通常被称为"玩耍的年龄"。这表明，人们过去对此已有所了解，但正式的科学研究才刚刚开始。

在西方世界，现代文明使人类和自然之间出现了一条鸿沟。父母总是给儿童购买大量的玩具，希望以此满足他们的需要，但是儿童最需要的并不是这些。尽管3~6岁的儿童需要接触各种东西，可是西方世界的儿童却很难触摸真实的东西，不仅如此，父母还禁止孩子随意触摸东西。如今，允许儿童随意触摸的东西只有一种，那就是沙子，有时候大人也允许儿童玩水，但不许玩得过度，要不然的话他们会把衣服弄湿，或者把泥沙和水搅和在一块，弄得一团糟，成人可没多大兴趣为他们收拾残局。

而在那些相对落后或者玩具业不发达的国家，儿童们却有较好的环境，他们能够保持与外界事物长时间的接触，并从中得到快乐。在那里，儿童与成人做着相仿的事情，当母亲洗衣服或者做糕点的时候，孩子也动手去做，尽管他们只是在模仿，但是其中有自己的选择，显示了他们的聪明才智。从教育的角度来看，通过这些模仿性行为儿童为参与周围活动做着准备，不仅满足了眼前的需要，而且满足了他们发展的需要。西方学校向儿童提供各种各样的玩具，这些东西都模仿周围的事物，而且根据儿童的特点制造，大小、轻重都适合儿童，游艺室也是专门设计的，孩子们在里面可以不受约束自由玩耍。

以现在的西方人看来，以上这些观点是不言而喻的，但在我提出这些观点时，人们却用奇怪的眼神看着我。我和助手特意为3~6岁的儿童准备了一个游艺室，这是一件很平常的事情，周围的人竟然感到匪夷所思。游艺室的小桌子、小椅子、小碟子、小碗都是根据儿童的特点制作的，这样，孩子们可以自己动手做这些事情，摆放桌椅、洗刷碗碟、打扫卫生，并且给自己穿衣服。这在当时遭到非议，人们认为这是一种太过新奇的教育改革。

真正让儿童感兴趣的，是他们将要进入的生活环境，那里有无穷无尽的灵感之源。对儿童来说，这些模仿生活的东西比玩具更有意义。

美国著名的教育学家约翰·德威教授和我持相同的观点，并为此做了一次私人调查，希望在纽约的商店能够找到小扫帚、小凳子、小盘子之类的东西，但是令人失望的是一无所获，人们压根儿没有想到为儿童制作这些东西。德威教授惊叹地说："美国人把儿童忘记了！"

不只是在这方面人们把儿童忘记了，他们甚至忘记了儿童的权利。在儿童看来，这个世界是虚无缥缈的，他们得不到精神上的满足，只能打碎自己的玩具，搞一些恶作剧。

这种界限在我所参加的学校不存在。我向儿童提供他们真正需要的东西，希望他们能够从中得到快乐，结果得到了出乎预料的收获，儿童的性格发生了巨大改变，他们的独立意识也大大增强了，仿佛在说："不用你的帮助，我自己能做这件事情。"

突然间，这些一向离不开母亲的小家伙独立了，变成了一个不需要人帮助，能够独自工作的人，教师变成了旁观者，这一变化太"离谱"。在这个模拟生活的小环境里儿童得到了足够的快乐和巨大的收获，他们的性格更加独立，能够渐渐适应社会生活。

　　我相信大家都会认同这种方式比只给儿童玩具更有意义。儿童不只需要快乐，还需要生活知识。一个人必须具有独立的人格和能力，才能实现自己的生活理想，这就是儿童发育给我们的启示。

　　儿童从两岁时起便开始了语言发展的第二个阶段，词汇组合呈现有序的排列，这一阶段儿童使用的句子大幅度增加，这可以说是一个语句爆发期。第一阶段是词汇的爆发，第二阶段是思想的爆发。

　　无论是词汇爆发还是思想爆发，必须有一个准备阶段，这是肉眼无法观察到的，不必对此浮想联翩，因为从外部我们已经看到儿童所做的努力了。这时候，由于儿童的话大人听不懂，儿童就会发怒，这是因为儿童做了各种努力，大人还是不能理解他的意思。这是很平常的事情，聋人也喜欢与人争吵，其原因与儿童一样，他们的语言别人听不懂。儿童体内潜藏着巨大的能量，需要找到发泄的渠道，为此儿童要作很大努力。

　　所以，这一发展阶段也是儿童的困难时期，因为他必须克服许多障碍，也就是来自环境和自身的限制。这是人对适应环境的过程中遇到的第二个困难时期，第一个困难时期是刚出生的时候，此时婴儿脱离了母体，必须自己启动身体的运行机制。前面我们已经对此进行了探讨，这一过程对于儿童关键至极，一旦他们没有得到适当的照顾，就会形成心理创伤，导致出现成长衰退现象。儿童的语言学习是逐步走向独立的过程，如果遇到障碍，必有衰退的可能。

　　这一创造阶段还有一个特征，那就是儿童大脑将受到两种不同的影响，这种影响对儿童心理的作用将是永久性的，这也影响到儿童的发音和语法，因为儿童在记住了需要的东西的同时，也记住了障碍引发的不良影响。儿童语言发展的每个阶段都存在这两方面的影响，这些不良影响可能对儿童的个性形成危害，导致不正常的发展。

也就在这一时期，儿童慢慢地形成了行走和说话的能力，这个发展过程持续到两岁半，其后发展速度开始减慢。也是由于这样的原因，这些能力在继续发展的过程中遇到各种障碍。这种情况与心理分析学说的发现不谋而合，这个学说的一个重要论点是："成人的心理障碍来自幼年时期。"

这些障碍属于"压抑"的范畴。"压抑"是一个心理学概念，却更多地用在精神分析上。我认同精神分析的观点，即"压抑"形成于婴儿时期。从我的研究来看，语言为这个观点提供了大量例证。

儿童对语言的吸收发展到"爆发"期，就必须开始使用语言，因为随后他要用语言来表达自己的思想。如今，西方的教育开始重视自由表述，这将促使儿童的语言机制尽快被投入使用，并对他们的个性发展提供帮助。有的孩子年龄到了相应阶段，却没有出现语言爆发期。比如，有些三岁左右的孩子语言器官发育正常，说的却是低龄儿童所用的词汇，我们称之为"心理失语症"，因为这种症状是一种心理病态，完全是由心理原因引起的。

心理分析学对心理障碍的研究发现，上述症状有时会奇迹般地消失，孩子突然之间开始说话了，并且词语使用准确，意识表达清楚。这种情况表明，儿童的体内对此已经做了充分准备，只是在表达过程中受到了阻碍。

还有一些3~4岁的儿童从未说过话，就连两岁儿童那种"咿咿呀呀"式的话都没说过。然而经过专家的启发和激励，他们会突然说起话来。这是什么原因？这些儿童的心理曾经受到过挫伤，形成了阻碍，致使他们无法进行正常的语言表达。

许多成人觉得说话很困难，为了自己的意思，需要花费很大的力气。成人的语言障碍有以下几种类型：

（1）说话没有勇气；

（2）安排好句子很困难；

（3）感到使用句子很困难；

（4）说话慢，不连贯。

这些都是自卑的心理现象，至今仍旧没有找到很好的治疗方法。

影响语言表述的心理障碍还有一些，如口吃、发音不准等。这种障碍不是出于心理原因，而是由语言机制形成时出现的偏差造成的。可见，在语言学习的任何阶段，都会出现不同形态的衰退现象。

第一阶段，词汇机制形成阶段，相关衰退：发音不准、口吃。

第二阶段，语句机制形成阶段，相关衰退：组成句子较慢。

儿童的感知敏锐，善于吸取有益的东西，富于创造力，这些衰退形式对他们的创造力有阻碍，会影响他们的一生。因此，成人应每时每刻关注儿童的感觉，帮助他们走上正常的发展道路。

令人遗憾的是，妨碍儿童的恰恰是成人。对待儿童动作必须轻柔，但是我们的动作常常很粗鲁，连自己都意识不到。我们必须注意自己的行为，育人先育己。正是由于这个原因，我觉得，对教师进行培训远比理论研究重要得多，这种培训要注重教师个性的培训。

儿童的感觉异常敏感，因此他们很容易受到伤害。例如，儿童对成人冷冰冰的表情很敏感，有的母亲动辄呵斥孩子："别忘了妈妈告诉你的话！"富裕家庭的孩子大多由保姆看护，观察发现，保姆常用一种冰冷的命令口气对孩子说话，这会给孩子造成不良影响，导致他们说话胆怯、犹豫，甚至口吃。

我曾经对孩子很严厉，我在《童年的秘密》一书中提到过，而且还举过这样一个例子：我看见一个孩子把脏鞋放在床单上，就坚决要他把鞋拿走，然后我使劲掸床单，表示那儿不是放鞋的地方。2~3个月之后，这个孩子只要一看到鞋，就会把它放到别的地方，然后用眼睛盯着床单。我终于明白，这个孩子的反常行为是对我的抗议。也就是说，一旦孩子受了伤害，他们不会说："不要那样对我，我高兴把鞋放在哪儿，就让我放在哪儿好了！"对于成人的错误举动，儿童一般不会做出反抗性的反应，我认为，要是儿童对此发怒也许更好些，这表示他们在有意识地保护自己，维护自己的正常发展。相反，如果他们以改变性格的方式做出回应，很可能形成心理创伤。成人通常意识不到这一点，他们往往认为，只要孩子不哭不闹、不发脾气，就相安无事了。

成人还有一种异常的心理现象，就是毫无理由地感到恐惧，医学上称之为"恐惧症"。有这种情况的人在幼年时期遭受过某种创伤，比如受到动物的惊吓、曾经被锁在黑暗的屋子里……恐惧症有多种类型，其中一些类型相当普遍，比如"幽闭恐惧症"，就是害怕一个人待在屋子里。

可以证明儿童时期心理创伤的例子还有很多，我提到这些，只不过是想证明这个时期的儿童心理类型，同时提醒大家注意自己对儿童的影响，因为我们的行为既会影响儿童的现在，也会影响他们的将来。

我们应该观察儿童的行为，以此来了解他们的思想，要像心理学家研究人的潜意识那样研究儿童。不过，这并非易事，因为我们听不懂儿语，难以明白他们的意思。我们务必对儿童有一个整体的了解，起码也要对刚发生的事情有所了解，这样才能帮助儿童解决困难。我们和儿童之间真的很需要一个翻译呀！我一直在为此努力，希望自己能够了解儿童的心思。令我惊讶的是，每当我和儿童接近，试图了解他们的时候，他们就向我求助，似乎我真的能够帮助他们。

有些人只知道爱抚孩子，而另一些人则在努力理解他们的语言。我发现，孩子们对后者更感兴趣。儿童渴望了解世界，渴望和成人进行交流，他们把希望寄托在理解他们语言的人身上。对儿童来说，帮助是比爱抚更好的礼物。我习惯早晨工作，一天早晨，一个一岁左右的男孩走进我的房间，我问他想吃什么东西，孩子的回答令我吃惊，因为我听到的是"小虫"，孩子看出我没有听懂，接着说了一个词——"蛋"。我在想，这孩子并不想吃什么东西，可是到底想要什么呢？这时孩子说"妮娜，蛋，小虫"，我猛地明白了，昨天，他的姐姐妮娜用水彩笔画了一个蛋形的圈，他当时想要那支水彩笔，妮娜就是不给，还将他赶了出去。现在我知道儿童的做法了，姐姐拒绝了他，他不是与姐姐对抗，而是耐心地等待，寻找机会达到自己的目的。于是，我给了他一支水彩笔，孩子高兴了。孩子不能用平滑的线条画圆圈，就用波浪形的线画，结果画出了一些小虫子。想想这个孩子，为了实现自己的愿望，一直等到大家都睡了，只有能够听懂他话的人还没入睡时，才去向她求助，而且相信她能提供帮助。

在我看来，这个阶段孩子的特征之一就是有耐心。一般认为他们在这个阶段性情急躁，很容易发怒，其实他们会耐心地等待，只有在作了各种努力还是无法表达自己的意愿时才会发怒。这个例子还表明，孩子们在努力模仿，如果一个三岁孩子在做一件事，另一个一岁半的孩子也会去做同样的一件事。

我的邻居有个一岁半的儿子，他总想跟着三岁的姐姐学跳舞。舞蹈教师对我说："孩子这么小，我怎么能教他跳舞呢？"我对她说，别管孩子能学到多少，只要尽力教就行了，教师勉强同意了。不料那个小男孩突然跑上前，对我大喊："我也要！"

在我们的要求下，教师摆出一个舞姿，可嘴里还在不停地嘀咕，这么小的孩子不可能学什么舞蹈。就在这时，那个孩子突然显得很生气，站在那里不动，教师说这是她意料之中的事，但我知道孩子并没有注意教师的舞姿，他之所以生气，是因为教师把帽子放在沙发上。孩子还不会说"帽子"和"教师"这两个词，却一直理直气壮地重复"大厅"、"柱子"，他的意思是说："帽子不应该放在这儿，应该挂在大厅的柱子上。"这使孩子失去了跳舞的兴趣，他急切要求改变眼前这种无序的状态。当我把帽子挂在柱子上以后，孩子们立刻平静下来，并且开始跳起舞来。这件事表明，孩子对秩序的要求很强烈，超过其他方面的要求。

我们研究了儿童的感觉方式和他们对词汇的使用，从中发现了儿童内心深处的许多东西，这些是心理学家无法办到的事情。

以上两个例子激发了我的兴趣，一个是有关儿童的耐心，一个是有关儿童的秩序感。还有一个同样有趣的例子，我在这里就不详述了，这个例子可以归结为"孩子不同意说话者的结论"。从这几个例子中我们发现，儿童心理还有许多我们并不了解。

我觉得，应该公开发表对儿童心理的研究成果，这项工作当然不容易，但是能够促进儿童对环境的适应，所以对人类也有重要意义。对儿童早期发展提供帮助，是一件刻不容缓的事情，对未来的科学工作者而言，这将是一项开创性的工作，它将解开人类心理发展和性格形成之谜。为了达到这个目标，我们务必记住以下几点：

（1）最初两年的发展将影响人的一生；

（2）儿童具备很大的心理潜能，而且一直没有得到足够重视；

（3）儿童极为敏感，一点点的粗鲁行为都会在他们的心里留下伤痕，进而影响他们的一生。

想象力与文化

不断地从环境中吸取必要的知识是儿童的天性必然，所以，儿童对手的运用不但具有实践意义，而且能从中获得知识。假如把儿童放在上一章所说的环境中，肯定会发生出人意料的变化。儿童快乐地工作着，兴趣盎然，不知疲倦，他们的大脑会更加活跃，对获得知识的要求也愈强烈。

在"书写爆发期"之后将出现这些变化，"书写爆发期"将给儿童带来许多兴趣。"书写爆发期"并没有爆发什么东西，它只是一种表征，犹如"火中的一缕轻烟"，真正的爆发是潜在的，只能在人的内心体现出来。这就好比一座活的火山，表面上看不出什么动静，可是地壳下面却熔岩沸腾，总有一天会猛烈喷发，这样，专家就可以根据喷发出来的岩浆研究地球内部的变化。

我们特意制作了许多适合儿童的小物件，这样，就能够使他们进入与实际生活相符的状况之中，其结果完全出乎我们的意料。对此我们应该有所理解，并且努力实施这种教育。

正规的教育方式从来没有取得如此显著的成果，不过，这些教育实验为我们提供了指导。我们不应该为儿童的发展设置障碍，要尽量为生命提供符合自然的条件，让儿童能够自由地选择自己的行为方式，这就是儿童心理研究给我们的启示。著名北极探险家派利称我们的工作是对"人类心灵的发现"，他说，这不仅是在推行一种教育方法，而是找回人类的天性。

在研究中我们发现了两个完全不同的事实：第一个发现是儿童对文化的吸收比我们想象的要早，这种学习方式与运动有关，这个年龄的儿童只能通过行为来学习，他们的接受能力很强，必须通过做一些事来发展自己。第二个发现是儿童的性格发展，留待以后讨论。现在我们就第一个发现进行讨论。

　　通过研究我们发现，儿童对以前玩过的东西很感兴趣，他们很容易把注意力集中在这些事物上。比如，上文提到的"书写爆发期"，它的出现就与儿童特殊的语言感觉能力相关，这种感觉能力持续到六岁左右就消失了。所以，儿童在六岁以前对书写练习会很热情，超过这一年龄就失去了天性的帮助，必须作有意识的努力了。

　　不可否认的是，儿童的书写能力不仅得益于以前的经历，更取决于以前的练习，这是因为儿童在进行专门书写练习之前，需要进行锻炼感觉区分能力的手工练习。为此，我要在这里提出一个"间接准备"原则。

　　大自然不会随便创造一种东西而不使其发挥作用。第一阶段形成的能力，将在第二阶段发挥出来。所以，我们可以通过了解第一阶段来把握第二阶段的发展。就好比语言的学习，儿童在第一个发展时期经历了许多小阶段，这一系列发展的顺序类似学校的语法教科书。儿童先要学会发音，然后练习说出音节，其后分别是名词、动词、形容词、副词、介词、连词等。了解了这一顺序，就能为儿童第二阶段的发展提供帮助，这就是要先教儿童语法！先教孩子语法？在还没教会他们读、写之前就教他们语法？许多人都觉得匪夷所思。

　　我们先来思考一下，什么是表意语言的基础呢？语法。难道不是吗？任何人说话都必须合乎语法，四岁儿童要扩大词汇量，完善自己的语言机制。所以，如果这时教儿童一些语法，就能够促使他们更熟练地使用口语，对语言学习会帮助很大。实验研究表明，这一时期儿童对语法很感兴趣，是学习语法的最佳时机。0~3岁的儿童在无意识地学习语法，到了3~6岁就有意识地完善它。另外，这个年龄的儿童对词汇有一种特殊感知力，将会学到许多新词汇。试验也表明，儿童的词汇量大幅度增加。在这个时期，儿童仿佛患上了词汇饥渴症，极其渴望学习新词汇，所以我们应该及时提供帮助，系统地教他们学习词汇。

以上观点如果是正确的，另一个问题就会随之出现，这也是教育的老问题，即现在的幼师受教育较少。幼师们把单词写在卡片上，让孩子们朗读，可是很快就出现了问题，他们发现自己掌握的词汇不够用，因为除了一些名称之外，他们知道得不多，不能满足孩子们的要求。我在教学实验中，在教一般名词之外，还教一些较专业的词汇，如几何图形的三角形、多边形、梯形等，孩子学会之后，又教他们另一些更专业的词汇，如温度计、气压计，然后就是一些植物学名词，如花冠、花萼、雌蕊、雄蕊等。孩子们学习这些词汇很有热情，学会之后要我教更多的词汇。当进行户外活动时，孩子们往往争着告诉教师一些事物的名称，有的连教师也不知道，真是令人难为情。

3~6岁的儿童对词汇兴趣盎然，学习起来孜孜不倦，然而到了下一个发展阶段，又是另一种情况了，儿童的发展方向转向其他能力，学习词汇变得困难起来。我们发现，儿童在3~6岁学会的词汇不易忘记，在以后的岁月里，儿童能够很流利地使用这些词汇。所以，儿童学习语言的最好时期是3~6岁。当然，我们不能对儿童强行灌输词汇，而要理论实践相结合，进行户外活动，对词汇的学习与实际经验应结合起来。例如，向孩子们展示花草昆虫的标本，让他们看到实物，或者给孩子们地球仪，与此同时讲述一些地理知识。只要对照实物、图片、图表，儿童学习起来就不会有困难，而且能很轻松地记住单词。

我曾经遇到过一个十四岁的男孩，不明白学校花坛里花的名称，一个三岁左右的孩子跑过来，指着一种花告诉他"这是雌蕊"，然后就跑开了。

还有一件十分有趣的事情。有一次，我在墙上挂了一些图片，给学生讲解植物根茎的分类，一个小家伙跑了进来，问我图上画的是什么东西，我就给他讲解了一番。下课后不久，我发现花园里所有的植物都被拔了起来，由此看来，小家伙对植物的根着了迷，就将其拔出来看个究竟。事情往往如此，要是我因此建议使用图形或实物教儿童学习词汇，可能引起家长的不满。试想一下，父母愿意看到自家花园的花草都被孩子拔出来吗？

儿童的心理和见到的事物吻合吗？不完全吻合。儿童对事物的认识不仅来自直观感受，还包括丰富的想象力。

众所周知，儿童有丰富的想象力，但到底有多么丰富却无法知晓。为了给出答案，我们对六岁儿童进行试验。我们给儿童讲解地理知识，不是从河流、海湾、海岛开始讲起，而是给孩子一个地球仪，告诉他们："这是地球。"

儿童所具备的知识还不能够使他们想象出世界的样子，如果他们能够形成世界的概念，只能凭借想象力来完成。在我们展示的地图上，青蓝色表示海洋，发光的碎末表示陆地，此外没有其他任何标示，但儿童一看见地图就说：

"这是陆地。"

"这是海洋。"

"这里是美洲。"

"这里是印度。"

地图很受孩子们的欢迎，很多孩子都在房间里挂上了地图。3~6岁的儿童不仅能区分事物，还能想象出没有看见过的东西。在儿童的心理活动中想象力占有举足轻重的地位。任何人都喜欢给儿童讲神话故事，似乎在有意培养他们的想象力，可是，既然我们都认为儿童想象力丰富，为何只给他们讲神话故事呢？既然儿童能够通过想象理解神话，为什么就不能想象美洲？与语言交流不同，观察地图可以给儿童一个直观印象。思想是主动的，它永远需要灵感的火花。

有一次，我看见一群六岁的儿童站在地图前讨论着什么，这时一个三岁的儿童挤过来说：

"让我看看，世界就是这样的吗？"

"这就是世界。"六岁的儿童回答，三岁的儿童听了接着说："啊，现在我知道了。我叔叔曾经三次环游世界呢！"这表明儿童知道这只不过是一个地球模型，真实的世界很大很大，他一定听说过地球。

我在上课的时候，一个四岁的男孩也来看地图。他站在地图前仔细观察了一会儿，忽然问旁边的学生："纽约在哪儿？"学生们没有料到他会问这个问题，都大吃一惊，随后给他指明纽约的位置，不料小孩接着问："荷兰在哪儿？"周围的人更加吃惊了，小孩知道了荷兰的位置后，说："我爸爸每年都要去美国两次，住在纽约，他一走，妈妈就说：'爸爸现在在海上'，几天之后，妈妈就说'爸爸到纽约了'，又过了几天，妈妈又说'爸爸又到海上了'，当妈妈说'爸爸已经回到了荷兰，我们到阿姆斯特丹去接他'的时候，我就异常兴奋和高兴了。"

这个小孩已经听说过美国多次，当他听到有人在地图前谈论美国的时候，会走过去看，那样子似乎在说："我已经看见美国了。"

和看地图一样，儿童要将这些符号形象化同样需要一个过程。就像儿童以前认识物质世界一样，在这个过程中，儿童把抽象的词汇与真实的东西结合了起来。

人们相信，这个时期的儿童的主要事情是玩砖头和听故事。他们觉得，通过玩砖头使思想与环境建立起联系，这样能够促使儿童了解世界，加快成长。听故事被认为能够丰富儿童的想象力，然后，儿童通过游戏把想象力释放出来。人们还相信，儿童动手做事不仅能够锻炼体力，还能促使大脑与外部世界发生联系，这对儿童的帮助很大。

另一方面，这一时期的孩子好奇心十分强烈，总是不停地问这问那，要求大人给他解释，接连不断的这些问题，像空中投下的炸弹，常常把大人轰得晕头转向。只要大人不表示厌烦，逐一给以答复，孩子就会异常兴奋。不过有一点要注意：孩子不喜欢长篇大论。而成人却偏偏喜欢唠叨。

有个小孩问："爸爸，叶子为什么是绿色的？"这位父亲觉得这个问题很深奥，于是，告诉孩子什么是叶绿素，怎样利用太阳光进行光合作用。父亲饶有兴趣地讲着，孩子却显得极其不耐烦地说道："我只想知道叶子为什么是绿的，不想知道什么叶绿素、光合作用。"

众所周知，好玩、富于想象力、问问题是这个年龄的孩子的主要特征。孩子们确实不明白很多事情，他们问的问题也不是那么容易回答的。

孩子可能会问："妈妈，我是从哪里来的呀？"一位聪明的母亲就会这样回答："你是我的孩子呀，当然是我生的啦！"

这位母亲的回答虽然很简练，然而却满足了儿童的愿望。过了一年，她也许会对孩子说，"我就要生另一个孩子了"，出了产房之后，她让孩子来看弟弟，并对他说："你看，他是你的弟弟，他和你都是妈妈生出来的。"

如果这是一个六岁的儿童，这样的话可能会引起他的强烈不满："哼，我到底是怎么生出来的呢？你还在哄我，妈妈，我已经够大了。你刚说要帮我生一个弟弟的时候，我就注意观察你要做什么，可是你什么也没做呀！"

虽然满足儿童的好奇心有些困难，但是教师和父母都要有足够的耐心和才智来满足儿童的渴望。这需要进行必要的训练，因为儿童的问题很难用通常的方式回答，因为你必须放弃所有自作聪明的做法，使用一些适合3~6岁孩子心理的技巧，而这恰恰是我们所缺乏的。令人感到幸运的是，儿童自己从环境中学到的东西，远多于从成人那里学到的东西。

截至目前，我们对很多问题的答复并不能令儿童感到满意，这表明我们对儿童心理存在着很多误解，还用自作聪明的方式去指导儿童，这种做法往往行不通，原因在于我们对儿童缺乏了解。我们必须放弃先入为主的做法，寻找了解他们的途径。方法其实很简单，只有儿童自己才能教我们如何了解他们——通过他们的行为方式。

通过观察发现，儿童不仅渴望有趣的事情，还想知道如何去做这些事情，据此我们可以得出结论，在广泛兴趣之中儿童存在下意识的目的，这就是协调自己的运动，使之处于自己的控制之下。

我们还发现，一旦儿童受到某种东西的吸引，就会反复做这件事情。只要留心，就会发现他们经常反复模仿生活中的一些事情。比如，儿童会专心致志地打磨一件铜器，直到磨得闪闪发光，他们如此投入，如此执著。看来表面的目的仅仅是一个刺激点，这些行为存在一种下意识需要，儿童的成长正是来自这些下意识目的的实现，这些不断重复的运动将促成肌肉之间的和谐，而这种和谐来自后天的训练。同样，我们需要通过各种游戏、运动来锻炼自己，我们打网球、踢足球，不只是为了从中得到乐趣或者提高球艺，而是通过这项运动提高我们的运动能力。

我们把儿童的很多活动称为游戏，这些游戏对儿童的意义和运动对成人的意义一样，就是从中获得所需要的能力。

物竞天择，适者生存，这对任何生物都一样。处于发育时期的儿童必须培养自身的能力，以适应生活的需求。儿童时期是培养生存能力的最佳时期，正是由于这个原因，我们说儿童的模仿能力是他们完成自我建设的前提条件。

儿童天生具有完成自身的能力。周围人的行为能够激发儿童的兴趣，他们将模仿这些行为，培养各种能力。那么，儿童通过行为到底培养了哪些能力呢？以语言为例，这些能力就像纺织机上的经线，这些经线并非所要织的布，而是织布的基础。形象地说，这些经线上布满了具有韵律感的词汇的声音，这些声音如同语法规律一样有序地排列着，经过一系列生活经验的触动，这些经线奠定了某一民族的基础，整匹布是在3~6岁织完的。因此，六岁以前的儿童阶段至关重要。这段时间培育起来的各种能力将会伴随人的一生。人的行走方式和做事方式都是在此期间定型的，并且成为个性的一部分，它们将决定人是属于社会底层还是社会上层。不同阶层的人的差别不仅体现在社会方面，还体现在个性方面，就像民族的区别在于语言一样。

因此，一个来自社会底层的人要想进入上层社会，首先要改变自己的生活环境，不然就难以摆脱底层生活给他们带来的影响。与此同时，一个贵族想扮成工人也办不到，因为生活习惯和办事方式会暴露他们的真实身份。

这个时期对语言的发展也很重要，因为口音是这时候定型的，而且终生难改，即便习惯于使用专业词汇的大学教授也改变不了自己的口音。的确如此，高等教育可以极大地丰富人的思想，却无法抹掉婴儿时期形成的东西。所以，这个年龄的经历对社会教育也非常重要。如果儿童在第一个阶段遇到了一些障碍，导致人格偏执，那么在3~6岁还来得及补救，因为这个时期处于儿童心理发展的收尾阶段。此外，如果使用科学方法，可以对这个时期的儿童进行教育，缩小不同国家、种族之间的差别，这样能使人类更加和睦地相处。也就是说，人类创造的文明可以改变人类自己，就像人类能够改变创造自己的自然环境一样。

与此同时，儿童的个性也将指引他的发展，这种作用会通过儿童的行为表现出来，我们也能在儿童的各种活动中发现它。

那么，应当怎样培育儿童的感觉能力呢？

感觉是连接人与自然的窗口，凭借感觉提供的经验，人会变得心灵手巧。好比一个优秀的钢琴师，能在一架普通钢琴上弹奏出优美的旋律；一个技艺高超的织工，一摸布匹就知道纺线的纹路；一个原始部落的土著，在喧嚣的夏夜能够听到蛇在草丛中发出的细微的声音。

人天生具有的各种能力，都受到日常生活的影响。如果缺乏智力和运动的促进，就无法进行对感觉能力的教育。

正是这些内在因素导致了不同的兴趣，不同兴趣带来的感觉经验形成了个体差别。也就是说，人天生就有某种兴趣倾向，它会根据自然规律促成个体的发展，从而形成不同的个性。

在类似我们学校的房间里成长的孩子，不仅动手能力很强，而且对外部世界的感知能力也非常敏锐。相对而言，这些儿童的世界也就更加丰富，因为他们能够感觉到事物的细微差别，而那些感觉能力没有得到全部发展的人，可能对这种差别视而不见。为了锻炼感觉能力，我们安排了一些东西，这些东西也能提高儿童的观察能力，因为它们可以区分各种感觉：颜色、声音、气味、大小等。当然，这些东西也是文化的一种形式，因为它们都能引起人们对自身和环境的关注。相比而言，说话和书写这两种文化形式更重要得多，因为我们的个性将因之而得到完善，能力也因之而得到提高。

感觉器官是人获得知识的通道，人对世界的认识离不开它。为了训练儿童的感觉能力，我们专门为他们制作了一些小物件，以便他们能够了解更多事物的细节。

　　西方学校有一门"物体课"的课程，在上这门课时，教师要求所有的学生举出某个物体的特性，例如物体的颜色、形态、纹理等。世界上的事物种类繁多，但每一个只能具备某种物体的特性。这和词语的情况很类似，单词很多，而组成单词的字母却很有限。如果我们给儿童提供许多物体，而每一个物体都具备不同的特性，这就像给了儿童一个认识世界的字母表，一把打开知识宝库大门的钥匙。因为，儿童不仅能够掌握这些东西的特性，而且还会从中发现事物的发展规律，这就为他们了解世界打下了基础。

　　所以说我们专门制作的小物件，是这个物质世界的"字母表"，其价值非比寻常。正如前面所说的那样，文化不仅仅是知识信息的积累，也是人类个性发展的表征。这是能够直接感受到的，就拿从事教育事业的人来说吧，教一个感觉受过训练的儿童是一回事，教一个感觉没有受过训练的儿童是另一回事，两者之间的差别非常明显。对于感觉受过训练的儿童，一个物体、一种想法都会引起他的极大兴趣，因为他们对事物很敏感，能够区分细小的差别，如叶子的形状、花的颜色、昆虫的器官等。儿童的发展前景取决于所接触的事物，以及由事物引发的兴趣。就儿童而言，一个有准备的头脑就是一个优秀的教师，比其他东西都重要。

　　因为我们制作的所有物件都有不同的特性，所以对儿童大脑的条理化也会有所帮助。

　　尽管程度上有所差异，但随着年龄的增长，儿童都能够对事物进行区分，并且掌握事物的不同特性，这是自然发展的结果。一个正常人不需要经过特殊的训练，就能够区别不同的颜色、不同的形态及不同物体的性质，这种能力与人类的思维方式有关。人的大脑蕴含巨大的潜能，不仅具有想象力、思维能力，同时还能对各种信息进行储存和整理，从感官传递的各种信息中抽象出"特征的字母表"，这就要对所有的信息进行排列、组合、分析、归纳，也就是抽象思维过程。实际上，字母表的发明过程与此类似，因为所有单词都是由字母表里的那些字母组成的，单词是口语的主要表现形式，但组成单词的字母表却是一个抽象系统。可见，如果一个人不能同时运用想象力和逻辑思维能力，他就不可能聪明起来，这种人的头脑也只能和其他高等动物差不多，被束缚在固定的模式之中，必将对他的发展发生不良影响。

虽然我们在日常生活中很少运用抽象思维，但是会接触到形式各样的事物。要把握这些事物的特征和彼此之间的关系是离不开抽象思维的，而且抽象思维越准确，事物的价值就越大。事实上，人类的思想来源于抽象思维活动。

想象力和抽象能力是大脑的两种主要能力，它们不但能提供事物的本质特征，而且对人的心理发展起着重要的作用。首先，语言学习离不开想象力和抽象能力，要想丰富词汇或者提高语言的实用性，就需要不断地运用新词汇，这些新词汇只能依照字母表和语法规则衍生出来，而这样的新词汇是不计其数的。事实，语言构建的规律也是大脑构建的一部分。

日常生活中，我们也许会听到这样的评价："这个人很聪明，但是思维缺乏条理性"，意思是说，被评价的人脑子里有很多想法，然而不能对这些想法进行区分和鉴别。也许你会听到人们这样描述另一个人："他的头脑如同一张地图，既精确又细密，他的判断同样准确无误。"

对人类思维条理性的推崇，使我们给大脑起了个名字——"精确的大脑"。第一个这样命名人类大脑的人是法国物理学家、数学家、哲学家帕斯卡，在他看来，人的大脑天生就是精确的，人类的知识来源于准确的观察和细致的分析。前面提到过，大脑的构建和语言的构建相吻合。语言的基础是语音和语法规则，因此大脑的活动也有一定的规律。人们对一些著名的发明进行研究，发现在发明的开始阶段，发明家的思想也存在一定的规律。这也不奇怪，诗歌和音乐创作主要依靠想象力，可是在这个领域也存在一定的规律，因为诗歌和音乐要遵循一定的韵律和节奏。

所以，我们的教育必须同时训练大脑的这两种能力。虽然对某种性格而言，这两种能力的作用并不平均，往往是一个大于另一个。但是，可以肯定的是，它们同时存在，并共同发挥作用。如果我们在教育中只发掘儿童的想象力，就会造成两者之间的不平衡，影响儿童的个性发展，成为他们现实生活的障碍。

3~6岁儿童都有追求准确的倾向，这种倾向会以很多方式表现出来。

事实上，我们只要告诉儿童如何准确地做一件事情，单是这种准确性就会引起他们的兴趣，促进他们的发展。儿童在学校的学习主要是训练行为的秩序和准确。

儿童3~4岁的时候对物体最感兴趣，我们制作的小物件就是为他们准备的，这些东西能够帮助他们了解生活环境，培养大脑的精确性。

我们的教学方式完全不同于一般学校。在一般学校，数学课对很多孩子而言是一种折磨，不少人甚至有了一种心理障碍。然而，我们的实验发现，如果儿童的大脑在早期受过"精确"训练的话，就不会出现这种情况了。

平常儿童所能接触到的生活环境，很少有与数学相关的东西。大自然中有树、花、虫子，就是没有与精确性直接相关的东西，这样，儿童的数学天赋就得不到发挥，以致影响以后的学习。所以，我们那些特制的小物件就可以被看作是"物质的抽象"，或基础数学了。

在第一个发展阶段，儿童从物质世界中吸收经验，这是一个为将来的发展打基础的阶段，在这个阶段的儿童发展类似于胚胎，因为胚胎的发展过程取决于基因。科学家考格西尔研究发现，儿童身体器官的发展和人的行为发展遵循相同的规律，发展的类型决定于来自物质世界的基础。

语言能力的发展，为儿童打下了另一个基础，这是一个准确的、一成不变的基础，因为这是由语音和语法系统组合而成的，这些东西是后天形成的，与特定的群体生活相关。社会群体还有许许多多的行为规范，如习惯、传统、道德，这些都会成为儿童能力的一部分。这里说个题外话，进化论者认为"传统简化了人们的生活"，因为传统意味着对人的某些自然本能的限制，而我们发现其实不然，人的"自卫本能'不只寻求生命的最佳状态，还包括文化与道德的需求。虽然传统限制了自然本能的发展，对生命来说是一种障碍，然而人们还是愿意牺牲天生的本能去适应传统。也就是说，人必须牺牲某些东西，不然就不能在这个特定环境中生存。在原始人中，这种限制性习惯成为某种禁忌，人必须遵守它们，甚至经常发生损伤身体的事情。古人对美的追求就是一个例子，为了获得美，古人经常要付出沉痛的代价。随便举几个例子，如非洲人在鼻子上戴装饰、欧洲人在耳朵上穿孔。

还有对食物的限制。几年前，印度发生大规模饥荒，饿死了数以万计的人。令人瞠目结舌的是，印度的城市和乡村到处牛羊成群，这里的人饿死也不愿意吃这些动物。由此可以推断，不宰食动物的传统在印度人脑海里是多么根深蒂固。

道德是人类共同生活的行为规范，它深入人们的思想观念深处。从某种意义上说，正是由于对这些共同行为规范的严格遵守，人类才传承、繁衍到了今天。

宗教也同样如此。宗教偶像是大众崇拜的产物，必须得到信徒的认同。对宗教的信仰，源于人类共同的精神需要，而不只是对某种信念的简单接受。一开始，原始人对大自然的变化惊讶不已，产生了一种敬畏之情，进而对某些自然现象顶礼膜拜。有理由相信，并非所有原始人的心灵都感受到了大自然的震慑，但是，当这种崇拜行为得到大众的认同之后，大自然也就成了大众祭祀的对象。

人类对宗教偶像的崇拜，不仅依赖奇迹激发的想象力，思想也起了作用，思想在信仰活动中得到的满足，如同进行抽象思维时得到满足一样。人的心灵有多个层次，某种意识活动可以认识事物的特性，而另一种意识活动建立一些抽象符号，以此表达人类的崇敬之情。所以，崇拜偶像要想成为一种社会符号，就必须得到大众的认可，这样才能在社会群体中固定下来。很长时间过去了，这些崇拜活动已经成为一种习俗，宗教信仰已经烙进了人们的脑海，成为和道德一样固定的行为系统。共同的信仰把群体联合在一起，并且以此与其他群体区别开来。人类群体之间的差别和生物物种之间的差别在于生物差别来自遗传因素，文化形态的差别形成于一代代人的心理积淀。尽管文明包含很多想象的东西，但是人类生活的特征并非来自想象力，而是想象力和其他精神活动共同作用的结果。当然，这种抽象活动后来变得单一，并且形成某种特定形式，这些形式形成了简化的符号，具有精确性和稳定性，便于群体共同掌握这种超现实的想象。

儿童成长到一定年龄，就开始吸收这些精神上的东西，但他们到底学到了什么呢？

在此，我要将这种学习和语言学习比较一番。我们知道模式具备准确性和稳定性，如果人接受了某种模式，这种模式就将成为他的组成部分，并发挥创造性的作用，这和基因决定个体特征、神经中枢决定行为模式如出一辙。

婴儿出生后的第一个发展时期，属于心理发展阶段，此时婴儿从周围环境学来的主要是一种特定模式。换句话说，儿童在心理发展阶段首先吸收的不是直接心理经验，而是某种心理模式。这些模式的集中表现，就是日常生活中那些多次重复的行为。一旦儿童吸收了这些模式，就在他们的个性中固定下来。

随后的儿童发展可能没有第一阶段那么确定，因为出现了很多不稳定因素，但这些发展依旧离不开一定的基础。与此相似，由于环境的改变和文化因素的影响，儿童对母语的学习也会不确定，但是不会背离已经接受的语音和语法规则，因为这是在胚胎时期就确定下来的。

儿童大脑的条理化和精确性呈现得很早，这不仅表现在他们对行为精确性的要求上，还表现在儿童对秩序、规则的要求上。儿童对秩序有很高的要求，他们对物件的摆放是否有规则、位置是否恰当很敏感。这一现象表明，儿童通过自己的行为认知周围环境时，留在大脑记忆中的是具有一定规律的东西，不然的话，他们就无法把注意力集中起来。

通过探讨，我们还发现，正是儿童揭示了儿童心理的基本形态。精神是一个有机发展的整体，它的形成依据一种预定的潜在模式，不然，心理只凭借思维能力和意志力来发展，是极其荒谬的，因为这些能力都是后来获取的，并且是在心理潜能发挥作用的基础上形成的。

就像人无法利用思想创造自己的身体一样，人的心理类型也不是由意识创造的。我在这里使用的"创造"一词，指的是原本不存在的东西突然出现了，并且按照一定的规律发展，整个事件不受意识的控制。当然，所谓"突然"是针对人的知觉来说的，事实上，任何事物都不会无中生有，一下子变成现在这个样子，都有一个起始和形成的过程。事实上，所有生命都由胚胎细胞发育而成。

与此同时，人类的思想观念也有其形成、发展的基础，并且是一个具备创造力的基础。从婴儿的第一个发展阶段开始，人的精神潜能通过对环境的认识和适应渐渐发挥作用，先在大脑里形成一个思想的基础，然后基于这个基础之上，个体继续发展，最后，个体成为所属群体的一个成员。种群是一个心理和文化的集合体，具有一定的连续性，人类一代一代地传承下去，最终形成了人类文明的历史。

以上探讨表明，只有新生个体具备相应的创造能力时，才能发展人格所具备的后天能力。这些能力如同社会模式一样，是慢慢发展的，整个发展过程一直依赖人对周围环境的适应。这就是儿童的生物功能。人类的发展同样离不开这种人格条件。所有人都要经历这样一个创造性的过程，而成人却可以对此施加影响。因此，我们必须更新自己的教育观念。

新的发展方向

如今，生物学研究正在发生着变化。

过去，生物学的研究对象，不管是动物还是植物，科学家通常选取成年个体作为标本。对人类的研究同样如此，无论是伦理学研究还是社会学研究，科学家都把成人作为研究的对象。在对人类的研究过程中，死亡是学者们经常讨论的问题，这不足为怪，因为所有成人都在迈向死亡。至于道德伦理的研究，则集中在法律和社会利益关系上。这种状况现在发生了转变，甚至可以说转向了相反的方向。现在，对包括人类在内的所有生命形态的研究，重点都放在幼年个体，甚至更早的阶段，这个转变最先出现在对生物胚胎的研究和对细胞生命的研究上。

正是由于对低级形态生命的研究，哲学思想也发生了变化，一门新兴的哲学正在兴起，虽然它还笼罩着一层神秘的面纱。这种哲学不再限于理性思维，不再由思想家得出抽象的结论，更具有科学性。

胚胎学把对成年个体的研究带回到了生命的起点。人们发现，生命的早期阶段与成年阶段存在很大差异，这些研究表明了过去思想家对生命的无知，也为儿童性格的研究带来了曙光。

幼体与成体的区别可以用一句话来表达：成体在走向死亡，幼体却在走向生命的巅峰。人也是如此，幼儿要做的是把自己塑造成一个完善的人，一旦完成这个过程，长大成人，他就不再是原来那个孩子了。所有儿童期的生命是向着完善的方向发展的。

由此，我们可以断言，孩子们都很乐意做这些使自己得到完善的事情，而且生命的这一过程充满了快乐。而与此形成鲜明对比的是，成人的生活充满了压抑和苦恼。

对儿童来说，生活就是自身的延伸，他们就这样自由自在地生活着，而且逐渐变得聪明，身体也变得日益强壮，这些力量和智慧获得来自游戏和工作。不过，年龄的增长也带来了不利的一面，他再不能像儿童期那样完善自己了，也不再有人像过去那样帮助他了。

不仅儿童成长的结果与成人密切相关，而且儿童成长的条件也离不开成人。婴儿在呱呱坠地之前，要在母亲的子宫里生活十个月，再往前追溯，则是来自父母的两个细胞的结合。也就是说，生命的儿童期连接着两代人的成熟，起始是一代成熟的人，结束是另一代人的成熟：一端是被创造者，另一端是创造者。这就是儿童要走过的道路。

生命的自然规律要求成人照料自己的孩子，孩子来自于爱情，也离不开爱情，爱情是他们的源泉。孩子一生下来，就得到父母的精心照料，父母是孩子的第一道防线。父母给孩子的是无私的、伟大的爱，这是生命的一种本能。正是由于这种与生俱来的爱，所有父母都会无微不至地呵护孩子，不惜抛弃自己的生命来保护孩子。父母在做这种奉献的时候，不仅没有牺牲感，反而会体验到一种本能的愉悦。父母在为孩子尽心时会觉得很快乐，这是生命的天性，任何生物都是一样的。

孩子所能唤起的美好情感，在社会关系中是找不到的。一个商人绝对不可能对交易伙伴说："我放弃这些利益，都归你吧。"可是，一旦出现食物短缺，他会毫不犹豫地把剩下的唯一一片面包留给自己的孩子。

可以这么说，成人有两种完全不同的处世态度：一种是作为父母的态度，另一种是作为社会成员的态度。前一种态度表现了人类美好的一面。

这种情况也存在于动物身上。在动物界，即使最凶残的猛兽对待幼崽也非常温和，比如狮子、老虎就是这样，它们在幼崽面前流露出来的温情远远出乎人们的意料。相反，那些十分温顺的动物，比如母鹿，在小鹿受到威胁的时候，却表现得异常凶猛。这种保护幼崽的天性普遍存在，动物和人一样，身上有一种身为父母的特殊本能。

所有动物都有自我保护的本能，但在幼崽受到威胁的时候，却会奋不顾身地冲上去搏斗。鸟类也不例外，面临危险，它们会本能地飞走，但是如果它们正在孵小鸟，就不会轻易离开鸟巢，而是一动不动地待在窝里，伸开双翅挡住鸟蛋。有些鸟儿则冲出草丛，把靠近巢穴的猎狗引开，尽管它们很可能被咬死。

通过研究，科学家们发现，动物和人一样具有两种本能：一是自我保护，一是保护幼崽。法国人法布尔是世界上最伟大的生物学家，他在完成自己的巨著《昆虫记》时说，无论什么生物都应该感谢伟大的母爱，如果不是母亲为它们提供保护，几乎所有幼小的生命都无法活下来，因为它们还不具备生存所需的技能。老虎刚生下来没有牙齿，无法捕食；鸟儿出壳时没有羽毛，不能飞行，要是生存只依赖自身的强壮，那么物种早就消失了。因此，父母对幼体的保护，是物种延续必不可少的条件。

在对自然的研究中，最为神奇的就是对生存智慧的研究。自然是多么的奇妙，所有生物都有自己的生存智慧，即使是最为温和的动物，这种生存智慧也很容易被观察到。

众所周知，即使最低级的生物，也被赋予了自我防卫的本能，然而自然科学家们发现，生物的生存智慧集中在对幼体的保护上，用在自我保护行为上的相对较少，而且显现出的智慧也不如保护幼体程度高。

对昆虫的护幼行为法布尔做过仔细观察，《昆虫记》第十六章有详尽的描述。

科学家对各种生命类型的研究，揭示出生物界普遍存在两种本能和两种不同的生活方式。如果人类是动物进化的结果，就应该承认两种本能的必要性。如果把这一发现运用到人类身上，就有必要对儿童进行研究，因为成人消除不了儿童时期对其自身的影响。人类对自身的研究必须从儿童开始。

第八章　尊重生命

认识儿童

　　一个最重要的现实摆在我们面前：儿童拥有一种微妙的心理生活，人们还没有注意到这种心理生活，所以，它的发展非常容易被成人无意识地破坏。

　　成人的环境对儿童来说并不适宜，被儿童认为是很大的阻碍。这些阻碍的出发点是对儿童的防御，它使儿童的性格变得古怪，容易受到成人暗示的摆布。儿童心理学是儿童教育基础的内容，但此前对儿童心理学的研究，并非从儿童的特性来进行研究，而是一直从成人的角度来进行研究的。所以，从根本上重新审视以前的结论是十分必要的。我们经常看到，儿童每一个不寻常的反应，都能够作为一个有待解决的问题来研究，比如，每一次儿童的愤怒，都是内心思想冲突的外部表现，简单地说成这是对不相容的环境的一种防御机制是无法解释的，我们应该得出他们是在寻求展示更高的品质的结论。发脾气就如同一场暴风雨，当儿童的心灵受到阻碍，他的秘密曝光了，愤怒就会由此而生。

　　儿童的真实心灵明显被那些伪装隐藏了起来。儿童无法展示他的真正个性，自我实现的努力被发脾气、反抗等反常表现掩盖了。他的个性是由许多特性构成的。个性隐藏在这些互相矛盾的外部表现身后，它应该是从一个精确心理发展模式发展起来的个体精神胚胎。一个还没有被认识的儿童，一个活力四射的、被隐藏在这些表面现象背后的人，毋庸置疑，他必须获得自由。教育所面临的最紧迫的任务，就是去深入了解儿童，从所有的障碍中解放儿童。自由意味着能够去发现未知的东西，自由意味着一个人知道自己可以做什么就勇敢地去做。

　　已有的心理分析和我们还没有认识的儿童心理之间，有着根本区别。成人的秘密是自我约束的藏在潜意识中的某种东西，而儿童的秘密几乎暴露在他的环境中。帮助一个成人就如同帮助他解开在漫长的时期中形成的一团心理乱麻，帮助一个儿童就必须给他提供一个自由发展的环境。我们应该完全为儿童的创造和发展敞开大门。儿童正在创造自我，正处于从不存在到存在、从潜在性到实际性的过程中。儿童在这个过程中不可能是复杂的。儿童的能力日益增强，就用不着艰难地展现自我。在一个可以自由的环境中，儿童的心灵在自然发展的情况下会把秘密自动地揭开。脱离这条原则，所有的教育都会更深地陷入一种无止境的混乱之中。

发现儿童和解放儿童是新式儿童教育的首要任务，其次就是改善儿童的生活方式，再次是给逐渐成熟的儿童提供不可或缺的帮助。这意味着在儿童发展过程中，必须创造适合于儿童成长的环境，必须把障碍物减少到最少，必须为那些开展有助于儿童能力自由发展的活动提供帮助。成人也包括在儿童的环境之中，应该主动去适应儿童的需要。成人不要变成儿童独立活动的障碍，那些对儿童的成长十分重要的活动，成人也不要代劳。

替换性人格

成人不只在行动方式上试图通过自己的行动来代替儿童的行动，而且还把自己的意志不经意地强加于儿童。这种情况意味着并非儿童在行动，而是成人在替代儿童行动。

夏洛特有一所远近闻名的精神病医院，他进行的实验研究引起了轰动，即通过催眠能够实现替换癔病患者的人格。他的实验颠覆了之前认为人是自己行为的主人的观念。夏洛特的实验证明，某些暗示可能使被试验者接受催眠者的人格，丧失自己的人格。这些数量稀少仅在诊所里进行的实验开辟了一个新的研究领域，那就是从这种现象发现了双重人格。

儿童在童年期处于一种创造性非常容易受到暗示的状态，因为他开始意识到自我时正处于一个个性形成的阶段。成人的人格可以在这个时期悄悄地潜入儿童的意识之中，用自己的意志激发儿童的意志，并使其产生变化。

我们发现，假如我们在我们的学校里用过分热情的、夸张的动作给儿童示范怎样做某些事情的方法，就会压抑儿童根据他自己的人格进行判断和行动的能力。儿童自身分离后被另一个自我所替代，这个新的自我虽然更强更有力，但它并不属于儿童。儿童还没有成熟的人格被这个外来的自我剥夺了。通常成人这样做是无意的，他并不希望或未意识到能够通过所谓催眠的暗示来支配儿童，甚至对这种影响的存在也毫无了解。

我就碰到过一个有趣的例子。有一天，我看到一个两岁左右的儿童，他正把一双鞋子放在干净的白床单上，我冲过去拎起鞋子放在房间的角落里，没有多加思考就说："它们太脏了。"然后，我又把床单上放过鞋子的地方用手掸了掸。从此以后，无论何时，这个小家伙只要看到鞋子就会奔过去拎起来说："它们太脏了。"虽然他并没有把鞋子放在床上，但他仍走到床边并把手按在床上，似乎想把它掸干净。

还有一个例子。一位年轻妈妈收到一个装着礼物的包裹。她打开盒子后，立即把里面的一块丝手帕给了她的小女儿，还给女儿一只喇叭并放到嘴上吹了起来。小女孩高兴地拍手叫起来："好听的音乐！"隔了一段时间以后，只要这个小女孩拿到一块手帕，就会兴奋地说："好听的音乐！"

在激起儿童的反应时，禁令丝毫不起作用，尽管成人的禁令特别容易约束儿童的行动。这种现象在有教养的和能自我约束的成人及文雅的保姆中常常发生。有一个很有趣的例子，一个大约四岁的小女孩与她的外祖母住在一起。小女孩为了看到喷水，想打开花园里的人造喷泉龙头，然而正当她要这样做的时候却突然把手缩了回来。外祖母鼓励她继续，小女孩却说："我不做，因为保姆不许打开水龙头。"外祖母对她说我允许你这样做，这是在我们自己的家里啊。小女孩笑了起来。这一切表现出她多么希望看到喷泉，她伸出了手，但又把手缩了回来。这个小女孩身边的外祖母的劝说，与来自不在场的那位保姆的一个禁令相比，效力实在是小多了。

另一个类似的例子发生在一个稍大一些的儿童身上，他是个七岁左右的男孩。当他坐在那里，看到远处吸引他的东西，准备朝那个东西走去的时候，却退了回来，规规矩矩地坐下来。他似乎感到痛苦，因为他无法控制自己的意志。谁在阻止他自由行动呢？这在儿童的记忆中已消失了，没有人知道。

儿童很容易受到暗示的影响，这是他们的一种内在敏感性的扩张所致，对儿童心理的发展非常有利。内在敏感性的这一特点可以称之为"环境依赖性"。儿童首先总是渴望去观察事物，容易被它们吸引，但他更容易关注成人的行动并模仿它们。在这方面成人应该有一种使命感：激励儿童去大胆行动，像一本打开的书，通过这本书可以指导儿童自己的行动，教会他们怎样正确行动。然而，成人必须始终平静地和慢慢地行动，让正在注视他的儿童能清楚地看到他的行动细节。相反，如果成人采用他所习惯的急速有力的节奏，那就可能把他自己的人格强加给儿童，通过暗示替代儿童，而不是激励和教导儿童了。

一些直观的对象如果对感官有吸引力，就会产生一种暗示儿童的力量，正如磁铁吸引住许多铁器一样。莱文教授有趣的心理学实验被一部影片记录了，很能说明这个问题。识别我们学校的一些智障儿童和正常儿童对同一物体的不同反应，是他的实验目的。这两组儿童有相同的年龄和环境。

第一种情景出现在影片的上半部。首先出现一张放着许多不同的物体（包括我们设计的一些直观教具）的长桌子。正走进教室的一组儿童，很快被眼前的各种物体吸引住了。他们露出了充满活力的微笑，他们因处于那么多不同的物体之间而感到高兴。所有儿童都开始工作了，拿起一件东西干起来，然后把它放在一边，又拿起别的东西，从一项工作到另一项工作，不断重复。

第二种情景出现在影片的下半部。第二组儿童慢慢地走进教室，他们时不时停下来看看四周。他们只是懒散地在桌子周围站着，很少拿这些物体来玩耍。

哪一组是智障的儿童，哪一组是正常的儿童呢？答案出乎意料，智障儿童富有活力地在一件物体到另一件物体之间急匆匆地一边走动，一边玩耍。对，看这部影片的人似乎认为这些儿童是聪明的，因为所有人习惯于把活泼快乐的儿童看作是聪明的孩子。

但是，正常儿童却完全相反，他们长时间站着纹丝不动，注视着一件物体沉思。他们以惊人的方式向我们证明，正常儿童的标志是有分寸的行动和考虑周到的安排。

莱文教授的实验结果当然与一般流行的观念是冲突的，聪明的儿童在通常的环境中的行动，会像影片中的智障儿童一样。我们可以发现，正常儿童虽然是缓慢和沉思的，但也充满好奇，可他的行动却被自我意识和理性所指导和控制。这种儿童被一些外界物体激发起来，能自由地运用外界物体。有价值的活动是自我控制和有节制的。所以，重要的是，每个儿童不仅仅是用某一种方式到处乱走，去感知任何东西，更应该掌握自己的运动器官并运用它们。他有自我指引运动的能力，而不只是由外界事物支配。我们要引导一个儿童把他的源于内部的注意力集中在一个物体上。

对个人来说，用一种深思熟虑的方式行动，事实上是正常的。它可被概括成"内在秩序"的一种秩序。内在秩序表现为一种有条不紊的外部行动。个人在缺乏这种内在秩序时就会失控，会受他人的意志支配，成为外界环境影响的牺牲品，就像没有航向的船。一个人有条不紊的行动很难靠他人的意志产生，因为外在的影响并不是决定这种行动的因素。可以说，发生这种情况时人的人格被分裂了。儿童是应该具有自己的本性的，如果这种情形发生在儿童身上，他就失去了发展的机会。可以这样比喻这种儿童，他被气球托着降落在沙漠之中，刹那间气球被风刮走了，他一个人孤立无援地处于沙漠之中，发现周围没一样东西能替代被风刮起的气球。当儿童陷于这种情景时，会导致他与成人争吵。隐藏着的儿童的心理尚未得到良性发展，表现的方法也是无序的。我们说，是成人环境造就了这样的牺牲品。

最佳发展的条件

生活中总是存在着许多的偏见和误解。例如，很多人看到儿童性格缺陷的一些表面特征，不仅认为这是件好事，反而对这些缺陷给予很高评价。在他们眼里，那些消极被动、缺少活力的儿童是好孩子；那些吵闹不停、胡思乱想的孩子则天赋超常，前途一片光明。

社会观念往往这样给孩子分类：

（1）那些不正常的儿童需要进行教育，使其改正；

（2）那些守规矩的孩子才是好孩子，他们是其他孩子学习的榜样；

（3）那些性格异常的孩子与众不同，比一般孩子要强。

后两种观念相当普遍，这两种类型的儿童总能得到父母们的褒奖。虽然除此之外，再也没有人喜欢他们，尤其是最后一种类型的儿童。

我已经多次对这种偏见指责过，并且要求大家注意：这种错误认识已经延续了几百年。然而，在我所办的第一所学校和其后的学校里，当孩子们被某项工作吸引的时候，他们原有的这些性格特征都消失了。换句话说，这些儿童身上所有与众不同的东西都荡然无存了，不论这些东西被认为是坏的还是好的。

这说明了什么呢？它说明我们对儿童的性格发展存在习惯性的偏见。上面说了，这种情况由来已久，这不禁让我想起一句宗教格言："真理只掌握在上帝的手中，我们看到的都是虚幻。"通过教学实践，我们发现儿童很想自己动手。以前人们完全忽视了这一点，他们没有注意到儿童会和自己一样，会有选择地去做一些事情，认为儿童只会玩耍。事实上，在心理的支配下，儿童总在忙于做事，因为他们能够从中获得快乐。

成人们还忽视了一件非常重要的事情，那就是在这些忙碌的儿童身上不知不觉地形成了一定的纪律性。怎样培养孩子的纪律性而又不伤害他们的创造力呢？现在，孩子们自己给了我们答案：只要我们给予儿童充分的自由空间，他们就能够培养起必要的纪律性。那些能够进行自由选择的儿童，都会集中精力做自己喜欢的事情，纪律性就在这个过程中养成了。西方国家四十年来对儿童教育的研究已经证明了这一点。事实表明，儿童只要生活在一个可以进行有序活动的环境里，就会形成一定的纪律性。说实话，我相信这种情况在世界所有地方都一样。以前我们忽视了这个问题，是因为受到习惯的影响，对儿童的性格发展缺乏应有的关心。

此外，孩子们身上的这些变化不是逐渐出现的，而是很自然地形成的。对某个孩子而言，这里不存在什么群体意识，他只是在一心一意地做自己的事情。当然，以上这种情况并不意味着，我们可以强制懒惰的孩子动手做事情，我们只需把这样的孩子放在相符的环境之中，只需让他们可以按照自己的心理需要做事情就可以了。只要他们专心致志地去做一件事情，性格方面的缺陷就会不复存在，这些都是说教无法做到的。这时儿童会发生根本性变化，仿佛刹那间出现了一些东西，并且被外界活动深深吸引，他们把全部精力投入到这些活动之中，不知疲倦地重复某件事情。

不管从哪方面来看，人都是一个在自然规律的作用下逐渐形成和完善的整体，需要在生活中积极吸取外在经验。三岁以前，人的各个器官都是在独立发展，到了下一个发展阶段，也就是3~6岁的时候，手才能够接受来自大脑的指令，开始进行工作。也就是在这个时期，各个器官结合为一个整体，共同发挥作用，完成个体的工作要求。

如果在这个发展过程中，某种外在因素影响了这种和谐状态的形成，各个器官受到阻力就会在体内单独成长，破坏人体器官的平衡发展，导致性格缺陷和功能障碍。如果真的是这样，手就不能做有目的的运动，大脑的活动也会出现问题，无法切合实际生活，语言失去了实际意义，变成一种自我娱乐活动，身体也懒得活动了。所有这些不良后果，都是因为各个器官独立发展，无法形成一个整体，不能实现人体的正常功能，导致人格发生异常造成的。

要解决这些问题，只有使各种功能协调一致，共同为整体服务才行。正如我们学校出现的那样，儿童只要有一个能吸引他们的环境，激发他们的创造性活动，使他们专心致志投入某项工作，所有能力就被结合在一起，性格的偏离也会得到矫正。不过，需要说明的是，这不是教育的结果，而是儿童个性发展的结果。因为，我们只是让儿童的个性获得了正常发展。

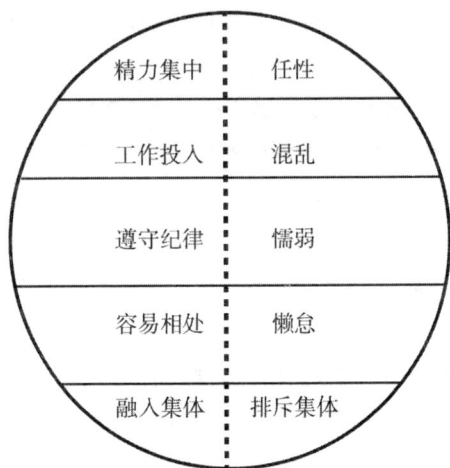

精力集中	任性
工作投入	混乱
遵守纪律	懦弱
容易相处	懒怠
融入集体	排斥集体

在左图中，我们向大家展示了儿童的不同特性。中间的垂直线表示儿童集中注意力做什么事情，这是一条表示正常的线。如果儿童的注意力集中起来，右面的线就会消失，只剩下左面的线。这些缺陷的消失应该归功于儿童自身，与教育无关。是儿童的人格进行了自我调整，从而获得了正常的发展。

我在所有的学校都看到过这种个性的自我矫正现象，无论这些孩子来自什么阶层、什么种族，属于什么文明。这就是我们研究所获得的最重要的结论。

这种转变要求儿童在某件事上注意力集中，并且亲自动手来完成。实际上，心理分析学早已用这种方法来治疗成人，并且对这种心理现象有一个专业术语——"正常化"。

经过长时间的无数次实验，这方面的发现终于被接受了。《儿童门诊指南》就应用了这一理论，这是一本探讨"问题儿童"治疗方法的书，书中要求人们给儿童提供一个可以自由活动的环境，以便儿童根据自己的喜好选择想做的事情，他们的选择是自由的，不受教师或者其他人左右。

这种医疗方法被称为"游戏疗法"。游戏疗法可以使儿童在模仿游戏中进行自由选择，这比他们在家庭中的选择范围要广很多。

如今，对"问题儿童"的家庭治疗已经相当普遍，这得益于上述理论和其他一些理论的发展。这些方法同样可以促进正常儿童的性格发展，前提条件是这个儿童在一个群体中生活，和其他儿童一起玩耍。

当然，这种方法还不够，因为这只是一种治疗的方法。对于"工作（有意识地做事情）和自由能够治疗成长中的缺陷"还需要进行深入探讨和研究，因为工作和自由这两个要素是儿童发展的必要条件，但决不是充分条件。

事实上，儿童的性格缺陷会反复出现。由于生活环境缺少正常发展的动力和机会，很多治愈了的"问题儿童"回家不久，又出现了性格偏离特征。

此外，虽然很多学校认同我们的观念，努力创造一种自由气氛，但是他们对自由的理解却偏离太远。

例如，他们对自由的理解非常落后。在他们看来，自由就是摆脱束缚、不受权威的约束等，这并非自由的观念，只能说是对压迫的反抗。如果学校付诸实施，儿童只会做出如此的反应：毫无节制地发泄情绪。因为他们以前受成人的控制过多，本能地有一种反抗的趋势。虽然原则是"让儿童去做自己愿意的事情"，但一旦他们缺乏自我控制能力，就无法获得真正的自由。

不能仅仅从表面来看许多事情。有的人说儿童做事没有规律，实际上，许多人随意强制儿童有规律地去做事；有的人说儿童很懒惰，事实是，这些人总在强制儿童干一些事情；有的人说儿童都不听话，可能这些儿童一直被强制教训。

自由是发展的前提，又是发展的结果，儿童要想获得这种能力，就必须经过一个潜移默化的教育过程。人格的发展具有自身的主动性，离不开儿童自身的努力和对经验的获取，这是一个极其漫长的过程。人能压迫弱者，让他们屈服，遏制他们的成长，却不能强制他们发展。

此外，如果自由被认为是让儿童做任何想做的事情，那么，他们已经发生偏离的性格就得不到矫正而会继续发展。

我们认为，儿童的正常发展需要把精力集中在工作上。所以，我们在向儿童提供工具和环境时，一定要有选择、有目的，既能够引起他们的兴趣，又能够吸引他们的注意力。既然这些东西能够影响儿童的发展，我们就应该有目的地为他们做准备，使这些东西适合儿童的年龄和心理特征，保证儿童能够很方便地使用。这样，儿童在运用这些东西的时候，运动协调能力就会因此而得到提高。假如儿童集中注意力去做某件事情，就能够促进他们的心理发展，提高他们的运动协调能力，并且矫正他们的性格缺陷。在这里，我们强调的是"集中注意力"，而不是"做某件事情"。如果儿童毫无目的地去做事情，不但无法改掉缺陷，反而会引起更多缺陷。

想方设法激发儿童的兴趣，才能改善他们的个性。对"问题儿童"的治疗也有一个过程，并不是一进我们的学校就能把缺陷治疗好的。在这段时间里，他们接受新环境对他们的影响，充分发挥他们的"行为自由"，个性才能得到良性的发展。只有在环境的作用下，儿童的天赋才能充分展现出来——自发的纪律性、愉快地工作、社会良知、对他人的关爱等。当这些能力得到正常发挥的时候，自由选择自己的行为，也就成了儿童生活规律的一种方式。

我们的原则相当简单，就是让儿童做他们自己喜欢做的事情。这些事情能集中他们的注意力，使他们感觉不到劳累。这些工作能够提高儿童的各种能力，完善他们的心理发展。

要想为儿童提供帮助，成人就不能随意给他们任何东西，而应该根据儿童的性格和兴趣去选择。此外，我们也需要根据儿童心理发展的规律来选择教育方法。

在我们学校学习的儿童不但性格得到了完善，而且求知欲也变得越来越强烈。对此，人们可能会说，儿童在进行一种精神锻炼，他们在寻求一条通向自我完善和心灵净化的道路。阿拉伯经典作品《桔塔》中写到了儿童的发展——"让儿童做该做的事情极为重要。因为大脑不能停止不动，它需要不停地工作，只有专注地去做一些事情，才能发展人的精神。懒惰的大脑容易接受不好的东西，因而懒汉不可能是健康的人。"这与我们的观点一致。正如纪伯伦所说："工作是爱的表现。"

自发的纪律

虽然儿童看起来行为自由，但是他们给人的印象总是纪律性很强。所有儿童都安静地、聚精会神地进行着自己的工作。他们取出或归还教具时，走路的声音很轻。他们离开教室时，在院子里张望一下就回来，从不逗留太长时间。他们对教师的要求执行迅速。有位教师告诉我："儿童这样听话，使我开始注意自己所说的每一句话，为每一句话负责。"这位教师要求儿童安静地进行练习，在她提出要求之后，她就会发挥带头表率作用。这种对纪律的服从不仅没有阻止儿童的独立行动，更没有给他们按自己爱好安排每天的活动造成障碍。儿童各自取出自己工作所需要的教具，并保持整洁。如果教师迟到了，或只有儿童们留在教室里，一切都照常进行。他们把秩序和自发的纪律结合在一起，这是最吸引参观者的地方。

他们表现得十分安静，同时也表现出极好的纪律性，在教师提出要求之前就表现出服从。这是为什么呢？儿童工作时，教室里出奇的安静。没有人试图破坏过这种安静气氛，也没有人能通过虚假的形式来获得这种安静。可能是他们找到了适合自己的生命的道路吧，就像星星在运行中不停地闪光一样。这种自然规律已经和环境无关，并成为宇宙规律的一部分。人们应该具备这种观念：自然界的规律肯定为所有其他形式的诸如社会生活的规律提供了基础。事实上，能激起儿童最大的兴趣，更能为教育理论提供营养的事情，就是阐明了自由只能诞生在秩序和纪律的基础上。很多人很难理解这一观点。

有一天，意大利总理的女儿陪同阿根廷大使来"儿童之家"参观访问。这位大使要求不要预先通知，她觉得耳听为虚、眼见为实，因此要更确切地证实一下。但当到了学校时他们才知道那天是假日，学校不开门。院子中的一些儿童马上走过来，其中一个儿童和他们解释说："这也没有关系，虽然今天是假日，但我们都在这幢大楼里，可以到门卫那里取钥匙。"于是，这些儿童跑到各处把他们的小伙伴集合起来。他们打开教室的门后，自发地工作起来，向客人们证实了他们令人惊讶的自发性行为。包括意大利国王、王后在内的一些名人都来了，访问者到院子里看望这些孩子，引起这些孩子的母亲的惊讶，因为她们以前从未见过这种场面。儿童们的母亲会经常跑到我这儿，高兴地反映她们家里所发生的事。她们悄悄地告诉我说："如果不是我们的小孩，这些三四岁的小孩所说的话会令我们生气的。例如，他们会说：'该洗一洗你脏巴巴的手了。'或者会说：'你是不是该把衣服上的脏东西擦掉。'听到他们的这种话时，我们不仅不恼火，而且觉得像在梦中一样。"如今，儿童们使这些贫困的家庭变得更清洁、更整齐。孩子们把破碎的锅罐从他们的窗台上清理掉了。把窗户玻璃擦得干干净净，在阳光下闪闪发亮，他们把院子花坛中的天竺葵也侍弄得花枝乱颤了。一些妇女经常把天竺葵放在学校的窗台和地板上，并做一些受人喜爱的好吃的饭菜送到教室，以表达他们的感激之情，并且还不让教师知道是谁干的。

教育应有的原则

通过什么方法才能获得这样的结果呢？我将通过对某些事情和印象的简要描述来回答这个问题。下面我将谈谈我对这个问题的看法。

人们所看到的常常不是方法，而是儿童本身。可以看到，那些没有障碍物约束的儿童，他们的心理是依其本性而活动的。前面我们所列举的那些童年期特征全是属于儿童生活的，它们根本不是任何"教育方法"的产物，就如鸟的羽毛、花朵的芳香一样。然而，儿童的自然特性显然会受到教育的影响，因为教育所要做的正是采用一种能够帮助儿童自然发展的方式去保护和培育他们。这有点类似于培育新品种花朵，园艺学家通过适宜的照管和一定的工艺，可以改良花朵的色彩、香味和一些其他自然特征，但却改变不了花朵会开花的基本特征。

"儿童之家"的种种现象，表现了儿童的某些天赋的心理特征，但这些心理特征不如植物的生理特征那么明显。儿童的心理生活是极易变化的，以致它的特征若处在一种不适宜的环境中就会完全消失，并被其他东西所取代。因此，在讨论教育发展之前，我们必须创造一个能促进儿童天赋正常发展的合理环境。为了达到这一目的，首要的就是消除障碍物。这是教育的基础和出发点。我们要做的不只是发展儿童的现有特征，而应当首先去发现儿童的本性。只有如此，才能促进儿童的正常发展。

如果考察一下那些偶然能引起儿童正常特征发展的条件，就能发现某些条件尤其重要。其中之一就是把儿童安置在一个他们不会感到有任何压抑的愉快环境里。那些来自贫困家庭的儿童一定会发现他们的新环境非常舒适——整齐洁白的教室，特意为他们制作的新的小桌子、小凳子和小扶手椅，以及院子里阳光照耀下的小草坪。

其次是成人的积极作用。虽然儿童的父母受教育程度不高，他们的教师却没有通常学校教师的那种傲慢和偏见，这就产生了一种"理智的沉静"。人们早就意识到教师必须沉静，但是这种沉静常常被视为一种性格和神经质。不过，那种更深沉的沉静是指一种没有杂念的、更好的和畅通无阻的状态，它是内心清澈与思考自由的源泉。组成这种沉静的是心灵的谦虚和理智的纯洁，它是理解儿童所必不可少的条件。所以，教师准备活动的最必要的部分就是获得这种沉静。

再次，是为儿童提供用来训练感官的、合适的、吸引人的、科学的感官材料。儿童能被这些可以完善感知的材料吸引住，并对运动进行分析和改进。这些材料还能教他们如何集中注意力——只是通过教师说一说是达不到这种效果的，因为"说"是一种外部的力量。

如今大家都知道，儿童的正常发展需要适宜的环境、谦虚的教师和科学的材料——这就是我们的教育方法的三个外部特征。

现在让我们尝试去发现儿童的各种表现形式。连续的活动几乎能像魔杖一样叩开儿童天赋的正常发展之门，这一点是最令人匪夷所思的。这种活动要求将手的运动专注于一项简单的工作上。儿童特征的发展显然来自于某种内在的冲动，像"重复练习"和"自由选择"这样的活动是儿童非常乐意进行的。我们发现，一个儿童会乐此不疲地从事他的工作，因为他的活动就如一种心理的新陈代谢，而这种新陈代谢与他的生命和发展是紧密相连的，儿童自己的选择将成为他的指导原则。他热情地对诸如安静一类的练习做出反应，他喜爱那些能导向荣誉与正义的课程，他急切地想学会使用那些能发展他的心灵的工具。但是，他厌恶诸如奖品、玩具和糖果之类的东西。向我们表现出秩序和纪律也是他所关心和需要的。不过他依旧是一个真正的儿童，充满活力、真诚、欢乐、可爱；高兴时会叫喊着，拍着手，到处奔跑；喜欢大声迎接客人，反复感谢，以呼唤和追随来表示激动；他友好，喜欢看到的东西，并使一切适应自己。

我们可以列出一张表，把儿童自己选择的东西和他自发的表现方式列举出来。另外，还可以加上他所抵制的那些在他看来浪费时间的东西。

从这张表中我们肯定能发现一种教育方法的大致轮廓。无论如何，儿童本身已经为构建一种教育方法提供了实际的、明确的，甚至是已验证的原则。儿童自己的选择是这种教育方法的指导原则，他们的自然本性能够阻止错误的发生。

意识到这一点，即这些原则在一种正确的教育方法的构建过程中始终起着令人惊讶的作用，长期的经验也证明了这一点，使我们想到了脊椎动物的胚胎——在这种胚胎中，我们能看到一条将来会变成脊椎柱的模糊的线。在这条线的内部有一些点，它们会慢慢地发展成互不相连的椎骨。我们可以进一步比较一下：这种胚胎分成了头部、胸部和腹部三个部分，同样，我们教育方法的基本轮廓也是一个排列成线状的整体，它具有一些将会如椎骨一样渐变的特征。这个整体也包括三个基本要素，即环境、教师和各种教具。

对这种基本轮廓的演变逐步进行追踪是非常令人感兴趣的。最初的人类社会工作是受儿童指导的，这表明了这些原则起初表现为一些人们始料不及的新发现。这种特殊的教育方法的不断发展最好被看成是一种演变，这是由于其中的新东西来自生命本身，而生命的发展是依靠它的环境的。儿童成长的环境就成了某种特殊的东西，虽然它是由成人提供的，但在本质上却是一种与儿童生命发展所展现出的新模式的积极互动。

这种教育新方法，很快就被应用于为所有种族和各种社会条件下的儿童提供教育的学校，这给我们提供了丰富的实验资料，并使我们能够发现共同的特征和普遍的趋势。所以说自然规律应该构成教育的关键。

有趣的是，仿效第一所"儿童之家"而建立的那些学校采取了同样的原则——首先期待儿童的自发表现，然后才考虑从外部采取一定的具体方法。

儿童教育的起源

我们的教育方法主要强调的是环境，然后强调的是关注和讨论教师的作用。教师成为儿童活动的障碍的主要原因是缺乏主动精神，太在意自己的活动和权威。有些具有主动精神的教师在看到儿童独立活动并取得进步时，会感到由衷的高兴，并会给予他真诚的赞美。最后强调的是尊重儿童人格，其尊重的程度比任何其他教育方法都强烈。

以"儿童之家"而闻名的教育机构中充分展现了这三种基本特征。我们希望"儿童之家"这个名称带有"家庭"的亲和力。

就像关注新教育运动的人所了解的一样，新教育方法广泛地受到讨论和关注。这种教育方法把儿童和成人的角色重新定位——教师不再是教学的主体；把儿童当做活动的中心，让他们可以独立学习，随意地走动和做自己想做的事情，给予他们充分的自由空间。人们把这看做是一种乌托邦，这样的说法是夸大其词。

下面谈一谈我们关于环境设施的想法。我们这个环境中为适合儿童身体而建造的一切设施，常常被人们赞同和接受：装饰着花朵、窗户低矮的教室干净明亮；有仿制的现代家庭中的家具，比如各种小桌子、小扶手椅、好看的窗帘；儿童可以自由开合的矮橱柜，橱柜里摆满了儿童可以随意使用的教具。总而言之，所有的一切看来都是有助于儿童发展的一种真正实际性的改进。有理由相信，方便的外部条件会被更多的"儿童之家"保持，这种令儿童喜悦的改进是"儿童之家"的一个主要特征。

经过长期的实验研究，我们感到有必要再次反思"儿童之家"的理念，这是重新阐释儿童教育方法的起源。

在某些人看来，我们通过对儿童的观察得出的结论惊人，即认为儿童具有一种神秘的本性，基于这个结论我们才提出建立一种特殊的学校，创造特殊的教育方法。这种想法事实上是非常错误的。一个人通过一种模糊的直觉去观察某种未知的东西，几乎是不可能的；凭空想象儿童具有两种本性，企图用实验把它们展现出来更是不可能的。新生事物具备发展壮大的力量，当它有机会初步展现时，接触它的人可能会持怀疑的态度，这就像世上很多人一样，习惯拒绝新生事物。尽管某些东西迄今仍未被认识，但它肯定会不断地展现自己，直至最终被人们看见、承认并心悦诚服地接受。人们最终是会被新的东西所震惊的，最终是会接受它的，并会坚定地欢迎它，甚至为它奉献自己的生命。我们常常觉得，发现新的东西是困难的，要让自己相信一些新生事物更是难上加难，因为我们感官的大门在新生事物面前总是关闭的。但一旦有机会发现并承认它，我们就变成了《圣经》中那个寻找宝珠的商人，为了能找到一颗价值连城的宝珠，居然卖掉所有的家产。

我们的心灵就像一间封闭的贵族画室。陌生人必须由另一个已熟悉它的人介绍才能进去。这是由于从已知到未知的过程中人们总是重复上述行为。一个没有人介绍的人就会砸坏紧闭着的门，或在门虚掩时神不知鬼不觉地溜进去。最终他进入这间画室，成为了一个神奇的人物。A.伏塔在注视着被剥皮后四肢抽动的青蛙时，表情肯定有些难以置信。注意到这个事实后，他仍坚持实验，进而发现了静电的作用。一个新纪元、新领域有时候就是从一件细小的事情开始的。从本质上说，作为一个探究者，只有通过对无数毫无意义的细节进行深入研究，才有可能前进到一个新的领域。

物理学和医学对一个新的发现有着严格的认定标准。一个新的发现在这些领域中可能就是初步发现以前尚未被认识的事实，这个事实一直被人们怀疑。换句话说，它们似乎并不存在。这种现象并不依赖于个人的直觉，它总是客观的。有两个步骤来认定新的事实：第一步必须把它分离出来，并研究在不同条件下的状况；第二步，必须使新的发现在这个研究环境中得到确认，必须可以再现和真实存在。新的发现必须先解决这个基本问题，然后才能开始研究，并在新的起点发现新的东西，才能为研究者带来真正的发现成果。当然，显而易见，没有人肯研究一些自己无法证实存在的东西。探究者最多的也只能得到一种幻象而非真相。一种研究方法总是与一种发现的再现、保存和控制有关，所以它不仅不会像幻象一样消失，还会有一种真正的更高的价值。

儿童的自尊

我还想起了其他有意思的怪事。有一天，我想给儿童上一堂如何擤鼻涕的搞笑课。我示范运用手帕的多种方法之后，还指导他们怎样尽可能悄悄地擤鼻涕。于是，我以一种不被别人注意的方式把手帕拿出来并轻轻地擤着鼻涕。儿童认真、尊敬地注视着我，没有一个人笑出来。可是，在我刚刚示范完毕不久，他们发出只有在剧场中才能听到的长久的热烈掌声。这确实太让我吃惊了。这样小的手居然能拍出这么响的声音，我从未听过，也未想过这些儿童会那么热烈地鼓掌。随后我领悟到，他们极其有限的社交生活中的敏感点被我触及到了。儿童往往认为擤鼻子是件并不轻松的事情。在这件事上，他们经常被成人责备，所以对擤鼻子十分敏感。大人的叫嚷和辱骂伤害了他们的感情，使他们心里很难过。为防止儿童丢失手帕，成人强迫他们在学校里还把手帕滑稽地别在围兜上。这是成人在这件事情上对儿童的进一步伤害。但对于他们应该如何擤鼻子这件事情，还没有人真正地教过。我们应该站在儿童的立场思考一下。要知道儿童对成人的嘲讽很敏感，很容易感到丢脸。因此，我这样做使他们感受到了公正的对待。这样的教育不仅洗刷了他们过去受到的羞辱，更让他们获得了在社会生活中的全新的地位。不管怎样，我有长期的经验做验证，对这件事情的解释是正确的。慢慢地，我发现，儿童的个人尊严感十分强烈。他们的心里是很容易受到伤害并感到压抑的，成人却从未意识到这些。那天，我正要离开学校，儿童们开始大喊起来："谢谢你，谢谢你给我们上的这一课！"我走出大楼时，出现了很壮观的场面，孩子们静悄悄地跟在我的后面，一直跟我走到街上，在人行道上排成一支整齐的队伍。最后我回头对他们说："孩子们，回去吧，走路要小心，不要撞到墙上。"这时，他们转身飞快地走到大楼门背后，消失得无影无踪。我真真切切地感受到穷孩子的人格尊严。

来到"儿童之家"的参观者发现，儿童的行为表现得越来越自尊自重。他们热情地接待来访者，然后，给这些来访者示范他们是如何进行工作的。有一天，一个人提前通知我们，将有大人物要跟这些儿童单独在一起，以便更多地了解他们。我对那位教师只说了一句话："顺其自然！"

随后，我对所有的儿童说："明天你们将见到一位客人，我希望你们被他看成是世界上最棒的孩子。"后来，那位教师向我反映这次访问成果。她说："我们获得了巨大成功。有些儿童请这位客人坐椅子，彬彬有礼地说：'您请坐'，其他儿童会说：'早安'。他们在这位客人要离开时把头探出窗口，一齐喊道：'谢谢来访，再见'。"我责备这位教师："我对你说过不要做什么准备工作，一切顺其自然，你为什么要教他们这样呢？"她回答说："一开始我就没有跟儿童讲什么。儿童们是自觉地这样做的。"她又补充说："我几乎不敢相信自己的眼睛，我对自己说，这一定是天使制造的奇迹。"然后她接着说，儿童比平时工作得更勤奋，把所有的工作做得很出色，来访者都被震惊了。

在很长一段时间内，我对那位教师所说的话难以置信。我再次问起她这件事，因为我担心她强迫这些儿童做准备工作或排练。但是我最后才意识到，他们已经有了自己的尊严，他们知道去工作，能够真诚友好地接待来访者，他们以为尊敬的客人示范自己所能做的工作而感到自豪。我只是对他们说："我希望你们被看成是世界上最棒的孩子。"但绝对不是我的话才使他们这么做的。只要我对他们说："将有一位客人要来拜访你们"，就相当于说客人到了我们学校的会客室。这些自尊自信的儿童，对接待客人的事情非常乐于去干。

我这才懂得了有些事情虽然是很简单的，但又神奇无比。这些儿童过去的那种羞怯不复存在了，他们的心灵与周围环境之间不存在任何冲突。他们就像绽放的鲜花，在阳光的哺育下茁壮生长，自然展现，散发出浓郁的芬芳。尤其重要的是，儿童们发现，他们的发展道路畅通无阻，无须隐藏、畏惧什么，也无须逃避什么。事情再简单不过了。我们的结论是：他们现在能迅速与环境相适应。

儿童们的表现既机灵活泼，又镇定自若，随时擦出精神的火花，使与他们接触的成人心情振奋。他们对任何给他们带来关爱的人是欢迎的。那些重要的人士在访问"儿童之家"时获得了一种新的、生机勃勃的印象。我们的儿童自然也成为了社会生活关注的焦点。一些普通来访者的兴奋心情难以掩饰，他们的反应总是令人感到有意思。

比如，一些衣着华丽、珠光宝气的女士，表面上看像要去出席一个招待会一样，然而当她们见到这样活泼、天真、谦虚的儿童时，十分欣喜，丝毫不吝啬她们的赞美。当年幼的儿童向来访的客人致欢迎词时，她们兴奋极了。这些儿童玩着女士们漂亮的衣角，拉住她们美丽的手。有一次，一位神情沮丧的女士被一个小男孩感动了，小男孩走到她面前，他的小脑袋紧靠着她，然后将女士的一只手放在自己的双手上，抚慰她的悲伤。后来，这位女士异常激动地说："这个孩子给了我前所未有的安慰。"

关于儿童的睡眠问题

成人常常会很蛮横地说："小孩子不要乱跑，不要动大人的东西，不要大喊大叫，要多吃、多睡。"还对儿童说，最好到户外去玩耍，哪怕与陌生人在一起也没关系。那些懒惰父母，就会找最轻松、最简便的办法——打发自己的孩子上床睡觉。

谁说儿童不需要睡觉呢？尽管有些儿童很快地服从了，但是他压根儿就不是一个喜欢睡大觉的人。他需要正常的睡眠时间，而且也应该得到正常的睡眠时间。然而我们必须知道适度的睡眠和人为制定的时间表的区别。我们知道一个强者不用说什么就可以把自己的意志强加在弱者身上。一个强迫使儿童服从和遵守他制定的睡眠时间表的成人，就是在通过暗示，把自己的意志毫无声息地强加给儿童。

那些没有受过教育的母亲会直接要求自己的孩子去睡觉，乡下农民知道准备一种枕头延长孩子的睡眠时间。然而有一些成人，不管是博学的还是没有文化的，是无知的父母还是婴儿的保姆，大都会有一个残酷的共识，那就是让这个充满生机的孩子去睡大觉。在那些富裕家庭里，几个月大的婴儿，乃至两岁、三岁、四岁的儿童都被要求过度的睡眠。但是，在一些贫困家庭里成人并不哄孩子去睡觉，穷孩子整天到处奔跑，这是由于他们的父母喜欢他们，希望他们自由自在。这些贫家子弟往往要比富家子弟更安静。人们认为"长时间睡眠"就像吃饭和呼吸新鲜空气一样，对儿童的健康来说极为重要。他们会在某种程度上造成"儿童的类植物生活"。有一个七岁的男孩曾对我说，因为父母总是在入夜就让他去睡觉，他从未见过星星。他说："我盼望在一个晚上爬到山顶，躺在那里的草地上看星星。"有父母说他们的孩子一到黄昏就去睡觉，这种习惯太好了，事实上，这是为他们自己可以自由地外出找到的借口。

那些可以移动的儿童床是专为他们做的。儿童小床与成人宽敞的大床相比，成人睡的床单调而没有个性，完全就是为了休息而设，而儿童的小床则应该更加舒适。成人从未顾及到儿童应有的心理生活，他们没想过儿童躺在小床上，就像一个被监禁的小囚犯。这是成人建造的监牢，当然对成人是有好处的。对成人来说，儿童受到的限制与成人的自由成正比。成人可以自由行动，而儿童只能在成人的控制、监督下生活。

成人给儿童建小床就像在高处建一个鸟笼一样，这样他们照管孩子时就不必低头弯腰，离开时也不必担心孩子掉下来，儿童的哭声不会使大人难受。儿童的房间被窗帘遮住，没有阳光，清晨的阳光也不会"打扰"他的睡眠；儿童必须在傍晚睡觉，以便给父母晚上外出的自由；早晨他又应该醒得很晚，以免打扰睡懒觉的父母。

给儿童一张他需要的床，给孩子恰好的睡眠，睡眠的时间不要过长，这是能够帮助儿童心理发展的方法之一。儿童应该享有这样的权利：他想睡觉就睡觉，不想睡觉就不睡觉，他想起床就起来玩耍。许多家庭应该像我们建议的那样，给儿童一张贴在地板上的矮床。这样儿童就可以自由自在地玩耍。许多看起来似乎解决不了的困难被这一简单的改进克服了。贴近地板的小床经济实用，这种改革对儿童的心理成长完全有利。儿童需要一些简单的东西，而不是用复杂的东西来阻碍他的发展，那对他毫无促进作用。许多家庭开始这样做：把一张小床垫放在地板上，盖上一条又大又柔软的毯子，以改善儿童的睡眠。这样做的效果是，一到晚上，儿童与成人高兴地道晚安后，就会独自去睡觉，早晨起床时也不打扰家人睡眠。成人们把自己的意志强加给儿童，在照管子女时把自己也弄得精疲力竭。这种自私的心理，往往使成人违背儿童的天性。我们可以克服这种防御性的心理。

总而言之，成人应该努力了解儿童的心理需要，最好给儿童提供一个能使他得到满足的适宜的环境。唯有如此，才能开创出一个新的教育局面，为儿童的生活提供真正的帮助。成人绝对不能再把小一些的儿童当成一件小东西随手提拎，把大一些的儿童当做服从成人的应声虫。成人必须认识到自己在儿童的发展中只能起到次要作用。成人想支持和帮助儿童发展，就必须努力理解儿童。这是儿童的母亲和所有教师的目的和愿望。要发展儿童的个性，成人必须控制自己的影响，因为儿童毕竟比成人弱小，所以成人要努力领会儿童所要表达的意思。成人应该把自己能够理解和追随儿童当做是一件重要和光荣的事情。

如何教孩子走路

成人应该放弃自己的优势，使自己的行为与成长中的儿童的需要协调一致。这是需要遵循的行为方式。

本能是动物适应于幼崽的需要的前提。当母象领着一头小象进入成年象群时，庞大的长辈们就会把自己的步伐慢下来，和小象的步伐保持一致。当小象疲劳停下来时，它们也都会停下来。这是极为有趣的景象。

类似于这种对儿童的照顾我们可以在各个国家发现。有一天，我看到有位日本父亲正带着幼小的儿子在散步。我跟在他们后面，突然发现这个一岁半左右的小孩用手臂抱住他父亲的腿。这位父亲在那里站着一动不动，让这个小孩围着他的腿转圈，把自己的腿当作儿童游戏的道具。小孩做完游戏后，两人又开始了缓缓的散步。没过多久，小孩坐在路边，父亲站在他身边不动。这位父亲的表情是严肃而自然的。父亲领着儿子散步，而父亲没有做任何不寻常的事，这让人觉得很奇妙。

带领儿童外出散步的好处在于他们能学习适宜和协调许多不同的动作，进而让他们获得平衡感。儿童学走路需要这种协调的动作，这一点我们必须认识到。

人的肢体和动物肢体最根本的区别在于，人必须用两条腿走路，而不是用四肢行走。猴子的手臂很长，可以辅助它们在地上行走。人是唯一一种完全依靠平衡两条腿来走路的动物。四足动物走路稳重，它们行走时抬起斜对的两条腿，让另两条腿着地，交替轮换着行走。但人走路时必须先用一条腿支撑自己，然后，换另一条腿支撑。大自然已经有了解决这个行走运动的难题的办法。动物通过本能学会行走，但人要用个人的主观努力才能学会走路。

儿童是通过走路获得行走能力的，但并不是傻等着这种能力的到来。父母看到孩子迈出的第一步，欣喜若狂。这是征服自然的第一步，标志着儿童从一岁进入了两岁。学会走路对儿童而言就是他的第二次诞生，他从一个不能自己行动的人变成了一个有行动能力的人。这种功能的出现在心理学中被认为是儿童正常发展的一个主要标志。然而，这仅仅是第一步，然后他仍然需要经常实践。优美从容的步伐是个人持续努力的结果。大家都知道，儿童开始走路的时候有一种不可压抑的冲动，他表现得勇敢无畏，甚至有点莽撞，就像一个勇敢的士兵，不管遇到什么困难都向前冲锋。所以，成人用许多障碍物做防护设施把他们围起来。儿童的腿已经强有力了，而他们仍要把儿童关在保护设施里练习走路；即使能够走路了，成人带儿童外出时仍要把他放在手推车里推来推去。

由于儿童走长路没有耐力，他的腿比成人短小很多，所以他必须主动去适应那些不会减慢步伐的成人。即使是一位带儿童外出的保姆，也不会适应儿童的步伐。换句话说，保姆推着载小孩的手推车，就像推的是去市场买蔬菜的小推车，她只按自己的步行速度径直走向室外活动的目的地。她不让小孩走出手推车，除非到了公园。她坐下来后，才允许儿童在她两眼的注视下去草坪上走动。她所考虑的只是避免让"植物似的"儿童的身体发生危险，她哪里考虑儿童心理生活发展的基本需要呢？

一岁半到两岁的儿童可以做爬斜坡、爬梯子等有难度的动作，甚至可以走好几英里的路程。然而，这与成人的行走有着毫不相同的目的。成人行走的目的是要达到某个目标，直接走到那里就可以了。幼儿的行走是为了自我完善，发展自己征服自然的能力。幼儿的步伐是缓慢的，既没有节奏也没有目的，事实上他的行走是被周围物体吸引的结果。如果成人要帮助儿童走路的话，就必须放慢脚步，放弃自己的目的。

在意大利那不勒斯我曾经目睹过一对年轻夫妇和他们一岁半的孩子的故事。夏天，他们去海边时必须经过一条崎岖不平、差不多有1英里的下坡路，任何运输工具都无法通过这条道路。年轻的父母发现，把小孩抱在怀里太累人了。后来，孩子自己解决了这个问题，他能走完这段路。他一会儿停下来看花，一会儿坐在草坪上，一会儿站着看动物。有一次，他凝视着一头驴，呆呆地站了将近15分钟。因此，这个儿童可以每天往返于这条漫长艰难的道路而不知疲劳。

在西班牙，我认识两个能够行走1英里多的儿童，年龄在2~3岁。还有很多儿童能够在窄而陡的梯子上，连续1个多小时地上上下下。

我想起有些母亲说到爬梯子，就担忧自己的孩子表现得"不听话"。有一位母亲告诉我，她的小女孩几天前才开始学走路，不管什么时候，这个小女孩只要一看到梯子，就高声欢叫起来，如果有人抱她上下楼梯，她就激动得简直要发疯。这位母亲不知道孩子为何激动，只要抱着这个小女孩上下楼梯，小女孩就变得眼泪汪汪，激动不已，太令人费解了。这位母亲认为这不过是一种巧合罢了。然而这件事清楚地说明了楼梯的台阶对小孩有莫大的吸引力，她只想在楼梯爬上爬下，或者把手搁在台阶上，或者坐在台阶上。在旷野上行走时，小孩的双脚掩在草丛里，没有地方放手。然而允许孩子行走的只有这些地方，而且成人还要牵住他们的手，把他们囚禁在童车里。

儿童喜欢行走和奔跑，喜欢玩滑梯，他们总是挤得满满的，爬上、滑下、坐下、站起来。穷孩子在街上跑来跑去，很容易地就能避开车辆，甚至能很轻松地在汽车和卡车的车门边找座位。这虽然危险，但他们不会像富裕家庭的孩子一样，因羞怯而变得迟钝，以至变得懒散。两种儿童各自的发展都没有得到真正的指导。街上这种危险的环境使穷孩子不安全，而太多的东西的包围使富裕家庭的孩子处于过度被保护状态，这些东西使他脱离了危险，但也产生了副作用。

处于成长、壮大、成熟的过程中，并将使人类得以延续的孩子们，就像弥赛亚所说的那样，"无处容身"啊。

营造第一所"儿童之家"

1907年1月6日，我们创立了第一所"儿童之家"。当时招收3~6岁的正常儿童入学。那时，还没有形成专门的教育方法。不过，我很快就在"儿童之家"中推行了我的教育方法。"儿童之家"里除了50多名衣裳破旧、表情羞涩的穷孩子之外，什么也没有。那些几乎都没念过书的家长把孩子委托给我照管。

我们的初步计划是把那些幼儿集中在一起，这样，他们就不会在楼梯上玩耍，把公寓的墙壁弄脏或产生令人烦扰的混乱。

我受邀请来负责这个教育机构后，有一种奇妙的感觉，在这种感觉的鼓励下，我开始创办"儿童之家"。我始终坚信整个世界总有一天会说，这是一项"崇高的"事业，于是，满怀信心地宣布了我的豪言壮语。

主显节那天，我在教堂里读到《圣经》上的那段对我而言像是预言的话："看到地球被黑暗所笼罩……然而，太阳将在东方升起，它的光辉将成为人们的指南。"出席"儿童之家"开幕式的每一个人都惊讶地问我为何要在地球上为穷孩子建立一个如此好的教育机构?

开始工作的时候,我的心情就好比一个农夫,拒绝用好的玉米种子,找到沃土就随意撒种。与农夫的结果恰恰相反,我在土地上挖到的不是粮食,而是金子:宝贝就隐藏在泥土下面。我并不认为我自己就是那个农夫。我更像愚蠢的阿拉丁,手里拿着一把宝库的钥匙,但打不开隐藏珍宝的宝库大门。

为这些正常儿童工作的时候,我不断地感到惊讶。有必要说说这个奇迹般的故事。

教育正常儿童发展的关键,在大多数人看来,是采用在教育有心智缺陷的儿童的过程中大获成功的那些方法。我在治疗弱智儿童的心理和改变其思维方式上运用过那些方法,并大获成功;如果正常儿童应用其中一些方法的话,也会发展得更快、更好。但这也不是莫名其妙的成功,因为已有实际的和科学的教育理论做基础,那些理论认为人的心理有个均衡发展的和深思熟虑的过程。使我感到惊愕并产生怀疑的是:这些理论一直毫无用处,没有在开始的时候取得预期的效果。

作为激起兴趣的一种手段,那些教具应用在那些智力差的儿童身上是有用的。而用于正常儿童和心智有缺陷的儿童身上,效果是不一样的。因为这些教具能使心智有缺陷的儿童改善心理健康,并学到一些东西。因此,我竭尽所能去劝说这些儿童运用教具。然而,这不适用于正常儿童。当一种教具吸引儿童时,他会以一种惊人的全神贯注的态度连续工作,对这个教具集中全部注意力,专心致志。完成工作后他显得满意、轻松。这种心情,从那些安宁的小脸蛋和为完成任务而满意的眼神中可以看出来。我给儿童提供的教具,就像钟表商人提供开启钟表发条的钥匙。钟自身在发条上紧后就不停地运转了;儿童不但能持续地使用教具,而且他们的心理也变得比以前更健康,更有活力。心理激励才能推动这样的工作。

经过长时间的观察,我才相信这不是一种幻觉。一次次的经验,一次次的证实,这时,我自言自语地说:"这次我还是不相信,下一次我才能相信。"我感到十分震惊,但在很长的一段时间里,我依旧对这个结果表示怀疑。我并不责备教师一次次地告诉我，儿童自己正在做什么。我一本正经地说："这很震撼人心。"至今我还记得这位教师流着泪回答我的话，他说："你是完全正确的。每次看到这样的情况，我就想，正在激励这些儿童的肯定是个儿童们的守护神。"

我怀着无比的敬意和慈爱看着这些儿童，我把手按在胸口上，满怀感情地问道："你们是谁？你们难道不就是耶稣怀抱里的婴儿吗？"

我坚信不疑：我手里举着的是真理的火炬，它照耀着我走自己的道路。

到现在我还记得，在见到"儿童之家"第一批儿童时，他们惊恐不安、胆怯，以致无法开口说话；他们表情呆滞，眼神迷茫，仿佛生活早无乐趣可言了。现实中，他们生活贫困，没有很好地受到照顾；他们从小居住的小屋光线黑暗，一片破败；他们心灵苦涩，缺乏关爱；他们营养不良，缺乏新鲜的空气和阳光。他们注定是不能开花结果的嫩芽。

这种新颖的环境使这些儿童产生如此惊人的转变，确实让人感到惊讶，因为这些儿童拥有了新的心灵，这种发自内心的光辉将照亮整个世界。

促使儿童的心灵得到解放的方法，就是清除发展过程中的那些障碍物。然而谁能够说出这些障碍物的真实表现呢？或者，什么样的环境才能促使这些儿童的心灵发芽和开花呢？现实中的许多环境与我们所期盼的目标背道而驰。

说说这些儿童的家庭况吧。他们的家庭处于社会的最底层，他们的父母没有稳定的工作，必须每天出去找工作，怎会有时间、有办法很好地照管子女呢？更何况这些儿童的父母本身绝大部分都是文盲。

对这样的儿童进行教育很困难，也很难为他们寻找到一个受过训练的教师。后来，我们聘请了一位受过良好教育的年轻妇女。但是她当初既没有作为教师的理想，也没有做好真正的教师所必需的准备工作。这是由一个建筑协会创办的非慈善性的教育机构，他们只是为了避免公寓大楼的墙壁遭到损坏，减少维修房屋的费用，才把儿童聚集在一起。因此，它不是一项社会福利事业，当然从未想到过为儿童提供免费的午餐，不会为办成一所带有教育目的的学校准备什么，为办公室添置必需的家具和辅助设备是唯一允许的开支。因此，我们刚开始没有买学校应有的桌子，只准备了自己的家具。

第一所"儿童之家"像一只归零的测量表，而并不是一所真正的学校。因为我们的资金匮乏，所有师生都没有桌子，没有一个办公室，没有基本的住宿条件。但与此同时，我拥有一些通常学校没有的、为心智有缺陷的儿童教育机构准备的特殊设备，这是不幸中的万幸。

我们今天所看到的"儿童之家"是如此明亮和令人愉快，但第一所"儿童之家"的环境，给人印象最深的家具是一张供教师用的牢固的桌子，还有一个用来储藏所有教具的大柜子。这个柜子的门很坚实，平时是上锁的，由教师保管钥匙。儿童用的桌子既结实又耐用，3个儿童并排用一张桌子。桌子一张挨着一张排列，像一般学校那样。所有儿童除了拥有坐的长凳外，还拥有一把朴素的小扶手椅。院子里生长着栽种的植物，只有一小片草坪和树木。这就成为我们学校后来的特征之一。在这样的环境里，即使进行重要的实验也毫无诱惑力，然而，为了了解正常儿童与心智有缺陷的儿童在反应上的差异，我对进行系统的感官教育满怀信心。我对了解年龄小的正常儿童和年龄较大的有心智缺陷的儿童之间的差异特别感兴趣。我没有轻视这样的研究工作。我们的教师不受约束，也没有人强加什么特别的任务，只是教儿童使用一些感官材料，我就先培训那位女教师。这样，那位教师可以很轻松地做事情，也很有兴趣。我一直在鼓励她发挥自己的创造精神。

没过多久，我就发现那位教师的工作开始有了起色，她为孩子们制作了一些其他的教具，例如很精致的十字架。她做这些饰物的原材料是纸张，把它们作为奖品，奖励给表现最好的儿童，一些孩子佩戴这些饰物后，异常兴奋。她很巧妙地教儿童怎样敬礼，虽然大多数儿童是五岁以下的小女孩，然而她们都很喜欢这些动作。儿童对此感到很快乐，看到这些我很欣慰。

就这样，平静的、默默无闻的生活开始了。在很长一段时间里，我们所做的事情鲜为人知。